中國古代地理總志叢刊

讀史方輿紀要

十

〔清〕顧祖禹撰
賀次君 施和金 點校

中華書局

讀史方輿紀要卷一百三

廣東四

惠州府，東至潮州府七百九十五里，南至海岸百十里，西南至海岸二百五十里，西至廣州府三百六十里，北至江西龍南縣界六百三十里，自府治至布政司見上，至京師八千三百九十五里。

禹貢揚州南境，秦爲南海郡地，漢初屬南越國，武帝時仍屬南海郡，後漢因之。晉初亦屬南海郡，成帝咸和以後兼屬東官郡，宋、齊因之。梁置梁化郡，隋平陳郡廢，改置循州，治歸善縣。初爲循州總管府，大業初府廢。大業初曰龍川郡。唐武德五年復置循州，初置總管府，尋改都督府，貞觀二年府廢。天寶初曰海豐郡，乾元初復故。南漢改置禎州，移循州治龍川縣。宋初因之，天禧中改曰惠州。避仁宗諱也，宣和二年賜郡名曰博羅。元曰惠州路，明洪武初改惠州府。今仍爲惠州府，析河源、和平二縣置連平州。領縣十。

府東接長汀，北連贛、嶺，控潮海之襟要，壯廣南之輔扆，大海橫前，羣山擁後，誠嶺南名郡也。

歸善縣，附郭。漢南海郡博羅縣地，晉太和初置欣樂縣，仍屬南海郡。宋末改屬東官郡，齊、梁因之。陳禎明初改爲歸善縣，隋置循州治焉。唐、宋以來皆爲州郡治。編户四十五里。

欣樂城，志云：晉置縣，在今府南界。陳曰歸善，移治於今城東五里白鶴峰之陽。隋、唐皆爲郭内縣，南漢遷城於今所。城邑考：「郡城，宋、元時舊址甚隘，洪武三年始築拓之，東北帶江，西南縈湖。嘉靖十七年城圮，二十年重建，三十五年復增築之。萬曆以後相繼修築。有門七。城周七里。」

梁化城，府東南八十里。梁置梁化郡，蓋治此。隋郡廢，改置循州。志云：初立州時有木鵝浮至江上，故今尚有鵝州、鵝嶺之名。○阜民廢監，在府城内。宋治平四年置阜民錢監是也。宋志：「歸善縣有西平、流坑二銀場，永吉、信上、永安三錫場，又有三豐鐵場、淡水鹽場。」元皆廢。

石埭山，府西南七里。崖石峭立如埭。流泉濺沫，宛若珠簾。其水瀉入豐湖，爲郡之勝。又周逕山，在城南，延袤數十里，岡嶺迴複，巖壁峭峙。其逕四達，因名。志云：城東五里有白鶴峰，高僅五丈，周一里，舊縣治在其陽；城南五里有飛鵝嶺，四周皆水，如鵝浮水面；皆周逕之支隴矣。

黄洞山，府西三十里。山深遠，舊爲賊巢。弘治十一年御史萬祥言惠州有黄洞山賊，即此。山脈蜿蜒而東，至府西十里爲新村嶺，郡邑之屏障也。又府南十里有吴洞山，亦高聳，雲集其上即雨。

歸化山，府東南百里。俗呼雞籠山，高二百丈，周百五十里，爲羣山之冠。又九龍山，在府東北二十里。上有龍潭，西江水出焉。志云：府南百三十里有懷安山，〔一〕峰巒列峙，環抱郡城，一名鼓角山。○平政山，在府東百五十里，有平政驛。相近者爲碧甲山，有巡司戍守。又濁水坑山，在府東南海濱，亦名乾溪山。下爲涌船澳，宋末文天祥移軍駐此，上表求入朝處。

大林傘山，在府西南臘石社，產白堊。攢峰疊巘，林木蔚薈，傜人耕種其上。有巖如廈屋，容五六百人，門至逼仄，一人持戟而守，千人攻之不能入。○白雲嶂，在府西百三十里。高千餘仞，廣圓二百里，重岡複嶺，峭拔岐嶒，西湖諸山皆起於此。

海，府城南百十里。自府東南以迄西境，皆以海爲險。志云：海濱有船澳，宋祥興初文天祥移師處，即涌船澳矣。

東江，在府城東北。源出江西安遠縣界，南流過龍川、河源縣界，流入境，繞白鶴峰之陰，至府城東西江水流入焉，西流歷城北，經博羅縣而入廣州府境，亦謂之龍川江。附詳大川北江。

西江，在府東南。源出九龍山，西流與𦬊川水合，至府城東受西湖水乃北折而合於東江。志云：城東有斤斗水，亦曰百田水，有魚利，官收其稅。

豐湖，在府城西，廣袤十餘里，亦曰西湖。宋知州事陳偁築堤防，創亭館，以爲勝。後太守林俛叙云：「湖之潤溉田數百頃，葦藕蒲魚之利，數萬民之取於湖者，其施以豐，故曰豐湖。隔水有山曰豐山，自西逶迤入之湖中，有漱玉灘、點翠洲、明月灣、熙春臺、雜花島、披雲島、歸雲洞諸勝。左有蘇公堤，以蘇軾謫居時所築而名。」志云：西湖之水出石埭山，流繞飛鵝嶺下，至府南三里匯爲龍塘。塘在沙子埠前，其水清甘。又北注於豐湖，渟泓涵浸，流入城中，出東水關而注於西江。又有東湖，在城西南，與西湖相並。一名塔子湖，中有甲山。宋守陳偁以歲旱，教民以牛車汲水，入東湖溉田，即此。又有秀山湖，本匯豐湖以入西江，後改注於百官池，池上有印山亭，邦人遊賞處也。

圖經：「豐湖南有鱷湖水，小而深黑，相傳中潛鱷魚，亦名鱷穴。」今在城西南一里。○同湖，在府南四十里。羣山之水注焉，春夏間瀰茫數十里，冬月水涸，有魚蝦之利。其下流北入於東江。

淮水，府南百里。亦曰上下淮水。源出府西南梧桐山，東流受李溪水、米塘水，至鼓角山折而北流，有麻溪水來合焉，北流注於西江。○横槎水，在府西二十里。出黄洞山，下流匯於西湖。志云：縣東南五十里有梁化水，源出歸化山；又有神溪水及上下義水，俱出歸化山；下流並注於西江。

馴雉鎮，在府東北，有巡司，後改屬永安縣；又內外管巡司，在府東南百三十里，地名飯羅岡；皆洪武初置。又碧甲巡司，在府東南百八十里海濱。正統八年置。

蜆殼營，在府西北，與博羅縣接界，有官軍戍守。又馬公寨，在府東北。志云：嶺南賊巢曰洋烏潭、馬公等寨，皆叢山深箐，延袤八百餘里，一夫當關，萬夫莫過。賊首伍端、黄世喬等嘯聚其中，蠶食東路者數十年。萬曆初督臣殷正茂勦平之。○懷安戍，在府南懷安山下，唐置戍於此，開元十四年貶劉宗器爲循州懷安戍主，〔二〕即此。

欣樂驛。府北一里。又水東驛，在府東九十里。苦竹派驛，在府東百六十里。平山驛，在府東南八十里。平政驛，在府東南百五十里。輿程記：「自欣樂驛西四十里至博羅縣之蘇州驛，爲入廣州之道。自平政驛東八十里至海豐縣之平安驛，東達潮州府之道也。」

博羅縣，府西北三十里。西南至廣州府東莞縣百七十里。秦置縣，屬南海郡，漢以後因之。隋屬循州，南漢屬禎州，宋屬惠州。今城周四里。編户五十五里。

羅陽廢縣，在縣西。蕭齊時析博羅縣置，屬南海郡，隋廢。唐初復置，屬循州，貞元初省入博羅縣。城邑考：「博羅縣舊無城，惟環以土墻，成化二十三年創築，弘治九年復增拓之。」

羅浮山，縣西北五十里，與增城縣接界。山綿連高廣，峰巖洞壑之屬不可悉記，爲嶺南之望。今詳見名山。

象山，縣北二十里。山高大，形如象，俗呼象頭山。其右羣峰駢列，惟黄甲峰最爲聳峙。又白水山，在縣東北三十里。一名白水巖。北連象山。蘇軾曰：「白水山即羅浮東麓也。有懸泉。百仞山八九折，折處輒爲潭，深者至五六丈。旁有佛跡巖，巖西有泉二，東曰湯泉，西曰雪如泉。二泉相去僅步武，而涼燠迥别」云。○旗山，在縣西十里。山高百餘丈。志云：縣北三里有石鼓嶺，嶺有巨石，擊之有聲，一名神鉦。又縣治東有浮碇岡，俗傳羅浮山以此岡爲碇。又有龍岡，在縣西三十里。頂有龍潭，深不可測。

東江，在縣城南。自歸善縣流入境，大小羣川多匯於此，又西流入東莞、增城二縣界。

羅陽溪，縣西六十里。源出羅浮山西雙髻峰下，亦曰羅水，羅浮諸峰之水皆會於此，東南流入於龍川江。又有榕溪，在縣城東。源出象山，西南流至縣治西，折而東流，至東門浮碇岡下入於龍川江。○雲母溪，在縣西北百里。亦出羅浮山，流入增城縣境入於增江。旁產雲母石，因名。

石灣鎮，縣西七十里，有巡司；又縣東有善政里巡司；俱洪武四年置。○橘子鋪營在縣西北，又有南坑營、橘子頭營，俱接廣州府龍門縣界。

蘇州驛。在縣城西。又縣東有莫村驛。志云：縣西南七十里有沙河驛，亦曰鐵岡驛，與東莞縣接界。又西八十里達黄家山水驛，廣州往來通道也。○泊頭墟，距羅浮山十五里，廣、惠二郡舟楫及自陸路而至入羅浮山者，皆畢集於此。

長寧縣，府西北四百里。東北至韶州府翁源縣百五十里，西北至英德縣百六十里。本歸善縣及韶州府英德、翁源二縣地，在萬山中，爲盜藪，隆慶三年督臣吴桂芳奏置今縣，治鴻雁洲。有城。編户六里。

君子山，縣北一里。岡巒聳列，形勢端正，因名。又象首山，在縣東三里。下有樟樹鎮、三星潭、遊魚洲。○嶽城山，在縣東北十里。峭壁四周，若城垣然。

雪峒山，縣北六十里，中有大雪、小雪二峰；其南又有雪山；俱以冬春積雪而名。嶺南地煖，獨此三峰有雪，故爲奇也。○横石嶺，在縣東南八十里。嶺半清泉一線，從石罅中出，千人汲之不竭。又縣西二里有雲髻嶺，中有石洞。

玳瑁水，在縣東，縣境又有公莊水，皆東南流入歸善縣界注於東江。

皮村隘。在縣西北，又有臘溪等隘，皆接英德縣界，舊爲盜藪，設兵戍守。○牛神逕，在縣東，接和平縣界，亦戍守處。

永安縣，府東北二百五十里。本歸善、長樂二縣地，在萬山中，爲盜藪，隆慶三年督臣吴桂芳奏置今縣。有城。編户七里。

紫金山，在縣治東，城跨其上。又三殿山，在縣東二十三里。五峰插天，狀如宫殿者三。又丫髻山，在縣東三十里。

形如蝶翅，又若雙髻，因名。○聞鷓嶂，在縣東五十里。本名簾紫嶂，宋末帝昺航海，丞相文天祥收敗卒屯此，夜聞黄鷓鳴，遂徙南嶺，其寨址階石尚存。相連者曰山谷嶂。又烏禽嶂，在縣南百里。高峻盤峍，周百餘里。西爲犁壁山，折而北爲南山，與南雄府接界。

南嶺，縣東南八十里，廣百餘里，四高中衍，惟一路可通。宋景炎二年文天祥爲蒙古將李恒所追，奔循州，收散卒屯此，後人呼爲忠臣嶺。其下爲高洋坑水，一名毒水，飲者多死。今泉氣如呼吸，隨出隨没，而水不流。○梅花嶺，在縣西百里。五嶺攢聚，狀如梅花，故名。有巖高十尋，路甚狹隘，累足而入，弘邃高曠，遠望無際。

琴江，在縣東。有二源，皆出縣東九十里之琴嶺，分爲南北，合而爲神江，亦曰神岡水。又有義容水、秋鄉水及上下嵐水、横瀝水、古仙水，皆自縣境西南流入歸善縣界，注於東江。

寬仁鎮。在縣東，地名桃子園。志云：寬仁里巡司舊置於府東苦竹派驛側，後遷於今所，距府城四百餘里。

海豐縣，府東三百里。東至潮州府惠來縣二百七十八里。漢南海郡博羅縣地，晉末置海豐縣，屬東官郡，宋、齊因之。隋屬循州，唐仍舊。宋屬惠州。今城周二里有奇。編户四十里。

陸安廢縣，在縣西北。蕭齊置縣，屬東官郡，隋廢。唐武德五年復置，屬循州，貞觀初省入海豐縣。城邑考：「海豐舊有土城，在今城東一里，元末廢。洪武二十七年始築今城。」

龍山，縣東二里。山勢蜿蜒，盤踞龍津水口。隋志「縣有黑龍山」，即此。又縣東二十里有東保障山，西十里有西保障山，皆綿延峭拔，互拱縣治。○銀瓶山，在縣北三十里，山高而鋭，瀑布懸流，縣之鎮山也。其南十里曰蓮花峰，峰巒攢簇如蓮花。又南十八里曰五坡嶺，南去縣城僅二里，皆岡脈相接。宋祥興初文天祥屯潮陽，蒙古將張弘範以舟師濟潮陽，天祥走海豐，蒙古別將張弘正追之，天祥方飯五坡嶺，被執，即此。

金籠山，縣東南十里。山腰有泉，甘潔，土人呼爲聖泉。志云：此爲小金籠山，又有大金籠山在縣西南八十里，蜿蜒高廣，鎮長沙海口。籠本作「龍」，宋端宗易今名。又法留山，在縣東三十里，有巖如屋。○宋師嶺，在縣東二十里。志云：縣東南二十五里有新滘水。舊時沃野彌望，水道不通，蛋民分東西兩溪。宋師至，舟不得渡，遂鑿而通之。其上流五里名宋師嶺，時伐土爲階級，故跡尚存。今閩、廣商船多聚於新滘水口。

大谿嶺，縣西六十里。景泰以前驛路經此，甃石爲道，盜賊阻塞，行人從間道由新嶺、鹿坑、南山絶江而西，日暮苦無舟楫。又西北五里爲楊桃嶺，正德中鑿石通衢於此，徑路便易，今爲往來通道。又五里沙，在縣西南九十里大海濱，亦達府之路也。○旗峰，在縣東百九十里。山狀如旗，半枕海上，東南夷入貢，望此爲表識。

海，縣南百里。舊志謂之灘海，即南海也，亦曰長沙海口。圖經：「縣南百里有麗江、合龍、津蛟溪諸水，東流入海，名麗江浦，即長沙海口矣。」宋景炎三年文天祥敗於空坑，走循州，又走惠州，行收兵出海豐，次於麗江浦是也。空坑，見江西興國縣。

龍津水，縣東七里。源出銀瓶山，南流至小金籠山下，與赤岸、大小液諸水合，名三江口。志云：赤岸水，在縣東北。有二源，一出激石溪，一出掘龍逕，流至清湖而合，又南至小金籠山下會龍津水。又大液水，在縣西七十里，源出小溪山；小液水，在縣西六十里，源出馬鞍山；東南流數里，又爲田心溪，又東合於龍津水，所謂三江口也，南出長沙海口而達於海。○衝口水，在縣東北九十里。源出黄坭坑，東合蛟溪諸水，至南沙渡入於海。又東海滘水，在縣東北八十里。志云：源出吉康羅溪，南流百里分爲二派，東流出縣東南迎仙橋，西流至沙塘渡與衆水合入於海。

甲子門水，縣東二百十里。志云：縣有大陂、龍溪諸水，俱由此入海。海口有大石壁立，上下各有六十甲子字，故名。宋景炎元年帝自閩航海駐於此，遣使降元。又祥興二年蒙古張弘範由潮陽港乘舟入海，至甲子門，知帝所在，遂趣厓山。明嘉靖中倭寇廣州，敗還甲子門，爲暴風所覆溺，其得脱者，帥臣俞大猷盡殲之。今有千户所戍守。○鳳湖，在縣西百里。志云：湖受鵝哺嶺、赤口港諸水，西流入海。

甲子關，在縣東甲子門水口，爲濱海噤要。石門深廣各二十丈。有巡司，洪武五年設。又長沙港巡司，在縣南長沙海口。港口深廣各三十丈。洪武十三年置巡司。

油坑營，在縣西，近歸善縣界。又赤岡營，在縣東，近惠來縣界。志云：營南距海二十里，北接深山，多盜賊。○謝道山營，在縣南二十里；又縣東南有湖東澳、魚尾澳二軍營：皆近碣石衛。

南沙軍營。在縣南。相近有太德港，海寇出没處也，有大德軍營。又南竈軍營在縣南五十里，長沙軍營在縣南八十里，距麗江浦相近又有石山營、大磨軍營，向俱設官兵戍守。○南豐驛，在縣治西。又西七十里有平安驛。縣東八十里又有東海滘驛。又東七十里曰大陂驛，東入潮州之道也。

龍川縣，府東北四百里。東北至江西安遠縣三百五十里，北至江西龍南縣三百二十里，東至興寧縣百五十里。秦縣，尉陀爲龍川令是也。漢屬南海郡，晉、宋以後因之，隋省。唐初復置，貞觀初又廢。天授初改置雷鄉縣於此，屬循州。

南漢改雷鄉曰龍川縣，徙循州治此。宋因之，亦曰海豐郡。宣和二年改縣曰雷江，紹興初復曰龍川縣。元亦爲循州治，明初州廢，縣改今屬。城周四里有奇。編户八里。

廢循州，今縣治。州本治歸善縣，南漢徙治於此，宋因之。元初爲循州路，尋降爲州。明初省州入縣。城邑考：「縣舊無城，洪武二十一年創築。天順六年於城南浚隍，弘治初復修築。正德三年以後相繼增修。隆慶末又築新城於北面。」

龍穴山，在縣城北。郡國志：「山有穴潛通海，縣以此名。即東江之源也。」又東山，在縣東一里，隔江環繞縣城，民居參錯。城南二里又有海珠山，圓平如几案。山下大溪中有獨石，高圓如珠。一名案山。又有湖山，在縣西五里，以近嶅湖而名。一名白鵰山。

嶅山，縣北三十里，與河源縣靈山勢相連接。峻聳秀麗，如圍屏列戟，高五百餘丈，周百餘里。其上瀑布懸流，分爲三派，注爲三龍潭，下流入於嶅湖。又霍山，在縣北百里。高七百餘丈，周三百里。有峯三百六十，其可居者七十二。峰之秀者曰大佛跡，曰志公樓，曰先殿前，曰白牛塔，曰大獨石。又有石樓、石甕、仙樂、仙遊等峰。其石巖曰望月，在山之巔。東向曰太乙，在羣峰中，石竇穹敞，臨瞰風雨。巖後有醴泉曰石甕泉。又有清凉堂，在巖竇間。外有石如門，謂之天門，往來者經此。相傳秦時邑人霍龍者隱此，山因名，蓋郡境之名山也。嘉靖中賊黎一統據太乙仙巖爲亂，官軍討平之。

龍臺巖，縣東北二十里。有巨石如臺，臺下爲巖，巖前有池。又縣北十里有白雲巖，近嶅山南麓。縣東七十里有青龍巖，上有懸泉千尺，相傳龍蟄其中。○銅鼓嶂，在縣北；又有葫蘆峒諸險；皆賊出没處。嘉靖四十五年撫臣吴百朋遣將破賊賴清規於此。

龍江，在縣城南。自江西安遠縣西南流經縣城東，又西南流經藍口巡司入河源縣界。郡志云：東江源出龍穴山，東北流三百里，會安遠縣黄埠水及和平縣浰江水，並流而西南出，環繞縣前云。

螯湖，縣西北二里，周數里，螯峰之水注焉。中有水心寺，東有蘇堤。志云：宋端平初循守宋詡築堤壅水，循隍竇以疏漲，且溉堤下之田千餘畝。元季堤潰湖湮，嘉靖二年邑令韋邦憲復修築。

通衢鎮，縣北百里。有巡司，洪武九年設，防陸路過山之險。又十一都巡司，在縣東北百五十里。洪武二年設，爲縣境水陸之衝，防守最切。○老龍埠頭，在縣南二十里。其地爲水陸舟車之會，閩、粤商賈輻輳於此，一邑要區也。萬曆中建城戍守。

猴嶺隘，在縣西北。山深地險，與和平、河源縣接界。隆慶末賊鮑時秀據此作亂，萬曆中官軍討平之。又鐃鈸山隘，在縣北，亦險峻。萬曆初賊宋福達據此作亂，尋就撫。○鐵龍隘，在縣東北，接江西安遠縣界。或以爲鐵爐隘。萬曆初賊葉楷據此作亂，尋討平之。今隘廢。

塔下堡。在縣西北，水道出江西定安、安遠二縣界。又有濁溪、高潤諸處，舊皆爲哨守處。○雷鄉驛，在縣南二里，馬驛也。又通衢巡司東有通衢驛。輿程記：「自雷鄉驛過嶺六十里至通衢馬驛，又六十里至興寧縣。」

長樂縣，府東北四百八十里。東北至興寧縣七十里。本興寧縣地，宋初爲長樂鎮，熙寧五年改爲縣，并割龍川地益之，屬循州。明初改今屬。城邑考：「縣城洪武二十一年築，嘉靖初增拓，尋復修築。周五里有奇。」編户十里。

紫金山，在縣治東北。下有鹿坑水。又東山，環縣城東，與民居接。又東南二里有塔岡。志云：縣北有迎龍山，峰巒突起，稱爲秀麗，一名五華山。稍北又有仙掌山，上有仙掌石。○貴人山，在縣西南三十里。上有井，常盈不竭。

嵩螺山，縣南九十里。峰巒連屬，起歸善、海豐，終於潮州，爲一方巨鎮。山出石，可煮鐵。○金魚嶺，在縣西九十里。每霖雨水溢，其旁岡阜皆没，獨此嶺形如雙魚，鬐鬣悉具，若騰跳於巨浸中。又縣西南六十里有天雲嶺，枕江跨谷，常有雲烟出没其上。相近者曰排嶺，層巒疊嶂，環列如堵，其中沃野彌望。又漆木嶂，在縣西百里。重峰聳列，上多漆樹。又西五十里有石馬嶂，峰巒峻巨，絶頂草木繁茂。

清溪河，縣西三十里。一源發於龍川，一源出縣西廣信都，有竹溪、黄浦、董源諸水皆流合焉，東流經興寧縣界合通海河，又東南入程鄉縣境，下流入海。○黄浦溪，在縣南三里。有二源，一出漆木嶂，一出縣西南百洋潭，合流而東，又東北入於清溪河。

清溪鎮，縣西三十里，有巡司；又縣南百里黄牛渡有十二都巡司；俱洪武五年建。志云：縣境有隘十一：曰銀坑，曰古樓坪，曰榕樹，曰平塘，曰解紗逕，曰芙蓉逕，曰象鼻逕，曰董源車塘，曰平塘，曰大葪，曰秋溪火載逕。

興寧驛。縣城南一里。縣東南六十里又有七都驛。輿程記：「自興寧水馬驛下水七十里至七都驛，又八十里而達潮州府程鄉縣。」

興寧縣，府東北五百五十里。東南至潮州府程鄉縣百三十里。本漢龍川縣地，晉咸和六年置興寧縣，屬東官郡。宋、齊因之。隋屬循州，唐仍舊。南漢乾亨初升爲齊昌府。宋復爲興寧縣，仍屬循州。元因之。明初改今屬。城周三里有奇。編户七里。

齊昌廢縣，在縣北。蕭齊置，屬東官郡，隋廢。唐武德五年復置，屬循州，貞觀元年并入興寧縣。志云：南漢置齊昌府，使其子守之，在今縣北五里洪塘坪。宋開寶四年爲縣如故。城邑考：「興寧縣舊無城，成化三年始築磚城，嘉靖三十九年增修，崇禎八年復營治焉。」

武婆故城，在縣西。志云：縣西五里有梅山，傍爲竹山，亦名天燭山，武婆城在其下。五代之季四方雲擾，峒賊乘機劫掠，有武寡婦者富而才，糾合村落，築城自衛，因名。

赤山，縣南三里，濱河層峙。又神光山，在縣西南五里，形如展旗。宋邑人羅孟郊讀書山下，嘗見異光。○和山，在縣東十里。高百許丈，狀若旋螺。其陽有麻石巖，深廣數丈，兩峰環抱，一峰背聳周道，左達丹崖，右聳巖中，清泠如浸。又雞靈山，在縣東三十里，高出羣山，氣勢雄峭。

寶山，縣東北六十里。高六十餘丈，周三十里，勢若樹屏，循、潮二州之分水嶺也。唐韋衮刺潮州經此，因名丞相嶺。有巨石如馬，外險中衍，曰石馬峒。志云：元末陳友定採礦於此，得銀數百萬，因名寶山。明嘉靖中賊據石馬峒爲亂，尋討平之。又東北十里曰鐵山障，五峰峭立，迥出羣巒，昔有鐵冶。山之東爲藍坑凹，接程鄉縣界。

大望山，縣北九十里。亦名大帽山。南界程鄉，北界安遠，層巒疊嶂，茂林叢棘，舊爲賊巢。弘治十六年傜寇起於此，官軍討平之。正德七年賊復熾，督臣周南破之，赭其山。

黃土嶺，縣西十五里，高五十丈，與長樂縣分界。志云：黃土嶺地名麻頭，過此即長樂縣之董源車塘隘。又雞鴿笄峰，在縣東南四十里。孤峰獨秀，勢插雲霄。○黃沙嶂，在縣南三十里。高百餘丈，周百里。又縣南二十里爲佛子高嶂，高二十丈，廣亦數十里。

通海河，在縣城西。合吴田溪、西溪、東溪、許陂溪、凉溪、洋步溪、遠安溪、通海橋溪、黃田溪、篤陂溪、湯口溪、淡坑溪十二溪之水，匯於城西，是爲水口；又合長樂溪、上保溪、中保溪、博溪四溪之水，共十六溪，東南流達潮州入於海。通志：「通海河一名西門河，河水中斷，受諸谷之水，實爲衢路咽喉。」今溪在邑北曰凉，曰洋步，曰下埪水，曰石馬，曰龍歸洞，曰吴田，曰李田，曰羅岡，曰大望山，曰溪尾，曰楊梅砦，曰上下畬，凡十二溪，匯流爲河。又寶山溪自東來，經城南而西注。麻嶺溪、竹山溪、烏池、落洞、牛牯陂、曾坑六溪之水自西來而東注，由此東流，環繞縣治，則遠安、打石坑之水自西南來注之，至縣治東南隅而南下，則洋湖、潢湖、篤陂、白水砦、湯口、黃基瀝、黃竹嶺、淡坑八溪之水注之，謂之水口，乃合長樂、三保、博溪之水東南流入程鄉縣界。

杜田河，在縣北。志云：水自安遠尋鄔保東流百五十餘里，復折而西流，名曰赤石渡，又西南流入龍川縣界爲河明潭，下流注於東江。又雙頭溪，亦在縣北，下流匯於河明潭。○黃陂溪，在縣東，發源德馬砦；又有蓮塘溪，發源虎尾坑，與縣東南之沿瀧溪分流合注；俱入於通海河。

水口鎮，縣南四十里。有巡司，洪武八年置，爲興寧、長樂二水交流之所。又十三都巡司，在縣北百二十里，與江西長寧縣接界。洪武四年置巡司，防大望山、岑峰、丹竹樓賊巢。正德六年移建於白水寨。嘉靖六年始議於故址築城，遷巡司於城內。城周二里有奇。天啓六年賊入境，城燬。崇禎五年修復。

石馬隘，縣東四十里，路通潮州府程鄉、平遠縣。又逕心隘，在縣東五十里，亦路出程鄉。又龍歸洞隘，在縣北七十里，亦通平遠及龍川縣。隘口有偷牛棟，崎嶇險峻，過此爲石鎮，與平遠縣接界處也。○黃竹塘隘，在縣西三十里，路通龍川縣。有石坑鎮，地荒僻，爲寇巢。縣西五十里又有大坪隘，亦路出龍川。圖說云：「縣西有篘竹嶺隘，通長樂縣。」

消陂尾隘，縣南七十里，亦路出程鄉，爲水口之外衛。志云：縣北九十里有羅岡隘，接江西安遠縣界。又縣境有四都隘，舊爲戍守處，今廢。○黃茅尖頂砦，在縣西四十餘里。山頂旁有天然湖，四時不涸，俗呼野猪湖。又大龍田盤石圍，在縣北十餘里。其地有九十九墩，昔嘗議建州於此。志云：縣境圍砦凡百餘處，皆爲禦寇之所，惟縣北十里之張陂瀝龍和圍，又北五里至冷井水龍和圍與大龍田盤石圍，俱磚石包砌，上覆以瓦，俗呼爲陰城。

周塘驛。在縣東南。萬曆四年建。

河源縣，府北百五十里。東至龍川縣二百五十里。漢南海郡龍川縣地，蕭齊始析置河源縣，以縣東北有三河之源而名，仍屬南海郡。梁、陳因之。隋屬循州，唐仍舊。南漢屬禎州，宋屬惠州。城邑考：「縣舊無城，洪武二十八年創築，弘治五年增築。周二里有奇。」編户十里。今置連平州，析縣屬焉。

休吉廢縣，在縣東。蕭齊置新豐縣，屬南海郡。隋屬循州，開皇十八年改縣曰休吉，大業初廢。又石城廢縣，在縣東北。唐武德五年析河源縣置，貞觀初省。○龍川故城，在縣東北百七十五里，秦縣治此。趙陀爲龍川令，築此城。漢、晉以來皆爲縣治。隋開皇十一年省入河源縣。唐初復置龍川縣，屬循州，貞觀初省入歸善縣。一云今龍川縣東二里有龍川故城，似悮。

梧桐山，縣東南十里。形勢峻聳，多梧桐。又縣西北十里有鳳皇山，與梧桐山隔江相對。又有桂山，在縣西十五里。峰巖聳峙，多桂樹。○平陵山，在縣西八十里，高數百丈。有通海巖，巖中有泉潛通海。又西二十里有巖峭峻，曰景星巖。

靈山，縣東北百二十里。高百餘丈。上有龍湫，亦曰龍山。又縣北百三十里曰戈羅山，以尖峰列峙如戈戟也。正德中爲盜藪。又北百餘里曰亢山，有兩峰相亢，亦名丫髻山。○東桃嶂，在縣北百里，孤峰高聳。又北二十里爲平石巖，平曠可居，因名。又漂湖巖，在縣北百七十里，以巖下有小湖也。

槎江，在縣南，即龍川江也。自龍川縣西南流入界，繞縣治而南，縈回如帶，又南入歸善縣界。亦謂之東江。○修江，在縣北三百五十里。一名新豐江。石磧險峻，東南流五百五十里入於槎江。劉昫曰「河源水自虔州雩都縣流入龍川江」，即修江也。一云河源在縣東北三角村。

藍口鎮，縣東北八十里。有巡司，洪武六年置。藍口驛亦設於此。又忠信里巡司，在縣北百里。洪武四年設。長吉巡司，在縣北戈羅山下。洪武五年設，後改屬長寧縣。志云：縣有古城堡，亦戍守處也。又縣南有南湖斗隘。縣境又有中村、古雲二隘。

寶江驛。在城南江濱。又縣東北四十里有義合驛。又東有藍口驛，爲龍川縣往來之道。

和平縣，府北五百八十里。西北至江西龍南縣二百二十里，西至韶州府翁源縣三百里，東南至龍川縣百八十里。本龍川縣和平峒地，山林深險，盜賊盤據，正德十三年撫臣王守仁奏置今縣，又割河源地益之。明年築城，周二里有奇。編户四里。今置連平州，析縣屬焉。

東山，縣東一里。高百丈，周三里，形如卓旗。又紫雲山，在縣東北五十里。高五百丈，周八十餘里。上有巖，朝夕有紫氣騰起。又東北十里曰烏虎山，高二百丈，周二十里，形如虎。

浰頭山，縣北八十里。亦曰和平峒，綿亘深遠，接江西龍南縣境。其最近龍南者爲上浰，在嶺岡者爲中浰，和平峒謂之下浰。浰溪水出焉。旁多奇石，巉巖險仄。正德中賊黨池仲容者巢穴於此，十二年贛撫王守仁討之。先以計擒其魁，遂舉兵由龍南冷水徑直擣下浰大巢。又發諸路兵入三浰，賊驚懼，據險設伏於龍子嶺，官軍追擊之，克其三浰大巢，餘賊走聚九連山。事平以和平峒巡司改爲縣，而移巡司於浰頭。龍子嶺，見贛州府定南縣。○羊角山，在縣北九十里。相傳山時有金鼓聲，金則兵起，鼓則兵息，正德初征池大鬢，嘉靖初征曾蛇子，屢有驗。

九連山，縣北百里。峰巒高峻，林木茂密。東連龍川、河源，南連博羅、增城、龍門、從化，西連乳源、翁源，北連贛州龍南，凡九縣界，因謂之九連山。正德中三浰餘賊屯聚九連山。山四面險絶，惟一面可上。守仁設計克之，賊走，官軍四路設伏，擒斬略盡。圖說：「山多蟲蛇，害人最甚。秋冬蟲蛇入穴，賊備乾糧入山，連月可藏，故能亡命。春夏蟄發，山中不能久藏也。」○雲山，在縣西北百里。有大小二山，遇冬積冰，彌月不消。

蠟燭峰，縣北七十里，地名岑岡。高八十餘丈，周五十餘里。又龍歸巖，在縣西百里浰頭曲潭口，闊丈餘，深入不可量。中有水流出，可灌田五六頃。嘉靖六年官軍討曾蛇子，步入三四里，不見賊而還。又燕子巖，在縣北百五十里。巖深廣，可容五百餘人，中有流泉，遇驚鄉人輒避寇於此。○五花嶂，在縣北二十里。邑之負山也，高五百餘丈。春夏之間，雜花如綉。又有仙女嶂，在縣東北二十里，亦高秀。

三浰水，在縣北三十里。其源一出龍南縣之牛岡，一出九連山，水流屈曲經三浰間，谿澗之水皆合焉。亦曰上、中、下三浰水，龍川、長樂、龍南、安遠四縣交接之道，閩、廣、江西閩餘之地也。王守仁云「三浰之地守之足以控諸賊之咽喉，不守則爲狐鼠之窟穴」，蓋以山險深阻故也。圖經：三浰水東流合湯坊水、烏虎鎮水，南合縣前溪水，下流經龍川入於東江。

鎮水，縣東北六十里。源出紫雲山，東北流經烏虎山下，匯龍南、安遠諸小水，又東南合和平水，即浰水也。縣境之田多賴以灌溉。又湯坊水，在縣北二十里。其上流有榛木嶂、大門山二水，合而東流入於和平水。

浰頭鎮，縣北九十五里。有巡司。志云：司舊置於今縣治，正德中改司爲縣，而移置巡司於此。又有浰頭鎮隘，在縣東北百二十里。嘉靖三十四年立隘，環以墻垣，置兵戍守。○岑岡營，在縣東北三十里，北通江西定南縣下歷保及安遠縣黄鄉保諸處，舊屢爲賊巢。萬曆十四年設岑岡營，撥兵戍守。

中村隘。在縣西。又西有驢子隘，路通翁源。志云：縣東有平虎鎮、東水二隘，通安遠、長樂。東南有黄竹坑一隘，東北有陽陂、三摺水、黎頭、古鎮四隘，皆道通龍南。又縣南有高車山隘，縣北有烏虎鎮、三角山等隘，皆設兵戍守。

附見

惠州衞，在府治東南。洪武三年立千户所，二十三年改爲衞。○長樂縣守禦千户所，在縣治東，洪武二十四年建；河源縣守禦千户所，亦在縣治東，洪武二十八年建；又龍川守禦千户所，在縣治西，洪武二十年建；俱隷惠州衞。

碣石衞。在海豐縣東南百二十里，濱海。洪武二十三年建。○海豐守禦千户所，在縣治東；又捷勝守禦千户所在海豐縣南八十里，甲子門守禦千户所在海豐縣東二百十里，皆濱海；又平海守禦千户所，在府東二百里；俱洪武二十七年置，隷碣石衞。

潮州府，東南至海岸俱百五十里，西南至惠州府七百九十五里，西北至江西贛州府千一百六十七里，北至福建汀州府六百六十里，東北至福建漳州府五百五里，自府治至布政司千一百九十里，至京師九千七百四十七里。

禹貢揚州南境，後爲閩越地。秦屬南海郡，漢初屬南越國，武帝平南越復以其地屬南海郡，後漢因之。晉咸和七年屬東官郡，義熙九年又析置義安郡。治海陽縣。宋、齊因之。梁兼置東陽州，後改曰瀛州。〔三〕陳廢州。隋廢郡，改置潮州，大業初復曰義安郡。唐武德四年仍置潮州，天寶初曰潮陽郡，乾元初復故。五代時屬於南漢。宋仍曰潮州，亦曰潮陽郡。元曰潮州路，明初改路爲府。領縣十一。今因之。

府介閩、粤之間，爲門户之地。負山帶海，川原饒沃，亦東南之雄郡也。往者倭寇闌入則警戒東南，姦宄伏藏則張皇西北，郡蓋非閑暇之地矣。

海陽縣，附郭。漢南海郡揭陽縣地，晉咸和中置縣，屬東官郡，義熙中爲義安郡治，隋爲潮州治，宋、元因之。今編户三十里。

海陽故城，在今縣治東。晉置縣於此，義熙以後皆爲州郡治。城邑考：「府舊有子城，宋至和元年築，〔四〕北繞金山，東臨大江，外郭則土垣也。紹興十四年稍移而南，循濠舊址甃砌，紹定、端平間工始竟。元大德中修東城濱溪者，名曰隄城。明洪武三年復闢其西南隅，砌以石。弘治八年大水，北城壞，旋復修築。嘉靖、萬曆間皆嘗營治。有門七。環城有濠，城周九里有奇。」

金山，在府治北。形如覆釜，高四十丈，周三里。中有小湖。一名金城山，東臨惡溪，西瞰大湖，爲一郡之勝。城西北一里曰湖山，舊名銀山，山下有西湖，因改今名。高五十里，周十里。巔有浮圖，形勝與金山相並。又有韓山，在府治東，頂有三峰。唐韓愈守是州嘗遊此，因名。○九郎山，在府東北十里，起伏有九。右爲尖峰，高百餘丈。

桑浦山，府西南四十里。高二百丈，周圍五十五里，崔嵬蜿蜒，跨海豐、揭陽二縣，爲東南巨鎮。有桃源洞及寶雲、白雲等巖，産茶。其北麓多桑，因名。又西南十里曰獅子山，上有石巖屈曲。又有浮圖，曰獅子塔。又南爲甘露巖，巖前爲玉簡峰，與郡城對峙。

瘦牛嶺，府西北五十五里。一名雲落山，爲往來通道，即揭陽山之南麓也。又有鳳棲峽，在府北二十里。兩山對峙，鳳水經其中。

海，府南百五十里。有南洋三灣，嘉靖三十八年官軍敗倭賊於此。

韓江，在府城東韓山下。源出江、閩汀、贛三州境，流入界，會三河而南出，又合產溪、九河、鳳水過鳳棲峽，經惡溪而至山下爲韓江。又經老鴉洲分流爲三：一自縣東溪口達澄海水寨入海，一自縣南分東、西二溪俱入於海，一自溪口東南流達急水門經北關亦入於海。

惡溪，在城東北。一名鱷溪，亦名意溪。唐元和中溪有鱷魚，刺史韓愈作文驅之。宋咸平中通判陳堯佐斬鱷魚於此中。有壘石名曰戀洲塔，韓江經此合流而南，蓋即韓江之别名矣。○產溪，在府北九十里，東南流會於韓江。又有九河水，亦在府北五十里；又鳳水，在府城北，一名鳳皇溪，源出饒平縣鳳皇山；皆匯於韓江。

三利溪，在府城西。導濠水西歷潮陽、揭陽二縣，回抱曲折，殆將千里，而後入海。三縣利之，因名。又有楓溪、新溪，源出湖山，俱來會焉，注於鳳塘達於楓口逕入於海。通志：「三利溪宋元祐間濬，明正統以來日就湮塞。弘治五年復濬，八年復塞，至今惟小溝泄水潦而已。」又中離溪，近志云：在縣西南四十里，地達揭陽，邑人薛侃濬，起龍溪，過桃山，達楓口入於海。

西湖，在府治西湖山之陽，綿亘十餘里，今漸湮塞。又東湖，在城東韓山後，四山環遶，湖瀦其中。又府東南二十里有官障湖，產黿，亦名黿湖。中有洲約二里許。下流亦入於韓江。

急水門溪，府南二十里。韓江之水分流出此，合雙溪以入海。兩山夾峙，中橫大石，水勢迅駛奔湧，因名。○老鴉洲，在府東，扼韓江中流。今名鳳皇洲，廣一百八十五丈，袤六百三十三丈有奇，廣濟橋跨其上。

北關鎮，府東南六十里海口，向設兵戍守。又楓洋巡司，在府南。志云：司舊置於楓洋村，洪武四年改置於園頭村。○潘田堡，在縣西北百三十里。僻在山谷，通潮、揭、漳、韶，爲戍守要地，嘉靖中亦改設巡司。會典：「潘田巡司舊屬澄海縣，後改屬海陽。」又縣有田心、豐順二營。

栢林塞，府東南百三十里，濱海戍守要地也。今詳見饒平縣。又金山北有摧鋒寨，宋置，今爲民居。宋志：「海陽縣有海門等三砦，三河口鹽場、豐濟銀場、横衡等二錫場。」○新關隘，在府南。又府境有萬里橋、湯田、楓洋等隘。舊志：縣又有海門、東隴、闢望等隘。

鳳城驛。在府城北。又北七十里有産溪驛。輿程記：「自鳳城驛西至揭陽縣之桃山驛七十里，又西七十里爲潮陽縣之靈山驛。又自産溪驛而北凡百里至大埔縣之三河驛。」○廣濟橋，在府城東，跨韓江上，廣二丈，長一百八十丈。舊名濟川橋，分東西二洲，創始於宋，明增修之，崇禎以後毁。

潮陽縣，府南百三十里。西南至惠來縣百六十里。本海陽縣地，晉義熙九年析置，屬義安郡，宋、齊因之。隋屬潮州，唐永徽初省。先天初復置，仍屬潮州。宋因之，紹興二年廢，八年復置。今城周六里有奇。編户三十六里。

潮陽故城，縣西三十五里。志云縣初治於臨崑山，即此。唐元和十四年刺史韓愈移縣於棉陽，即今治也。城邑考：「縣城，元至正十二年築，洪武二十四年因故址修築，正統十三年始甃以石，天順四年城始就，弘治以後屢經修築。」

東山，在城東。其相接者亦曰韓山，疊嶂層巒，參差奇勝。又城西十里有西山，形勢巀嶭。上有磚塔。下有石室，名海潮巖。又西十里曰曾山，雙峰並峙，亦名雙髻山，出海望之愈高。○臨昆山，在縣西三十五里，相傳舊縣置於其下。相接者有龍首山，一名猴子山。又錢澳山，在縣東十里。前有蓮花峰，下臨滄海。又東五里曰大湖山，亦南臨海，下有龍潭。又十里曰廣澳山。北有招收山，三面距海，盤據數十里，地多斥鹵，不可畊，河渡通焉。其北十里曰磊口山，馬耳在其外，是爲洋海之門。

潯洄山，縣北十里。山在水中，爲邑之後扆。東有三嶼，白嶼尤傑起。○鐵山，在縣西北八十里。山聳秀，爲羣山之冠。山之西接普寧縣界。其北曰牛户山，接揭陽縣界。又南山，在鐵山西南十里。連峰接岫，林嶺深峻，盜賊多窟穴其中。亦名大南山。

靈山，縣西五十五里。山高聳，下有卓錫泉，唐元和中僧大顛居此。志云：縣西南二十里有石龜山，面枕練江。有石林立如笏，是爲邑之西障。又南十里曰神山，平地突起，林木森秀。○鹽嶺逕，在縣西百里。其山與普寧縣接界，道通惠來縣。又西南有林昭逕，亦出惠來縣之道也。

海，在縣東南。志云：縣境濱海，潮汐入港，支析成川。招收山臨河渡，長數十里，南爲錢澳，爲廣澳，北爲馬耳，爲磊口，皆通海。磊口，海洋之門也。其外爲牛田洋，澄、揭之水皆匯於此。有海門所，爲扼要處。嘉靖三十八年倭賊自福建漳州來犯，自磊門登陸攻海門所，官軍擊敗之是也。

練江，在縣西南石龜山下。源出海陽縣雲落山，流入境，東南十里有洑水來合焉，又東二十餘里瀟溪流入焉，又東四十五里東溪流合焉，又五里出和平橋，又東流經縣南二十里匯衆流而爲江。紆迴如練，因名練江。又東南入於海。

東溪，縣西七十里，源出大南山而東注；又瀟溪亦在縣西；俱流注於練江。志云：縣北諸山之水皆迤西達於練江。

又臨崑山下有西豐水，靈山西北有仙陂水，又西十餘里有麒麟水及西條、東條之水，南流而東折爲洑水，合雲落水，即練江也。又西南之水曰司馬浦，東流會於銅鉢湖；迤南有桃溪水，東流會於東溪；其下流皆合流，過和平橋注於練江。練江蓋匯縣境諸水爲大江，流至海門入海也。

吉安鎮，縣西北七十里，地名貴嶼村，有巡司；又門闢巡司，在縣北六十里；俱洪武二年設。招寧巡司，在縣東三十里。洪武二十八年建。桑田巡司，在縣北三十里。正統十三年建。又雲落巡司，在縣西南百二十里。嘉靖中置，屬普寧縣，後改今屬。志云：縣東三十里有招收鹽課司，縣南二十里練江村有龍井鹽課司。今龍井司改屬惠來縣。又縣西和平村有河泊所。

興安鎮。縣東南三十里，有兵戍守。又北闢隘，在縣城北。河溪隘，在縣北二十五里。門闢隘，與巡司相近。又河渡門隘，在招收山下。志云：縣有下遊營，守河渡門、磊口等處。又有紹興營，置於海門所。嘉靖三十八年倭賊從招寧巡司、河渡、磊口入犯。○靈山驛，在縣南門外。又武寧驛，舊在縣南七十里。郡志：縣西南有和平橋，宋宣和中建，長三十丈。元末毁，明初重修。

揭陽縣，府西南七十五里。西北至惠州府長樂縣二百八十里。漢縣，屬南海郡，後漢因之，晉廢。義熙中以其地析置潮陽等縣，後因之。宋宣和三年始析海陽三鄉置縣，紹興二年廢，八年復置。今城周四里有奇。編户七十八里。

揭陽故城，在縣西北揭嶺之南。漢置縣，以揭嶺爲名。元鼎六年伐南越，東越王餘善上書，請發兵從擊吕嘉，兵至揭陽，以海風波爲解。後廢。宋紹興八年卜置縣於嶍隍村，不果，改置縣於玉窖村，即今治也。城邑考：「縣城，元至正十二年因海寇始築内外二城。明天順中增拓内城，甃以石，并拓外城。成化二十三年復築外城，甃石爲址。弘治元年增修，十一年皆改甃以石。嘉靖以後屢經修治。」

揭陽山，縣西北百五十里。形勢岧嶢，南北二支直抵興寧、海豐二縣界。〔五〕亦曰揭嶺。秦始皇伐百越，命史祿轉餉，祿留家揭嶺，或以爲即此山也。嶺之陽爲海豐縣。西北之瘦牛嶺去縣治百里。嶺之西爲飛泉嶺，壁立數百仞，周圍數十里，有泉飛空而下，逕通惠州府長樂縣，爲惠、潮之關隘。或以此爲揭嶺。嶺西北又有貴人山。通志：「山跨揭陽、長樂二縣界，周圍百里，曰灘下，曰大竹園，曰礦山頭，曰粗石坑，曰麻竹坑，曰筲箕坪，皆其處也。」

黄岐山，縣北十里。上有石湖，四時不竭。絶頂又有石浮圖。下有二巖，東曰竹岡，西曰松岡，皆有洞壑之勝。又五房山，在縣西北四十里。多竹木，産鐵礦。○三山，在縣西百五十里。一名獨山，南溪經其下。獨山南四十里曰明山，東南二十里曰巾山，峰巖相望。明山之巖曰天竺巖，甚奇勝。

桑浦山，縣東百里，瀕海，接海陽縣界。崔嵬綿亘，多巖洞之勝。詳見前。又東二十里曰菱池山，三峰插天。中有深池數十畝，巖谷林泉，爲諸山最。下有石巖，形如獅子，中可容千人。相近者又有桃山，旁有小山類桃，因名。透迤百餘里。

玉窖溪，在縣治南。有南北二源：南溪出海豐、長樂二縣，分水並流，經三山百折而東，過玉窖會北溪；北溪出程鄉、長樂二縣，分水並流，經貴人、飛泉諸山，又東有石硿、循梁、大羅諸水流入焉，過玉窖會南溪，繞縣治而東南，至浦灣渡入於海。海口有石馬激潮，聲聞數里。志云：南溪源出魚梁灘，北溪出瘦牛嶺。又縣東南三十餘里有雙溪口，南、北溪水並會於此入海。

楓溪，在縣東北四十里大脊嶺下。源出海陽縣，即三洌水派流也，東南流二百里爲楓溪口，亦曰楓口逕，匯諸溪水注於海。志云：縣東南十五里並有古溪，又南有官溪、南溪入焉，又東有中離溪、北溪派流入焉，並注於楓溪。○深浦溪，在縣西北。源出西山，流至北寨入於北溪。又湖口溪，源出縣西五十里之龍磜山，流會斗龍潭入南溪。又有梅岡溪，出縣東北三十里梅崗山，一名曲溪，亦流入楓溪。

北砦鎮，在縣東。有巡司，洪武四年置於縣東北之岡頭山，後移於桃山。又湖口巡司，在縣東北之棉湖砦。洪武三年置。嘉靖三十八年倭賊自平和營進赤寮村，劫棉湖砦，尋移營於此。相近者水沙村，是時倭賊焚劫處也。○獅子營，在縣西，亦曰獅頭營，防七成徑關隘。又西北有馬頭營，防石碇、飛泉徑等關隘。又東北有長布營，防磜内、官碩逕等關隘。舊俱有官兵巡戍，今廢。又有西營，在縣西。

官溪隘。在縣南。志云：縣東有桃山隘，北有藍田隘，西有霖田隘，皆爲戍守處。又桃山驛，亦在縣東二十里。又東有大溶橋。嘉靖三十九年倭走大溶橋，官兵邀擊，倭潰走。

程鄉縣，府西北三百里。西至惠州府興寧縣百三十里，東北至福建上杭縣三百八十里。本漢揭陽縣地，晉海陽縣地，蕭齊置程鄉縣，時有程旼者以信義行於鄉，因名，屬義安郡。梁、陳因之。隋屬潮州，唐仍舊。五代晉開運初南漢置敬州治焉，宋開寶四年改曰梅州。熙寧六年州廢，縣屬潮州。元豐五年復置，宣和二年賜郡名曰義安。紹興六年州復廢，十四年又置。元至元十六年升爲梅州路，二十三年仍降爲州。明洪武二年省州入縣。今城周六里有奇。編户十九里。

廢梅州，即今縣。南漢置敬州，宋志作「恭州」，避翼祖諱也。歷宋及元皆爲梅州治，明初廢。城邑攷：「縣舊有土城，宋皇祐間增築。明洪武十八年甃以磚石。弘治八年、嘉靖十九年皆因大水城壞，復增修之。崇禎六年亦嘗營繕。」

[illegible]里。形勢起伏，相連如城堞。高十餘丈，與百花洲相映，爲縣東之保障。又旗山，在縣東北十三

百花嶂[illegible]口。高百餘丈，周三十餘里。縣西十四里又有西山，峰巒尖聳百有餘丈。山址周回，分爲八重，縣西之勝也。其相接者爲李洋山。○明山，在縣東南四十里。高九百餘丈，周三百里，形如簾幙。下有龍潭，中有仙花嶂，縣之鎮山也。其相近者又有九峰山。又天馬山，在縣南六十里，高三百餘丈，周七十里。一名馬鞍山。

銅鼓山，縣東南八十里。高千丈，周百里。山勢峻阻，盜賊多竄穴其中。亦曰銅鼓嶂。其相近者有陰那山，高百丈，周二百五十里，形如仙掌，下有湖。又南爲香爐山，高二百九十丈，周三十八里，以形似名。產鐵礦。○王壽山，在縣東北百四十里。高八百餘丈，周二百里，形如殿閣。上有仙牛嶺。又平頂山，在縣東北二百里。高二百餘丈，周七十二里，形如展蓋而頂平。產鐵礦。又東北五十里有龍牙筆山，高二百九十丈，周百餘里。山勢峭拔，筆狀其形。龍牙，蓋地名也。又藷田筆山，在縣西五十里。高百六十丈，周二十九里，形勢秀拔。藷田，亦地名矣。

梅峰，縣西二里。平地突起，形如覆鐘。一名馬蹄峰。其相近者曰高峰，亦平地突起，形如覆釜，爲近郊之衛。又聳秀峰，在縣南二十里。高三百五十餘丈，周百里，形如寶蓋，而秀麗聳拔。縣東南三十里又有雙筆峰，高三百餘

丈，周六十里。二峰並立，峭直如峰。又大峰嶂，在縣北百四十里，接汀、贛之交，舊爲盜藪。○鐵山障，在縣西北九十里。山徑荒僻，亦故盜藪也。

程江，縣西北七里。源出江西長寧縣大帽山，流經縣西北七十里，又東南流至城南注於梅溪。稍東有百花洲，周數百步。相傳洲東有五色水，絢爛如錦，謂之錦江，南流五十里有小溪自汀、贛來，經縣北七十里南流會焉；又三十里曰松源溪，源出福建武平縣象洞山，經縣東北二百里西南流入焉，謂之松口；又南二十里爲蓬辣灘，濤浪洶險，聲聞數里，一名矖甲溪，相傳韓京帥師平潮寇經此，觸石舟壞，矖甲於此，因名；又東南入大埔縣會三河溪，經府城東而爲韓江。邑志：小溪亦名小河溪，源亦出武平縣赤岸山。又松源溪有灘石險惡，僅通小艇。

梅溪，在縣城南。惠州府興寧、長樂縣界諸山之水流入縣境，東會於程江。又周溪，在縣東四里。源出縣東北之蓉嶺，經百花山下環繞如帶，西會於梅溪。志云：梅溪南有老溪，即梅溪故道，後水勢直下，故道淤塞。今縣西南二里有老溪角，約長一里，廣二十餘丈，折而東爲新溪。正德十一年梅溪泛漲，漸囓城址，鑿此以分水勢，別流過城[illegible]直梅溪[illegible]靖二十五年復築陂絶流，仍自縣南合於程江。○西洋溪，在縣東南四十里九峰山下。源出明山，逆流而西會於梅溪。

梅口鎮，在縣北，接福建汀州府[illegible]。五代梁龍德中南漢主巖用術者言，幸梅口鎮以避災，閩將王延美遣兵襲之，巖僅以身免。○太平鎮，縣西百里。有巡司，洪武三年置於縣西南十餘里梅塘保，二十三年改置於此。又縣西北百二十里有豐順巡司，嘉靖末置。隆慶初築城，周二里有奇，以通判駐守。尋以盗平還郡。崇禎初復增設官軍汛守。

志云：縣城北有永定營，一名北營；又縣東百五十里有上井隘，通福建上杭縣，岡嶺峻絶；東北二百里有松源隘，亦通上杭，山逕崎嶇，松源水所經也；西南四十里有水車隘，山荒澗多；百里有馬頭隘，路出長樂，爲往來之徑道；舊皆爲盗賊嘯聚處，設兵戍守。

程江驛。在縣城東。洪武三年置於城西，十八年移於此。又攬潭驛，在縣西八十里；松口驛，在縣東南八十里；俱洪武初置。武寧驛，在縣南百里，崇禎初自惠來縣移置於此。志云：縣西百二十里有廢東牛驛，元天曆中置，後廢。今屬興寧縣界。○丙村，在縣東三十三里，舊爲盗藪。又東北有蛇坑、小溪壩，俱山寇出没處也。

饒平縣，府東二百里。東至福建詔安縣百七十里，東北至福建平和縣百里。本海陽縣地，地名三饒，濱海倚山，習俗慓悍，爲盗賊藪。成化十四年督臣朱英奏置今縣，治於下饒。築城，甃以磚。嘉靖十四年大水城壞，旋復補砌。十八年增修。城周四里有奇。編户二十七里。

將軍山，縣北三里。高五百丈，周十里，巍峨秀拔，一名尊君山。又縣治北有大金山，城環其麓，一名城隍山。縣南三里曰天馬山，其右有文峰卓起。○桃源山，在縣西北十里。上有龍潭。又十里爲九峻山，巒嶂重疊，頓伏九折，抵大埔縣界。又百花山，在縣西南十餘里。一名待詔山，産茶最佳。

鳳凰山，縣西北四十里，東南去府六十里，其地爲下饒保。山高峻，爲一郡巨鎮。鳳水出焉，流入海陽縣界。山之西有虎頭山，形如虎踞。○蓮花山，在縣西南九十里。一名白石山。五峰並列，形如蓮花，東接滄海，西障郡城。

南澳山，縣西南二百里大海中，去福建玄鍾澳口約三十餘里。形如筆架，周二百餘里。内三澳曰青，曰深，曰隆，即長沙海尾，延袤三百里，田地沃饒，幾數千畝。洪武二十六年，居民爲海倭侵擾，詔令内徙，遂墟其地。其山四面蔽風，大潭居中，可以藏舟。嘉靖初倭泊於此互市。既而倭自福建之浯嶼移泊南澳，建屋而居，大爲粤東患。其後海寇吴平、許朝光等亦窟穴於此。萬曆三年增設重兵屯據其地。四年築城，周三里。城左右有灣曰白沙灣，爲郡境之鎖鑰。海防考「南澳周圍六七百里，有青澳、後澤澳，番舡多湊泊於此。而深澳尤爲形險，小舟須魚貫而入，官兵攻勦，勢甚掣肘。嘉靖間嘗用木石填塞澳口，未幾倭人使善水者撈起木石，澳口復通。既而劇賊吴平等結巢於此，官兵勦逐之，然常爲賊藪。萬曆初設營置兵，創築三城，一在深水澳，一在雲蓋寺，一在龍眼沙，互相聯絡，墩臺瞭望，錯綜布置。三處田約共四五萬畝，軍民耕種，可以坐食」云。○石壁山，在縣東百里。山多巖石，飛泉濺空，眺望最遠。又尖山，亦在縣東，接福建漳浦縣界；相近有白鷴山；皆險阻，舊爲伏戎之藪。

大尖峰，縣東南百里。峰巒筆立，爲高埕栅之鎮。東有大埕栅，近鳳髻山。又東則虎嶼、獅嶼。西有大港栅，則近烟樓山。南有柘林栅，則近柘林澳。中有紅旗山。四栅之中設大城千户所。其東南有鯉魚山，又二里有紅羅山，灣港皆通潮汐，蟠蜒四十里，爲一方關隘。柘林澳，在其南。暹羅、日本及海寇皆泊巨舟於此，因設官兵戍守。

海，縣東南百三十里，縣境諸水皆匯入焉。南澳山在其中，分三澳，與南澳爲四，海岸皆沙也。由南澳東折曰青澳，一名青徑口，風濤險惡，鮮有泊舟者。深澳内寬外險，獵嶼、赤嶼環處其外，一門通舟，中容千艘，番舶寇舟多泊焉。隆澳則舳艫往來門户也。中又有辭郎洲、宰猪澳、後澤澳，皆寬衍，海寇嘗竊據於此。又有錢澳，或以爲即淺澳，宋少帝駐蹕處云。

黄岡溪水，縣西北二十里。有二源：一出桃源山，東流經縣城北而出；一出九峻山東，東南流五十里至縣東，兩山對峙爲河門。又有程鄉縣梅峰水從天馬山南下，亦赴河門，三溪合流十餘里爲大石溪，以溪中有大石蹲踞，溪流經此始停潴。又十里爲湯溪，一名盤石溪，溪中多盤石，有温泉湧出石竅中，因名湯溪。又流經東洋屯，十里爲燈塔溪，會大榕、小榕、潘段三溪，又流二十五里爲黄岡溪入於海。

雙溪，縣西南百五十里。一曰漳溪，出青峰洞山，東流四十里合黄岡溪；一曰秋溪，源出蓮花山，下流入南澳，有小江溪流合焉，共入於海。○山尾溪水，在縣東九十里程洋岡下，宋紹聖中鑿岡北畔爲溪，接上流諸水東行，會水砦溪入於海。

黄岡鎮，縣東九十里。有巡司，洪武三年置。又有右營及小江場鹽課司，俱置於此。志云：鎮洞谷邃險，北與福建平和縣接界。嘉靖十四年增築堡城，周六里有奇。三十七年倭賊自漳州寇饒平，攻黄岡鎮，據其城，官軍敗却之。三十八年復從平和突犯入分水關至黄岡，既又自福建雲霄所突入黄岡，皆敗去。輿程記：「縣東百里爲黄岡驛，自驛達漳州陸行不過七十里。」○鳳皇山鎮，在縣西北鳳皇山麓。有巡司，弘治五年建。

柘林寨，在縣南大尖峰西南。有柘林澳，西北去府城百三十里，置寨於此，爲戍守要地。海防考：「柘林波連南澳，跨閩、粤之交，海寇恒窺伺於此，往來突犯。蓋他寨或山、或礁、或港，皆有險可恃，柘林寨南面平洋，海寇揚帆直指，瞬息可至，且四面孤懸，無附近衛所可以緩急應援。邇者海寇李之奇、劉香皆突陷柘林，遂入潮陽、揭陽，劉香且直趨會城，後又突入虎頭門等澳。既而閩帥鄭芝龍破香於柘林寨，患始息，故柘林之備爲最切。」

魚村隘，在縣東南。相近又有小榕隘。縣東北又有九村隘、嶺脚隘。縣東又有黄山坑、黄岡等隘。○青竹逕隘，在縣東南，接福建漳浦縣界。志云：縣境又有平溪、牛皮石、黄坭大徑、鳳皇小村等隘。

水寨。在縣南，去柘林一日程，近澄海縣界。洪武三年指揮俞良輔築城，周不及二里。鑿池於内，置水關於西北隅。内通海港，自南而西轉入水關瀦於池，以泊戰船。○竹林堡，在黄岡鎮東北。福建詔安山賊由此出没，嘉靖十四年置堡於此。志云：饒平東境險阨有茅山，分水二處，皆險要，接平和縣界，嘉靖三十八年俱立營於此以禦倭。

惠來縣，府西南三百里。西至惠州府海豐縣二百七十八里。本潮陽縣惠來等都及海豐縣龍溪等都地，東南臨海，西北盤礴萬山，僻遠荒略，爲盜賊出没處。嘉靖四年始析置今縣，治洋尾。築磚城，二十二年增拓南城，周四里有奇。編户三十里。

虎頭山，縣東北一里。兩石夾峙，其中空洞，外望若虎之昂首。又楊梅山，在縣西二里。峰巒奇秀，草木繁茂。西南二里又有釣鰲山，臨江多巨石。志云：縣南一里有大墩山，上多榕樹。東南二里曰赤山，平埔突起，其土赤色，因名。○葵嶺山，在縣西北十里。頂如覆釜，有巨石對峙。谿徑幽險，山寇出没，先年設兵哨守，今廢。又文昌山，在縣南十五里。孤峰秀拔，卓立如筆。

五潮山，縣北三十里。形勢雄偉，高聳如屏，爲縣枕山。山西有普陀巖，巖口有潭，常盈不竭。又石鳥山，在縣西北四十里。形勢峭拔，雙峰並聳，狀如飛鳥。○金剛髻山，在縣東北七十里。尖峰秀拔，漁舟出海，歸路視此爲準。又百花山，在縣東三十里。亦名百花嶺，以山多異花也。

黄岡山，縣東六十里。山勢巉峻，有峰嶐然，雄峙海表。志云：縣西三十里有梳山，峰巒高廣，亘百餘里。○峽嶺，在縣西北六十里。盤徑紆曲，盜賊出没處也。又銘湖巖，在縣東南三十里。山麓有石，寬平數丈，盤蓋爲室，南北相通，中容百餘人。又東南十里爲雙髻山，二峰秀拔。上有巖曰寶峰巖。又縣西八十里有黄山徑，路通海豐，隘不容車，羣盜所窟。

光華溪，在縣東北二里。源出縣東四十里釋迦嶺，西流經虎頭山，至縣南十五里合神泉港入海。志云：港在文昌山之陽，中有大石，潮没而汐見，俗謂之石龜。○羅溪，在縣西二十里。源出石鳥山，流合東溪，下流會於神泉港。又龍岡溪，出縣西三十里鶯嘴山，由鱟溪至潦洋，又東入於羅溪。志云：縣城西北有禄昌溪，源出鹽嶺，入大溪，至白沙會小溪，接赤洲而南達於神泉港。

大陂溪，縣西九十里，由澳頭達海豐縣之甲子港入海。又洪橋溪，在縣東六十里。源出金剛髻山，東至靖海港入海。○赤沙澳，在縣南四十里。沙隄蔽濤，海艘時集於此，爲防禦要地。其相近又有石井澳、鉛錫澳。

神泉鎮，縣南十里。有巡司，洪武初置於縣之北山村，二十七年改置於此。當神泉澳口，海寇猖獗，兵民難以寄頓。嘉靖三年築城，周不及二里，有兵戍守。又縣東九十里有龍井鹽課司，接潮陽縣界。○文昌營，在縣南文昌山下；又有武寧隘，在縣東，接潮陽縣；大陂隘，在縣西，接海豐縣；皆有兵戍守。

北山驛。在縣西。舊置於縣北北山村，後改置於此。又大陂驛，在縣西九十里，接海豐縣界。縣東五十里舊有武寧驛，今移置於程鄉縣境。輿程記：「自大陂驛而西八十里至海豐縣之東海滘驛，惠、潮通道也。」

大埔縣，府東北百六十里。東北至福建永定縣二百二十里，南至饒平縣二百里。明初爲海陽縣地，成化以後爲饒平縣地，嘉靖五年析饒平縣之瀏州、清遠二都地置今縣。城邑考：「縣東連福建平和縣，北接上杭、永定二縣，西北距程鄉縣，南抵饒平、海陽二縣，其地荒僻曠遠，谿洞險阻，盜賊往往蟠結於此。正德六年清遠都山僚張白眉依山結營，分隊剽掠，嘉靖二年悉勦平之。五年置縣，治大埔村。創築磚城，二載始就，周三里有奇。」編户二十里。

義招廢縣，縣南七十里。晉義熙九年以東官五營立義招縣，屬義安郡，宋、齊因之。隋屬潮州，大業初改曰萬川縣，仍屬義安郡。唐初廢入海陽。志云：廢縣治在今縣南清遠都之湖寮村，遺址尚存。縣境又有綏安廢縣，今見福建漳浦縣。

茶山，在縣治北。山下有寨。元至元二十一年閩人涂僑據此，稱涂寨，久之始降。今城垣半跨其上，縣之主山也。山後有白蓮洞。城東北一里曰伏虎山，一名石柱山，數峯聯絡，其首如虎之伏。西臨大江，東遶小溪，中有高峯如柱，上有寨址。其後又有數峯，起伏綿亘。城西一里曰獅子山，奇石巉巖，襟帶江上，有來秀峯。下有山如螺旋，曰海螺峯。○南棟山，在縣南二十里。山高聳。稍南爲積龍山，下有巖，前有盤谷。又南三十里有雙髻山，中有石室。

大河山，縣西四十里。高百餘丈，周四十里，大河經其西。一名陽石峰。又西四十里曰烏槎山，多竹木。志云：陰那山亦在縣西八十里，相接者曰銅鼓嶂，俱接程鄉縣界，盜賊盤踞其中。又西巖山，在縣西南百五十里。澗谷深杳，下有龍潭。○高昌山，在縣西北二百里。一名梁山，跨福建漳浦縣界。下有綏安溪，一名越王潭。南越志：

「綏安縣北有連山。」是也。今詳福建名山梁山。

天門嶺，縣南百二十里。兩峰傑峙，中有徑通福建平和縣。絶頂有泉，大旱不竭。又風波嶂，在縣東二十里，高四百餘丈，周四十里。又有閻羅石，在縣東北三十里，右達福建永定縣，左達上杭。其石欹仄如磚甓，人不可行，舟經石下亦必登岸而後進。

神泉河，在縣治北。一名大河，即汀州府之鄞江也。經上杭碎頭奔激出叢石中，西流横帶縣治，會永安、小靖二溪，又西北流三十里經大河山西達三河，閩、廣往來水道之所必經也。

三河，縣西四十里。上流有三，自汀、杭北注者曰大河，自長樂縣西注者曰小河，自平和縣東注者曰小溪，三支交會，瀠洄渟滀，南達府城東，所謂韓江也。○大靖溪，在縣東五十里。一名漳溪，源出永定三層嶺，灣曲數十里，繞縣北流入神泉河，所謂永安河也。邑志：溪有二源，自漳州來者爲漳溪，自永定東洋來者爲黄沙溪，合流爲大靖溪。又有小靖溪，源亦出永定縣，曲折數十里，繞縣北會神泉河。

小河，縣西北五十里。源出惠州府龍川縣界，東流經長樂、程鄉二縣界會爲三河。縣西南又有小溪，源出平和縣赤山巖，西流入境，曲折流會於大河。志云：小溪上源爲清遠河，出福建漳平縣象湖山，合諸澗壑流入境，經縣南，下流會梅子潭注於小溪；又有莒溪，在縣東南，源出尖筆棟，流會諸溪澗水合清遠河；所謂雙溪也。

三河鎮，在縣西。有巡司，洪武九年置。又三河驛亦置於此。嘉靖中築城，周不及三里。萬曆末司廢。有威遠營，設兵戍守。又大産巡司，在縣南大産村。嘉靖十六年置。又有烏槎巡司，在縣西烏槎山下。本烏槎堡，嘉靖末改設巡司。

虎頭沙隘。在縣東北，又縣北有平沙隘，縣東有箭竹凹隘，縣東南有長窖隘、莒村隘、白猴隘，縣南有鴉鵲坪、天門嶺、楓朗三隘，縣西有大麻隘、陰那口隘，俱有兵戍守。郡志：縣西又有小靖、看牛坪、墟坑三砦。

平遠縣，府西北三百八十里。東南至程鄉縣百六十里，西至惠州府興寧縣百里，北至江西長寧縣二百三十里。本程鄉等縣豪居堡林子營，嘉靖三十八年以險僻多盜，設通判駐守。四十一年析福建武平、上杭、江西安遠、惠州府興寧四縣地置縣，以接壤于武平、安遠，因名，屬江西贛州府。四十三年還三縣割地，惟析興寧之大信都與程鄉之義化、長田、石窟、石鎮四都爲縣，改今屬。築城，崇禎中增修，周三里。編户四里。

鳳山，縣南三里。一名鵝山，縣之主山也。又卓筆山，在縣東南三十里。高出羣峰，下有鐵礦。又有白雲山，在縣東南百里。一名石鎮山。中有巖洞數處，四壁削成，中通一徑，上平衍有泉，爲鄉人避寇地。

五子石山，縣東北三十里。山多石峰，壁立雲際。其最勝者爲寶鼎、寶蓋諸峰，含珠、擊磬、睡佛諸洞，高處約數百尋，好事者緣崖而上，豫章、閩、越之境悉在眉睫間。縣北五十里有項山，亦高勝。産葛，土人採以爲布。

三段嶺，縣東南二十二里。段，亦作「斷」。三嶺相接，紆回斷續，通道所經也。縣西北五十五里又有鳳頭嶂，爲江、廣接界處，亦名硿頭隘嶂。外即長寧縣丹竹樓，賊巢也。

縣前溪，在縣治南。源出項山，東流入鎮平縣達大埔縣之三河。又石鎮溪，在縣西南，下流入程鄉縣之梅溪。志云：縣有大柘溪、河頭溪、長田溪、壩頭溪，俱東入鎮平縣之石窟溪。會典：「石窟巡司，舊屬程鄉縣，後改屬平遠，尋又分屬鎮平縣。」

石鎮營。縣西南百里，向有官兵戍守。又有石鎮村隘。志云：石鎮與興寧大帽山賊巢接壤，其路險巇，可以遏敵；其山嵯峨，可以固守；其上坦平，可以屯兵；且原田寬衍，可以耕種云。○腰古隘，在縣西北，東南去程鄉縣二百餘里。徑路險狹，丹崖若壁，長三十餘里，通贛州安遠縣。縣北又有分水凹隘，近安遠縣黃鄉賊巢；縣東南又有畬田逕隘，近武平縣緣繩峰賊巢；舊皆有兵戍守。

普寧縣，府西南百二十里。西北至揭陽縣七十里。嘉靖四十三年析潮陽縣之洋烏、泷水、黃坑三都地置縣於貴嶼，名安普縣。萬曆三年改築城基於後嶼。十年以二都還潮陽，止存黃坑一都，改曰普寧縣。十四年城成，因移治焉，南去舊治二十里。城周三里有奇。編户十四里。

崑山，在縣治東。又有金山，在縣治西。其南曰鐵山，峰巒峭峙。○黃舉林山，在縣東十里。其北有洪山，孤峰特起，上有泉不涸。

涍溪，在縣東。志云：縣境又有下浦、竹浦、南溪，下流俱注於楓溪入海。

北關隘。縣城北。城南有南關隘。

澄海縣，府東南六十里。東北至饒平縣百三十里。嘉靖四十二年析饒平縣蘇灣一都，揭陽縣鮀江、鰐浦、蓬州三都，并海陽縣之上中下外三莆，共七都，置澄海縣。創築縣城，萬曆、崇禎間皆增修，周五里有奇。編户五十五里。

北殿山，縣西北七里。相傳宋太子避元兵至此，設行在，因名。俗呼皇子佃山。又鳳山在縣北十里，又北五里曰仙門山，又二十里曰三髻山，皆高聳。○蓮花山，在縣北六十里，與龍舟嶺相連。

潯洄山，縣西五十里，突起海中，接潮陽縣界。又小萊蕪山，〔六〕在縣東十里海中，一名留子山。又東二十里曰大萊蕪山，亦名雙髻山。志云：縣東南三十里有南澳山，接饒平縣界。山之左有侍郎嶼。

海，在縣東南。志云：外沙海中有鳴洋，聲起若雷，東風西雨，海人每以爲候。又牛田洋，在縣西南四十五里，揭陽境内南、北二溪及楓溪諸水俱匯於此入大海。

三川溪，縣北一里，又北一里有玉帶溪流合焉，又有南港、北港及黄洲溪、新溪諸水俱流注於三川溪，下流入海，居民資以灌溉。○横隴溪，在縣西北二十里。上通海陽縣之韓江，分二派繞流入縣界，東接諸港以達於海。志云：縣北有大洲港、飛錢港、旗嶺港，縣西南有溪東港、鮀濟河，又有石港、新港、東港、溪南港，俱縣境通海之道也。

鷗望鎮，在縣南南洋村，濱海。有巡司，洪武五年置。嘉靖三十八年官軍敗倭賊於南陽灣，賊奔聚鷗望港口，明年官軍擣平之。四十二年自海陽縣改今屬。○鮀浦鎮，在縣西南。有巡司，洪武三年置。本屬揭陽縣。嘉靖三十七年倭犯鮀浦，又攻蓬洲千户所，即此。四十二年改今屬。志云：鮀浦鎮西北舊有小江場鹽課司。鎮北有鮀浦河泊所，其東南又有東隴河泊所，今二所皆廢。

大場鎮。在縣西南近海。其相近有夏嶺、新港等鎮，接連馬耳、萊蕪等海澳，以防賊衝。又有大澄營，在縣南門外。○冠隴隘，在縣西十里。又西南有鮀浦隘及烏汀背隘。縣南有南洋隘。

鎮平縣，府北三百六十里。東北至福建上杭縣百二十里，北至福建武平縣百七十里。本程鄉縣地，崇禎六年因寇變析程鄉之松源、龜漿、下半圖，并平遠縣之石窟、一、二圖置鎮平縣，治蕉嶺。築城，周四里有奇。編户四里。

洋子佃山，縣西北十里，三峰鼎立。又有鳳山，在縣西南十里，亦高聳。○龍藏嶂，在縣南二十里。峰巒高聳，若龍之騰空。又大峰嶂，在縣東三十里。山半有湖。又鐵山嶂，在縣西二十五里，與程鄉縣接界。志云：縣城內有蕉嶺，今名桂嶺，縣治所憑也。

石窟溪，縣北十五里。源出武平縣界，南流經此。有石窟洞，臨溪上，因名。縣西北有橫梁溪、徐溪，俱出平遠縣界，流入境，東流注石窟溪，會大埔縣之三河達於韓江。

藍坊鎮。縣東二十里。有巡司，與縣俱置。志云：縣北舊有石窟巡司，南去程鄉縣二百里，地名圓子山徑。四圍皆山，中有徑道方四十餘里，通汀之武平、贛之安遠，寇盜往往出没於此，有兵戍守。本屬程鄉縣，後屬平遠，今爲縣境。○胡椒徑營，在縣東三十里。又縣西有大麥逕、梅子畲、天門凹等隘，俱接平遠縣界。

附見

潮州衛。在府城内。元總管府故址，洪武元年置興化衛，二年改潮州衛。○大城守禦千户所，在饒平縣西。舊志云：在府東北三十里。洪武二十七年置。築城周三里有奇，嘉靖十七年重修。近志云：所在饒平縣東宣化都。又海門守禦千户所，在潮陽縣南十五里；靖海守禦千户所，在惠來縣東六十里；俱洪武二十七年置。舊志：靖海所屬潮陽縣，北去縣八十里，成化以後改屬饒平。

蓬洲守禦千户所。舊在揭陽縣東南九十里，濱海。洪武二十年置所於下嶺村，以扼商夷出入之衝。二十七年移建於西埕村。三十一年始砌石城，周三里有奇。嘉靖中改屬澄海縣。○程鄉縣守禦千户所，在縣治西南。洪武十五年置於縣治西北，萬曆初移於此。又澄海守禦千户所，在縣城内。萬曆初置。已上諸所俱屬潮州衛。

校勘記

〔一〕府南百三十里有懷安山　「百」，底本原作「北」，今據職本、鄒本改。

〔二〕貶劉宗器爲循州懷安戍主　「懷安」，底本原作「安懷」，據上文「懷安戍」乙正。

〔三〕後改曰瀛州　「瀛」，底本原作「嬴」，今據鄒本及寰宇記卷一五八改。

〔四〕宋至和元年築　「至和」，底本原作「至元」，今據職本、鄒本改。又「元年」，底本原作「九年」，鄒本作「元年」。至和爲宋仁宗年號，只三年，作「九年」誤，今從鄒本。

〔五〕南北二支直抵興寧海豐二縣界　「南北二支」，底本原作「南北一支」，今據職本、鄒本改。

〔六〕小萊蕪山　「萊」，底本原作「菜」，今據職本、鄒本改。下「大萊蕪山」同。

讀史方輿紀要卷一百四

廣東五

高州府，東北至肇慶府七百七十里，南至海岸百五十里，西至廉州府二百六十里，北至廣西梧州府五百二十里，自府治至布政司一千里，至京師八千六百四十七里。

古百越地，秦爲南海郡地，漢初屬南越國，武帝時屬合浦郡。後漢因之，建安末析置高涼郡，治高涼縣。三國吴又置高興郡。治廣化縣。今與故高涼縣俱見肇慶府陽江縣。晉初因之，後以高興并入高涼郡。宋、齊仍舊，梁大通中兼置高州。隋平陳廢郡，大業初復改高州爲高涼郡。唐武德六年復置高州，初治高涼縣，貞觀二十三年移州治良德縣。天寶初曰高涼郡，乾元初復故。新唐書：「大曆十一年州移治電白縣。」五代時屬於南漢。宋仍爲高州，亦曰高涼郡。景德初并入竇州，三年復故。元曰高州路，仍治電白縣，大德八年徙治茂名。明洪武初改爲高州府。領州一，縣五。今因之。

府據二廣之間，爲交衢之地。西北一帶，山箐盤互，傜、僮伺隙其間，一旦竊發，則東西俱病矣。至東南皆距大海，雖有沙帶、限門之阻，而水深潮平，倏忽易達，禦倭營堡，不容少疏也。志云："郡控山濱海，谿峒中聯，爲水陸襟要。"允矣。

茂名縣，附郭。漢合浦郡地，晉南渡後置茂名縣，屬高興郡，後廢。梁復置，屬高涼郡。隋屬高州，唐初因之。貞觀元年改屬潘州，八年爲潘州治。五代梁開平初劉隱奏改爲越裳縣，唐同光二年南漢復改縣曰茂名，仍爲潘州治。宋開寶五年廢，以縣隸高州。景德元年高州廢，縣屬竇州，尋爲竇州治。三年還屬高州。元因之，尋爲府治。今編户四十六里。

廢潘州，今府治。唐武德四年置南宕州，治南昌縣，在今廣西博白縣境。貞觀初移治定川縣，在今鬱林州境。八年更名潘州，尋移治茂名縣，十七年并入高州。永徽初復置潘州，天寶初曰南潘郡，乾元初復故。南漢因之。宋開寶五年州廢，縣屬高州。元改爲府治。城邑考："今府城唐潘州城故址也。洪武十四年因故址增拓，三十一年甃以磚石。成化元年寇毁，三年重修，明年復增築。嘉靖四年以後屢經修治。有門五。城周不及四里。"

南巴廢縣，府東百里。梁置縣，爲南巴郡治。隋平陳郡廢，縣屬高州，大業初廢。唐武德五年復置，屬高州。永徽初改屬潘州，宋省入茂名縣。○潘水廢縣，在府西北百二十里。唐武德五年置潘水縣，屬南宕州，尋屬潘州。貞觀二十三年析置毛山縣，尋省潘水縣入焉。開元二年又改毛山曰潘水。南漢曰潘川縣，仍屬潘州。宋省入茂名縣。

潘山，府東一里。亦名東山，峰巒高聳，環抱郡治，郡之主山也。山之麓爲潘仙坡，相傳晉永嘉中道士潘茂名者得仙於此。城西又有觀山，爲茂名上昇處。一名昇真山，亦名仙山巔，有昇真觀，因名。○筆架山，在縣東南十里，有三峰並聳。又東南十里有射牛山，峻聳圓秀，上有二潭。俗呼石牛山。

高涼山，府東北九十里。舊屬電白縣，後改今屬。志云：山本名高粱，羣峰並聳，盛暑如秋，故改粱爲涼。漢建安十六年，衡毅、錢博拒步騭於高要峽，毅死，博與其屬亡於高涼，蓋即此山云。或云漢高涼縣蓋置於山下。又大帽山，在府東北五十里。層崖高聳，形圓如帽。傜人散居其中，亦曰傜山。又東北三十里曰白水山，上有飛泉直瀉，中有白石鮮明。○雲爐山，在府西三十里。山高聳，多雲霧，如煙起爐中。弘治十一年御史萬祥言高州山洞賊巢，有雲爐、大桂、平地、石羊、冬瓜、捌嶺凡六處云。又銅魚山，在府東六十里，山形似魚；又東二十里曰靈湫山，下有龍湫；舊皆屬電白縣。志云：府東百里有浮山。山嶺高聳，其水西南流入吳川縣界。

南宮嶺，府南一里。山形圓秀，下臨鑑江。又南二里有茂嶺，亦曰茂嶺岡，以草木滋茂而名。其下爲南洲，相傳岡本臨大湖，唐天寶中一夕雷雨，湖中湧出一洲，土人目爲小瀛洲。又仙井嶺，在府西北一里。旁有仙井。志云：府西南三十五里有蠶山，俗名王商嶺。在府東南百七十里有胡鼻岡。

海，府南百五十里。海防考：「府境所轄海澳若蓮頭港、汾州山、兩家灘、廣州灣，皆南面之險也。」

鑑江，在府城東北。源出電白縣鑑山下，其水澄澈，遶流而西，環帶郡治，迤西南支分雙渚，合流至化州會羅水，又南經吳川縣入海。志云：府東北一里有上宮灣，出崖石中；又有下宮灣，在城西觀山下；又有新河水，在府東南一里，源出雲爐山，一名東河，合大河經此；皆流會於鑑江。

潭峨江，在府城西。源出信宜縣西思賢嶺，下流經府城西南，有高源水亦自信宜縣流經府城西，會爲一水，並流入於鑑江。○特亮江，在府西百里，自信宜縣流入界；又浮來水，在府西北百二十里；其下俱流注於海。

平山鎮，府東南四十里。本屬電白縣，有巡司，洪武中置，成化以後改今屬。又赤水巡司，在府東北。志云：府東百十里有故那黎寨，宋置於電白縣下博鄉，元曰那黎巡司，洪武二十七年以那黎地僻，遷於今治。○東門營，在府城東。志云：府西北有雙威寨，綉江源出於此，即今廣西北流縣之雙威鎮矣。又有茅峒，在府東南十里。四山環合，中有隙地，可以藏兵。當山缺處，一徑迤邐通神電以西諸路。成化二年賊鄧公長據此，知府孔鏞招降之。

古潘驛。在府治西。又那夏驛，在府東九十里。輿程記：「自古潘驛西八十里爲化州石城縣之息安驛，又西九十里爲廉州府石康縣之白石驛，此爲西達廉川之道。自驛而南九十里爲化州陵水驛，又百里爲石城縣之新和驛，又南百里爲雷州府遂溪縣之桐油驛，此爲南達雷州之道。又自那夏驛東百里爲電白縣之立石驛，又六十里爲肇慶府陽江縣之太平驛，此爲東北達肇慶府之道。」○端黎山砦，在府北。志云：茂名縣境傜山凡四十有四。

電白縣，府東四十五里。東至肇慶府陽江縣二百二十里。漢合浦郡高涼縣地，梁置電白郡，治電白縣。隋平陳郡廢，縣屬高州。唐因之，大曆十一年自良德縣移高州治此。宋因之，景德初州廢，縣屬竇州，尋復爲州治。元大德中移高州治茂名，縣屬焉。明景泰初流賊雲擾，縣無寧宇，成化四年移入神電衛城。今城周六里有奇。編户十二里。

高州城，今縣治。唐、宋時州郡皆治此。郡志：電白縣舊有土城，即故高州城址。元大德中因故址爲縣城，甃以磚石，周三里有奇。明正統中爲傜寇所毁，尋復修築。成化中廢爲舊電白堡，而移縣於神電衛治東，西北去舊城百八十里。城邑考：「衛城，洪武二十七年築。初爲土城，永樂七年改甃以磚。成化四年增修，濬濠環之。」

良德廢縣，在舊縣西北三十七里。陳置務德縣，屬高涼郡，後改曰良德。隋屬瀧州。唐初改屬高州，貞觀中爲高州治，州徙縣仍屬焉。宋開寶五年省入電白縣。○海昌廢縣，在舊縣北。梁置，并置海昌郡治焉。隋省。

保定廢縣，在舊縣東二百二十五里。本高凉縣地，梁置連江縣，爲連江郡治。隋平陳郡廢，縣屬高州。唐初改曰保安縣，仍屬高州。開元五年改曰保寧，至德二載又改曰保定。宋初省。

寶山，舊縣治北一里。秀麗特立，形如圓珠。宋紹興間創登高亭，植松於上，爲郡登臨之勝。山之麓有送龍岡，其南爲獅子坡，縣治憑焉。又有鑑山，在縣北三里。舊有銀坑。下有溪，澄澈如鏡，即鑑江之源也。志云：今縣北二里有莊垌嶺，高峻巉巖，爲縣主山。縣北十里曰龍潭山，山麓有石巖，泉出三竇中，湧流爲龍潭。又縣南十里曰蓮頭山，高秀如芙蓉，縣之案山也。

要龍山，縣東六十里，與雙甑山相連，皆高聳。又帽滂山，在縣東北三十里。山有雲如帽，即雨至，因名。○丫角嶺，在今縣北五十里。雙峰並峙，山色蒼翠。又湖山嶺，在縣西北七十里。山勢聳拔，爲諸山宗，登其巔瞰大海如池沼。上有龍潭，淵深莫測。

海，縣南五十里，又東南與陽江縣接境。志云：縣南三十里有鹹水湖，四面水皆淡，而此湖獨鹹，説者以爲地竅通海也。

鑑水，在縣西南。源出鑑山下，合羣川流入茂名縣境而爲鑑江。志云：縣東北三十里有射合水，出帽滂山，流入茂名縣境。舊縣南三里又有蒲牌河，東流七十里爲大河，復西南流入茂名縣界合於東河，并注於鑑江。

五藍河，縣東三十里。源出山澗中，南流入海。有官渡。○蓮頭港，在縣南四十里。源出縣西北十五里之奇壁山西，名沙尾港，南流經蓮頭山，二水流合焉，因名蓮頭港。又南有大分洲水，流經此入海。

立石關。在縣西北立石驛西。志云：神電衛西有立石驛，萬曆中改掘岡驛。有立石巡司，尋革。又龍門營，在縣西四十里。嘉靖十八年置。又獅子堡，在縣西七十里，嘉靖五年設，與舊縣城並爲控禦傜賊之要路。相近有三橋堡，志云即茂名縣之那夏驛，弘治十年設。皆有兵戍守。○北額砦，在縣西，宋置。又望夫山砦，在縣境，傜砦也。志云：縣境有二十一傜山。

信宜縣，府北八十五里。東至羅定州百六十里，西北至廣西容縣百八十里，北至廣西岑溪縣百五十里。漢蒼梧郡端溪縣地，梁爲梁德縣地，隋爲懷德縣地，唐武德四年析置信義縣，爲南扶州治，貞觀六年爲竇州治。宋太平興國初改縣曰信宜，仍爲竇州治。熙寧四年州廢，縣屬高州。今城周不及二里。編户十五里。

廢竇州，即今縣。唐武德四年置南扶州，治信義縣。尋以僚叛寄治瀧州。貞觀元年州廢，以縣屬瀧州。二年復置南扶州，五年復廢入瀧州。六年改置竇州，天寶初曰懷德郡，乾元初復曰竇州。唐志：「州界有羅竇洞，因名。」南漢亦曰竇州，宋廢。城邑考：「縣舊有土垣，正統五年傜亂始築磚城。」

懷德廢縣，縣東北七十里。蕭梁置梁德郡，治梁德縣。隋平陳郡廢，縣屬瀧州。開皇十八年改曰懷德縣。唐初屬南扶州，尋屬竇州。南漢因之。宋開寶五年省入信義縣。○潭峨廢縣，在縣西南二十里。唐初置，屬南扶州，尋屬竇州。宋開寶中廢。又特亮廢縣，在縣西北百二十里。亦唐初置，屬南扶州，後屬竇州。宋廢。

龍山，縣東二十里。山勢峻險。南有石孔，約深五丈許，謂之風窨；北有石孔，其深不測，謂之雨窨，相傳有龍潛焉。

又古樓山，在縣東七十里。山勢險峻，上有三峰，高低相疊，其狀如樓。○大間山，在縣西北二十里。形勢高大，間於茂名、信宜二縣界，因名。又縣北三十里有趙山，形勢險峻，元時有傜人趙姓者依山而居，因名。志云：縣治東北有營屯山，縣之鎮山也。又有鳳皇山，在縣西南二里。俗呼鳳皇渚。

雲岫山，縣西南三十里。山高險，中有一峰聳拔，人莫能至，雲常蓋其上。○雷公嶺，在縣東北百里。山空洞，雷鳴則澗谷響應。又有歐嶺，在縣西北百里。山高廣，其中一峰特聳，元時有歐姓者居此。志云：縣南一里有羅竇洞，唐以此名州。貞觀五年高州總管馮盎入朝，羅竇諸洞僚反，敕盎率部落討平之。又顯慶三年播羅哀僚酋長多扶桑等率衆内附，即此地也，蓋生僚所居。後日就傾圮，無復故險。明嘉靖中好事者因之，曰小瀛洲。

竇江，在縣城南。志云：竇江源出龍山，西流合東、西兩川。東川源出雷公嶺，西南流經城南合西川入竇江。灘峻水急，多峭石，冬淺夏深，民常以竹簰轉運。西川源出歐嶺，遠流經廢潭峨縣亦曰潭峨江，至城南與東川合流。其水亦冬淺夏深，無石，民亦以竹簰轉運。合流後始通舟楫，又西南經雲岫山轉而南流，經府治西北入於鑑江。

麗水江，在縣北八十里。出縣北百里白馬山，下流入東川。又特亮江，在縣西百里。源出縣西七十里之宋山，東南流入茂名縣界。志云：縣西百里有高原嶺，接化州界。高源水出焉，下流入於西川。

中道鎮。縣東北五十里，東川所經也。有巡司，洪武中置。志云：司本置於懷德鄉後黄潦砦左，與縣北函口隘並爲要害是也。○嶺底堡，在縣東四十里。向設官軍，防懷鄉、聖峒、六定、嶺底等傜。又中堂堡，在縣東九十里。亦設官兵，防坡頭、竹雲、中堂等傜。○浦頭山寨，在縣北，傜寨也。志云：縣北境傜山接廣西岑溪縣、鬱林州界凡四十有一。又縣境有鹽田等傜山十五，十三峒等傜山十二，其坡峽山等五十八傜山稱爲險惡云。

化州，府西南九十里。西南至雷州府三百六十里，西至廉州府百八十里，西北至廣州陸川縣二百三十里。

秦象郡地，漢屬合浦郡，後漢因之。三國吳屬高凉郡，晉以後因之。梁置羅州及石龍郡於此。陳書「馮僕爲陽春郡守，轉石龍太守」，即此。隋志：「梁羅州及高興郡並治石龍縣。」恐悮。隋平陳郡廢，大業初州廢，仍屬高凉郡。唐武德五年復置羅州，六年改置南石州，貞觀九年又改爲辯州，天寶初曰陵水郡，乾元初復曰辯州。天祐初嘗改爲勳州，時朱全忠以辯、汴聲相近也。旋復故。宋太平興國五年改曰化州，亦曰陵水郡。元曰化州路。明洪武初改爲府，八年降爲州，以州治石龍縣省入。九年又降爲縣，十四年復爲州，編户三十七里。屬高州府。領縣二。今因之。

州接壤粵西，控扼傜峒，而大海南環，窺伺易及，亦噤要之所矣。

石龍廢縣，今州治。漢高凉縣地，梁置石龍縣，爲石龍郡治。隋廢郡，縣屬羅州，大業初州廢，縣屬高凉郡。唐初仍爲羅州治，旋爲南石州治，貞觀中爲辯州治，自是州郡皆治此。明初省。城邑考：「州城，宋紹興三十一年創築，甃以磚石，北際江，三面環以池，元末燬。正統十三年廣西傜賊犯境，奏築磚城，并濬濠塹。成化四年增修，十年改舊城而小之。舊城四門，周四里有奇。今城二門，周三里有奇。」

陵羅廢縣，州北百二十里。唐初置，屬羅州，後屬辯州。宋白曰：「縣在陵、羅二水間，因名。」宋開寶五年廢。○

慈廉廢縣在州西，又南有羅肥廢縣，俱唐武德五年置，屬羅州，明年屬南石州，貞觀初省入石龍縣。舊志：州北有羅辯廢縣，州西北又有龍化廢縣。今見廣西北流縣及陸川縣境。

千秋山，州東南二里。去羅江二里，横亘如屏。其東又有東勝嶺，在羅江東岸，亦高勝。又龍母山，在州治南一里。一名南山，東面臨江。志云：州治北有石龍岡，舊石龍縣以此名。○帽子山，在州西南五里，以形似名。又銅岡山，在州東北十里；州北二十里又有麗山，州之鎮山也；又十里爲扶良山：皆險峻。

石城山，州北五十里。中平衍，四面高聳如城，因名。又北三十里曰來安山，接石城縣界，極險峻，惟東南一徑可登，舊爲鄉人避兵處。○畬禾嶺，在州西百五十里。嶺高廣，傜人以爲畬田種禾其上。成化二年賊梁定屯此，尋降。

陵水，州北九十里。源出廣西北流縣扶來山下，西南流七十里與羅水合。又羅水亦在州北九十里，源出北流縣娥石山下，東南流合於陵水，亦謂之羅江，經城東至州南二十里鑑水來合焉，謂之平原江，以江流平順也，又南流至吴川縣入海。

平樂水，州西五十五里。源出畬禾嶺，流經此，又東四十餘里與陵水合。水寬平無灘險，簰筏易達，因名。又有高原水，出州東北百餘里高原嶺，流入信宜縣合於西川。

梁家沙鎮，州東北百九十里。有巡司，洪武中置，梁家沙堡亦置於此；又平定堡，在州西北百八十里：向皆設官兵戍守。○陵水驛，在州治南。

門村山砦。在州境，傜砦也。志云：州境傜山凡五十有一，向皆分兵戍守。

吴川縣，州南七十里。東北至高州府百三十里。漢高凉縣地，隋置吴川縣，屬高州，唐屬羅州，宋開寶五年改屬化州。

城邑考：「縣城，洪武二十七年始築土城，永樂元年甃以磚石，周三里有奇。」編户二十七里。

羅州廢縣，縣西北百十里。劉宋元嘉初鎮南將軍檀道濟於陵、羅江口築石城，後因置羅州縣，屬高凉郡，齊、梁因之，隋廢。○翔龍廢縣，在縣南百四十里碙洲上。洲屹立海中，當南北道，爲雷、化犬牙處。宋景炎二年帝自七里洋還駐碙洲，旋崩。弟衛王昺立，升碙洲爲翔龍縣，即此。

特思山，縣西南七十里。山勢特兀，爲衆山最。又有高山，在縣西八十里。峰巒崒嵂，因名。○特呈山，在縣南六十里。山勢秀拔，竦立海中，與雷州府遂溪縣平樂海嶺相鄰。山北有茂暉場，産鹽。又文翁嶺，在縣東三里。脈自浮山來，屹峙海東。

海，在縣城東南，與雷州府接境。志云：縣南三十里有限門港，合羣川之流注於海，水道曲狹，值潮退沙磧淺露，或潮滿風急，舟檝悉不敢往來，因名。又碙洲，在縣南大海中。宋置碙洲寨，後爲翔龍縣，明洪武六年楊璟破海賊譚南等於此。海防考：「縣南四十里有廣州灣，海寇出没處也，向設兵戍守」。

吴川水，縣西一里，鑑江及陵、羅諸水自化州合流，至縣北二十里復納浮山水，流經城西，至縣南合渡分爲三川，旋繞數里，復合爲一，出限門入於海。又縣城東有洞雷水，其水無源，隨潮上下。

平城江，縣西二十里。源出州境那陽山，經林公渡入於海。

寧村鎮。縣南五十里。有巡司，洪武初置於縣東南，近寧川所，二十八年改置於此。又磵州巡司，舊在州南海濱，正德中遷於洲上。

石城縣，州西百十里。西北至廣西陸川縣百四十里。漢高凉縣地，劉宋爲羅州屬地，隋廢入石龍縣。唐武德五年析置石城縣，以石城水爲名，屬羅州，六年移羅州治此。天寶初改爲廉江縣，又改州曰招義郡，後復曰石城。南漢仍爲羅州治。宋開寶五年州廢，縣亦省入吴川。乾道三年復析置石城縣，屬化州。今因之。城周三里。編户二十七里。

廢羅州，即今縣。唐初置羅州，治石龍縣，尋移此。天寶初曰招義郡，乾元初復曰羅州，宋初州廢。城邑考：「縣城，洪武二年始築土垣，正統五年甃以磚石。」

招義廢縣，縣西七十里。唐初置招義縣，屬羅州。天寶初改曰幹水縣，宋初廢。又零禄廢縣，在縣西南百二十里。亦唐初置，屬羅州，以零禄水爲名。南漢屬常樂州，宋初廢。常樂，今見廉州府廢石康縣。

謝建山，縣北十里。上有一峰高出，爲縣主山。又有一岡，遠望如城，曰石城岡，縣因以名。○石籬山，在縣北四十里。其西南北三面皆峻，東稍平，疊石如籬。又天堂山，在縣北百二十里。元末民恃其險，避寇於此，獲免鋒鏑，因名。

望恩山，縣南五十里。驛路遶其麓，突起三峰，形如筆架，迴繞縣治。○招義山，志云：在廢招義縣西北二里。昔盧循作亂，有譚氏招義兵於此以保鄉里，唐因以名縣。

九洲江，縣東北二十里。其上流即廣西陸川縣之龍化江也，南流入縣境，至縣南有雙水流會焉，又南注於海。其江至冬水淺沙露，分爲九洲，因名。又南廉水，在縣治東一里。志云：源出廣西容縣界，流入境，或曰即龍化江支流也，分流經此，東南入海。唐廉江縣以此水名。○東橋江，在縣東南四十里。志云：源出化州境謝獲山，南流二十里，經雷州府遂溪縣之柳浦東南會石門水入海。

零洞水，在廢零禄縣西三十里。源出縣西境零洞山，下流入海。一名零禄水。通志：「零禄水在縣西百二十里，一名零烈水，源出廉州府境，東南流入海。」○官寨港，在縣西南百二十里。源出廉州府廢石康縣之六牛山，南流二十里入永安大海。近官砦鹽場，因名。志云：縣東南三十里有兩家灘海澳，通大海，賊船多泊此，爲石城、遂溪兩縣之襟要，向設兵防守。

零禄鎮，在縣南，以廢零禄縣而名。有巡司，洪武初置。零禄水經其旁。舊有零禄關，亦置於此。○那樓營，在縣西八十里。舊在縣西北，嘉靖中遷於息安驛。又三合堡，在縣東北。成化七年設，防廣西陸川傜賊。

新和驛。在縣治西。又三合驛，在縣北七十里。息安驛，在縣西八十里。輿程記：「由廣西陸川縣永寧驛七十里而達三合驛。由車頭朗、龍化江、平山墟等河共七十里至新和驛。又由三合堡河江頭渡共七十里至雷州府遂溪縣桐油驛。」

附見

神電衛。舊在電白縣東南百八十里，地名白石坡，洪武二十七年建衛築城，成化四年電白縣移治於衛城內。○高州守禦千户所，在府城内，洪武十四年置，調雷州前千户所官軍守禦；信宜縣守禦千户所，在縣治東北，正統五年置；又寧川守禦千户所，在吴川縣治東南，洪武二十七年置；俱隸神電衞。

守鎮石城後千户所。在縣治西。正統五年置，隸雷州衞。

雷州府，東至海岸十里，南至海岸二百二十里，又南渡海至瓊州府七十里，西至海岸二百里，北至化州石城縣二百五十里，又北至廣西鬱林州亦二百五十里，自府治至布政司一千四百五十里，至京師九千四十里。

古百越地，秦屬象郡，漢初屬南越，元鼎以後置合浦郡，治徐聞縣。後漢因之。徙治合浦縣。晉亦屬合浦郡，宋、齊仍舊。齊還治徐聞。梁大通中置合州，大同末改爲南合州。以别於合肥之合州也。隋平陳復改爲合州，治海康縣。大業中州廢，仍屬合浦郡。唐武德五年復置南合州，貞觀元年改東合州，八年改爲雷州，天寶初曰海康郡，乾元初復曰雷州。五代時屬於南漢。宋仍爲雷州，亦曰海康郡。元曰雷州路，明洪武初改爲府。領縣三。今因之。府三面距海，北負高凉，有平田沃壤之利，且風帆順易，南出瓊、崖，東通閩、浙，亦折衝之所也。

海康縣，附郭。漢徐聞縣地，屬合浦郡。隋析置海康縣，爲合州治。唐爲雷州治。今編户百五十里。

雷川廢縣，〔一〕在府西，梁置。又有椹落、羅阿二縣，隋大業初俱并入海康縣。城邑考：「雷州城，五代梁貞明中南漢所築，後圮。宋至道二年始築子城，周一里。紹興十五年復築外城，二十五年城始就，嘉定五年、淳祐十年皆嘗修築。元至順、元統間亦復營治。明洪武七年重修，弘治十七年增修，正德十二年復用磚石甃治，嘉靖以後屢經修築。有門四。城周五里有奇。」

擎雷山，府南八里。府治之案山也，擎雷水出焉。又府北五里有英靈岡，府治主山也。狀如屏几，一名鳥卵山。相傳陳大建間雷出於此，因更今名。又府西南八里有英榜山，上有雷師廟。○吉斗山，在府西北四十里。山尖盤迴三十里，形如盤斗，因名。又西北五里曰雷公山，山勢稍平，林木深鬱，高僅八丈，盤旋五十里。相近者又有討泗山，多竹木之利。

虎頭山，府東七十里。山枕海中。府東北八十里又有麻囊山，亦枕海濱。又有時禮山，在府東南八十里，高五十丈。山頂有泉，遇旱居民禱雨於此。○博袍山，在府西八十里。高五十丈，巖穴甚勝。又有英高山，在府東南百三十里。兩峰高峭，上有石穴，湧泉不竭。又徒會山，在府南百三十里，枕西海中。高三十餘丈，周三十餘里，巖穴崎嶇，泉流清泠。

海，府東十里。亦曰東洋海，極目無際，南通瓊、崖，西通對落、楊梅二珠池，東北通閩、廣。中有思靈島，產米豆。又有漉洲，在府東南百八十里，崛起海中，周五十餘里。上有田，頗腴沃。又府西南境之海亦曰西洋海，中有卵洲，地常暖，鳥多伏卵於其上。又有邵洲，在府西南百十里海中，周圍六十里，居民皆煑鹽爲生。其地本荒棄，有邵姓者闢而居之，因名。

擎雷水，在府南擎雷山下。一名南渡水。志云：水源有三，一出海康縣北銅鼓村，一出縣西鷓鴣坡，一出徐聞縣界，三水合流，環繞郡治，南流七十里東入於海。○羅湖水，在府城西。一名西湖，下流入擎雷水。又潭望水，在府西南六里，源出遂溪縣界，流入境；又平望水，在府西北十五里；俱合擎雷水入海。又博袍水，出府西博袍山之陽，西流入海。

清道鎮，府西南百二十里，地名烏石港，有巡司；又有黑石巡司，在府東九十里；俱洪武二十七年置。志云：府南二里有水軍砦，宋置屯兵以備海道。又府城北有澄海、牢城二營，俱宋置。○清道隘，志云：在府西百八十里，濱海；又府西南有黑石隘；皆戍守要地也。

雷陽驛。在府城北。輿程記：「自驛而南六十里爲將軍驛，又南七十里爲徐聞縣之英利驛，又百里爲杏磊驛，渡海廣六十里至白沙驛，由白沙驛十里而至瓊州府城。」

遂溪縣，府北百八十里。北至化州石城縣七十里。漢徐聞縣地，梁爲椹縣地，屬合浦郡，隋開皇十年析置鐵杷縣，屬合州。唐初因之，天寶初改置遂溪縣，屬雷州。宋開寶五年廢入海康縣，紹興十九年復置，仍屬雷州。元因之。城邑考：「縣城，洪武七年始築土垣，正統間甃以石，周二里有奇。」編户四十八里。

鐵杷廢縣，縣東南七十五里。梁椹縣地，隋析置鐵杷縣，唐又改置遂溪縣。又椹川廢縣，在縣東南五十里。梁置椹縣，屬合浦郡。隋開皇十八年改曰椹川縣，仍屬合州，大業初并入扇沙縣。唐復置，天寶初并入遂溪縣。今椹川巡司置於此。○扇沙廢縣，在縣東。梁置扇沙縣，屬合浦郡。隋屬合州，唐初廢。

烏蛇山，縣東北三十里。山彎長而黑色，產烏藥。又縣東南百里有覆盂山，以形似名也。志云：縣東北百五十里有調樓山，高十餘丈。上常有五色光見，若樓臺然，因名。○螺岡山，在縣西南七十里。高二十仞，盤曲如螺。又縣西南二百里海中有潿洲山，中有三池，舊產珠。志云：山週圍皆海，周七十餘里。内有八村，人多田少，皆以採海爲生。一名大蓬萊。舊爲防海要隘，萬曆十七年以珠賊爲患，增兵戍守。山之陽有蛇洋洲，亦名小蓬萊，特起海中如蛇形，周四十里，與潿洲山相對。

斜離嶺，縣南五十里。高十仞，周二十里，突起二峰，勢皆斜列。一名雷公巖。又七星嶺，在縣南七十五里。嶺上有七小峰，形如北斗。○湖光巖，在縣東南七十里。本名净湖巖。湖畔峰嶺壁立，瞰湖爲巖。其在湖西絶壁中者曰白雲巖，宛若城門。其前湖水澄澈，人跡罕至。宋建炎中丞相李綱過此，改今名。

海，在縣東南百餘里。志云：海中有調雞門，周百有五里，隔吴川縣硇州僅一港。地勢奔趨，如雞轉翅，故名。縣西南亦濱海，海中有潿洲山也。

三鴉水，縣東南八十里。源出縣東之大陂，流經此。旁有三石如鴉，因名。志云：縣治東有東溪，流經縣治南一里合於傍塘溪，又西南流合東流水，折而東會三鴉水，又東入於海。○鐵杷溪，在縣東南湖光巖之陽。巖下有湖，俗傳爲陷湖。溪承其下流，中有石齒如鐵杷。隋鐵杷縣置於溪之東岸。又東入於海。又武樂水，在縣西南螺岡山下，南流二十里，折而東入海。相傳漢元鼎中路博德討南越嘗駐師於溪北岸，恐悮。

椹川鎮，在縣東南，有巡司。志云：元至元二十一年置於椹川村，明洪武二十三年遷於舊縣治。又潿洲巡司，在海中潿洲山。明洪武三年置。○横山堡，在縣西北六十里。明設官軍戍守。

桐油驛。在縣城内。又縣有城月驛。

徐聞縣，府南一百五里。南渡海至瓊州府百九十里。漢置縣，爲合浦郡治。後漢屬合浦郡。三國吴爲珠崖郡治。晉仍屬合浦郡，宋因之。齊仍爲郡治，又析置齊康縣爲齊康郡治。梁、陳間并徐聞縣入焉。隋平陳廢郡，改縣曰隋康，屬合州，大業初屬合浦郡。唐屬南合州，貞觀二年復曰徐聞縣，尋屬雷州。宋開寶五年廢，乾道七年復置。今城周三里有奇。編户九十里。

徐聞舊縣，在縣西北。漢初置縣於此，晉、宋以來因之。梁、陳間并入齊康縣，〔三〕隋改隋康，唐曰徐聞。城邑考：「縣城，舊在討網村，元至元二十八年遷於賓村，俱無城。正統中始築土城，天順中寇陷，又遷於海安所城。弘治十四年復遷賓村，始築石城。正德五年增修，嘉靖十一年、十九年以後屢經修築。」

石門山，縣西北六里。高十餘丈，周圍十里，上有巨石聳峙如門。山巔有潭，四時不竭。一名石門嶺。又冠頭山，在縣東七十里，端聳如冠冕。又東十里曰屯雲山，以雲霧常蒙其巔也。又十里曰三原山，上有三原泉。○尖山，在縣北九十里，尖聳出羣山之上。縣東北七十里又有石界嶺，上有石卓起。

小蓬山，在縣南三十里海中。前有海嶼，名曰三墩。舊志：由此渡海，四百里乃至瓊州。

海，縣東南二十里。志云：海中有老鴉洲，抵瓊州界僅四里。渡海至瓊州，折旋四百一十里。輿程記云：「舊志謂由徐聞縣而南，舟行四百三十里度海達瓊州。今自雷州東海洋徑達瓊州白沙口一日夜可至也。」

大水溪，縣東十里。源出縣東北籠床山，至縣東有石灘，水聲響急，其下旋洄爲潭，深不可測，俗名龍潭，南流經海安所城東入於海。俗號石灘爲靈山鎮海灘。又古源水，在縣東南十里。志云：源出潭田村，南流入海。○廉賓水，在縣西北四十里。又西北十里爲馬鞍山，水源出焉，南流合頓吞水，又南至老沙港入海。又邁勝溪，在縣東四十里，溪水澄澈，下流亦注於海。

東場鎮。在縣西南，濱海。有巡司，志云：洪武初置於邁谷村，二十七年遷於東場。又寧海巡司，在縣東南。志云：洪武初司置於縣東，二十七年遷於黎浦口。○沓磊驛，在海安所城中。其南有沓磊浦。宋雷州將王用降元，言「硇州無糧，聞瓊州欲供糧，而海道灘水峻急，止有沓磊浦可通舟楫，宜急守之」，即此。又縣北五十里有英利驛。

附見

雷州衛。在府治東。洪武五年建。○海康守禦千户所，在縣西百七十里，有城戍守；樂民守禦千户所，在遂溪縣西南百九十里；又海安守禦千户所，在徐聞縣西南二十里；錦囊守禦千户所，在徐聞縣東百里；俱洪武二十七年建，皆隸雷州衛。

廉州府，東至高州府二百六十里，南至海岸八十里，西至廣西上思州界五百三十里，北至廣西横州三百里，西北至廣西南寧府三百五十里，東北至廣西博白縣二百里，自府治至布政司一千二百六十里，至京師九千六十五里。

古百越地，秦爲象郡。漢初屬南越國，武帝平南越屬合浦郡，郡治徐聞縣。後漢因之。郡治合浦縣。三國吴黄武七年改曰珠官郡，尋復故。晉亦曰合浦郡。宋置越州，志：泰始七年置州，并領合浦、臨漳等郡。齊因之，志：越州治臨漳郡，而合浦郡還治徐聞。梁爲越州治。通志：「梁省臨漳郡入合浦郡，還治合浦，仍移越州治焉。」隋平陳廢郡存州，大業初改爲禄州，尋又改爲合州，三年復曰合浦郡。唐武德四年仍置越州，亦曰南越州。貞觀八年改爲廉州，以郡有大廉洞而名。天寶初曰合浦郡，乾元初復曰廉州。南漢因之。宋仍爲廉州，亦曰合浦郡。太平興國八年改曰太平軍，咸平元年復故。元曰廉州路。明洪武初改爲廉州府，尋降爲州，屬雷州府。十四年復爲府。領州一，縣二。今因之。

府南濱大海，西距交阯，固兩粵之藩籬，控蠻僚之襟要，珠官之富，鹽池之饒，雄於南服。

合浦縣，附郭。漢縣，屬合浦郡，後漢及晉、宋皆爲郡治，梁兼爲越州治，自隋、唐以後州郡皆治此。明初省，洪武十四年復置。編户三十六里。

廉州故城，在府東北七十五里蓬萊鄉，唐時州治此。志云：今治東十里有青牛城，古越州城也。宋志：「越州泰始七年立，領臨漳郡，舊屬廣州。」南齊志：「越州治臨漳郡，本合浦北界，蠻僚叢居，略無編户。宋泰始中西江督護陳伯紹獵其地，有青牛之祥，七年啓立爲越州，增置百梁、龍蘇、永寧、安昌、富昌、南流六郡，〔三〕又割交、廣之臨漳、合浦、宋壽三郡屬焉。元徽二年始立州鎮，穿山爲城門，以威服狸僚。梁廢臨漳郡，以越州治合浦郡。隋廢郡，仍爲越州治。大業三年改州爲郡，仍治合浦縣。唐武德四年又爲越州治，五年南越州刺史甯道明據州叛，即此。」其治俱在蓬萊鄉。宋開寶五年移廉州治於長沙場。太平興國八年廢州，改置太平軍於海門鎮，其地在今治西南三十五里。咸平初復置廉州於廉江東岸，即今治也。城邑考：「州城，宋元祐中創築土城，紹聖四年重修。明洪武三年增築，謂之舊城。二十八年於城東增拓土城，宣德中甃之以磚，謂之新城。成化元年爲賊所陷，明年修復，益拓舊址。正德中增修，嘉靖二年復營治。十七年大雨西城壞，旋修復之。十九年、二十年、三十四年皆嘗繕治。隆慶以後屢經修築，環城爲濠。有門三。城周五里有奇。」

石康廢縣，府東北三十里。本合浦縣地，南漢咸亨初置常樂州，領博電、零禄、鹽場三縣。宋開寶五年州縣俱廢，改置石康縣。一統志：「石康縣治南有常樂廢州治。」是也。本屬廉州，元因之。明洪武初改屬雷州府，十四年還屬廉州府。成化八年爲廣西傜賊所殘破，并入合浦縣。舊有編戶十里。廣志云：「鹽場廢縣，亦在府東南。」

漳平廢縣，在府東。宋志臨漳郡無縣，齊志爲郡治，梁、陳間郡縣俱廢。漳亦作「鄣」，又作「瘴」，以臨界内瘴江爲名。瘴江即合浦江也。又合浦故縣，舊志云：在今縣西南，漢初縣置於此。後移而東。三國吴孫皓末，交阯太守楊稷據交阯，遣將毛炅等攻合浦，戰於古城，大敗吴兵，即此城云。○龍蘇廢縣，在府東南。宋置龍蘇郡，治龍蘇縣，齊、梁因之。隋平陳郡廢，縣屬越州，唐初廢。又大廉廢縣，在府南六十里。梁置縣，屬龍蘇郡。隋廢郡，改屬越州，大業初廢入龍蘇縣。唐武德五年復置，屬越州，尋屬廉州。宋開寶五年廢。

封山廢縣，府西南百五十里。漢合浦縣地，南齊置封山郡，治安金縣。蕭梁兼置封山縣，蕭正表封封山侯是也。隋郡廢，以封山縣屬越州。唐武德五年於縣置姜州，〔四〕貞觀十二年州廢，以縣屬廉州。南漢因之，宋開寶五年省。又廉昌廢縣，在縣西南百二十里。梁置，屬封山郡，隋大業初省入封山縣。

蔡龍廢縣，府西北百十五里。唐初置。新唐書：「縣有蔡龍洞，因名也。」初屬姜州，貞觀中屬廉州，南漢因之，宋開寶五年廢。又高城廢縣，亦在府西。唐武德五年置，屬姜州，貞觀十二年省入蔡龍縣。○東羅廢縣，在府南。唐初置，屬姜州，貞觀中改屬廉州，天寶以後縣廢。又珠池廢縣，亦在府南。唐貞觀六年置，屬越州，十二年廢。又東南有安昌廢縣，唐武德五年置，屬越州，貞觀十二年省入合浦縣。

大廉山，府東百里。上有大廉峒，唐以此名州。又東五十里曰晝山，峰巒秀麗如畫。又十里爲百良山，山高大，多巨木良材。○登高山，在廢石康縣治東，舊爲士民登眺處。又東二十里曰白石山。又十里曰三山，有三峰峭立，與白石山相接。志云：府東北百四十里有姜山，以邊山居民皆姜姓也。

北峨山，府西北百里，峰勢嵯峨。又西北四十里有糠頭山，一名軍頭山，相傳秦尉陀嘗駐軍於此，偶乏糧，以糠頭散給，因名。俗呼狼頭山。○黄稻山，在府北九十里。又北六十里曰五横山，俗呼五黄嶺，山深杳。相近有母雞山。弘治十一年御史萬祥言廉州山嵓賊巢有母雞山、木頭洞二處是也。

龍門嶺，府東八里。下有龍門村。有龍門水，分二支，曰源頭，曰龍門，環城北入於廉江。又冠頭嶺，在府南八十里。形勢穹窿，山石皆黑如冠，亦曰冠山。自此涉海，北風順利，一二日可抵交之海東府。○蔡龍洞，在府東百餘里，唐以此名縣。通志：「洞在合浦縣東一里。」似悮。

珠母海，府東南八十里巨海中。中有七珠池：曰青鶯，曰楊梅，曰烏泥，曰白沙，曰平江，曰斷望，曰海渚。後爲五池。其東爲斷望、對達二池，無珠。西爲平江、楊梅、青鶯三池，有大蚌，剖而有珠。今止以三池名，所謂合浦珠也。南漢劉鋹於合浦置媚川都，令人入海採珠，溺死者甚衆。宋開寶五年詔廢之。明嘉靖二十二年詔採珠，二十四年復採，尋以碎小不堪用而止。海中有圍洲，周迴百里。昔有野馬渡此，亦名馬渡。

廉江，府北三十里。一名合浦江，亦名南流江，又名晏江。源出廣西容縣大容山，南流入府界，地名州江口，分爲五江，曰州江，曰王屋屯江，曰白沙塘江，曰大橋江，曰新村江，環流至府城西南入海。又府北二十里有石灣江，府北十里有猛水江，皆廉江分流也。

武利江，府北六十里。其源一出府北小雙山，一出靈山縣界張蒙山，一出府東北謝成嶺，匯於武利埠，南流合新村江入海。又府東北五十里有思鄉水，源出廢石康縣北境之思峒山，西流接武利江，還入縣界，合於晏江。以其去而復還，因名。○晏水，在府東北二十里。源出廢石康縣界，西會於廉江。亦謂之晏江。

鍾灣水，府南七里。其灣接江通海，相傳宋政和間靈覺寺鍾與龍鬭於此，因名。通志云：「鍾灣在府北七里。」似悮。又府東二里有南津水，源出薛屋嶺，西流繞城入於州江。府東五里又有劉公涌水，亦流會於州江。○明月溪，在府北八十里；又北九十里有綠雲溪；又有張沐溪，在府東北九十里；其下流皆入於州江。

鴈湖，府西北七十里。嘗有鴈集此，因名。或云在府治北二里，環繞芳洲，爲郡之勝。又銅船湖，在廢石康縣治東登高山下，俗傳馬援嘗鑄銅船於此。

東關，在府東北。明初置，久廢。嘉靖十五年重修，改曰條風關。又高仰鎮，在府西南十里。有巡司，洪武初置。又珠場巡司，在府東南六十里；永平巡司，在府西北四百里；皆洪武初置。○山口營，在府東南百四十里；又新寮堡，在府東五十里，防新寮隘；向皆有官兵戍守。

環珠驛。在府治東北。府東永安所城内有白石驛。府西又有烏家驛。輿程記：「自驛東北九十里爲廢石康縣之白石驛，又東九十里爲化州石城縣之息安驛。自環珠驛而西七十里爲烏家驛，又西七十里至欽州太平驛，入交阯之道也。」○海門公館，在府東八十里。嘉靖六年設。又那思公館，在府東三百里。正德中設。又有海北鹽課提舉司，舊在雷州府城内，洪武初遷於石康縣西，成化中遷於府城内，領白沙等十五鹽課司。

欽州，府西北四十里。南至海岸二百五十里，北至廣西南寧府三百五十里，西至安南界三百六十里。

秦象郡地，漢屬合浦郡，晉因之。劉宋置宋壽郡，齊因之，梁兼置安州。隋平陳郡廢，開皇十八年改州爲欽州，治欽江縣。大業初曰寧越郡。唐武德四年復改置欽州，兼置總管府，七年改爲都督府，貞觀初府廢。天寶初曰寧越郡，乾元初復曰欽州。南漢因之。宋仍曰欽州，亦曰寧越郡，徙治靈山縣。元曰欽州路，治安遠縣。明洪武二年改爲欽州府，八年降爲州，隸廉州府，以州治安遠縣省入。編户十里。領縣一。今因之。

州控臨大海，制馭安南，爲藩籬要防，折衝重地。永樂中兩征交阯，皆自廣西之憑祥，雲南之蒙自，而未嘗以奇兵出欽州傾其内險，故賊得以偷息海上，則欽州者滅交阯之要途也。嘉靖中州臣林希元曾建議，而不果用。詳見廣西安南總論。有事交阯者，安可後欽州而不講歟？

安遠廢縣，今州治。漢合浦縣地，蕭梁置安京縣，爲安京郡治。隋平陳廢郡，縣屬安州，尋屬欽州，大業初屬寧越郡。唐仍屬欽州，至德二載改曰保京縣。宋開寶五年改名安京，景德中改曰安遠縣。元移欽州治焉，明初省。城邑考：「宋時州治靈山縣。」志云：天聖初徙治南賓砦。别録云：「州舊治靈山縣思林都，今名舊州墟，後又遷於瀆海白沙之東，即今治所。」白沙蓋安遠縣地矣。明洪武十八年始築州城，景泰七年增築，成化六年又復營治，并遍植竻竹於城外。嘉靖十三年增修。三十三年大水壞西北城，未幾修復。隆慶以後亦嘗修治，環城爲濠。有門三。城周三里有奇。

欽江廢縣，州東北百三十里。劉宋時宋壽郡治也，齊、梁因之。隋廢郡爲宋壽縣，開皇十八年改曰欽江縣，爲欽州治。唐因之。宋開寶五年省入靈山縣。一統志：「今州東三十里有欽州故城，即隋、唐時州治。」恐悮。

烏雷廢縣，州西南百七十里。梁置安平縣，又置黄州及寧海郡治焉。隋平陳郡廢，改州曰玉州，治海安縣，即安平縣也。大業初州廢，縣屬寧越郡。唐武德四年復置玉州，領安海、海平二縣。貞觀二年州廢，縣屬欽州。上元二年改置陸州，治烏雷縣，以州界陸水爲名。天寶初曰玉山郡，乾元初復爲陸州。宋開寶中州縣俱廢。○海安廢縣，在烏雷縣西，隋縣也。唐曰安海，爲玉州治。貞觀中屬欽州，上元後屬陸州，至德二載改曰寧海縣。宋初廢。其南又有海平縣，本梁置，屬寧海郡。隋屬玉州，大業初廢入海安縣。唐武德四年復置，仍屬玉州，貞觀二年廢入安海縣。

華清廢縣，在州西南境。梁置玉山縣，屬海寧郡。隋初屬黄州，尋屬玉州，大業初廢入海安縣。唐上元二年復置玉山縣，屬陸州。天寶初改爲華清縣。宋廢。

文筆山，州南二里。山巒峭拔，一名鎮安峰。又南三里有三山嶺，三峰特立，多産孔雀，一名孔雀山。○横山，在州東南三十里。山形延袤，横拱州治。一名雞鳴山。又西南百六十里曰招遠山，本名灘凌山，山高聳，正統五年御史朱鑑陟此山，招叛民黃金廣，建旗於上，因改今名。

安京山，州西北八十里。峰巒峭拔，岡脈綿遠，形似惠州羅浮山，或謂之西羅浮。隋志安京縣有羅浮山，即此。又十萬山，在州西北百二十里。重巒疊嶂，延袤起伏，高大甲於衆山。又銅魚山，在州西北六十里。相傳山下有深陂，鑄銅魚以爲水寶，因名。州北三十里又有石浪山，羣峰疊石，如擁浪然。○烏雷山，在州西南大海中，入安南之要道也。唐烏雷縣以此名。

分茅嶺，州西南三百六十里，與交阯分界。山嶺生茅，南北異向。相傳漢馬援平交阯，立銅柱其下，以表漢界。唐安南都護馬總亦建二銅柱，鑱著唐德，自明爲伏波之裔。明宣德二年没於交趾，嘉靖二十一年莫登庸降，仍歸版籍。舊志：馬援立銅柱在交州古森洞，即此嶺云。○望海嶺，在州北十五里，登此可以望海。州北十里又有雙角嶺，以兩峰並峙而名。

海，在州南二百餘里。自此涉海，揚帆一日至西南岸，即交州潮陽鎮。永樂五年尚書黃福議：「交阯萬寧縣接雲屯海口，並連廣東欽州地方，最爲險要，宜以欽州所添軍立衛。」是也。圖經：「雲屯海鎮，在交阯新安府雲屯縣之雲屯山，在大海中，番賈舟船多萃於此，永樂中置市舶提舉司。其山摩空直聳，兩相對峙，一水中通。自海門黎母山發船，西行水程九百里至海寶山。自海寶北行水程三百里，取雞唱門入雲屯鎮，就此鎮轉入新安府，或往安邦州，皆便近。又州西南有六水口，曰譚家水口，黃標水口，藏涌水口，西陽水口，大灣水口，大亭水口，並爲入海之路，向皆置卒戍守。」

欽江，在州治東。源出靈山縣洪牙山，流經城東南，下流入海。又漁洪江，在州西二十里，出西北安京山之陽；州西三十里又有鳳皇江，流會漁洪江；又平銀江，在州東二十里，源出靈山縣界，東流經平銀渡；又州東南百餘里有防城江；俱注欽江以入海。

龍門江，州南六十里。志云：安京山之陰有涌淪江，南經州南四十里亦曰羅浮水，又南曰龍門江，兩山對峙形勢若門，又西經涌淪、周墩而達交阯永安州界，爲欽州之要害。嘉靖二十八年安南賊范子儀等駕船突至龍門港口，因議設兵戍守，尋廢。○淡水灣，在州南百三十里。志云：灣在龍門之前，旁有巨石，淡水出焉，舟楫往來，恒取汲於此。正德八年安南入寇，官軍敗之於此。又五湖，在州城外。一統志：「舊有東、西、南、北、中五湖。」

天板關，在州西。又西有漁洪關。州東又有茶陵關。志云：州西南有那蘇隘。其東南曰稔均隘。又東有那隆隘，隘外即交阯境，奸民通蕃者率由此。今廢。

如昔砦，州西百六十里，連左、右兩江谿洞，接交阯界。砦據大山之巔，勢甚險阻。宋置峒長官，轄時羅、貼浪等七峒，天禧間歲調兵守之。元因其制。至正十二年兩江峒賊黄聖許寇欽州及靈山、安遠二縣，於是時羅、貼浪七峒人民亡散殆盡。興兵討之，賊竄入深峒。明洪武中置巡司於如昔砦。宣德二年土酋黄金廣等以澌凜、羅浮、古森、葛源等四峒十九村叛附安南，安南遂侵如昔、貼浪二都。因置金勒千户所，移治那蘇隘。嘉靖十五年安南復侵如昔、貼浪二都。十九年莫登庸降，歸澌凜、金勒、古森、丫葛四峒地，於是始復故境。志云：貼浪峒在貼浪都思牙村，相近爲澌凜峒，在澌凜村，又西爲古森峒，其時羅峒在時羅都，如昔峒在如昔都思勸村，相近者爲博是峒，在丫葛村，鑑山峒在羅浮村，所謂七峒也。〔五〕○管界巡司，在州西百八十里。本名時休峒，永樂中改置巡司，嘉靖中没於交阯，尋復來歸。又州南十里有沿海巡司，州西三十里有長墩巡司，俱洪武中置。

千金鎮，胡氏曰：「在州西南。」唐長慶三年黄峒蠻破欽州千金鎮，刺史楊嶼奔石南砦。黄峒，見廣西新寧州之西原廢州。又如洪鎮，亦在州西南。宋至道元年交阯黎桓寇欽州如洪鎮。如洪或曰即漁洪之訛也。明永樂七年交阯賊船刧掠欽州魚洪村，官軍追至交阯萬寧縣海上，遇賊舟，盡擒之。○鹿井砦，在州西南。宋置，控象鼻沙、大水口入海通交州水路。又有三村砦，在州東南。亦宋置，控實蛤灣至海口水路，東南轉海至雷州遞角場。又思禀管，亦在州境。宋嘉祐四年交阯李日尊寇欽州思禀管，即此。

防城營，州南二百里，又南五十里有思勒營，相近者曰羅浮營，俱嘉靖三十年設。○陸眼營，在州西北二百五十里，防廣西界那農等山賊。又那迫營，在州西北百五十里。黄觀營，在州西百二十里。那羅營，在州西百十里。團圍營，在州西百三十里。又有總捕營，在州西二百里，與廣西接界，春夏廉州衛軍戍守，秋冬南寧衛軍戍守。

天涯驛。在州東。永樂十四年張輔奏：「自天涯驛經猫尾港至涌淪、佛淘，從萬寧縣抵交阯，多由水道，陸行止二百九十一里，比丘温故路近七驛，宜設水馬驛傳，以便往來。」從之，乃設防城、佛淘二水驛，寧越、涌淪二遞運所及佛淘巡司，而改天涯水驛爲水馬驛。宣德三年復舊。

靈山縣，州北二百十里。北至廣西横州百四十里，西北至廣西永淳縣百三十里。漢合浦縣地，隋開皇十八年置南賓縣，屬欽州。唐初因之，貞觀十年改爲靈山縣，仍屬欽州。宋徙州治此。元徙州治安遠，縣屬焉。明正統五年始築城，天順三年爲賊所陷，成化八年重修，嘉靖八年以後不時修築。城周五里有奇。編户三十里。

南賓廢縣，縣西八十里。隋置南賓縣治此，唐改爲靈山縣。宋志「欽州天聖元年徙治南賓砦」，蓋尚取故縣爲名也。治平三年又徙今治。

内亭廢縣，縣西九十里。劉宋末置宋廣縣，屬合浦郡，齊因之。梁置宋廣郡。隋平陳郡廢，縣屬欽州。開皇十七年改曰新化縣，十八年又改曰内亭。唐武德五年置南亭州於此。貞觀二年州廢，縣仍屬欽州。宋開寶五年廢。○遵化廢縣，在縣南三十里。隋開皇二十年置縣，屬欽州。唐初屬南亭州，貞觀二年改屬欽州。宋開寶五年廢。

西靈山，縣西一里。一名石六峰山。其峰有六，雄壯奇特。下有三巖，曰龜巖、月巖、前巖，宋陶弼名曰三海巖。弼叙云：「治平三年春移靈山縣治於石六峰下。」是也。一統志：「唐貞觀中移靈山縣治此。」悮。又西有穿鏡巖，與三海巖相接。翠屏聳立，峰半一竅相通，宛若城門，其中天日晃然，有如穿鏡，因名。

羅陽山，縣東二十五里。山高，極大，陟其巔往返盡二日之力。山峙縣東，日出先照，因名。又洪穿山，在縣東北三十里。一名洪崖山，與廣西横州接界。下爲洪岸江。又龍牙山，在縣北十五里。山中有潭，常有龍起。○羊角山，在縣西北。成化八年靈山縣羊角山賊攻劫廣西永淳縣，即此。

博嶺山，縣西南三十里，廣大高聳。又有狼濟山，在縣西八十里。山有石室石門，門外有石橋。志云：山有石壁，壁外有石人夾峙，謂之狼濟石。又林冶山，在縣西南百三十里。舊有金坑。

洪厓江，在縣東北洪崖山下，西南流出縣西，其别源出羅陽山，流至縣西合爲一。中有四灘，曰羊儉、滑石、雞冠、大冠。下流入州界，即欽江上源也。○舊州江，源出縣西七十里流峒山，又南流四十里有南岸江流合焉，下流注於欽江。又大洸江，〔六〕在縣南百六十里。出縣東南高崙嶺，西南流至平銀渡直抵大洸港口入海。

西鄉鎮。縣西北百四十里。有巡司，洪武八年置。又林墟巡司，在縣西南百四十里。洪武四年建。永樂七年海賊阮瑶等寇刦欽州長墩巡司及林墟巡司，官軍追敗之。○洪崖堡，在縣北三十里；又石隆堡，在縣東北七十里；又八角營，在縣西北百二十里：向皆有官兵戍守。○大平驛，在縣治西。永樂十四年於靈山縣置龍門、安遷二馬驛，安和、格木二遞運所，尋廢。

附見

廉州衛。在府治東。洪武三年立守禦百户所，十四年改千户所，二十八年改置衛。志云：衛東北有達官營，成化八年設。

永安守禦千户所。在府東南百五十里。洪武二十八年設。一統志云：「在府東六十里。」又欽州守禦千户所，在州城内。洪武四年立百户所二，二十八年并爲千户所。守鎮靈山千户所，在縣治東。正統六年調南海衛後千户所官軍防守。已上三所，俱隸廉州衛。

校勘記

〔一〕雷川廢縣　「川」，底本原作「州」，今據職本及隋志卷三一改。

〔二〕梁陳間并入齊康縣　「齊康」，底本原作「徐康」，今據職本、鄒本及隋志卷三一改。

〔三〕增置百梁龍蘇永寧安昌富昌南流六郡　底本原脱「富昌」二字，今據鄒本補。

〔四〕唐武德五年於縣置姜州　「州」，底本原作「川」，今據職本、鄒本及舊唐志卷四一改。

〔五〕所謂七峒也　「謂」，底本原作「爲」，今據職本改。

〔六〕大洸江　「洸」，底本原作「滑」，今據職本改。

讀史方輿紀要卷一百五

廣東六

瓊州府，東至海岸四百九十里，南至海岸千一百三十里，西至海岸四百十里，北至海岸十里，又北渡海至雷州府二百九十里，自府治至布政司一千七百五十里，至京師九千四百九十里。

古百越地，通志云：「古爲雕題、離耳二國。」漢武平南越，始置珠崖、儋耳二郡，漢志曰：「漢武元封元年遣使自徐聞南入海，得大洲方一千里，略以爲珠崖、儋耳二郡。」賈捐之曰：「二郡合十六縣。」昭帝始元五年罷儋耳入珠崖郡，元帝初元中并罷珠崖郡。後漢因之。置珠崖縣，屬合浦郡。三國吳復置珠崖郡，治徐聞縣，今屬雷州府。晉省入合浦郡，宋、齊仍舊。梁置崖州及珠崖郡。治義倫縣。隋初郡廢州存，大業初復曰珠崖郡。唐武德四年復置崖州及儋、振等州。貞觀五年增置瓊州，治瓊山縣。十三年又廢入崖州，尋復置。天寶初曰瓊山郡，乾元初復曰瓊州。舊唐書：「貞元五年嶺南節度使李復奏稱：『瓊州本隸廣州管內，乾封中山峒草賊反叛，遂茲淪陷，至今一百餘年。臣已遣兵收復，且以瓊州控壓賊峒，請昇爲下都督府，督瓊、崖、振、儋、萬五州。其崖州都督請停。』從之。」五代時屬於南漢。宋仍曰瓊州。亦曰瓊山郡。宋志：「大觀元年以黎母山夷峒置鎮州，賜軍額曰靖海。政和初鎮州廢，以軍額來歸，宣和中又升爲瓊管安撫都監。元仍舊，一統志：「元改瓊州路。」今本志不載。天曆二年升爲乾寧軍民安撫司。以潛邸所幸也。明洪武二年降爲瓊州，三年升爲府。領州三，縣十。今因之。

府外環大海，中盤黎峒，封域廣袤二千餘里，蓋海外之要區，西南之屏障也。

瓊山縣，附郭。漢瑇瑁縣地，屬珠崖郡，後廢。唐初置瓊山縣，屬崖州，貞觀中爲瓊州治，後因之。今編户一百三里。

古崖州城，府東南三十里，即漢珠崖郡也。茂陵書：「朱崖治曋都，去長安七千三百二十四里，元初中廢。」後漢亦爲珠崖縣治，後復廢。梁置崖州及珠崖郡，治義倫縣。或曰州初治此，後徙義倫也。唐置瓊山縣於今治，自是州郡皆治焉。城邑考：「今府城，唐貞觀五年創置，築土爲城，周僅三里。宋、元因之。明洪武二年改拓，甃石爲固。南臨大溪，漲溢爲患，乃築長堤捍之，引溪爲池，環繞城外。十一年增修。十七年於西門外增築土城。成化九年又復營繕。十三年於城外增築攔馬墻，并修築土城。正德以後相繼修葺。大城周七里，土城不及二里。」

舍城廢縣，府東北二百六十里。隋大業中置。唐爲崖州治，其西南有勤連鎮兵。南漢時崖州亦治此，宋初因之。熙寧四年改置崖州，省縣入瓊山。又顏盧廢縣，在舍城縣西南。隋置縣，屬崖州。唐因之。貞觀初改曰顏城縣，開元後省。

容瓊廢縣，在府東南百五十里。唐貞觀十二年析瓊山縣置，屬瓊州，貞元七年省。又顏羅廢縣，在府南，亦貞觀十三年置，屬瓊州，唐末廢。志云：府東南有瑇瑁廢縣。

蒼屹山，城南二里。石峰屹立，水流其下。山後有仙人洞。又有鴈塔峰，平岡特立，如卓筆然。又靈山，在府南十五里。自北渡海者，至中流即見此山。喬林蔭翳，俗呼聖山。又府南六十里有瓊山，土石多白，似玉而潤，縣以此名。

扶山，府東南五十里。山之東有五嶺，一曰從衡，二曰思峒，三曰光螺，四曰居禄，五曰居林，遞相擁護，故名扶山，道書以爲第二十四福地。昔有陶公者隱此，因亦名陶公山。其西有蒼巡峒，峒深廣，中有二井。山下又有巨潭，流三十六曲以達於江。○西石山，在府西四十里。一名馬鞍山。山多石。下有洞，容數百人，出泉甚清冽。頂上有井，源與海通。其西南一里有遞蓮洞，自石門入，逕竇委曲，大小凡五洞，甚深邃，容數千人。上有一門，透露天日。旁一洞深黑，可三十許里，曾有人避難於此。志云：府東南七十五里又有東石山。

雲露山，府西南六十里。中有三潭，俗名陷屋潭。其上潭林木陰森，人不敢近。又那射山，在府東南八十里，居人以射獵爲業。山之陽爲銅銚溪，中有巨石形如銅銚，水注其中，有聲如雷。○潭龍嶺，在府東北二十里，登絶頂可望黎母諸山。下有泉分兩派，俱西南流。中又有一泉湧出，名曰卓錫泉。又南岐嶺，在府西南百六十里。頂有大石，盤迴十餘丈。一名石鼓嶺，以山巔小石，其聲如鼓也。嶺之南接生黎地。一統志云：「府南十里有瓊崖嶺，其下有古珠崖郡城址。」

海，府北十里。亦曰海口港，北接雷州府徐聞縣境，舟行一渡可抵岸。一名海口渡。宋白曰：「州北十五里即大海，泛大船，使西南風帆，三日夜至崖山門入江，一日至新會縣，或便風十日可徑達廣州。」志云：海口港南岸有神應港，舊名白沙津，番舶所集之地。初港不通大舟，而海岸多風濤之虞，宋淳熙中瓊帥王光祖欲開而未遂，忽颶風作，自衙一港，人皆以爲神應，因名。亦謂之白沙口。宋祥興元年元阿里海涯略地海外，瓊州安撫趙與珞等率兵拒之於白沙口，援兵不至，州民遂以州叛附於元，即此。輿程記：「自白沙口渡海，七十里而至雷州府徐聞縣之沓磊驛，舊置白沙驛於此。」

南渡江，府東南十里。源發五指山，歷臨高、澄邁、定安三縣界，會諸水至此，北流至白沙入於海。又滴渭溪，在府南十六里。水源有二，一出謝潭，一出黀潭，合流十餘里入南渡江。鄉人沿流築柵，置車數十輛，升水灌田。其水如渭之清，土人呼水爲滴，故名。

黎母水，城東三里。源出黎母山，北流入海。志云：儋州亦有此水，蓋黎母山之水分五派流入四郡界矣。又府城東有峻靈潭，周二百餘丈。宋開寶八年知州李易上言「州南五里有峻靈塘，開修渠堰，可溉水田二百餘頃」，即此。或曰潭蓋黎母山水所匯也。○第一水，在府西三里，繞流經縣西北一里之下田村，又北入海。於城西澗流爲首派，因名。又西去十里有一澗，亦流入海，謂之第二水。又學前水，在府城西南。志云：府西南十五里有泉出石竇間，舊名龍泉，東流西折而爲篁溪，又西匯爲石湖，溉田千頃，名曰西湖。西湖奇勝甲於一郡，以泉得名也。歲久泉廢，好事者濬之，名曰玉龍泉，其下流爲學前水，東南流入於南渡江。又白石河，志云：在府城東南三十里。溪旁多白石，因名。西南流，亦入南渡江。

東湖，府東十五里。相傳昔本民居，爲風雨所陷。又府西二十里有西湖，即玉龍泉下流也。又南湖，在府南五十里，溉田百餘頃，通南渡江入於海。

清瀾鎮，在府南。有巡司，洪武中置。○大坡立營，在府西南，防守居林、居碌、沙灣三峒黎賊。志云：瓊山縣村峒凡百二十有六處。又白沙營，在府北白沙港口，防白沙、東營、芒芋三港賊船。〔一〕

居缺峒，在府西境。元大曆初瓊山黎多叛，主帥譚汝楫請兵討之，次居缺峒，敗賊兵。賊有九峒，而居野居中，爲最大，周百二十里，草木蒙密，不可入。汝楫先令萬人除道，周其山；暮復以萬二千人銜枚圍之，樹柵三重，密防奔突；明日出萬人赭其山，布陣以待，漸移柵逼之，復益柵數十重，賊窮蹙不知爲計，遂進兵平之。

瓊臺驛。在府西北隅土城外。自此而東七十里爲賓宰驛，又四十里爲文昌驛，東達萬州之路也。由瓊臺驛而西，四十里爲澄邁縣之西峰驛，又西七十里爲臨高縣之朱崖驛，爲西南達儋、崖二州之道。○梁陳渡，在府西南。元至順元年黎、僚叛寇乾寧界，都鎮撫譚汝楫沿江自南建至番誕渡置堠障守之。明年賊寇石山、新村、梁陳渡，汝楫戰不勝。三年賊寇乾寧西山界元帥關，關軍水尾失利，賊遂陷澄邁。

澄邁縣，府西六十里。西至臨高縣百十里。漢苟中縣地，屬珠崖郡。隋置澄邁縣，屬崖州，唐因之。宋開寶五年改屬瓊州。城邑考：「縣城，成化初始築土垣，弘治元年甃以石，正德七年增修，周二里有奇。」編户五十四里。

曾口廢縣，縣南七十里。本澄邁縣地，唐貞觀十三年置曾口縣，屬瓊州，五代時南漢省。今其地名博羅村。

澄邁山，縣東十五里，縣以此名。志云：山特起一峰，若樹株然，一名獨株山。又文裔山，在縣南二十里。龍泉出其陽，三峰在其陰，一名三峰嶺。志云：山南有鯉魚潭，山穴泉湧，潴而爲潭，溢入新河。

大勝嶺，縣西十里。志云：馬援破交阯，嶠南悉平，因撫定珠厓，調立城郭，置井邑，屯兵於此，故以大勝名。其東爲萬歲岡。上有石如列屏，俗名聖石。○石鼓嶺，在縣南七十里。嶺上有二石，扣之若鐘鼓然，聲聞里許。又縣西北三十里有雲霄谷，山幽地腴，泉甘木茂，爲隱勝之處。

新安江，縣南六十里。源出五指山，歷臨高縣而東入縣界，又東達定安縣而入瓊山縣境，即南渡江之上流也。○澄江，在縣東。源出山谷間，下流達新安江。

澄邁鎮。縣西北十里。有巡司，洪武中置。又居便營，在縣西南，防茅甲巳等村峒生黎。其地與瓊山縣居林、居碌、沙灣三洞黎相近也。志云：縣境村峒凡一百三十有七。○西峰砦，在縣東。宋史「政和間筦帥郭曄乞於澄邁置西峰砦，臨高置定南砦，以隘阻黎人，由是道路無梗」，即西峰驛也。

臨高縣，府西百八十里。西至儋州百九十里。唐初置臨機縣，屬崖州。貞觀五年改屬瓊州，十三年復屬崖州，尋又來屬。開元初改曰臨高縣。宋、元因之。今城周三里有奇。編户六十七里。

臨機廢縣，縣西二十里。唐初置縣於此，後改曰臨高，貞元中移縣於今治。城邑考：「今縣城，正統八年創築，壘石爲固，至正德間增修。」

毘耶山，縣西北十里。山有獸如虎，俚人呼爲毘耶，故名。一名高山，縣名臨高以此。○那盆山，在縣東南三十里。脈自五指山北來，至此特起一峰，高聳而圓，若覆盆然。又縣西南十里有落雲嶺，脈接那盆嶺，坡坨蜿蜒，回拱縣治。又有灘神峒，在縣南十九里。江中聳立巨石，旁有穴，高廣二丈許。

大江，縣南百八十里。源出五指山，流至此，東流歷澄邁縣名新安江，入定安縣名建江，至瓊山縣爲南渡江，遠近羣川皆匯此入海。○美瀧灘，在縣東十里。水自石巔瀉下，高數尋，形如曳練。下有潭，深不測。灘上黑石平鋪，可容百餘人。又龍潭，在縣西三十里，亦深廣。

田牌鎮。縣南二十里，有巡司；又縣北三十里有博舖巡司；俱洪武中置。○那零營，在縣南；又南有屯建營；俱防生熟黎人劫路。志云：縣境村峒凡二百三十九處。又縣北有新安、三家、末落、烏石、博白、黃龍、呂灣、博頓等八海港，俱有民兵瞭望，防賊船灣泊。

定安縣，府南八十里。東南至會同縣二百二十里。本瓊山縣地，元至元三十一年析置定安縣，屬瓊州。天曆元年升爲南建州。明初復爲定安縣。今城周三里有奇。編户三十四里。

廢忠州，在縣西南，古獠境。唐咸通五年遣兵擒黎峒蔣璘等，遂定其地，置忠州，兵還即廢。元至元三十年元帥朱斌統兵深入，黎巢盡空。明年於忠州故地置定安縣。城邑考：「縣城，成化二年始議開築，正德八年伐石甃砌，十四年工始竟。十六年風雨圮壞，尋復修築，嘉靖二十四年增修。」

五指山，縣南四百里。山有五峰，極高大，屹立如人指，據瓊、崖、儋、萬之間，爲四州之望。一名黎母山。或云婺女星嘗降此，本名黎婺山，後訛爲黎母云。黎人環居山下，內爲生黎、外爲熟黎。山巔常在雲霧中，久晴則見翠尖浮於半空，其下猶洪濛不辨也。熟黎所居，已阻且深，生黎之巢，人迹罕至。唐乾封中黎母山賊陷瓊州據之，貞元五年州始復爲唐境。元至元二十八年黎叛，闊里吉思等討之，空其巢穴，勒石五指山。明嘉靖二十年亦嘗大舉師徒攻毁巢峒，登黎婺山巔。二十八年崖州黎復叛，大軍進討，直抵巢穴而還。廣記：「議者嘗以五指山居州邑之中，爲吾内患，宜於兵威削平之際，開十字大路。大約以道里計之，自府治至崖州千里而近，自儋州至萬州六百里而遥，此四至徑一之大凡也。細數之，自府治至沙灣三百里而遥，自崖州至羅合三百里而近，俱爲坦途矣。度其中未開通處不過二百里，若大集軍民土兵通力合作，相其谿壑，易其險阻，假以數月，而瓊、崖之路可由黎峒中行矣。儋、萬視此，其工則又殺焉。四路交達，度中建城，量地置堡，就堡立屯貯食，以攻則取，以守則固矣。」又云：「五指山下東南有陽春峒，爲郡境之中。其南有滴他、香根、竹茂、竹擁諸峒，西南有萬家、羅活、磨岸、磨魁等村，東有思河等峒，東南有縱横、斬兑等峒。北去定安，東南出萬州陵水，西北至儋州，俱六日程。惟西至昌化，中阻大溪，須浮筏乃濟。初入自思河僅六日，前半路頗崎嶇，愈入愈衍，其地皆可耕作也。」

邁本嶺，縣南十里。一名丫髻嶺。自西南蜿蜒而東北，復峙一小峰。爲縣之主山。

建江，縣北一里。源出五指山，自澄邁縣流入境，又北流爲瓊山縣之南渡江。元升縣爲南建州，以江名也。又思河水，在縣南。亦出五指山，流經縣南境，透迤數百里，復東南流入樂會縣界，爲萬泉江上流。

嶺背營。在縣南。志云：縣境思河、光螺峒、水口、嶺背等村黎嘗搆瓊山縣境内諸黎爲患，因設南倫營防守。嘉靖十三年剿平，改設今營。又縣境諸黎村峒凡一百十有二。

文昌縣，府東百六十里。南至樂會縣百七十里。漢紫貝縣地，屬珠崖郡，後廢。唐武德五年置平昌縣，屬崖州。貞觀元年改曰文昌縣。南漢亦屬崖州，宋改屬瓊州。縣無城。編户十八里。

紫貝廢縣，縣城北一里紫貝山下。漢置縣治此，尋廢。又平昌廢縣，在縣西北。志云：本武德縣，隋置，屬崖州。

唐改爲平昌縣，後改曰文昌，移於今治。

玉陽山，縣北十里。一名青山嶺，林木青翠，邑之主山也。其西曰蒼錫山。又紫貝山，在縣北一里。一名靈山嶺。○銅鼓山，在縣東北一百里；又抱虎山，在縣東北百二十里：皆以形似名。

七星山，縣北百五十里大海中。有七峰相連，一名七洲洋山。林木茂密，下出淡泉，航海者必取汲於此。山之東又有七星泉，雖旱不涸。○焚艛嶺，在縣北百三十里，枕海濱。相傳漢樓船將軍楊僕初渡海至此，即焚其樓船，以示士卒必死處。恐悞。志云：縣東北五十里東昆港水之北有眉丘，丘狹而長，若埭然。延亘六七里，中藏一丘，隆然深秀。

文昌江，縣南一里。一名南橋水。志云：江源有二，一出縣境之邁南山，一出龍塘，至縣南一里合流，又東南達清瀾港入海。○清瀾港，在縣東南三十里。源出縣東下場溪西，二處合流至此，與海潮相會而成港。又鋪前港，在縣西百五十里，商帆海船多集於此。

鋪前鎮，縣西北百五十里鋪前港之東，有巡司；又青藍頭巡司，在縣東一百里抱陵港：俱洪武中置。○白延架營，在縣西南，防斬脚峒黎等賊。志云：縣境村峒凡三十有五處。又縣有鋪前、木欄、抱虎、七星港澳，皆與瓊山連洋，大海賊船易入，撥軍瞭守。

賓宰驛。縣西北六十里，又縣南四十里有長岐驛，會典有文昌驛，三驛皆革。

會同縣，府東南二百九十里。東南至樂會縣六十里。本樂會縣地，屬瓊州，元至元三十年析置會同縣。城邑考：「縣舊無城，周爲欄閘，嘉靖三十年始甃石爲垣，周二里有奇。編户七里。

小禄山，縣西二十里。下有澗水，分二派灌田。又西十里曰西崖嶺，峰高千仞，頂有巨石，下有石穴。〇多異嶺，在縣東南二十里，以巖石多異而名。又縣東北三十里有文囂嶺，亦高峻。

天塘溪，縣北二十五里。源出文昌縣界天塘嶺，流入境，下流達樂會縣合萬泉江。又縣南有大塘水。源出黎母山，分流經縣南潴爲巨塘，資以溉田。

調囂鎮。縣東南十五里。有巡司，洪武中置。〇永豐驛，輿程記云：「在縣北。自文昌縣之長岐驛五十五里而至永豐驛，又四十里至温泉驛，又四十五里爲萬州界之多陳驛。」

樂會縣，府東南三百五里。西南至萬州八十里。唐顯慶五年置縣，屬瓊州。宋大觀三年改屬萬安軍，尋復舊。縣無城。今編户十二里。

陰陽山，縣東北一里。山形奇偶相生，因名。又縣東二里有雷朴山，小山特起，在萬泉河南。曾有雷擊其山石，因名。又香爐山，在縣南二里，突起一小峰，諸峰羅列交拱。〇金牛山，在縣東南十五里。峻聳插空，俯視諸山，皆如培塿，海航望此以爲表識。又白石山，在縣西四十里。山脈綿亘，聳立高峰，頂有巨石。

風門嶺，縣西南七十里。嶺路高峻，瀑布懸流，爲諸黎出入咽喉之所。又三山神嶺，在縣東南十里。嶺上有泉曰金牛井，四時不涸。〇龍見石，在縣西北十五里，狀如龍首。山脊半里許皆黑石，崚嶒疊出，若龍鱗然。黎盆水遶其前。

萬泉河，縣西北二十五里。亦曰萬泉江，源出五指山，入定安縣界爲思河水，又東南流至縣西，分二支繞縣治後，經雷朴山下而復合。中有印山，屹立若浮印然，周遭有沙護之。亦名應山，與雷朴山對峙，出博敖港入大海。志云：萬泉河納會同諸縣衆水之流，因名。又昔人嘗飲馬於此，亦名飲馬河。

温泉河，縣南十里。志云：河自西黎山縱横峒發源，流經縣西界，達縣西南温湯舖，轉流至東北博敖港入海。

猪母營。在縣西南，防守加略、中心等村生、熟黎；又有沙牛壩營，防葵根、水口等村黎；皆撥民兵戍守。志云：縣境村峒凡五十有三處。

儋州，府西南三百七十里。東南傍海至崖州五百八十里，北至海岸五十里。

古百越地，漢置儋耳郡，茂陵書：「郡去長安七千三百三十五里。」始元中省入珠崖郡。後漢屬合浦郡，志云：時爲珠崖縣地。晉、宋以後皆爲荒徼。蕭梁置崖州及珠崖郡，隋初爲崖州，大業初復爲珠崖郡。隋志：「州郡皆治義倫縣。」即今州治也。元和志、舊唐書皆云隋置儋耳郡於此，蓋蕭銑時改置。唐武德五年置儋州，天寶初曰昌化郡，乾元初復曰儋州。南漢因之。宋復爲儋州，熙寧六年改曰昌化軍。紹興六年軍廢，屬瓊州。十四年復置軍，尋改曰南寧。元因之。明洪武初復曰儋州，正統五年以州治宜倫縣省入。編户四十六里。領縣一。今因之。

州外濱瀛海，内扼黎狸，翼帶瓊、崖，互爲唇齒。

宜倫廢縣，今州治。梁置義倫縣，爲珠崖郡治，隋因之。唐爲儋州治。宋太平興國初避諱改曰宜倫，仍爲州治，熙寧中爲昌化軍治，紹興中又爲南寧軍治。元因之。明廢。城邑考：「舊州城在州西北三十里，地名南灘浦，相傳漢樓船將軍楊僕所築，亦謂之儋耳城。梁置義倫縣亦治此。隋末遷於高坡，即今治也。洪武六年始築石城，緣城爲濠，後常修治。有門四。城周二里有奇。」

富羅廢縣，在州西南。本漢儋耳縣地，隋置毘善縣，屬崖州。唐武德五年改曰富羅縣，屬儋州。南漢廢。○洛場廢縣，在州東南。志云：唐乾元中置，在黎峒中，屬儋州，後移置州城下，宋省入宜倫縣。志云：州南有涔陽廢縣，唐天寶初置，尋廢爲涔陽鎮。今考新、舊唐書，皆不載。

松林山，州北二十里。隋志謂之藤山，一名松林嶺。圓頂下垂，中有石巖，縣之主山也。又州東北六十里有輔龍山，俗名抱社嶺。〔三〕○黎毗山，在州西北四十里，近黎母山，俗呼爲那細嶺。又州西四十里有德義山，俗呼黎曉山，頂有巨石若巖。

馬蝗山，州東三十里，以形似名。俗傳漢將曾屯兵於此，蓋其地嘗爲戰場也。○龍門嶺，在州西北三十里海岸。夾起石峰，兩趾奔海，其狀若門，可以泊舟。嶺上又有石穴，中虛通海，峰出其中，名曰風門，内容數十人。

海，州西四十餘里。一名瓊海，中有獅子石，舟楫所經也。志云：石在海中，東去州五十里。

淪水，州北一里。源出黎母山，流合斈川，繞城北，西流十里爲大江，至新英浦與新昌渡水合，會海潮成港，復南經羊浦入海。志云：淪水沿流有四名：一曰黎水，以出黎母山也；一曰昌江，以州舊爲昌化軍也；西近海濱曰新英浦；流至海口曰羊浦港。

白馬井，州西南三十里。相傳唐咸通中辛、傅、李、趙四將奉命滅黎，兵至此渴甚，有白馬嘶鳴，以足跑沙，清泉湧出，因名。一名滔沿井。郡國志：「井源與淪水通，有人以竹置井口，於淪水中得之。俚人呼竹爲滔沿，故名。」

鎮南鎮，州西南三十里，有巡司。又州西南八十里有安海巡司。○山口寨，在州境。成化五年七方峒黎符那南叛，官軍討之，憑險阻不下。既而破其上下多邦山口寨，追擒之於落賀洲，并平其黨姜花等峒。志云：州境村峒凡二百有九處。

歸善驛。州東四十里。又鎮南巡司西有田頭驛，安海巡司西有大村驛。輿程記：「州城外有古儋驛。又由歸善驛而東六十里爲臨高縣之珠崖驛，大村驛而南三十里爲天員驛，又四十里爲昌化縣之昌江驛，此州境達瓊、崖之道也。」

昌化縣，州南二百九十里。南至崖州感恩縣七十里。漢爲至來縣，屬儋耳郡，後廢。隋置昌化縣，屬崖州。唐屬儋州，宋因之，熙寧六年省入宜倫縣。元豐三年復置，屬昌化軍，尋屬南寧軍。明屬儋州。縣無城。編户九里。

吉安廢縣，在縣北。隋置吉安縣，屬崖州，唐初廢。貞觀元年析昌化縣復置，屬崖州。乾元後省。

峻靈山，縣北十里。本名朝明山，一名神山嶺。山有落膊岡，其旁石如冠帽，俚人呼爲「山胳膊」。南漢封其神爲鎮海廣德王，宋元豐五年改封爲峻靈王，山因以名。海航往來恒泊舟汲泉於此。○九峰山，在縣東百六十里。山有九峰，盤旋百餘里。又馬嶺，在縣南三十里。山勢起伏，至海濱與城相對，聳起三峰，形如天馬。

昌江，縣南十里。源出五指山，西北流匯羣川水，至縣東南侯村分南北二流：南江西流經赤坎村而南出，會海潮成港，一名南崖江，又名三家港；北江北流繞縣南，又西流至泥浦與潮水會而成港，一名北港，並入於海。○峨娘溪，在縣東。出九峰山下，西南流注於昌江。

德霞寨。在縣東南。地勢平衍，黎賊巢於此。嘉靖十九年斥奪其地，擬建城邑，既而中止。二十八年黎復叛，議者復請建城砦於此，據其膏腴，仍由德霞沿溪水以達縣治。志云：縣境村峒凡三十三處。○大南驛，輿程記云：「在縣南。自縣之昌江驛四十里而至大南驛，又七十里至感恩縣之縣門驛。」

萬州，府東南四百七十里。西南至崖州三百六十里，東至海岸三十里。

漢珠崖郡地，隋崖州地，唐初因之。龍朔二年析置萬安州，天寶初曰萬安郡，至德二載改爲萬全郡，乾元初復曰萬安州。南漢因之。宋仍曰萬安州，亦曰萬安軍。熙寧七年改萬安軍。紹興六年軍廢，屬瓊州，十三年復置軍。元因之。明洪武初改爲萬州，正統五年以州治萬安縣省入。編户三十里。領縣一。今因之。

州控臨大海，雄峙東隅，瓊、崖之指臂也。

萬安廢縣，今州治。唐初爲崖州文昌縣地，貞觀五年析置萬安縣，屬瓊州。十三年改屬崖州。龍朔中爲萬安州治。開元九年州徙治陵水，縣屬焉。至德二載改縣曰萬全，貞元初復爲州治，尋復曰萬安縣。宋亦爲萬安軍治。紹興中軍廢，改縣曰萬寧。尋復置軍，縣亦仍舊。元仍曰萬安縣，明廢。城邑考：「州城，宋紹定間築，甃以磚瓦，廣袤不過半里，歷久傾圮。元時土酋鄭寬攝州事，因舊址甃砌。明洪武七年始展拓舊城，成化七年修築，環城爲池。初有門四，後塞北門，今爲門三。城周二里有奇。」

富雲廢縣，在州西南，又南有博遼廢縣，俱唐貞觀五年析文昌縣置，屬瓊州，尋屬崖州，龍朔中屬萬安州，唐末廢。

赤隴山，州東南三十里。土色赤，有岡隴相連。一名東龍山。又獨洲山，在州東南五十里海中，風帆半日可達。峰勢插天，周圍五十里。有田數畝。鳥多鸚鵡，獸多猩猩。○六連山，在州北六十里。山脈接黎母山，六峰突起，峻拔連續，起伏三十里，志以爲州之主山也。中多鹿麖，一名鹿市山。弘治十七年官軍討鷓鴣啼、龍吟洞諸叛黎，賊多匿於壇口村六連山麓，官軍遇伏敗績。

滴陵山，州西南二十里。南有大溪，流繞岡阜。又劍門嶺，在州西南十里。勢如劍鋒，卓然對峙。又東山嶺，在州東七里。嶺之陽有巨石聳立。又有華封、維石二巖，流泉清冽，爲州之勝。志云：州東北百里濱海又有金牛嶺。

金仙水，州北二里。源出黎母山，至城北潴爲潭，繞流經東山嶺，轉北入小海港達於海。俗呼仙河溪。又大溪水，在州南十里。源亦發黎母山，繞流經此，下流入海。又南陵水，在州西南二里；都封水，在州西南三十里；其下流俱匯大溪入海。嘉靖二十年官兵禦叛黎敗績於多崩江，或曰即都封之訛也。

小海港，州東北二十里。港口有二小石山，南北對峙如門，海船往來取道於此。

蓮頭鎮，州東三十里，有巡司。○莆苧營，在州西北，防鷓鴣啼等村峒黎，最爲襟要。又南頭營，在州西。其相近有黃坎、改體、抱打、羅透、表羅、眉無俗等村黎爲患，特設官兵戍守。志云：州北有沙牛壩營，防迤北龍吟、青山與樂會縣縱橫峒、葵根、水口等村諸黎。今亦見樂會縣。又馭北營，在州西南，防州境與陵水縣合界午嶺、海灣路口諸黎。又有鎮南營，在州東南。其相近有南港、蓮塘、蓮岐、大塘、新潭諸港澳，俱海寇出没處，設兵暸守。宋志：「州境有買扶諸峒黎，舊嘗梗化，端平初效順。」今州境村峒凡九十有三。

岐峒，在州西北，岐人所居。岐人又在生黎之外，亦有生熟二種，居五指山中，歷代不賓，黎人懼之，隋志所謂色也。永樂三年嘗設土官統之，尋革。弘治中始爲寇，正德七年官軍討之，不克。嘉靖以來常爲寇暴。黄佐曰：「黎外有岐，黎所懼者岐也。生岐疆界由瓊抵崖不過三百餘里，自儋達萬不過二日餘程。候彼三八月饑荒，分兵四面，開示信義，彼必聽從。乘此開路，可立衙門，岐既從而黎伏矣。」

多陳驛。州東五十里。輿程記：「州城北有萬全驛，又東北四十里爲多陳驛，又北四十五里接會同縣界之温泉驛。」

陵水縣，州南六十里。西至崖州二百九十里。志云：隋大業六年置縣，屬珠崖郡。今隋志不載，蓋唐初所置也。本屬振州，龍朔中改屬萬安州。宋初因之，熙寧七年省入萬安縣爲陵水鎮。元豐三年復置縣，紹興六年改隸瓊州，十三年復來屬。元因之。縣無城。今編户九里。

獨秀山，縣西南一里。一峰突起，亦名文筆山。又小五指山，在縣西南百里生黎峒中，與崖州接界。脈接黎母山，挺立數峰，黎人環居其下。有温郎、嶺脚二峒，外險而内坦。嘉靖二十八年科臣鄭廷鵠言：「温郎、嶺脚實萬州陵水之衝，大軍攻黎，賊必合二峒以擾我陵水。當分奇兵出此，使二峒賊自救不暇，然後大兵直擣崖賊巢穴，黨涣勢分，可以得志。」是也。〇博吉山，在縣東二十里。下有博吉水。又聲山，在縣東八十里。山中虚谷與人聲相應，因名。又加枕山，在縣西境。弘治十三年黎亭峒黎陳那洋等作亂，官軍討之，至加枕山，進至大播山，賊平。

多雲嶺，縣南十里。一名靈山。山峻拔，雲常覆其上。○雙女嶼，在縣東百里大海中。去岸半日，周圍數十里，兩石對峙如人。上有淡水，海舶多就汲焉。

大河水，縣東二里。源出五指山，繞流經此，有古博渡，南流至縣南十五里，與海潮會曰水口港，遠近羣川悉由此入海。○陵栒水，在縣東北十五里，一名陵栅水；又博吉水，在縣東二十里，亦出五指山，繞石山間，東南流合衆水；俱至水口港入海。又有都籠水，在縣西南二十里，東入大河水。

牛嶺鎮，縣北二十里，有巡司。通志「司在萬州陵水間，爲海灣平陽之地，多盜賊，爲腹心患。司南有地名南峒，議建鎮南營於此，增設官兵，并遷牛嶺司佐之；司北有地名楊梅，議建馭北營於此，亦增設官兵，并遷蓮塘巡司佐之；庶官民商旅往來，可期無患」云。海防志：「縣舊有苗山巡司。」

絡綀營，在縣西北，向設官兵，防桃油、信脈、山澗、打綀、朝纏、凡遐等村黎。又有鴨塘營，防壽山、蘆嶺諸黎，最險要。又合水營，在縣西。其相近有白水、回峰、番扒若、那龍等村黎爲患，特設官兵戍守。志云：縣境村峒凡三十處。又縣東南有水口、黎菴等港門，海寇易入，皆撥兵戍守。

烏石驛。縣西四十里。又西即崖州之都許驛。會典：「縣又有順潮驛，與烏石俱革。」

崖州，府南一千四百一十里。南至海岸四十里，西北至儋州五百八十里，東北至萬州三百六十里。

漢珠崖郡地，後漢屬合浦郡。蕭梁亦屬珠崖郡。隋屬崖州，大業中置臨振郡。杜佑、劉昫皆云隋置，今隋志不載。唐武德五年置振州，天寶初曰延德郡，又改爲寧遠郡，乾元初復爲振州。宋改爲崖州，亦曰珠崖郡。宋白曰：「開寶六年割舊崖州地屬瓊州，而改振州爲崖州。」是也。熙寧六年改爲朱崖軍。紹興六年軍廢，屬瓊州。十三年復置，改曰吉陽軍。元因之。明復爲崖州，正統五年以州治寧遠縣省入。編户十五里。領縣一。今因之。

州山林環遠，黎、獠錯雜，屹峙海濱，最爲艱遠，嶺表之絶徼，溟南之奥區也。嶺表異録云「自瓊至振多溪澗，澗中有石鱗次，水流其間，或相去二三尺，近似天設，可躡之而過。或有乘牛過者，牛皆促斂四蹄，跳躍而過。或失則乘流而下」云。

寧遠廢縣，今州治。隋置縣，屬崖州。唐爲振州治，宋改爲崖州治。紹興中縣屬瓊州，尋爲吉陽軍治。明省。

城邑考：「州舊無城，僅以木栅備寇。宋慶元四年始築土城，紹定六年甃以磚瓦，周圍僅一里餘。元元統初修葺，洪武九年增修，十七年因舊址展築，明年甃以磚石，環城爲濠。成化十二年復修治，於濠塹周圍植刺竹。弘治二年以後屢經修葺。今城周三里。」

延德廢縣，州西百五十里。隋置縣，屬崖州，以延德水爲名。唐屬振州。南漢初縣廢。宋崇寧五年復置延德縣於朱崖軍黄流、白沙、側浪之間，大觀初又增置延德軍，復置倚郭縣曰通遠。政和初軍廢，省延德縣入感恩縣，又廢通遠縣爲鎮，隸朱崖軍。六年復置延德砦，又改通遠鎮爲砦。元俱廢。通志：「延德廢縣在今白沙舖西南。」又吉陽廢縣，在州西北百里。唐貞觀二年析延德縣置，屬振州，南漢因之。宋屬崖州，熙寧六年廢爲藤橋鎮，隸瓊州。紹興六年復置縣，元初廢。志云：州西百里有樂羅廢縣，漢置，今爲樂羅村。

臨川廢縣，州東南百三十里。劉昫曰：「隋所置縣也，屬崖州。」或曰本臨振故縣，隋開皇十年以臨振縣賜高凉冼夫人爲湯沐邑，即此。後廢。唐曰臨川縣，屬振州，南漢廢入寧遠縣，宋爲臨川鎮。鎮東北有故鹽場，亦宋置。

又落屯廢縣，在縣東五十里。唐天寶後置，屬振州，南漢廢。

南山，州南十里。壁立枕海，爲州屏障。石邊一穴出泉清冷，名萬仞泉。元王士熙嘗更名爲鼇山。又南十里曰釣臺山，中有試劍峰。又有巖曰大洞天巖，前瞰大海，後環曲港，峭壁在南，小洞附北。巖之西北復有一巖曰小洞天巖，外臨海，有平石可坐而釣，謂之釣臺。志云：小洞天在州西南十里海濱。○澄島山，在縣西南十五里，孤峭枕海。又州東南十五里有石版山。傍有橫石，平如砥，周圍數里。

迴風嶺，州東北百二十里，以颶風不過此嶺而名。又大橫嶺，在州西十里。嶺高峻，下有路北入黎界。志云：州北十里有報福嶺，以土人遇旱禱雨於此而名。又州北三里爲馬鞍山，五里爲豺狼嶺，皆以形似名。○落筆峒，在州東百里。石壁峭立，上有石門，中有二石形如懸筆。其東復有石洞，外窄內寬。中有井，源與海通。

海，州西五十里。有龍棲灣，海水灣旋二里，昔有龍棲於此。又州南亦濱海。海槎餘録：「海面七百里，外有石塘。北之海水特高八九尺。〔三〕其南波流甚急，海槎必遠避而行，舟入迴溜中罕得脱者。又有鬼哭灘，舟行至此，必以米飯擲之而後過。宋天禧二年占城使言國人詣廣州，或風漂船至石塘即累歲不達。」石塘，在崖州海面七百里。

大河水，在州城北。源出五指山，東流轉西，逕州南，宋知軍事毛奎塞爲平地，導流經城北三里，分南北流以入於海。今名分流處爲三汊河。又臨川水，在州東百三十里。源亦出黎母山，分兩派，前後夾流南入海。廢臨川縣以此水名。○木飲川，在州境。酉陽雜俎：「朱崖有一島，民居甚衆而地無井，海水特鹹，取草木汁飲之，因名。」又瑇瑁欄，在州東南五十里。海邊有巨石數十丈，如屋，宋時陳明甫者鑿石爲欄，以養瑇瑁云。

南溝，在州城南。城北又有北溝。明正德十四年知州事陳堯以州城環溪分流南北，溪外皆民田，乃鑿二溝於溪之上流，南溝延袤十五里，北溝延袤五里。溝成，旁通曲引，亢燥之地皆成沃壤。

藤橋鎮，州東二百二十里，有巡司。又州西八十里樂羅村有抱歲巡司。又通遠巡司，志云：在州北黃流村郎鳳嶺下。○合水營，在州東，與陵水縣接界。又牙力營，在州東北。昔時增置官軍，防羅活、千家、多澗等黎賊。嘉靖二十八年大征，遺黨無幾。今營廢。志云：州東南濱海有榆林、牙狼、不頭、利桐、玳瑁洲等港澳，俱海寇窺伺處，向設軍瞭守。

羅活寨，在州東北。其地膏腴，黎賊常據此，曰羅活峒。嘉靖二十八年黎叛，議者謂當於羅活等處建立州縣，設畊屯，且由羅活歷斬開路以達安定，使道路四達，以攝奸萌云。志云：州境村峒凡九十有二，其最强者曰羅活，曰抱宥，曰多澗，曰千家，而千家尤路邇官道，爲諸黎門户。成化末嘗征服之，正德初復横，尋討平之，於是州境少事。

義寧驛。在州城西。又西北七十里有德化驛。又都許驛，在州東百八十里。志云：州東藤橋村有太平驛。又潮源驛，名勝志云：「在州城外，自會城至此凡二千五百五十里，東去陵水縣陸路三百里。」輿程記云：「由感恩縣縣門驛八十里至甘泉驛，又南八十里至義寧驛，東行六十里爲德化驛，又東百里爲潮源驛。」似有悞。

感恩縣，州西北三百二十里。北至儋州昌化縣七十里。漢置九龍縣，屬儋耳郡，後廢。隋始置感恩縣，屬崖州。唐屬儋州，宋初因之，熙寧六年省。元豐四年復置，屬昌化軍，尋屬南寧軍，元因之。明初屬儋州，正統五年改今屬。始築土城，正德初改築，十年工畢，周一里有奇。編户九里。

廢鎮州，縣東北七十里。宋大觀初蔡京議開邊，知桂州王祖道言：「黎人願爲王民，請於黎母山心立鎮州。」又置倚郭縣曰鎮寧，賜軍額曰静海。未幾廢。○九龍廢縣，通志云：「在縣東九龍山下。漢置，後廢。」

感勞山，縣北十里。山南有平坡，相傳大軍平黎曾至此，鄉人感其德而勞之，因名。山之陰感恩水出焉，隋以水名縣。○息風山，在縣東南五十里。中有巨穴，深不可測，每颶風作，黎人禱之則止。

小黎母山，縣東百五十里。脈接黎母山，至此危峰特聳，崖石崎嶇，人迹罕至，羣黎環居其下。元時討叛黎嘗駐軍於此，今石刻猶存。又黎虞山，在縣東五十里。山高廣，黎人虞獵處也。○抱透巖，在縣東北五十里。巖在山巔，口僅二尺許，内闊如巨室，黎人常藏穀帛於此。志云：縣東北七十里有虞山石鼓，在廢鎮州城之東河中。鼓圓六尺，聲如空甕，元軍討叛黎嘗至此。又魚鱗洲洞，在州北七十里。海濱特起一峰，上有石洞，重疊狀如魚鱗。

海，縣西南四十里。有石排港，巨石排列海濱，灣環里許，可泊舟。祝穆曰：「江、浙之潮，皆有定候。欽、廉之潮則朔望大潮，謂之汛水，餘日之潮謂之小水。瓊海之潮半月東流，半月西流，潮之大小，係長短星，不係月之盈虧也。」

南龍江，縣東北五里。源出黎母山，流經此，感恩水流入焉，又遶流經縣治，而西會潮成港入海。兩岸皆巨石，深不可測。又延澄江，在縣東北四十里。源亦出黎母山，流經此，有透道嶺，江遶其下，又西南流會潮成港。一名白沙港。○南湘江，在縣南三十里。源亦出黎母山，分而爲二，繞流至縣南復合爲一，經南港舖西南流，會潮入海。

延德鎮。縣東南八十里。有巡司，因廢延德縣而名。或云縣蓋置於此。又縣門堡，在縣南。舊有縣門驛，今革。志云：縣有南港、嶺頭、白沙、南北溝諸處，向皆設官兵，防諸黎賊。縣境村洞蓋四十有一也。又黎港，在縣西北。縣南又有抱駕港、白沙灣，皆濱海，水深寇船易入，置兵哨守云。

附見

海南衛。在府治西。洪武五年置。○儋州守禦千户所，在儋州治西，洪武二十年置；又萬州守禦千户所，亦在萬州治西，洪武七年置；又崖州守禦千户所，在崖州治西，洪武二十七年置；俱隸海南衛。

清瀾守禦千户所。在文昌縣東南三十里，西北去衛治一百九十里。洪武二十四年建。創築磚城，周五里。又昌化守禦千户所，在昌化縣北十里，東北去衛治六百六十里。洪武二十四年建。始築土城，三十年甃以磚石，永樂中以倭寇屢侵，復增修，正統十年又緣城鑿池。今城周三里有奇。○南山守禦千户所，在陵水縣西南，去衛五百六十里。洪武二十七年置於南山港西，植木爲栅。永樂十六年以倭寇屢侵，沙土卑薄，木栅難固，乃改築城於馬鞍山之北，甃以磚石。成化四年復加修葺，環城有池，周不及二里。已上諸所俱隸海南衛。

校勘記

〔一〕芒芧　「芧」，職本作「艼」，敷本、鄒本作「芒」。

〔二〕俗名抱社嶺 「社」，敷本、鄒本作「杜」。
〔三〕北之海水特高八九尺 「尺」底本原作「丈」，今據職本改。

廣西方輿紀要序

廣西之地，不必無所事於天下，然欲保據一隅，幸天下之不爲我患，則勢有所不能。何也？始安之嶠，吾境内之險也。桂嶺左右可飛越者不一處，梹嶺嶠之材，浮湘水而下，席捲衡、永，〔一〕風趣長沙，湖南一傾，則湖北必動，動湖北則中原之聲勢通矣。昔人言用閩、浙不如用粵東，用粵東不如用粵西，何也？其所出之途易，而湖南之險與我共之也。昔者黄巢肆禍，轉入廣南，議者謂廣南繁富，山嶺間阻，賊必欲藉以自固，勢且不能驟出。惟高駢昌言於朝，請敕荆南鎮將守桂、梧、昭、永四州之險，不聽。既而賊從桂州編筏，浮湘水，歷衡、永，抵潭州，欲徑上襄陽，不果。乃逾江而東，又渡淮而北，入東都，陷長安，禍乃遍於天下。問其發軔之始，則桂州也。蒙古兀良合台從雲南入交趾，可謂艱遠之至矣。一旦從交趾而北，破横山，進陷賓州、象州入静江，遂踰嶺而進破沅、辰，戰於潭州城下，與其淮北之師聲援相接也。繼又趣湖北，渡江而去。當是時宋人戰戍之兵不下數十萬，而敵之出没常若無人之境，是則善用兵者交趾且可以歷湖、湘涉江、淮也，况其爲粵西乎？吾故曰所出之途易也。然則粵西何以不可守？曰：以粵西守則形見勢屈，敵之加我數道而至，則我必困矣。昔者尉佗兼有粵西，其後牂牁、灕水之師入而屈於漢。李龔志堅守始安，卒并於蕭銑。劉士政保静江，而馬殷取之，繼又爲南漢所奪。宋潘美南伐，由道州而進克富川，拔賀州而昭州、桂州次第舉矣。馬塈，宋名將也，拮据静江，而卒爲蒙古所陷。明初取廣西，楊璟由永州而入，南攻静江；廖永忠則自廣州抵梧州，由平樂以趣静江，静江下，而兩江谿峒且望風款伏矣。吾未見以廣西而能倔强自雄，使敵不能至城下，即至而猶保其境内者也。然則何以策廣西？曰：廣西者，圖之閒暇之時則有濟，謀之倉卒之頃則無及也。往者中原多難時，兩粵猶稱樂土，誠得一深識遠慮有志於天下事者周旋其間，埭江上下，田土膏腴，耕屯可以足食也；其民與蠻傜雜處，慣歷險阻，便習弓弩，訓練可以足兵也。兵食既足，隱然有以持天下之後，遠之可以擊楫江、淮，近亦可以揚鞭荆、楚，流寇雖訌，猶足有爲也。〔三〕或曰爲廣西計，亦極難耳。昔人言廣西之境大約俍人半之，傜、獞三之，民居一之。以區區二分之民，介蠻夷之中，一有舉動，掣肘隨至，未暇爲遠謀也。曰：不然。當秦之季，五嶺以南，草昧方闢耳，尉佗自稱蠻夷大長是也。然佗猶能以兵威邊，財物賂遺閩越，西征甌、駱，役屬焉，故以漢之强大，而佗猶能與抗。今誠奉天子之命，開府粵西，以奔走封内，蠻俍、傜、獞何不可爲吾用？吾以信義先之，財賞驅之，威令制之，部伍明，賞罰當，兩江酋長必率先趨命。而傜、獞之材能者吾亦擇而官之，使督率其種落，以供我之驅使，則勝兵十萬可得也。昔傜賊作亂，官兵討之。其人善登巖崖，攀緣樹木，捷如猨猱，追襲所不能及；又善制毒矢，每發必中，中者輒斃，官軍憚之。以向之爲我患者轉爲我用，駕馭有方，樞機在握，相時之宜，併力北向，流賊猶敢當其鋒哉？不此之爲，而顧從容嘯傲，如承平故事，迨夫始安之嶠已踰，嚴關之戍已遁，而會城之人尚處堂晏如。嗚呼，是猶刀俎在前，以腰領畀之而已矣。天下事其孰任之哉！

讀史方輿紀要卷一百六

廣西一

禹貢荆州南徼地，商、周時皆爲蠻夷國，所謂百越地也。亦謂之南越。杜佑曰：「南越亦曰蠻越，戰國時吴起相楚，南并蠻越是也。其屬有甌越、雒越，種類甚蕃，故曰百越。後又謂之揚越。」今詳見廣東。其在天文則翼、軫分野也。秦始皇平南越，此爲桂林、象郡地。秦末趙佗兼據此，漢元鼎六年討平之，其地分領於荆、交二州刺史。後漢因之。三國屬於吴，此爲荆州及廣州地。晉時屬於廣州，永和初割始安、臨賀二郡屬於湘州，咸和四年復故。義熙八年復屬於湘州，十三年復故。宋屬湘、廣二州，齊、梁因之。隋屬揚州部，而不詳所統。隋末爲蕭銑所據，唐討平之。貞觀初屬嶺南道，咸通三年始分爲嶺南西道，治邕州。唐末屬於湖南馬氏。五代周廣順初屬於南漢。宋初屬廣南路，至道三年分爲廣南西路。治桂州。元初置廣西等道宣慰司，隸湖廣行省，至正中始分置廣西等處行中書省。明朝洪武九年改置廣西等處承宣布政使司。今領府十一，内羈縻府三。州四十七，内羈縻者三十八。縣五十三，内羈縻者八。又羈縻長官司四，總爲里一千一百八十三，夏秋二税約四十三萬一千三百六十石有奇。而衛所參列其中。今仍爲廣西布政使司。

桂林府，屬州二，縣七。
臨桂縣，附郭。　興安縣，　靈川縣，　陽朔縣。
全　州，領縣一。
灌陽縣。
永寧州，領縣二。
永福縣，　義寧縣。
平樂府，屬州一，縣七。
平樂縣，附郭。　恭城縣，　富川縣，　賀　縣，　荔浦縣，　修仁縣，
昭平縣。
永安州。五屯守禦千户所附見。
梧州府，屬州一，縣九。
蒼梧縣，附郭。　藤　縣，　容　縣，　岑溪縣，　懷集縣。
鬱林州，
博白縣，　北流縣，　陸川縣，　興業縣。
潯州府，屬縣三。

桂平縣，附郭。　平南縣，　貴　縣。

柳州府，屬州二，縣七。

馬平縣，附郭。　洛容縣，　柳城縣，　羅城縣，　懷遠縣，　融　縣，

來賓縣。

象　州，領縣一。

武宣縣。

賓　州，領縣二。

遷江縣，　上林縣。南丹衛，遷江屯田千户所附見。

慶遠府，屬州四，縣五。

宜山縣，附郭。　天河縣。

河池州，領縣二。

思恩縣，　荔波縣。

南丹州，

東蘭州，

那地州，領縣一，長官司二。

忻城縣，永順長官司，

永定長官司。河池守禦千户所附見。

南寧府，屬州七，縣三。

宣化縣，附郭。隆安縣。

横　州，領縣一，

永淳縣。

新寧州，

上思州，

歸德州，

果化州，

忠　州，

下雷州。馴象衛附見。

太平府，屬州十八，縣三。

崇善縣。附郭。

左　州，

養利州，
永康州，
上石西州，
太平州，
思城州，
安平州，
萬承州，
全茗州，
鎮遠州，
思同州，
茗盈州，
龍英州，
結安州，
結倫州，
都結州，

上下凍州，

思明州，

陀陵縣，羅陽縣。

思恩軍民府，屬縣一。

武緣縣。

鎮安府，

直隸歸順州，

思明府，屬州一。

下石西州。禄州、西平州附見。

直隸田　州，屬縣一。

上林縣。恩城州、上隆州附見。

直隸泗城州，屬縣一。

程　縣。

直隸利　州，

直隸奉議州，

直隸向武州，屬縣一。
富勞縣。
直隸都康州，
直隸江　州，屬縣一。
羅白縣。
直隸思陵州，
直隸龍　州，
直隸憑祥州，
直隸上林長官司，
直隸安隆長官司。
東達湘水，
湘水出桂林府興安縣南九十里之海陽山，經全州南而東北流入湖廣永州府境。出湘水，則湖南之地在襟帶間矣。
南控交趾，
自南寧府南及太平府、鎮安府、思明府以及思陵州、龍州、憑祥州之西境、南境，皆與交趾接界。

西接滇、黔，

自泗城州而西，出上林、安隆二長官司，俱接雲南廣南府界。由泗城州而北則達貴州之永寧州，又自利州北境以迄慶遠府之北、柳州府之西北，皆與貴州接壤也。

北逾五嶺。

五嶺在廣西北境者二：自湖廣道州入平樂府賀縣者萌渚嶺也，自全州入桂林府者越城嶺也。全州舊屬湖南，其地在嶺北。蓋廣西之地，實踰嶺而北矣。詳見下。

其名山則有越城嶺，萌渚嶺附。

越城嶺，在桂林府興安縣北三里。一名臨源嶺，亦曰始安嶠。通典「五嶺以次而西，其第五嶺曰越城嶺，在始安郡北，零陵郡南」，蓋自衡山以南東窮於海，皆一山之限耳。漢武帝元鼎中遣路博德出桂陽，下湟水，路蓋出於此。後漢建初八年，鄭弘爲大司農。舊交趾七郡貢獻轉運，皆從東冶汎海而至，東冶，今福建侯官縣。風波間阻，沈溺相係。弘奏開零陵、桂陽嶠道，自是遂爲通路。建安十六年，交州刺史賴恭自廣信今梧州府。合兵出零陵，憩於越城嶺，却步騖，即此嶺也。水經注：「灕水與湘水出海陽山而分源，湘、灕之間陸地廣百餘步，謂之始安嶠，亦曰越城嶠者是也。」又其地臨湘、灕二水之源，亦謂之臨源嶺，又謂之全義嶺。以興安縣本名全義也。唐光化二年，靜海帥劉士政以馬殷悉定嶺北地，大懼，遣將戴可璠屯全義嶺備之，爲馬殷將秦彥暉所破。後唐清泰三年，楚王馬希範疑其弟靜江帥希杲會漢兵侵蒙、桂二州，遂自帥軍如桂州，踰全義嶺而南，名爲禦漢，實以防希杲也。王氏曰「從來越全義則已奪桂州之險」，蓋粵西之咽喉實自全義嶺操之。其在平樂府賀縣東北二百里者曰萌渚嶺，萌亦作「甿」。與湖廣永州府道州江華縣接界，盤峙百餘里。其水道皆南北分流。亦曰萌渚嶠，亦曰臨賀嶺，亦曰白芒嶺，亦曰桂嶺。廣州記：「五嶺，一曰臨賀。」丹鉛録「萌渚之嶠在臨賀」，即此矣。晉建興初荆州刺史陶侃擊杜弢於此。隋開皇十七年，桂州李世賢反，詔虞慶則討平之，將還潭州，臨桂嶺，觀眺山川形勢，曰：「此城險固，加以足糧，若守得其人，攻不可拔。」爲怨者誣以謀反，坐死。宋開寶三年潘美擊劉鋹，自臨賀而南。紹興三年羣盜曹成據道、賀二州，岳飛討之，追破之於賀州。成乃自桂嶺置砦至北藏嶺，連控阨道，以衆十萬守蓬頭嶺。既而飛登桂嶺破之，成奔連州，又走邵州。蓋北藏、蓬頭二嶺，俱與桂嶺相接也。

勾漏山。

勾漏山，在梧州府鬱林州北流縣東北十五里。平川中有石峰千百，皆矗立特起，其巖穴勾曲穿漏，因名。容縣之都嶠，潯州府貴平縣之白石，其林麓皆相接也。山之勝者曰普照巖，巖如覆釜，洞穴當其前。巖之西曰獨秀巖，洞門弘邃，中有石室，容數千人。巖東五里許有白沙洞，縱廣一頃，高數十仞。下有泗井數處，皆舊時採砂處。其砂獨白，因名。其相近者曰玉虚洞，俗名念經窟、觀衡洞。洞中虚明瑩潔，有雲從洞中出則雨，風從洞出則霽。洞西南有巫山寨，規圍二頃，絶壁千仞，圍環左右者凡十有二峰。寨之北曰玉田洞，洞闢三門，中門明廣可入。中有石田數丘，田中積水，無間冬夏。洞之南半里爲玉田寨，高十餘仞，其深莫測。北流爲二池，中有小島。其南潛流北出，則溢入大江。又西北曰寶圭洞，爲勾漏之正洞，有石室三，道書以爲第二十二洞天也。寶圭之西則爲勾漏洞。其旁又有龍潭、太陽、太陰諸洞，皆洞之支出者也。志云：勾漏洞天四面石山回繞，其中忽開，平野數里。洞在地上，不煩登陟。外微敞豁，中有暗溪，穿貫而入，與北流水合。其最勝者則爲白沙洞。祝穆云：「勾漏甲於天下，而白沙又爲勾漏第一也。」

其大川則有灕江，

灕江與湘江同源，出桂林府興安縣海陽山，東北流至興安縣北釃爲二流，灕水則從零渠南出，繞桂林府城而南流，岸旁數山，或扼其衝，或遮其去，故間有亂石沙潭處，清淺爲灘，湛碧爲潭，餘雖深至一二丈，俯視水中草石，洞然清澈無翳也。志云：灕水上流謂之靈渠，自興安縣而南，有斗門，上下六十里。昔秦戍五嶺，命史禄鑿渠以通舟楫。漢滅南越，使歸義越侯嚴爲戈船將軍，出零陵，下灕水。又東漢建武十七年，馬援討徵側，因史禄舊渠開湘水六十里以通餽餉。後江水潰毁，渠遂廢淺。唐寶曆初，觀察使李渤立斗門以通漕舟，自是累加修濬。或謂之埭江。新唐書：「景龍中王晙都督桂州，因埭江開屯田數千頃，以息轉輸。」又咸通五年，安南爲南詔所陷，諸道兵屯聚嶺南，江西、湖南餽運皆泝湘江入零渠、灕水，勞費艱澀，諸軍乏食。有潤州人陳磻石請自福建運米汎海，不一月至廣州。從之，諸軍食始足。九年桂州刺史魚孟威因大修靈渠，增置斗門，渠復通利。宋初計使邊詡復修之，嘉祐四年提刑李師中更加濬治。今自靈川縣而南，亦曰靈江，又曰融江；入臨桂界亦曰桂江，亦曰始安江；又經陽朔縣東而入平樂府界，亦名府江；自平樂而南，經昭平縣西以入於梧州界。平樂舊志云：「府江北抵桂林，南連梧州，上下八百餘里，兩廣舟船必由之路。其西岸山勢劈削，樹木叢密，苗賊往往據險出没，致江道阻塞，雖調兵征剿，而林箐深密，不能盡殄也。」府江考：「府江自桂林達梧州，亘五百餘里，爲廣右咽喉。東岸連富川、賀縣，北抵恭城；西岸連修仁、荔浦，南抵永安。中則有上中下古摺及桂冲石峒、黄泥嶺、葛家峒諸巢；西則有大小黄牛、大小桐江及磅碌象磯、馬尾冲、蓮花汀等巢，而朦朧、仙廻、高天、水漄等峒與五指、白冒諸巢，皆爲羽翼。江界諸嶺，深箐蒙翳，諸傜憑阻其間，縱横爲患，成化以後始漸就撫。未幾縱惡如故，萬曆初患始息。」南征記：「府江諸灘鱗次，由梧州而上有象棋、大結、小結、簡較、三門、鑼鼓諸灘，皆奇險，而雷霹灘尤爲險惡。」府江至梧州之西北仍曰桂江，亦曰灕江，南流過府城西合於左、右二江，謂之三江口，又東入廣東封川縣界謂之西江，東至番禺入於海。范成大曰：「湘、灕二水皆出靈州之海陽山，行百里，分南北下：北下曰湘，稠灘急瀧，二千里而至長沙水始緩；南下曰灕，名灘三百六十至梧州，又千二百里而至番禺」云。漢志注：「灕水出陽海山，東南至廣信入鬱林，九百八十里。」

右江，

右江之源有三：一曰福祿江，源出貴州古州長官司西南，下流入柳州府懷遠縣境，遶縣西，歷融縣東，又南歷柳城縣東，合龍江至府城西而名柳江，泝其源而言亦曰黔江，從其流而名之亦曰潯江也；一曰都匀江，源出貴州黄平州西南，下流入慶遠府天河縣，又南歷府城北謂之龍江，又東經柳州府柳城縣北，又東合於融江，並流至府城西南而爲柳江，又東南經象州西亦曰象江，又南入武宣縣界合於横水江；一曰都泥江，源出貴州定番州西北界，三源委曲，俱詳見川瀆異同。流入慶遠府南丹州南及那地州北，又東歷忻城縣南，又東南經遷江縣北復東南流，經賓州南爲賓水，又東北流歷來賓縣南，又東至武宣縣西而合柳江，以其自西而東或謂之横水江也。三水同流，歷武宣縣東南而爲大藤峽，兩岸連山，中多灘險，綿亘數百里，經潯州府武靖州而南繞府城，北至城東而合於鬱江。二江同流，又東過平南縣而爲龔江，又東入梧州府藤縣而爲藤江，至府城西合於桂江，又經府城南而東流以至於番禺，通名大江也。由西北而東南，中分粵西之地，傜、僮出没，多在其間，而自黔入粵，此實爲必爭之道矣。

左江。

左江之上源即盤江也。有二源：一曰北盤江，出四川烏撒府西亂山中，經貴州慕役長官司東南合於南盤江；一曰南盤江，源出雲南曲靖府東南，兩源委曲亦俱詳川瀆異同。亦流經慕役長官司東南而會於北盤江，於此並流而入廣西界，經泗城州東始謂之左江。從其流而言之亦曰鬱江。鬱江歷田州東南、奉議州北而入南寧府界，經歸德州南、隆安縣北，又東經府城之南，有左、右江自府西南來合焉，二江出交趾界，流合鬱江，非左、右江正流也。詳見南寧府。又東流經永淳縣及横州南，又東經貴縣及潯州府城南，繞府城而東合於黔江，並流經藤縣北至梧州府城西而合於桂江，又東而爲廣東肇慶府之西江也。本名牂牁江。漢書西南夷傳：「夜郎臨牂牁江，江廣百餘步，足以行船。南粵以財物役屬夜郎，西至桐師。夜郎國，今見四川遵義府。顔師古曰：「桐師，西南夷種也，在夜郎西，葉榆西南。」唐蒙乃上書曰：『南粵地東西萬餘里。今以長沙、豫章往，水道多絶，難行。若通夜郎浮船牂牁，出其不意，此制粵一奇也。』」元光五年司馬相如通西夷，除邊關，關益斥，西至沬、若水，見四川大川瀘水及大渡河。南至牂牁爲徼。元鼎五年秋，伐南越，以路博德爲伏波將軍，出桂陽，下湟水；楊僕爲樓船將軍，出豫章，下横浦；一作「湞水」。故歸義粵侯二人爲戈船、下瀨將軍，出零陵，或下灕水，或抵蒼梧；使馳義侯因巴、蜀罪人，發夜郎兵，下牂牁江，咸會番禺。蓋自蜀入粵之道，自漢啓之也。漢志注：「鬱水首受夜郎豚水，注又云：『温水出牂牁郡鐔封縣，豚水出牂牁郡夜郎縣，俱東至廣鬱入鬱水。』鐔封或曰在今遵義府東境，夜郎見遵義府桐梓縣。歐陽忞曰：「鬱江即豚水。」似悞。又陶弼詠鬱江云：「昔年觀地志，此水出牂牁。」亦未是。蓋江以道通牂牁而名，非遂出於牂牁也。東至四會入海，四會即今廣東屬縣。過郡四，鬱林、蒼梧、合浦、南海。行四千三十里。」水經注云：「温水出牂牁夜郎縣，與漢志不合。東至鬱林廣鬱縣爲鬱水，漢時謂之牂牁江。」然則灕、鬱二江，自漢已爲通道，惟黔江則近代始闢焉，故大藤峽之蓁塞，幾如異域也。又西南土司皆以左、右江爲分。右江所轄者，慶遠境内羈縻州、縣、長官司及鎮安府田州、向武、奉議、泗城、歸順諸州，安隆、上林二長官司，以至思恩九巡簡司是也。左江所轄者，南寧境内羈縻諸州及太平以南羈縻府、州、縣皆是也。蘇濬土司志序曰：「兩江谿洞，舊皆荒服，唐太宗時諸夷内附，始置羈縻州縣，隸於邕州都督府。宋參唐制，析其種落大者爲州，小者爲縣，又小者爲峒，推其雄者爲首領，籍民爲壯丁，以藩籬内郡。其酋皆世襲，分隸諸寨，總隸於提舉。元豐以後，制漸隳矣。元以左、右兩江羈縻州縣俱屬南寧帥府，分司管轄，而上下相遁，姑息爲甚。明初受命，兩江土酋東泝交關，西緣牂牁，際滇之廣南莫不納土歸款，朝廷第因舊疆，稍稍增省而已。其初約束甚堅，綏懷亦至，間有調發，趨命恐後，事已則賜賚亦隨之，邊陲無警者且百年。其後桀驁漸萌，反覆多有，議者欲倣賈生衆建之説，擇封疆延袤兵力雄盛者，則因其勢而瓜分之。夫西南土司，與交州爲鄰，交人不敢窺内地者，以土酋力足制之耳，而可自薄其藩垣哉？嗟夫，中官武弁視土官爲外府，而墨吏以漁人收之，土司尚知奉我之威令乎？故曰：『黷貨則玩，玩則無震。』言兩江者，盍亦反其本哉？」

其重險則有嚴關，秦城附。

嚴關，在桂林府興安縣西南十七里。興安，舊全義縣也。縣北三里曰全義嶺，自嚴關而南二十里爲古秦城關，實爲楚、粤之咽喉。今其地兩山壁立，中爲通道，置關其間，署曰嚴關。或曰漢歸義越侯嚴出零陵，下灕水，定越建功，故以嚴爲名。或曰關當隘路而可畏也。唐光化二年，静海帥劉士政以馬殷悉定嶺北，大懼，遣將戴可璠屯全義嶺備之。殷遣將秦彦暉擊士政至全義，士政又遣將王建武屯秦城。會可璠掠縣民耕牛犒軍，民怨之，乃爲湖南鄉導，曰：「此西南有小徑，距秦城纔五十里，僅通單騎。」彦暉即遣别將李瓊由小徑襲秦城，中宵踰垣而入，擒王建武，還示全義壁，全義兵震恐，因擊之，擒可璠。引兵趨桂州，秦城以南二十餘壁皆驚潰，遂圍桂州，士政出降。范成大曰：「秦城，相傳秦始皇發兵戍五嶺之地，城在湘水之南融、灕二水間，遺址尚存，石甃無恙。城北近嚴關，羣山環之，鳥道不可方軌。」秦取南越以其地爲桂林、象郡，而戍兵乃止湘南，蓋嶺之喉衿在是，稍南又不可以宿兵也。宋景炎元年元將阿里海涯謀取廣西，馬塈以所部兵守静江，而自帥兵守嚴關，元軍攻關不能克，乃以偏師入平樂，過臨桂夾攻塈，塈退保静江。近時徐謹征西記云：「關本爲馬坑嶺，馬塈以阻元兵，鑿嶺斷路處。」按成大已前言之，此説恐未當。魏氏曰：「嚴關北負峻嶺，坡陀險阻，若守禦嚴密，以逸待勞，敵師雖多，無能難也。一失其險，則會城單外，勢不能孤立矣。嚴關之安危，非即粵西之存亡哉？」

大藤峽。

大藤峽，在柳州府象州武宣縣南三十里，潯州府西北百五十里。志云：峽跨柳、潯二郡間，夾潯江而南，帶象州、永安、修仁、荔浦、平樂、武宣、桂平諸州縣界。峽中之水皆夾山澗而下，砱砑巀嶭，最爲險惡。而自大藤峽截潯水而東又爲府江，府江、大藤相去約二百五十里。志云：平樂府南至潯州府平南縣斷藤峽二百五十里是也。諸蠻每恃藤峽爲奥區，以桂平之大宣鄉崇姜里爲前庭，象州東南鄉、武宣北鄉爲後户，藤縣五屯障其左，貴縣龍山據其右，若兩臂然。峽以北巖洞以百計，如仙女關、九層崖稱險絶者亦十數處。迤南又有牛腸、大峼諸村，賊皆傍山緣江立寨。又藤峽、府江之間有力山，險於藤峽數倍。力山南則府江也，地域約六百里，中多傜人，以胡、藍、侯諸姓爲渠魁。其力山諸處僮人更善傅毒弩矢，中人則立斃。藤峽考：「大藤峽磅礴六百里。峽以北巢峒屋列，不可殫名，而西羅渌，東紫荆，後根姜、老鼠、白石、横石、寺塘、桂州厓、仙女關、九層樓尤極險隘。峽以北山稍廉瘠，而牛腸、大岵、大寺、白銀、大灣諸村，亦皆倚江立砦，四塞難通。自紫荆折而稍東，爲茶山，爲力山，力山尤險。自紫荆折而東北，爲沙田，爲林峒。迤北折而稍西爲羅運，羅運之險，又倍力山。萬山中傜蠻盤據，登峽巔環眺，則遠近數百里動静，舉在眉睫間。叛傜每恃險寇盜，急則竄伏林中，莫可究詰。」永樂初南丹蠻亂，志云：即羅渌山蠻也。先是洪武二十年大亨、老鼠、羅渌山生傜作亂，戕殺官吏，至此復叛。楊文討之。文分兵勦大藤峽、江南巖、蓮花砦諸傜，悉平之。久之復熾。景泰間傜人侯大狗爲亂，諸種皆應之，浸淫至廣東雷、廉、高、肇之境。成化初命督臣韓雍討之。雍至南都，會諸將議進兵，皆曰兩廣殘破，盜所在屯聚，宜分兵一由庾嶺入廣東，驅廣東賊，一由湖廣入廣西，困廣西賊。雍曰：「不然。大藤峽賊之巢穴，不覆其根本而剪其枝葉，非計之得也。今鼓行而前，南可攻大藤峽，援高、雷、廉，東可應南、韶，西可取柳、慶，北可斷陽峒諸路，如常山勢，動無不應，既潰其腹心，他無足慮矣。」遂進至全州。會陽峒、西延苗賊爲梗，陽峒在全州境內，西延在全州西北，今有西延巡司。擊滅之。至桂林，衆議乘勝攻峽，雍按圖籍曰：「修仁、荔浦，爲藤峽翼蔽，須滅此而後可弱其黨。」乃以永順、保靖及兩江土兵，分五路進追，至力山，大敗之。雍抵潯州，延父老問計，皆以大藤險毒，不宜深入，莫若屯兵圍守，坐令賊斃。雍曰：「山峽遼遠六百餘里，勢不可圍。今吾新破府江，士氣十倍，賊且落膽，若遂乘之，破竹之勢成矣。」乃遣歐信等率右軍自象州武宣分五道入，攻其北；白全等帥左軍自桂平、平南分八道入，〔三〕攻其南；又遣孫震等攻左江及龍山五屯，絶其奔軼；雍駐高振嶺以督諸軍；又令歐信既破山北，便提兵深入，夾攻桂州、横石諸巖；又以村峒、沙田，府江間道也，復令夏正統兵越古眉、雙髻諸山，伏林峒扼其東奔；於是諸路並進，别遣兵斷諸山口。賊聞官兵至，置婦女積聚於桂州、横石、寺塘諸寨，而悉力栅峽南以拒官軍。官軍登山力戰，盡破山南石門、大信、道袍、屋夏諸舍，老鼠、寨嶺、竹踏、紫荆、良胸、沙田、古營、牛腸、大岵等砦。賊遁入桂州、横石、寺塘、九層樓，皆懸崖絶壁，林箐叢惡，據險立砦以爲固。雍伐山通道至其地，出奇奮擊，用火箭焚其栅。夏正又自林峒出迎擊之，賊大潰，破賊巢三百三十有奇，擒侯大狗而還。雜志云：「時雍又破五村、大帽山、黄沙、吴峒等砦。」斬藤峽斷之，易名斷藤峽。分捕雷、高諸寇，悉平之。雍乃即斷藤峽奏置武靖州，又議設東鄉、龍山等巡司，俱以有功土人爲之，賊稍戢。至正德中，峽南賊復出没横山，督臣陳金使商人入峽者皆出魚鹽啖之，易峽名爲永通，賊益無所忌。嘉靖初斷藤峽等處賊傜上連八寨，下通仙臺、花相等峒，盤亘三百里，流劫潯、梧上下，遂成大寇。五年王守仁奉命督兩粤，駐南寧，既招降思南叛目王受、田州叛目盧蘇等，議八寨去斷藤稍遠，先攻峽賊，而分兵勦八寨，賊可滅也。於是按兵南寧，遣還永順、保靖土兵，密使乘機擊之。於是永順兵攻牛腸，保靖兵攻大寺諸巢，出賊不意，四面突進。賊大敗退，保仙女大山，據險結寨。官兵復攻拔之，又拔油榨、石壁、大陂等巢，賊走斷藤峽。官軍追至橫石江，賊舟覆死者甚衆。守仁還兵潯州，密檄諸將分兵勦仙臺等賊。於是永順兵由盤石大黃江口登岸，進勦仙臺、花相等峒；保靖兵由烏江口丹竹埠登岸，進勦白竹、古陶、羅鳳等巢。賊初聞牛腸等寨賊破，皆嚴爲守備。官軍兩路奮擊，大破之。賊走保永安、力山，復進兵擣之，賊大潰，奔諸路者皆爲官軍所殲，斷藤峽復寧。十五年峽北賊復聚弩灘爲亂，弩灘舊在武靖州北，今見潯州府。行殺武靖城下。督臣潘旦議討之，參將沈希儀謂宜俟春水漲，從武宣順流下撲之。不聽，使烏閔等道潯州擊之，無功。十七年詔以蔡經代旦。時酋長侯丁公橫甚，潯州參議田汝成以計誅之，因請乘此時滅賊。經於是遣副總兵張經等將左軍會師於南寧，都指揮高乾將右軍會師於賓州。繼而左軍分六道進：王良輔由牛渚灣越武靖，攻紫荆、大冲、根姜、老鼠諸巢；朱昇由三等村渡廖水，攻二驢、石門、軍營、大安、黃泥嶺諸巢；柳溥由白沙灣攻道袍、大井、李儀、洪泥、梅嶺諸巢；凌溥亦由白沙下灣攻大昂、屋夏、小梅嶺諸巢；周維新由白沙上灣攻胡塘、淥水、竹埠諸巢；孫文繡由斷藤峽泝流，與六軍合攻大坑巢。右軍分四道進：孫文傑由武宣過太山廟從流而下，攻碧灘、渌水諸巢；王俊由武宣踰山而東，攻羅渌上峒；戚振攻羅渌中峒；吴同章攻羅渌下峒。兩軍並進，賊大窘，奔林峒而東，欲北走府江。王良輔邀擊之，賊中斷，復西奔，官軍畢至，賊大敗。東奔者入羅運山，復進攻之。右軍抵長洲沿江繞出賊背，賊漫走山谷間，官軍不能窮追乃還。時永安一云在平南。有小田、羅應、羅鳳、古陶、古思諸傜，亦據險爲亂，并撲滅之。蓋大藤之險，凡三興大役而後底定。志云：大藤峽口舊有藤，大逾斗，長數丈，連峽而生，傜蠻藉以渡峽澗，如徒杠然。其地最高，登藤峽巔數百里可一目盡也。韓雍討峽賊，斷其藤，汁流水赤，賊巢一空。然而伏戎於莽，消弭之功，未可以旦夕奏矣。

按廣西在五嶺西偏，襟帶三江，隄封甚廣，然而外迫交趾，内患傜、僮，諸土司之頑梗，又數數見也。桂林以密邇湖南，聲援易達，故藩司設焉，而平樂以東，實爲東粵之肘腋，疆壤相錯，禍患是均，非可東西限也。梧州據三江之口，聯絡東西，控扼夷夏，故特設重臣，爲安攘之要策。而柳、慶接壤黔中，有右江爲通道；田、泗比鄰滇服，有左江以啓途；一旦有事，皆未可泄泄視也。南寧控扼兩江，坐臨交趾，粵西保障，端在是焉。魏濬西事珥曰：「古之部置方州，皆因山川形便與其道里遠近所宜，故或因建瓴之勢以臨制上流，或順臂指之義以控運四海，要歸於建威銷萌，以久安長治而已。若悉割兩江，東包廉、欽、潯、鬱以盡平宜、柳之境，屬之邕管，使自爲牧鎮，此所謂臂指之義也，則兩江谿洞可以馴服。兩江既治，雖以南略交趾可也。」或曰如此則何以爲廣西？曰桂林故衡、湘地也，天文分野，上屬翼、軫。九疑、蒼梧之山，形勢曼衍，首起衡嶽，腹盤八桂，而尾達乎蒼梧。湘、灕二水分繞其下，桂林據其上游，若屋極然，所謂建瓴之勢也。衡、永、邵、道、桂、郴諸郡，綴附廣西，并故所轄桂、昭、梧三郡繞之，〔四〕其封略故爲不小矣。今荆湖地理闊遠，行部使者病不能偏歷，而衡、湘間數郡，且歲調兵食以給廣西，何如舉而移之，爲嶺服長治久安之計乎？

校勘記

〔一〕席卷衡永　「永」，底本原作「水」，今據鄒本改。永者，湖廣永州府也。

〔二〕遠之可以擊楫江淮至猶足有爲也　按職本文字與此有異，其文云：「事變既至，則從容應之，不惟覆敵於境上而已，遠之可以擊楫江淮，近亦可以揚鞭荆楚，東南半壁，猶足有爲，何至跼蹐邊陲，坐待滅亡也哉？」

〔三〕自桂平平南分八道入　「桂平、平南」，底本原脱一「平」字，今據職本補。

〔四〕并故所轄桂昭梧三郡　「轄」，底本原作「豁」，今據職本、鄒本改。

讀史方輿紀要卷一百七

廣西二

桂林府，東北至湖廣永州府六百六十五里，東至湖廣道州五百五十里，東南至平樂府百九十里，西南至柳州府六百七十里，北至湖廣武岡州四百里，自府治至京師七千二百六十二里。

禹貢荆州南界，戰國時爲楚、越之交。秦爲桂林郡地，漢屬零陵、蒼梧二郡，後漢因之。三國吴甘露元年始置始安郡，以零陵南部置。晉因之。宋改爲始建國，明帝泰始初改。齊復曰始安郡，梁大同初兼置桂州。陳因之。隋平陳廢郡而州如故，兼置總管府，大業初府廢。大業初又改州爲始安郡。唐武德四年平蕭銑，仍曰桂州，亦置總管府，九年改都督府，自是皆兼督府之名。又爲嶺南五管之一。詳見州域形勢，下倣此。天寶初亦曰始安郡，唐志郡有經略軍。至德二年改曰建陵郡，乾元初復爲桂州，乾寧二年改桂管爲静江節度。光化三年屬於湖南。五代周廣順初屬於南漢。桂州、静江軍皆如故。宋開寶三年平南漢，仍曰桂州，亦曰始安郡、静江軍節度，廣南西路治此。紹興三年升爲静江府。宋志：「大觀初升桂州爲大都督府，尋又升帥府，至是以潛邸升爲府。」元曰静江路，明朝洪武初改曰桂林府。今領州二，縣七。

府奠五嶺之表，聯兩越之交，屏蔽荆、衡，鎮懾交、海，枕山帶江，控制數千里，誠西南之會府，用兵遣將之樞機也。昔秦兼嶺外，此爲戍守重地。漢平南越，分軍下灕水。自孫吴以後湘、廣之間事變或生，未有不争始安者。隋、唐之初，皆置軍府於此，蓋天下新定，嶺南險遠，倘有不虞，燎原是懼，故保固嶺口，使奸雄無所覬覦也。乾符三年黄巢自桂州出湘水，至湖南，遂爲中原大禍。馬殷兼有桂管諸州，兵力益彊。劉晟兼有桂州，遂能北取柳、連之境。宋潘美入南漢，亦先取桂州，所以摧其籓籬也。寶祐五年蒙古侵宋，其將兀良合台自交趾而北入静江，遂破辰、沅，直抵潭州。時蒙古之强梁，已玩宋於股掌間矣。其後馬塈守静江，拮據雖力，而滔天之勢，豈一隅所能挽？其卒趣於喪敗也，君子未嘗不嘉其志悼其忠也。志曰：郡之外險爲嚴關，内險爲濠水，嚴關見前重險。濠水見後。至傜、僮環境，蠢動無時，通志：「郡境古田之傜，往往蠢動。又靈川之七都，興安之六峒，全州之西延，義寧之白面砦，亦時時嘯聚。」諸夷志：「廣西傜數種，曰熟傜、生傜、白傜、黑傜。生傜在窮谷中，不與華通。熟傜與民錯居。白傜類熟傜，黑傜類生傜。又有生僮、熟僮，與僮異種而雜處。僮之類曰大良。此外復有仡伺、僚人凡二種。又有伶人、休人、侗人、蠻人及西原、廣源諸蠻。又水夷曰蜑人，山夷曰山子，皆在廣西境内。」涖兹土者，保固之方，擾馴之策，其可不熟籌而預備之哉？

臨桂縣，附郭。漢始安縣，屬零陵郡，後漢因之。三國吴爲始安郡治，晉以後因之。梁爲桂州治，隋、唐仍舊。貞觀八年改縣曰臨桂。今編户一百二十九里。

桂林城，今府治。城邑攷：「桂林子城，在灕江之西，周三里十有八步，高一丈二尺，風俗記以爲桂州總管李靖所築。又古外城，方六里，相傳唐大中間蔡襲築。或曰宋皇祐中平儂智高，經略使余靖所築也。又有夾城，在外城之北，周六七里，唐光啓中都督陳環築。其外城舊有六門：南曰寧遠，俗呼陽橋；北曰迎恩；西二門，一曰平狄，俗呼鐵爐；一曰利正，俗呼沙塘；其東二門，一曰行春，俗呼上東門；一則子城之東江門也。宋自余靖增築後，乾道中經略使李浩、淳熙間經略使詹儀之、紹熙間經略使朱希顔相繼修復。元至正十六年廉訪使也兒吉尼始甃以石，謂之『新城』。明朝洪武八年增築南城，九年塞西壩開城濠，導陽江經新城西門外通寧遠橋，分二派與灕江合焉。今爲門十二，曰東鎮，曰就日，曰癸水，曰麗澤，曰武勝，曰文昌，曰寶賢，曰西清，曰安定，曰寧遠，曰行春，曰東江，皆元季因舊門增改。明初楊璟取靜江，從寶賢門入是也。又寧遠門，亦曰榕樹門。相傳唐時築此城，門上植榕樹一株，歲久根深，跨門内外，盤錯至地，分而爲兩，天然城門，車馬往來經於其下，洪武十八年展南城，此門猶存。今府城周八里有奇。」

秦城，府北八十里，東北去興安縣四十里，相傳始皇二十三年築以限百越者也。唐史：「光化元年馬殷引兵取桂州，秦城以南，望風奔潰。」城北舊有望秦驛，宋時改爲桂州驛，今稍移而東曰東江驛。又西南有漢城遺址，相傳漢軍伐南粵時築。餘附見前重險嚴關。○福禄廢縣，在府東。唐武德四年析始安縣地置，貞觀八年省。

桂山，在府治東北。俗稱北山。有三峰連屬，前峰拔起如獅昂首，桂生其巔，次峰宛轉相接，後峰巃嵸特秀。山勢東行，其石纍積爲疊綵巖。巖後有風洞。洞西北隅有北牖洞。洞左小山曰干越，其右小支戟立曰四望洞。後則堯山蔽天，灕江若練，稱爲絶勝。一統志：「山亦名越王山。頂有石壇，五代時馬殷所築。遠眺長江，極目烟水，亦名四望山。」○獨秀山，在府治東。直聳五百餘丈，環眺諸峰，獨爲雄秀，郡治主山也。有讀書巖在其下，劉宋時始安太守顔延之讀書處。其陽今爲藩邸。又伏波山，在府治東北。亦曰巖山。特起千丈，與獨秀山相望。巖旁水際有還珠洞，志云：洞本名玩珠，宋張維易今名。洞前石脚插入灕江，爲絶勝處。

寶華山，在府治西北。志云：夾北城而西，是爲寶華。當山中斷，續以雉堞，下有重門，即西清門也。寶積山自南來，交扼其口。前巖東嚮爲華景山。〔一〕華景之前，横塘深廣，稱爲佳勝。大抵從北而西，城壁峻峭，皆斬巖爲之，雖石頭之險不能過焉。唐以前謂之盤龍岡。勝覽：「華景、寶積二山皆在府治北三里，兩山相連。華景下有洞深廣，如厦屋。寶積多奇石怪木，東隅有吕公巖。」

灕山，在城外東南隅。山立灕江中，一名沉水山。唐龍朔中曾降天使，投龍於此。陽江西來，東入灕水，山魁然拔起，横障江口。郡人名爲象鼻山，以山突起水濱，形如象鼻也。明初圍静江，别將朱亮祖屯於東門象鼻山下，即此。或謂之宜山。山麓有洞名水月，門出水上，其高侔闕，上徹山背。其旁巖洞相接，奇勝不一。又南二里有雉山。山東北麓下瞰江水，其上側起，勢如昂首欲飛，謂之雉巖。○穿山，在府東南五里。臨桂志：「在雉山東水口，即彈丸溪合灕處。其山聳身昂首，若與西岸山作鬭，亦名鬭鷄山。山半有穴南北横貫，故以穿名。」或名爲月巖，南溪之水出其下。通志以穿山、鬭鷄分爲二山，似悮。

七星山，府城東三里，隔江。舊名七星巖，峰巒駢列如星象然。中有栖霞洞，洞旁又有玄風洞。志云：山下有冷水巖，宋曾布帥桂，改曰曾公巖。山西南有龍隱巖，山脚入溪水中。洞内水深莫測，湧激如在三峽間，亦曰龍隱洞。山後有月牙巖及乳洞諸勝。其接龍隱而起者曰望城岡，外障大江，内護東城，旁連諸土山，縱横起伏，亘二十餘里。○彈丸山，在七星山東。水經注：「灕水東合彈丸溪，溪出於彈丸山，奔流迅急。山谿有石如彈丸，因名。」今亦曰彈子巖。有兩巖皆北向，旁有東西兩洞。巖下爲彈丸溪，流入灕水。

隱山，府西三里。當夾山南口，潛洞山環其東北，西山屏其西南，亂石層疊盤回，北高南下。中藏六洞，洞皆有水溢出爲湖。唐李渤名山曰隱山，其洞之水曰蒙泉，疏水出山名曰蒙溪，又名諸洞曰夕陽、朝陽、南華、北牖、白雀、嘉蓮，回環出入，勝致不一。夾山，謂華景、寶積兩山也。又城西十里地名木林，有中隱山。其巖三重，以漸而削。亦曰鍾隱，土人名佛子巖。○西山在隱山之西，一峰峻拔，如立魚然，俗號石魚峰。峰之南有明月洞。或云虞山韶音洞西有石魚峰。又潛洞山，在隱山之東。中有洞曰南潛、北潛。

虞山，府東北五里。一名舜山，灕水漾其左，黄潭縈其後。下有洞曰韶音。入洞面潭，水石清漪，名曰皇澤灣。洞南有平原，舜祠在焉。志云：黄潭亦曰舜潭。宋紹興三年張栻爲郡守，發石得洞，始名之曰韶音云。○屏風山，在虞山之東，地名圓通灣。有灣水紆折而下，接彈丸溪。山亦名屏風巖，亦名程公巖。斷山屹立，高百餘丈。中有平地，可容百人。鍾乳倒垂，石磴盤屈，有石穴。宋范成大帥桂，表爲空明洞。志云：屏風山西南去彈丸山二里。

琴潭山，城西六里。川原平衍，羣峰環抱。下爲琴潭，以水流琮峥如琴聲也。其水溉田數千頃，旁有玉乳、荔枝等巖，皆以垂乳凝結而名。泉石悉奇勝，而琴潭又爲之冠。又有清秀巖，在城外西北隅。亦曰清秀山。從西清門下濠石道，上西皐夾山口，緣山又里許，有清塘巖臨其上。清彩映發，因名。○侯山，在府西十里。高聳如公侯端冕之狀，因名。上有金鈎巖，俯視諸峰若培塿然。又光明山，亦在城西十里。山勢峭拔，有一穴通明。其水瀦爲于家莊渠，灌田數百頃。

南溪山，府南七里。志云：從鬬鷄山白水口入，是爲南溪山。聳拔千仞，下臨溪水，諸峰環合，烟翠黝蒼。西北有洞，唐李渤名曰玄巖。西南又有白龍洞，洞在平地半山上。五代漢末南漢謀并靜江地，湖南遣兵屯龍洞以拒之，即此。洞中有泉，謂之新泉。其東南有劉仙巖，巖旁又有穿雲巖，亦曰仙跡巖，俱以仙人劉仲遠而名。自劉仙巖而入，其最高處曰泗洲巖。○普安山，在府南三十里。山勢蜿蜒回繞，有泉湧於山頂，四時不涸。又南十里爲白鹿山，亦郡山之勝也。

堯山，府東北十五里。積土盤迴，參差帶石，長竟數百里，爲桂郡諸山之冠。上有平田，土人名爲天子田，因堯以名也。劍江之水源於此，合彈丸溪至穿山口入於灕江，亦名靈建江，又名拖劍水。風土記：「堯山在府東北隅，大江與舜祠相望，因以堯名。」始安郡記：「東有馭樂山及遼山。」或遼訛爲堯也。今府東五十里有馭鹿山，即馭樂矣。或又訛爲福禄山，俗又謂之陽龍山。○辰山，在府東北十里。有三巖，從石磴盤折而上，皆奇勝。土人名曰虎山。宋嘉泰初士人劉晞隱於此。桂帥李大異表此山爲蟄龍巖。自山之東渡江三四里即堯山麓矣。

烏嶺，府東二十里。極高峻，有石磴數千級盤回而上。頂有泉，行者資焉。又湘水巖，在府東三十里。俗呼聖水巖。

夜半則潮上巖，日中則潮下巖，略不愆期。地廣數十畝，水經注所云潮汐塘也。○木龍洞，在城東癸水門外。志云：洞北去伏波巖四百步許，西望疊綵巖百步許，孔道通行，如砥如矢，驅車飛蓋，綽然有餘。旁復有小洞相通。

灕江，在府東十里。亦曰桂江。源出興安縣海陽山，流二百里至府城東北，復繞流而南，至城下，漱伏波巖之趾，至灕山北麓陽江流入焉，又南合相思江入平樂府界。亦曰癸水，以其自北而來也。詳見大川。

陽江，在城南。源出靈川縣思磨山，一云出靈川縣維羅嶺，經分界山、馬公嶺流五十餘里至府郭西，受杉木，蓮花諸塘水匯爲澄潭，歷西南文昌、三石梁東出灕山，與灕水合。舊志：静江城依水爲固。宋末馬墍保静江，蒙古將阿里海牙攻之不克，乃築堰斷大陽、小融二江以遏上流，決東南埭以涸其隍，城遂破。又明初遣兵圍静江，楊璟屯北關，張彬屯西關，朱亮祖屯於象鼻山下，久之不克。璟曰：「彼所恃者，西城濠水耳，當先取閘口關，決其隄岸，破之必矣。」於是遣將攻閘口關，殺守隄兵，決隄，濠水涸，因築土隄五道近與城接，以通士卒，遂克其北門月城，又克北門水隘，復攻其西門，城中勢蹙乃降，蓋舊皆引陽江爲濠也。洪武九年復濬城濠，導陽江經西門外通寧遠橋，分二流入於灕江。

相思江，府南五十里。其處有卧石山，江出其下。有相思埭，唐長壽初築，分相思水使東西流，東流合灕江，西流合白石水，闊各十丈許。○南溪，在南溪山前。志云：灕江南流至鬭鷄山，南溪之水自西南來合，彈丸溪入焉。又西有曲斗潭，回旋數曲，東流合於南溪，其合處亦名金蓮港。又馬溪，在府東四十里，流合於灕江。

西湖，舊在府城西三里。環浸隱山六洞，闊七百餘畝，勝概甲於一郡。久廢。宋經略張維築斗門，始復舊。今復湮爲平疇矣。又白竹湖，在府城西南三十里官道西，闊百餘畝，冬夏不涸。○龍池，在堯山下，頗爲民利，歲久湮塞。宋張維重濬，以石甃之。

靈陂，府東北二十里，唐景龍中桂州都督王晙堰水溉田處也。後廢。宋乾道中經略李浩即其地開營田，再築此陂，隨壞。淳熙中經略詹儀之重修。今廢。又朝宗渠，在府城北。宋治平中知全州王祖道穿渠，東接灕江，西入西湖達陽江。其後范成大、方信孺相繼營繕。今湮。土人呼其地爲朦朧橋。志云：城西舊有蓮花、杉木兩塘，宋時穿此引西湖水北接朝宗渠爲西北城濠，今故址猶存。

湖塘，府城東十五里，其相近又有龍塘，二塘相通，闊數百餘畝，深十餘丈。其旁又有潤塘、耿塘，灌溉亦甚廣。又沙塘，在府城西十五里；石家塘，在府南；俱利灌溉。

回濤隄，在府城東南，唐貞元十四年築以捍桂水。○訾家洲，在城東南灕水中，洲紫並灕山。先是訾家所居，因名。雖大水洲嘗如故，相傳以爲浮洲也。

東關，在府城東江門外，又有南北兩關及府西南文昌門外之中關，皆近郊之捍衛也。又有河泊關，在府東南河泊所之東。○蘆田市，在府南四十里。明初置巡司於此。又府西五十里有兩江巡司。

東江驛。在府城北。又蘇橋驛，在府西七十里。南亭驛，在府南七十里。輿程記：「東江驛而東北五十里爲大龍驛，道出靈川縣蘇橋驛，而西南四十五里爲永福縣之三里驛，西入柳州之道也。」又桂川公館，在府北二十五里，臨桂、靈川二縣適中之路。萬曆六年建。

興安縣，府東北百三十里。東至全州百二十里。漢始安縣地，唐武德四年析置臨源縣。大曆三年峒寇萬重光誘桂林等縣搆逆，獨臨源不應，因名全義。五代晉開運三年湖南置溥州治此，又改縣曰德昌。周廣順初南漢仍曰全義縣。宋初州廢，太平興國三年避諱改今名。今編户二十里。

全義城，縣西五十里。志云：舊縣治此，今名全義坊。又有臨源城，在縣南鄉廖仙井旁。唐武德初置縣於此，遺址猶存。通志：「縣西五十里又有黄城，相傳黄巢寇桂州嘗營壘於此。」

龍蟠山，縣東十五里。本名盤龍，唐天寶中改今名。山下石洞有門數重，録異謂之乳洞。斜貫一溪，名靈水溪。又阜源山，在縣東五里。下有泉，可溉田。志云：縣東三里有全義山，唐因以名縣。○鳳鳴山，在縣北三十七里。俗呼鷄爬山，宋淳熙間改今名。

海陽山，縣南九十里，西南去靈川縣九十里，蓋境相接也。本名陽海山，俗曰海陽，湘、灕二水皆出於此。山下有巖幽勝，行數百步至水泉處，闊不盈尺，其深叵測。又龍山，在縣南四十里，民居環遶。又金山，在縣西南二十里。下有金坑，今廢。

臨源嶺，縣北三里。即越城嶺也，亦曰始安嶠。舊志「越王城在湘水南五十里」，一統志「越城嶺西南有越王城」，蓋即越城嶺之訛矣。詳見前名山越城嶺。○石康嶺，在縣西，周八十里，逶迤而東，繞出縣後。其下源泉四出，灌田甚廣。又鹽砂巖，在縣西六里。有砂與鹽相似，鬻鹽者多取亂真。

龍鳳巖，在縣東。一名梓林洞。泉出巖中，灌田甚廣。又草聖巖，在縣西十五里，以唐僧雲嶠者善草書而名。巖之東有圓穴。一名月山。又西五里爲白雪峰，特立渠江之側，粲白如積雪而名。上巖深廣，容百餘人。○乳洞，縣西南十里。洞有三，上曰飛霞，中曰駐雲，下曰噴雷，宋人所名也。旋折而上，泉石奇勝。又西南里許有鳴玉洞，亦曰梵音洞，外狹中廣，下瀕靈渠。

潞江，縣西北七里。源出傜洞中，流入界，分南北二陂，灌田萬畝，又南入靈川縣境而合於灕水。

始安水，在臨源嶺南。水經注：「始安嶠之陽有嶠水，南流注灕，名曰始安水。又有溈水，流合焉。」志云：溈源水，源出縣之南鄉，亦名桃花源。又有融水，出融山二洞中，流經縣境，又南入靈川縣界入灕水。今縣西五十里有大小融江渡。○零水，在縣西南五十里。其地有欝金山，水源出焉，亦南流入灕。縣南又有鳳源水，其地亦名南鳳源，合南渠入於灕水。又雙女井水，在縣南七里，亦流出南渠合灕江。

靈渠，在縣北五里，即道灕水處。南經靈川縣入臨桂縣界，亦謂之澪渠。水經注：「湘水自零陵西南謂之澪渠。」是也。唐咸通五年安南爲南詔所陷，嶺南用兵諸道，餽運皆泝湘江入澪渠。宋溝洫志：「靈渠以引灕水，故秦史禄所鑿，或謂之秦鑿渠。」後廢。唐寶曆初觀察李渤設斗門十八以通漕，俄又廢。咸通九年刺史魚孟威以石爲鏵隄，亘四十里，植大木爲斗門，至十八重，乃通舟楫。宋慶曆中提刑李師中修濬，後守臣邊詡等復累加修葺。紹興二十九年臣僚言：「廣西靈渠接全州大江，其渠僅百餘里，自静江府經靈川、興安兩縣，宜令兩邑令兼管修治。」詔漕臣修復，以通漕運。范成大曰：「靈渠在桂之興安縣，秦始戍嶺時，史禄鑿此以通運之遺跡。湘水源於海陽山，在此下融江。融江爲牂牁下流，本南下，興安地勢最高，二水遠不相謀。禄始作此渠，派湘之流而注之融，使北水南合，北舟逾嶺。其作渠之法，於湘流砂磕中壘石作鏵觜，鋭其前，逆分湘流爲兩，激之六十里，行渠中以入融江與俱南。渠繞興安界，深不數尺，廣丈餘。六十里間置斗門三十六，土人但謂之斗。舟入一斗，則復閘斗，俟水積漸進，故能循巖而上。建瓴而下，千斛之舟，亦可往來。治水巧妙，無如靈渠者。」志曰：渠既通舟楫，亦利灌溉。一名中江。自李渤置斗門，開灕水則入於桂江，壅桂江則歸之湘水。又鑿分水渠三十五步，闊僅五六尺，以便行舟。其後修築皆因渤之故跡。明朝洪武末渠道湮壞，遣御史嚴震直修浚。郡志：震直修靈渠欲廣河流，撤去魚鱗石，增高石埭，遇水泛勢無所泄，衝塘決岸，奔趣北渠，而南渠淺澀，行舟不通，田失灌溉，連年修築，百姓苦之。永樂二年改作如舊制，水患始息。成化間復壞，郡守羅珦修復。今縣東有水函十。靈渠之水徑此，每遇霖潦，往往齧堤爲患，因置石函以泄之，灌田數千畝。每至決壞，有司相視，以時興修焉。

八字陂，在縣治東。又昌陂，在縣南六十里。沿潭陂、趙家陂、觀陂，在縣西。斜陂，在縣北。又辛家堰，在縣南。龍眼堰，在縣東。皆靈渠之水分引溉田處。又渼潭，亦在縣南。志云：湘、灕分流處地名鏵觜，匯而爲潭，名曰渼潭。

嚴關，縣西南十七里，粵西之襟要，桂郡之咽喉也。詳見前重險。○下營關，在縣西五里。

唐家舖。縣北五里，有巡司。又縣西南四十里有陸洞巡司。○白雲驛，在縣東北灕江上。驛南有萬里橋，灕江所經也。

靈川縣，府西北五十二里。東至全州灌陽縣百四十里，西南至永寧州義寧縣九十里。本始安縣地，唐龍朔二年析置今縣，以靈渠水爲名。今編户五十里。

高鎮山，縣西南二里。古名大象峰，一名大藏。其下有潭，横浸山腹，名象潭。其形三折，又名之潭。宋寶祐間改名高鎮嶺。元至正間大藏山崩，後名其所崩巖爲赤壁，因名赤壁巖。○西峰山，在縣西北二里。高數百丈，三面峭拔，其中坦夷。上有龍泉，每日三漲三落。又西北三里爲掛榜山，高聳與西峰相埒。又西北五里曰雙蓋山，高百餘丈，兩峰圓峙，如張蓋然。俗名凉繖山。志云：縣西一里有吕仙山，産茶，曰吕仙茶。其地即今治。縣治西南平阜，縣舊治此。宋紹定四年縣令鄭延年始遷縣治於今所。

北障山，縣北十里，倚峙如屏障，與臨桂堯山對峙，高廣稱之，志亦謂之玄山。山周環有泉百源，其著者曰滑石泉，宋紹興六年州帥胡舜陟易名漱玉泉。今易曰道鄉泉，以鄒浩曾經此而名。或名爲龍隱泉。一統志謂之百丈山，又名把伏山。重巒疊嶂，綿亘數里，當風颷起，則飛鳥回旋不能度，俗諺「縣鳥不過靈川」是也。○舜華山，在縣西二十里。一名舜山。山多峰岫，如冠笏，亦與堯山相望。中有月華巖，亦曰月華山，以巖洞如月窟也。下有池曰舜池。

香爐山，縣東北三十里。高千仞，中分一小山，形若香爐。又馬鞍山，在縣東二十五里，高聳與香爐相並。○金瓶山，在縣西十五里。其西峰連環崒嵂，狀類金瓶。又半雲山，在縣西南界。其山平地突起，四面孤高，亦謂之半雲嶺。

千秋峰，縣東北七里，獨立危聳，一名文筆峰。下有峽通大江，亦曰千秋峽。志云：千秋峽叢山列擁，亦名筆峽。

大融江經此，風水相摶，濤色如銀，名曰銀江。今有千秋峽巡司。○靈巖，在縣西北三十里。巖高數百丈，南北相通，小溪環繞其下。名勝志：「江水貫靈巖中，闊數十丈，深不可測，山谷百源輻輳於此，可通舟楫。」

龍田巖，縣西三里。中有石田，高低委曲。下有龍泉。又真仙巖，在縣西南三里。石室穹窿，容數十人。又仙隱巖，在縣西南十餘里。巖深廣，其上若石樓，下有深潭。又西南十里有華巖洞，高廣數仞，清泉繞環。

灘江，在縣東北。自興安縣流合大融江，入縣界。志云：靈渠行五十里入大融江，名曰靈江；又西北有黃柏、六峒、川江三水流合焉，亦曰融江；經千秋峽而南亦曰銀江；又經縣南之甘棠墟白石潭而入臨桂界，亦曰桂江。又有小融江，亦自興安來，至江南大埠口始與大融江會，左右剌合，故曰灘津。

西江，在縣西北，即黃柏、六峒、川江三水也。其源俱出全州西延之境，與湖廣新寧縣接界，繞七都蠻峒而來，六峒居中，黃柏、川江在左右，並流而匯靈巖山下，東流合於灘江。

甘水，在縣南。源出融山北界，流經縣西南，過大山下，東流至縣南二十里之甘棠墟而合灘江。又白石湫，在縣南三十五里。亦名白石潭，東流合於灘江。志云：縣東有淦江，北有路江，與白石湫、甘水皆入於灘江。淦、路二源俱出傜峒界云。

蓮花塘，縣南三里。其相接者有蛟精潭，儲水以通灌溉。又黃花塘，在縣西北五里，亦儲水溉田處也。○南、北堰，志云：去城皆三里，灌田二千餘頃。

白石鎮。在縣南白石潭上。有巡司，亦曰白石潦巡司。又千秋峽巡司，在縣東北十里銀江濱。○大龍驛，在縣東。

明初置。

陽朔縣，府南百四十里。東至平樂府八十里，西至永福縣七十里。本始安縣地，隋開皇十年析置陽朔縣，屬桂州。今編户十三里。

歸義廢縣，縣西十五里。唐武德四年析始安、陽朔縣地置，屬桂州，貞觀初省。今爲歸利鄉。又縣南二十里白面村山下有樂州古城，志云：唐武德四年置州，蓋治於此。

陽朔山，在縣治北，縣以此名。其相近者曰都利山，縣之主山也。志云：縣理在都利山下。水經注「灕水南經都利山」，即此。出香草，亦曰都荔。又鑑山，在縣治西南。亦曰西山。城環其上。○龍頭山，在縣治東北，高百丈。又縣東三里有卓筆山，瀕河，一峰尖秀如筆。其在縣西者又有膏澤峰，以將雨則雲起也。志云：峰在縣西一里。其下有珠明、豹隱等洞。洞有三，亦名棋盤洞。

寨山，縣西十五里。志云：五代時湖南馬氏嘗置戍於山下，因名。其地即歸義縣故址。旁有碧蓮峰，峰巒重疊如蓮花然。相傳縣治舊在其下。亦名蓮碧峰。〔二〕相近者又有乳洞，中多乳石。其下爲觀源溪。○大天馬山，在縣西十五里。其相接者曰威南山。志云：山下有晉威南將軍薛珝墓，因名。又西里許曰塘山，下有湧泉，瀦流爲淵。羣山間又有讀書巖及金鷄洞。洞中有小江，石如鱗甲。一名白龍洞。志云：皆在縣西十五里。

東人山，縣東南二十里，石形如人東向。其下有三十六洞，南北縱廣三十里。又縣西七里有西人山，與此山相對。○浮岣山，在縣東南十五里，高出衆山。又有白鶴山，在縣東南五里，濱江。其形如鳥舒翅而名。亦曰鳥山。又雲翁山，在縣南。聳秀特立，羣峰羅列若其子孫，因名。亦曰秀峰。縣南三十里又有古羅山，亦名都樂山，高數百丈，頂有池。

畫山，縣北五十里。九峰屹立，丹巖蒼壁，望之如繪。其相近者曰寶山，有瀑布飛流下注。桂江志云：「畫山北有繡山，與臨桂接界，舟入陽朔，必先經此。」又石銀山，在縣北四十里。左右層巒峭拔，色如銀。○雲源山，在縣西北七十里，廣數百里，陽朔羣山之發軔也。又抱子山，在縣東北七十里，亦曰寶子山，接湖廣道州界。

東嶺，縣東五十里。一名提頭嶺，爲昭、賀、全、永必經之地。又東明巖，在縣東十里，有棧道通平樂。○甘巖，在縣北七十里灘江旁。一名官巖。又翠屏巖，在縣西四十里。巖高而明，石門三五，俯望若屏。其相近者曰龍隱巖，泉石甚勝。又獨秀巖，在縣南十里。有南北二巖。又南十里曰廣福巖，中弘敞，爲縣境巖洞之冠。俗名羅漢洞。

灘江，在縣治南。自臨桂縣流入境，又南流入平樂府界，亦曰桂水。志云：縣西北五里有東暉水，縣東南三里有雙月溪，俱流達於桂江。

西溪，縣西一里。源出縣西北雲源山，曲折流達明珠洞前入於桂江。又興平水，在縣東北三十里。志云：源出抱子山，南流入桂江，其北流入道州界合羣川入於沲水。○東石渠，志云：在縣東獅子山下，兩巖天成，深丈餘。又有通井，在縣東練旗山下。泉脈通江，至春水輒湧沸，有灌溉之利。

靈陂，縣西北七十里。雷雨所成，湧水成江，潴以溉田。其相近者又有神陂，爲衆水聚流處，亦灌溉所資也。又清淥陂，在縣西十五里，亦曰清淥塘，溉田甚廣。志云：縣西羣山環列，溪澗瀠流，潴而爲塘，其得名者以數十計。○飛泉，在縣西五十里。泉湧山腰，懸石百級，飛注而下，如掛銀河，下流入於桂江。

榕樹關，縣西二里。志云：縣有石櫃關，洪武三十年建。今廢。○伏荔鎮，在縣東南十五里，有巡司。其南爲伏荔渡。又白竹砦，在縣西二十五里，亦有巡司戍守。

金寶堡，在縣南。志云：縣南有莊頭、鬼子、金寶頂諸巢，逼近府江，傜、僮出没處也。隆慶五年平其地，設金寶、大水田二堡戍守。萬曆初賊首廖金濫等作亂，圍大水田堡，永福賊皆應之。二年撫臣郭應聘謀擊之，檄諸道兵會金寶頂，大破碎江、古隘、巖塘、凉境、廟門、傜山諸巢，誅廖金濫等，於是置戍於金寶頂、遇龍、翠屏、傘山諸堡，以爲保固之計。

古祚驛，在城北龍頭山下。舊在縣北十五里，正統二年移於此。志云：唐初置歸義縣，有新林驛，後廢。今呼其地爲驛頭街。又葡萄驛，在縣北。明初洪武二年立，正統間廢。今呼其地爲葡萄墟。輿程記：「桂林府水行八十里爲南亭驛，又南三十里爲古祚驛，自古祚而南八十里爲昭潭驛，入平樂府界。」

白面村。縣東南二十里。志云：村南至平樂府城四十里，爲往來徑道。村南有白面渡，灕江所經也。又廣化村，在縣東七里，有廣化渡。又縣東南十五里有香頂渡，北十五里有五龍渡，俱四出之要津。

全州，府東北二百五十里。東北至湖廣永州府二百九十五里，西北至湖廣寶慶府三百七十里，南至平樂府三百三十里。

春秋時楚地，秦屬長沙郡，漢屬零陵郡，後漢因之。晉仍屬零陵郡，宋、齊以後皆因之。

隋屬永州，大業初仍屬零陵郡。唐亦屬永州，五代晉天福四年湖南奏置全州，周廣順二年屬於南唐。宋仍曰全州。元爲全州路。明初改爲府，洪武九年復降爲州，以州治清湘縣省入，隸湖廣永州府，二十八年改今屬。編户八十九里。領縣一。

州北連永、邵，南蔽桂林，舟車絡繹，號爲孔道，從來有事粤西者必争全州，五代周廣順二年南唐取湖南時，桂州爲南漢所取。唐主命知全州張巒兼桂州招討使以圖之，既而復命將侯訓自吉州路趣全州，與張巒合兵攻桂州，不克。蓋界壤相錯，門户所寄也。

清湘廢縣，今州治。本漢洮陽縣地，屬零陵郡。隋開皇十年改置湘源縣，屬永州，其治在州西七里，地名柘橋。唐亦曰湘源縣，仍屬永州。五代晉天福中馬希範奏改縣曰清湘。後周顯德三年徙縣入郭内，宋因之。明初省。城邑考：「今州城，宋末始築，植土爲城。元至正十四年改築，北據山麓，南瞰湘江，明年甃以磚石。明朝洪武元年增修，嘉靖二十二年又復營治。有門五。城周五里有奇。」

洮陽廢縣，州北三十五里。漢置縣，以洮水經其南而名。如淳曰：「洮音韜。」後漢仍屬零陵郡，晉因之。劉宋永初中以繼母舅蕭卓爲洮陽令，元嘉三十年宗慤以功封洮陽侯，即此。齊、梁亦屬零陵郡，開皇中并入湘源縣。

零陵廢縣，州北三十里。漢置零陵縣，零陵郡治於此。後漢因之。延熹八年，桂陽賊攻零陵。零陵下濕，編木成城。太守陳球固守，賊激流灌城，球於城内因地勢反決水淹賊，賊退走，即此。建安中孫吴移郡治泉陵，零陵縣屬焉。晉以後因之。或謂此爲小零陵，對零陵郡而言也。隋志：「小零陵縣，開皇十年廢入湘源。」宋白曰：「零陵郡舊治在清湘縣南七十八里。」似悮。今其地名梅潭，故時城塹猶存。泉陵，見湖廣永州府。

湘山，州西一里。峰巒蓊鬱，巖洞幽深，泉石秀異，登其巔盡一州之勝。又柳山，在州北二里，郡之主山也。舊名北山，宋雍熙中柳開爲守，嘗築室讀書於此，因名。山之南又有鳳凰山。○三華山，在州南三里。頂有三峰，形如華蓋，湘江繞出其背。志云：州東一里有隆城山，有古頹垣如城塹狀。又鉢盂山，在城東北隅。山形完整，正統中改名曰完山。

覆釜山，州西八十二里，跨湖廣新寧縣界。峭險峻絶，凌逼霄漢。一名朝山。有七十二峰，其名者曰大、小覆釜峰，頂皆有石如覆釜，巖壑泉石，層疊環繞。又州西四十里有屋柱嶺，山脈與覆釜相接，高聳迥出天表。○文山，在州北五十里。洮水出其下。又黄華山，在州東北八十里，郡國志以爲黄山，横亘如榜。一名獵山。志云：州南二十里又有筆架山，〔三〕以三山之秀拔而名。

獅子巖，州西四里，即湘山之支峰也。石徑窄狹，中高廣，可容數百人。又西十里有龍隱巖，一名龍雲巖，巖室虚敞，地名石燕岡。○礲巖，在州北十五里。虚明深窈，有飛泉百餘丈，縈紆如練，一名漱玉巖。

湘水，州城南一里。自興安縣海陽山北流，合越城嶠水，至州境挾洮、灌二水入湖廣東安縣界。詳湖廣大川。

洮水，州西十里。源出文山。志云：山下出泉，噴嗽有聲，因名。水經注：「洮水出洮陽縣西南，東流注於湘水。」漢高祖十二年，英布軍敗走江南，高祖令别將追破布軍於洮水南北，舊説以爲此洮水。或以爲今南直溧陽縣之洮湖也。湘中記「零陵有洮水」，謂此。

灌水，在州南二里，地名小村口，源出平樂府賀縣界，東北流經灌陽縣境，入州界；州西五里又有羅水，出西境羅氏山，東流經州南；俱入於湘水。志云：州東北門曰合江門，其對岸有山巍然，名鉢盂山，即羅、灌二水入湘處。○宜湘水，在州西北九十里。羣山之水皆匯於此，流三十里入湘水。又鍾樂水，出州西百里之鍾石山，東流六十里入湘水。

黄沙關，州東北七十五里，道出永州府，關下有黄沙渡；又砦虚關，在州西北，道出寶慶府，關下有砦墟渡；舊皆有兵戍守。

香烟砦，在州西北。志云：州境又有禄塘、長烏、羊伏、〔四〕峽石、磨石、獲源等砦，俱宋置，以防蠻寇。○延洞砦，在州西。宋史：「全州西有延洞蠻粟氏聚族居此，〔五〕常抄劫民口糧畜，雍熙三年柳開知全州，悉降之。」或謂之西溪洞，又謂之西延六峒蠻。明朝弘治中此地亦爲盗藪。州志：州西百里有西延巡司，元至正中設，尋廢。明朝洪武六年復置，即故延洞地也。

柳浦鎮。州北七十里。有巡司，洪武三十年置。又建安巡司，在州西南六十里。洪武三十年置。輿程記：「州西南九十里爲建安驛，又百三十里爲興安縣之白雲驛。又柳浦驛在州東北六十里，又東北九十里爲湖廣東安縣之石溪驛。」○城南驛，舊在州南，洪武二年遷置於廣山下，去舊驛十里，正統中改置於城北朝京門外之江次。又山角驛，舊在州東，洪武四年置，嘉靖六年移置於黄沙渡。或謂之洮陽驛。又有山棗驛，在州西六十里。志云：州北三里又有遞運所，洪武十四年置。

灌陽縣，州南九十里。東南至湖廣永明縣百二十里，〔六〕南至平樂府恭城縣百十里。漢零陵縣地，後漢建安中孫氏析置觀陽縣，以觀水爲名，仍屬零陵郡。晉以後因之。梁、陳間訛曰灌陽，隋開皇十年廢入湘源縣。大業末蕭銑復置，唐武德七年廢。上元二年荆南節度使吕諲復奏置，屬永州。五代晉天福中湖南改屬全州。今編户八里。

峽山，縣北五里。夾江峙岸，高聳蔽日，形似三峽。縣有沙羅、馬渡、龍川、鹽川之水，咸匯於此，東北流入於湘水。○抱子山，在縣北五十里。山勢重疊，如褓抱然。其相接者曰七星山，上有犁陂洞。志云：縣西百里有海山，以四圍涵水而名。其相近者曰風吹羅帶山。

通真巖，縣西二里。一名靈巖。又西八里曰仙源洞，洞旁有大源塘。又西七里曰九龍巖。中有沙河，流通别澗。石藤凡九，盤曲如龍，因名。其水流入灌水。○打鼓洞，在縣西四十里。水經注「灌陽縣東有裴巖，下有石鼓，形如覆船，叩之清響遠徹」，即此洞矣。

灌水，縣南九十里，北流至州境入湘水。水經注：「灌水出臨賀郡之謝沐縣，西北流經灌陽縣西，又西北流注湘水，謂之灌口是也。」

峽水，在縣東北五十里。源出縣北七星、抱子諸山，西南流經峽山，因名。其間有大龍、大埠、三貴諸灘，又南入於灌水。又小富水，在縣北六十里。源出縣北之旗嶺山，流經昭義關西南，至瓦江口入灌水。○龍川水，在縣西北。自興安縣流入界，又有鹽川水、烈溪源水會流而入於灌水。

小河源水，縣東北五十里。縣東又有鍾山水，自湖廣道州流入境，注於灌水。又大溪源水在縣西南六十里，縣西南二十里又有安樂源水，十七里有市溪水，十五里有黑石源水，縣南又有吴川水，東北十里有飛江水，俱自湖廣永明縣流入境，下流注於灌水。

昭義關。縣東六十里。舊有昭義驛，亦置於此。今縣北百里爲昭義公館，蓋仍舊名也。又吉寧砦，在縣西八十里。宋置。今縣南四十里有吉寧巡司。又洮水、灌水二砦，宋志云皆在縣境。○月岡公館，在縣北六十里。志云：今縣北六十里有昭義官渡，又北十里爲白水渡。

永寧州，府西一百五十里。西南至柳州府二百五十里，北至湖廣寶慶府武岡州界二百三十里。

春秋時楚地，漢屬零陵郡，三國吴爲始安郡地，晉以後因之。唐屬桂州，宋屬静江府，元屬静江路，明朝屬桂林府。弘治初没於傜蠻，隆慶四年開復，明年改置永寧州。編户十里。

領縣二。

州山川險隘，土田豐腴，控禦傜、僮，實爲重地。

古田廢縣，今州治。漢始安縣地，唐武德四年分置純化縣，屬桂州。永貞初改爲慕化縣。〔七〕乾寧二年析置古縣，仍屬桂州，五代因之。宋仍曰古縣。明初改爲古田縣，後没於蠻。隆慶中改置今州，以縣并入焉。城邑攷：古縣置於今城南三十里，四山環抱，明初移今治。舊有土城，成化十八年始甃以石。隆慶六年增拓西南二面，萬曆三年、九年屢經修葺。有門四。城周四里有奇。

慕化廢縣，在州東。唐置，本曰純化，後改曰慕化，避憲宗諱也。五代粱開平元年湖南奏改曰歸化縣，後唐同光初復曰慕化，宋因之。後并入古縣及臨桂縣。

寶蓋山，州北一里。州之主山也，黄源水出焉。又州東北三里有銀瓶山，高聳秀拔，爲羣山之冠。州北三里曰會仙山，州西南八里曰天柱山，亦皆秀聳。

都狼山，州北六十里。亦曰都狼嶺。唐末黄巢寇嶺南，溪洞蠻應之，逼桂州城，守將于向引兵與賊戰於都狼山，連挫其鋒，逐利深入，大戰於洛陽陂，後兵不繼，日且暮，引還道卒，賊遂陷桂管。志云：州北有三隘山，與都狼俱稱天險。近時鑿爲坦道，建公館於其上。〇天村山，在州西南百里。巔有田，居民耕種成村，因名。

穿巖，州西三十里。穿成複道，如覆厦屋，坦長二十餘丈，人馬通行其中。有銅掌巖，在州南六十里，寬敞容數百人。〇虎踞巖，在州東南二里，本名老虎巖；相接者爲金竺巖，一名獅子巖；又州西五里曰將軍巖：皆有泉石之勝。

大長江，州北五十里。源出都狼山之大長泉，一名濟泉，東南流入永福縣界，下流合於灕江。又東江，在州東，下流入永福縣界合太和江。〇黄源水，在州西，流經永福縣界合太和江入於灕江。

富禄鎮，在州西南，有巡司戍守。又西南有常安鎮巡司，志云州境又有桐木鎮巡司，皆控扼蠻險處。

牛河營。州東北六十里，其西爲三隘營，皆僮賊屯據處也。弘治五年官兵討古田賊覃萬賢等，至三阸，爲賊所襲，官兵大敗。隆慶三年總兵俞大猷討古田叛僮，先遣兵分屯牛河、三阸以扼要害。大猷尋至古田，分軍齊進，連破東山、鳳凰、大巖、澗水、渌里、古城數十巢。賊潰奔潮水巢，據諸嶺。大猷合軍擊之，賊守險力拒，乃陽分兵擊馬浪諸巢，而乘雨夜出不意襲破之。既而馬浪諸巢亦下，復分兵擊碎江、金寶頂、凉境及永福定南鄉諸賊，悉破之。諸巢皆在州境及永福、陽朔等縣界。志云：今州北二十里有牛河渡。

永福縣，州東南七十里。東北至府城百里，東至陽朔縣七十里，西南至柳州府洛容縣二百二十里。本始安縣地，唐武德四年析置永福縣，屬桂州。宋、元仍舊。明初亦屬桂林府，隆慶五年改今屬。編户十二里。

理定廢縣，縣西南六十里。本始安地，梁置興安縣，并置梁化郡治焉。陳因之。隋平陳郡廢，大業初并廢興安縣入始安縣。唐武德四年復置，屬桂州。至德二載更名理定，仍屬桂州。宋、元因之。明朝正統五年省入永福縣。今爲理定堡。志云：故理定縣在今縣東南四十里。宋遷上清音驛，在今縣西北。元又移治上横塘驛，即今堡也。嘉靖二十二年築城，置戍於此。○宣風廢縣，在縣南。唐武德四年置，貞觀十三年省入理定縣。

鳳巢山，在縣治北。本名華蓋山，隋大業二年有雙鳳來巢，宋建隆間復至，因名。山頂有玉液池。嘉靖二十七年於山畔築土墻一帶，周百餘丈，護蔽北城。○永福山，在縣南五里，縣因以名。山後有白馬山，亦曰蓮花山，以數峰叢立，形類蓮花也。又金山，在縣西南五里。下有金潭。志云：縣西五里有登雲山，西北五里有茅彙山，皆高峻。

蘭麻山，縣西南四十里。寰宇記：「從府至柳州路經此山，過溪百餘里方至平路。山中有毒。循溪水而行，有伏流，有平流，峭絶險隘，更無别路。」魏濬嶠南瑣記云：「自理定西行，麻蘭、烏沙諸嶺，〔八〕險絶刺天，路極逼仄。每遇嶺則直上，至絶頂乃下，下抵澗水乃已，渡澗水又復上，如此者三四程。諸嶺每遇狹處，謂之隘子，必有大小石子一堆，意必戍士積之，以備他虞。土人云行人過隘子，必攜石實之，謂之增脚力。其溪水一名下漏水。或訛爲麻蘭山，又訛爲蘭巒山。○太和山，縣南六十里廢理定城後。巖谷盤紆，峰巒幽峻，太和江經其西南麓。

獨秀山，縣東南三十里。旁無陵阜，亭亭獨峙，高百餘丈。又神山，在縣東北三十五里。山頂有池，水常不竭。一名羅秀山。其北又有靈壽山。○東嶺，在縣東二里。形如屏障，下有泉。

太和江，在縣西南。其上流即永寧州大長江也，經太和山下，因名太和江，東流入灕江。志云：蘭麻山之水流爲下漏川；其西北有木皮江，出州界北；有丹竹江，出下邊山；俱流注焉，經廢理定縣西南入太和江。又平樂府修仁縣界有古祿江，荔浦縣界有石流江，互相灌委，合太和江以注灕江。

白石水，縣東四十五里，諸山溪水所匯也。志云：縣南有大融水，縣東三十里有長寧水，俱流合白石水。又銅鼓水，在縣東六十里，即白石水下流也。昔人於此鑿渠以通灕江。嶠南瑣記云：「靈渠自北而南三十二陡，又由灕通銅鼓水，自東而西入永福六陡，六陡冬月水消，則涸絶不行。」○銀洞水，在縣西十五里。有二源，一出石城隘，〔九〕一出茶山，並流爲銀洞水，東至城西謂之西江，有西江渡，下流入長寧水。

永福水，在縣西南。志云：縣西南城下有金山潭，衆水會同，金山逆塞，澄匯六七里，永福水由此分流，曲折羣川中，奪流而西南出，入柳州府洛容縣境爲洛清江之上源。

永福堡。在縣西。有城戍守。○三里驛，在縣城東。輿程記：「縣西南三十五里有蘭麻驛，又二十五里爲橫塘驛。」

義寧縣，州東百里。東南至府城八十里。唐靈川縣地，石晉天福八年湖廣置義寧鎮，尋升爲縣，屬桂州，開運初改屬溥州。宋開寶五年廢。後復置，仍屬桂州。明朝因之，隆慶四年改今屬。編户十三里。

廣明廢縣，在縣東北。志云：唐末湖南奏置，屬桂州。五代晉開運三年改屬溥州，南漢因之，宋廢。

靈鷲山，縣西南十五里。峭拔高峻，瀑布懸流。又邊隘山，在縣西三十里。丹巖千仞，青壁萬重，狀如列戟，環拱縣治。○智慧山，在縣西北二十里。萬山中突出，蜿蜒秀麗。下有水曰智慧江，流入義江。

義江，縣北七十里。源出縣北之丁嶺，流至蘇橋分爲二，一入永福縣永福江，一歷銅鼓墟東，東流合相思水入於灘江。中有義江洲，一名浮洲，上建塔寺。有一水自縣西北流經浮洲合於義江，謂之塔背江。蘇橋即臨桂縣之蘇橋驛也。

桑江，〔一〇〕縣北八十里，南流合智慧水入義江。縣東又有石壕江，亦流入於義江。○山末江，在縣西南，下流入永福江。

楊梅關。縣東十五里。又縣北八十里有桑江口巡司。○白面砦，在縣西，爲諸蠻嘯聚處。縣境又有石門堡。

附見

桂林中衛。在府城內。洪武八年建桂林左衛，十二年改爲中衛。又桂林右衛，亦在府城內，與左衛同建。又廣西護衛，亦在府城內。洪武五年爲靜江王府置。

全州守禦千户所。在州治西。洪武元年建。又灌陽守禦千户所，在縣治東。洪武二十八年建。○古田守禦千户所，在永寧州西。隆慶五年建。

平樂府，東至廣東連州六百二十里，東南至梧州府三百九十里，西北至桂林府百九十里，北至湖廣永州府六百三十九里，東北至湖廣道州三百五十里，自府治至布政司見上，至京師七千六百四十二里。

古百越地，秦屬桂林郡，漢屬蒼梧郡，後漢因之。三國吴屬始安郡，晉因之。宋屬始建國，齊仍屬始安郡，梁、陳因之。隋屬桂州，大業初亦屬始安郡。唐武德四年始置樂州，貞觀八年改爲昭州，天寶初曰平樂郡，乾元初復曰昭州。唐末屬於湖南，五代漢乾祐三年爲南漢所有。宋仍曰昭州。亦曰平樂郡。元初因之，大德中改爲平樂府。明朝因之。領州一，縣七。

府屏蔽湖、湘，襟喉嶺表，而府江環帶。自桂入梧數百里間，溪洞林樾，所在多有，傜人盤據其中，一或不靖，禍生肘腋矣。蘇濬曰：「府攝桂、梧、潯、柳間，西北界楚，東鄰東粤，而府江天險，實兩粤門户也。」嘉靖以後，芟夷而蘊崇之，刊山通道，展爲周行，重江上下，可以帖席，且境壤遼闊，山田仰泉，不甚作苦，魚鹽贏給，稱小康焉。舊志云：自静江至梧，灘瀧三百六十所，〔二〕至昭而中分。自昭上至静，險惡尚少。自昭下至梧，則兩岸懸巖，中多碎石，灘水湍急，郡蓋府江之門户，而梧、桂之腰膂也。萬曆三十五年郡守陳啓孫始鑿平巖石，行旅稱便。又賀縣故賀州也，介郴、道、連、邵數州間，爲兩粤衝要。宋潘美伐南漢則拔賀州，岳武穆破羣盜亦從事賀州，其地據嶺環江，犬牙盤錯，實關膈之所，從事兩粤者未可泄泄視之矣。

平樂縣，附郭。漢爲荔浦縣地，屬蒼梧郡。三國吴始置平樂縣，屬始安郡。晉以後因之。唐武德四年置樂州治焉。後爲昭州治。今編户六里。

平樂城，府西南三里。縣舊治此，亦曰樂州城。郡志：唐初置樂州，治荔浦江口，武德八年徙治此。城邑攷：「唐武德中刺史汪齊賢築樂州城，即是城也。宋治平元年州守汪齊改築今城。乾道元年太守葛永慶復修治之，以寇警，議鑿後山爲濠，不果。元初城毁。至正中以郡地累被寇患，乃復築治。明朝洪武十三年增設守禦千户所。是年營築新城，東跨山巔，南瞰大江，皆甃以磚石。弘治七年守臣俞玉復鑿後山爲塹以禦寇。正德十四年增葺。嘉靖十六年大水，城西、南兩隅圮，尋修治。萬曆二十九年及三十七年相繼營繕，稱爲完固。城東面無門，有門三。城周三里有奇。」

沙亭廢縣，府東南十五里。唐武德四年置，屬樂州，貞觀七年省入平樂縣。郡志云貞觀八年置。悮也。其故址今爲走馬坪。○永平廢縣，志云：在府東北歷塘村。唐書：「永平縣本屬藤州，貞觀以後改隷昭州。」按隋改夫寧爲永平，爲藤州治。唐又改縣爲鐔津，即今梧州府之藤縣，去府絶遠。蓋唐改廢藤州之永平縣而增置永平縣屬昭州，非即故縣也。五代時仍屬昭州，宋開寶五年廢。又廢孤州，通志：「在府東南四十里，即唐之古州，天册萬歲元年所築，尋廢；其相近有崑崙城。」皆未知所據。

昭山，在城西。灕、樂二水合流處，有巨石屹立水中，方正如印，一名印山。又鳳凰山，在城東。城跨其上。又東里許曰東山。志云：府東二里有昭潭岡，一名昭潭洞，灕、樂二水匯而爲潭，岡在其北。今昭潭亦曰昭岡潭。杜佑曰：「長沙郡名潭州，以昭潭爲名。此曰昭州，以岡爲名也。」潭南岸又有南山，山半爲雙峰巖。郡志：南山在府南二里。〇五馬山，在城南府江南岸。突起五峰，中一峰高聳端圓，與郡治相對。又南四里曰掛榜山。志云：府北五里有龜山，一名龜頭巖。其南二里曰仙宮嶺，宋鄒浩謫官時僦居處也。又北山，在府城北。通志云：「在府北十五里。」

縈山，府東南十里。山勢縈回九折，上有九峰，曰高崖、羊欄、月巖、兜鍪、馬鞍、跨鐙、石旗、石劍、丫髻，險不可陟。其相近者有眉山，峰巒秀聳，宛如眉黛。志云：眉山在府東南九里。又有白雲巖，在府東十里。叢林蓊鬱，洞門翼然，有古藤盤繞之。其中寥廓，盛夏常寒。〇華蓋山，在府西十里。一名火焰山，以山峰尖聳而名。又密山，在府北十里。數峰回合，環繞郡治。

雲山，府東南四十里，九峰四垂如雲。又誕山，在府東北八十里，有三峰皆峻拔。其相近者又有聖山，巍峨插天，絕頂高平。又有穿山，三峰並列，半壁開一竅，可通往來。〇四十里山，在府東北龍平巡司南十里。周四十餘里，因名。爲富、賀往來要路，近設三堡以爲戍守。又魯溪山，亦在縣東北界。高數百丈，環跨平、恭、富、賀及湖廣永明縣界。上有塘方廣數畝，俗呼分水塘。

天門嶺，在府東，與賀縣接界。上有石門，故名。又龍嶽峰，在府東北五里。一名龍躍峰。考槃澗水出焉，幽遠屈曲，流至城東二里會於昭岡潭。〇瑞山巖，在府東。有四巖相連，遇亂村民每避居於此。又羅山巖，在府東北八十里。水環巖外，乘筏而入，有幽徑可達山巔，地坦夷，可望四遠，亦村民避寇處。

龍門峽，府東南百餘里府江中。今名松林峽。冬月水小，極險惡。稍東南爲龍頭磯，磯下二里爲鼓鑼峽，有石如鼓鑼，水涸則平，水漲則凶惡，回洑漩轉，舟不能行。今皆開鑿，漸爲坦道。一云龍頭磯在府南三十里。

灕江，府城南。自桂林府陽朔縣東南流，歷鱖魚、滑石諸灘，至府西北十餘里，又東南至府西五里，經更鼓灘，繞城西南而東出，會樂川水，又南經諸灘峽間入梧州府境。志云：灕江入府界，遠近羣川，參差環匯，夾江兩岸皆高山盤束，朦朧陰翳，長六七百里，謂之府江。傜、僮往往窟穴於此，與大藤叛傜相應響。嘉靖中田汝成議曰：「藤峽、府江相表裏，然治藤峽宜速，而府江宜緩。蓋藤峽前阻重江，後臨大野，面勢雖迂，猶可邏遏，所慮者東奔耳。其南紫荆，北羅運，各有間道可以夾攻，扼此一隅，三面迫蹙，賊安所遁？故曰宜速。府江則上起陽朔，下抵蒼梧，遼繞五百餘里，萬山參錯，曲徑盤紆，茂林青箐，蒙茸糾結，必屯兵聚糧於恭城、平樂、懷集、賀縣、修仁、荔浦、永安、五屯及荼、力二山之間，熟其餉道，探其險易，擾其耕耘，然後可以擇利便，相機宜，一舉滅之。若欲於旬日之間懸軍深入，賊必漫走山谷，莫可究詰。故曰宜緩。此治府江之大略也。」經略志：「府江東岸有葛家、石狗等衝，接恭城之站面；西岸有桐亮、銅鏡等衝，接荔浦之三峒。山勢陡絶，道里遼闊，守禦不易。」

樂川水，府北五里。源出湖廣道州，西南流經恭城縣南流入境，又南經此，緣城而西，又東南折以入於灕江。志云：樂水源出富川上鄉，越恭城縣至郡城下匯於灕水。二水會處，蓄而爲潭，淵深莫測，謂之昭潭，亦名回龍潭。今城西川中有灘曰虎埠灘，自昭潭而下有韭菜、三門等灘，在城東五六里間，皆川流險峻處也。○誕山江，在府東。源出誕山，西流至虎埠灘入樂川水。

魯溪江，在府東。源出魯溪山之分水塘，流經平樂縣東鄉曰魯溪江，出龍平巡司曰滂源江，出恭城曰上平江，出富川曰白藁江，又分流入賀縣、永明等縣境，灌溉之利甚溥。○沙江，在府東。源出四十里山，西流入魯溪江，至榕津與誕山江合流而入樂川水。

荔水，府西四十里。自修仁縣流經荔浦縣，又東北流入界，至府西七里曰荔浦江口，入於灕。志云：府西南有湖塘江，源出永安州，流經荔浦江口合修、荔諸水入於灕江。○周塘，在平樂縣之東鄉里。積水灌田，四時不涸。又木良塘，在府城北仙宮嶺下。廣數十畝，亦有灌溉之利。

南關，在府城東南昭潭江下。又城北有北關。志云：府東南有開建砦。宋潘美討南漢，克賀州進次昭州，破開建砦，昭州刺史田行稠遁去，遂下昭州是也。又白田鎮，在府東南。宋皇祐四年儂智高圍廣州，不克引還。大將張忠邀擊之於白田，敗没，智高遂陷昭州。

廣運堡，在府江東岸，北距府城六十里，即廣運驛也。弘治中以寇患築城於此，爲守禦之備。正德三年城始就，爲門一。又足灘堡，在府江東岸，距府城九十里。正德二年置城於此，有門三。尋圮，萬曆三十年復修築。又水涯營，在府東百八十里。萬曆二年築城置戍，有門二。○團山堡，在府東十五里。其地有團山，因名。又鷄冠堡，在府西三十里。里道記：「自堡西二十里至延賓江，江濱有下洞城，又二十五里即荔浦縣也。」又甑灘堡，在府南百三十里，與昭平縣分界。

大傜衝，在府江西岸，西至荔浦縣四十里，爲分界處。傜、僮多出没於此，因名。今設兵戍守。又田冲砦，亦在府江西岸，爲要害處。萬曆中置戍。○榕津渡，在府東四十里。有榕津巡司。志云：榕津接富川、賀縣界，〔二〕爲往來之要隘。又密山渡，在府北十五里；鸕鷀渡，在府北四十里：皆樂川津要處。

昭潭驛。在府城西。驛之東爲遞運所。輿程記：「昭潭驛西北八十里爲桂林府陽朔縣之古祚驛，其南九十里爲龍門驛，往來所經之道也。」○白面村，在府北四十里，接陽朔縣界。郡志：府治本漢荔浦縣之白面村。似未可據。

恭城縣，府西北百里。北至全州灌陽縣百十里。本平樂縣地，隋末蕭銑始析置恭城縣，唐因之，屬昭州。今編户一里。

恭城舊城，在縣北。宋志：「太平興國初徙縣治於北鄉龍渚市，景定五年復故。」

鳳凰山，縣東三里。兩峰開豁，中峰昂聳如鳳飛翔。縣城舊在山下，成化十三年遷今治，地名黄牛岡。又東爲五馬山，有五峰亭立。又東里許爲金芝巖，石室高朗。○燕子山，在縣南一里。外峻中稍寬，頂平，有石巖如燕巢然。其相近者獅子山。志云：縣南二十里爲三台山，有三峰疊翠。

銀殿山，縣東北八十里。常有白雲覆其上，望之如宫闕，元和志謂之銀帳山。有鍾乳穴十二。又天梯山，在縣東。内寬平，四面峭壁，無路可陟。○穿巖，在縣西十五里。巖深邃，有溪從中出，通舟楫。一名太極巖。又龍巖，在縣東。中寬平，狀如殿宇。

樂川，在縣西。自道州流入境，經縣南入平樂縣界。志云：縣北七十里有平川江，南流合樂川，有平樂溪之名。〔一三〕東北六十里有南平江，其源爲白水洶江，西流合於樂川。又西水江，源出縣西北二十里之黄山，南入平樂縣界合樂川。又上平江，源出全州灌陽縣界，經銀殿山，過鎮峽關東入樂川。○葛家溪，在縣南。源出縣東之北洞，西流合入樂川。又高橋溪，出縣西高堆嶺，東流合西水江。縣東又有官潭，出湖廣永明縣，南流九十里過縣前，西合於樂川。

鎮峽關，縣北六十里。俗名龍虎關，與湖廣永明縣接界。臨江倚山，稱爲要害，蓋即永明縣南之荆峽鎮山口也。又鎮峽砦，在縣東北八十里，置巡司戍守。○沙子舖，在縣西南四十里，又四十里而達於府城。又復聖嶺舖，在縣北四十里，接灌陽縣界。

站面砦。在縣東南。其北有淘江砦。志云：縣有勢江原，離縣最近。叛傜横惡，與站面、淘江相匹。又縣東北有黄泥、清水、赤口、毛塘等衝，皆距縣百里，人跡罕至，爲逋逃淵藪。又縣北鄉有燕子嶺，在樂州東，與富、昭之花山、白冒等傜時有出没之處，萬曆中始漸馴伏。

富川縣，府東北二百六十里。東至廣東連州二百五十五里，東北至湖廣江華縣百三十里，北至永明縣百四十里。漢置富川縣，屬蒼梧郡，後漢因之。三國吴屬臨賀郡，晉以後因之。隋初屬賀州，大業初州廢，改屬始安郡。唐武德四年仍屬賀州，天寶初改爲富水縣，尋復故。宋因之。明洪武九年改今屬。編户二里。

富川故城，在縣西南鍾山下。志云：漢元鼎四年析臨賀鍾山地置富川縣，後皆因之。明初縣仍舊治，而移鍾山千户所於靄石山南，相距七十里。洪武十八年征南將軍韓觀奏請築城，遷縣於今治，千户所附焉。城周三里有奇。萬曆三十七年復因故址修築，并濬濠爲固。

馮乘廢縣，縣東七十里。漢置縣，屬蒼梧郡。三國吴屬臨賀郡，晉、宋以後因之。隋屬永州，唐復屬賀州，宋開寶四年廢入富川縣。志云：馮乘廢縣南去今賀縣一百二十里，地名靈亭鄉。亦見湖廣江華縣。

靄石山，縣北一里。山高聳，四時嘗有煙靄冒於峰頂，因名。又北一里曰興雲山，以雲興而雨至也。○朝冠山，在縣東一里。其相接者曰馬鞍山。馬鞍之南爲鳳凰山，其下有雲梯嶺。志云：縣西三里爲屏山，以形如屏障也。其東一里曰獨秀巖。又龍頭山，在縣南五里。

石門山，縣東三十里。四圍峭壁，有門僅容一人，其中平原曠野，居民百餘家。又東二十里曰隱山，中有潛德巖。又東十里曰通山，其洞曰祥雲洞。志云：縣東九十里有東山，〔一四〕多喬林。又有穿山，在縣東十里，上爲仙巖，泉石甚勝。○峽頭山，在縣南三十里。又有峽口山，在縣西九十里，亦曰峽頭，皆以兩山夾川而名也。

鐘山，縣西南七十里。富川縣舊置於此。上有石，叩之如鐘，因名。今邊蓬砦巡司置於此。又白雲山，在縣西南百二十里。旁有丹竈山，下有竈溪水，道書所云丹霞福地也。○龍溪山，在縣北五十里，下有龍溪。其相近者有郎山，中有穿石巖。又秦山，舊經云：「在縣北百八十里，高二千餘丈，北連湖廣道州境。」荆州記：「吴孫權時此山夜雷暴震開，爲峒者凡六。」

萌渚嶠，縣東北百二十里，與湖廣江華縣接界，即賀縣之臨賀嶺也。詳附見名山越城嶺。○長標嶺，在縣北六十五里。相傳李靖討蕭銑收嶺南地，嘗駐師植標於此。又斜嶺，在縣東南九十里，南至賀縣五十里，分界處也。志云：縣北三十里有秀峰，平地突起，凡數十仞。

富江，在縣東。源出縣北四十里之桃母巖，一名靈溪水，南流合于賀水，〔一五〕縣以此名。又盧溪江，在縣南。源出縣西十里黑石源，東流入富江。又西溝水，源出縣西屏山，亦經縣南入富江。又縣西三里有白源水，縣南五里有碧溪，俱流匯於富江。

溝源，〔二六〕縣北二十里。其水北流下九疑入瀟湘。○秀溪，在縣西八十里，一名秀峰澗，以出秀峰山也；又縣西百里地名沙坪，白藁澗出焉；其水俱南流入於灘水。嶺外録：「白藁澗水下流經白霞砦，又西南流入於灘江。」亦謂之沙江。

荔平關，在縣東。漢志荔浦縣有荔平關，疑舊時境相錯也。唐志馮乘縣有荔平關。○馬坪堡，在縣東北。志云：縣境有内八源等十五巢，馬坪堡爲防守要地。

鐘山鎮。在縣西南鐘山下，故縣治也。縣東徙，因置鎮於此。舊有土城，尋圮。正德二年重築，十四年易以磚石，有門三。建公館、軍堡。又砦下市巡司亦置於此，爲往來通道。城外有鐘山渡。里道記：「鎮南至賀縣八十里。」○白霞砦，在縣南百二十里。有巡司。司前有白霞渡。輿程記：「白霞渡東至鐘山鎮四十里，西至沙江渡三十里，又西三十里達平樂縣之榕津渡。」又珊瑚砦，在縣西南。志云：砦南至昭平縣百六十里，爲分界處。

賀縣，府東二百八十里。東至廣東連山縣百五十里，南至廣東開建縣百八十里，北至湖廣江華縣百七十里。漢臨賀縣，屬蒼梧郡，後漢因之。三國吴置臨賀郡治此，晉因之。宋初亦曰臨賀郡，明帝泰始二年改爲臨慶國。齊復爲臨賀郡，梁、陳因之。隋初改爲賀州，大業初州廢，縣屬始安郡，尋并入富川縣。唐初復置臨賀縣，爲賀州治，天寶初亦曰臨賀郡，乾元初仍曰賀州。宋因之，亦曰臨賀郡。元仍爲賀州，明初以臨賀縣省入州，洪武四年改州爲縣。編户六里。

臨賀廢縣，今縣治。漢置，孫吳以後州郡皆治此。裴氏記：「自九疑而南，崇山峻嶺，高排霄漢，綿亘數百里，山清水秀，皆爲賀境是也。」唐、宋時皆爲嶺口要路，明初州始廢。城邑攷：「縣舊有土城，宋德祐二年易以石。元初毁天下城池，此城僅存。明朝洪武二十九年，以形家言閉塞西門，止存東南二門。嘉靖十一年重修，增築月城。十四年大水又復營葺，仍開西門。萬曆初城圮，三十五年增修。今城周六里有奇。」

封陽廢縣，縣東南百里。漢縣，屬蒼梧郡。孫吳以後屬臨賀郡。隋初屬封州，大業初屬蒼梧郡。唐屬賀州，宋開寶四年省入臨賀縣。又蕩山廢縣，在縣南。梁置，并置樂梁郡治焉。陳因之，隋初廢郡，大業初并廢縣入富川。唐天寶中復置蕩山縣，屬賀州，宋開寶四年廢。又綏越廢縣，舊志：蕩山縣南百里。亦梁置，隋省入富川。○桂嶺廢縣，在縣東北。吳置建興縣，屬臨賀郡。晉太康初改曰興安，乃屬臨賀郡，宋、齊因之。隋初屬賀州，尋屬連州，開皇十八年改曰桂嶺縣。唐還屬賀州，宋因之。元末廢。

浮山，縣東十里。挺出江中，障縣水口，一名玉印山。○丹甑山，在縣西十里。高千餘丈，時有雲氣上浮。泉流不竭，注爲池，名曰仙池。志云：山本名幽山，唐李郃爲守更曰丹甑，宋守鄧璧又更名瑞雲，今亦曰甑山。又玉泉山，在縣西北十里。其泉皎潔，與仙池之水俱流入於橘江。

橘山，縣東北二十五里。上有七十二峰，攢奇競秀。其中多橘，故名。唐志：「山有銅冶。」又嘗産銀，宋置太平銀場。今皆廢。○五指山，在縣南八十里。其相近者又有幞頭、聶峰諸山。又海螺山，在縣南十里。有泉清澈下垂，一名滴水巖，亦曰天堂嶺。

臨賀嶺，縣東北二百里。一名萌渚嶠，亦曰桂嶺。志云：唐置桂嶺縣於嶺下。縣有朝岡、程岡，即桂嶺之支隴也。詳附見前越城嶺。

賀江，在縣城東。志云：源出富川縣界石龍山，東南流經城東合臨水。弘治中建浮橋於上，以榷商旅之稅。又東流合於橘江，至廣東封川縣合於西江。宋初潘美破賀州，聲言順流取廣州，南漢使其將潘崇徹屯賀江以備之，即此。○臨水，在縣東南一里。源出桂嶺，亦謂之桂嶺江，南流至此合於賀江。臨賀之名以此。又橘江，在縣東五里。源出橘山，南流合於賀江。志云：縣東南八里有龍門灘，賀江合羣流經此，水深百尋，湍流湧激，擬於河津之龍門，亦謂之龍溪。

沸水泉，縣西二十里。泉湧如沸，灌溉之利甚溥。又縣南十五里有七分水井，其泉平地湧出，四時不涸，灌田亦甚廣。

芳林鎮，在縣東北。宋初潘美等伐南漢，兵至芳林，進圍賀州是也。今縣有芳林舖及芳林渡。○南鄉鎮，在縣南百餘里。宋潘美圍賀州，南漢將伍彥柔趨援，潘美潛以奇兵伏於南鄉岸，彥柔至，伏兵起，遂擒斬之。南鄉即今信都鄉，今有巡司戍守於此。

石牛營，縣西南百里。萬曆八年築土城於此，置兵戍守。志云：縣西南有黄峒砦，叛傜巢穴也。嘉靖末作亂，撫臣張岳討平之。或曰黄峒即修仁縣之黄峒山。

里松峒。在縣東北。其地有錫礦七處，萬曆初以稅使開採，聚徒甚衆，尋復封閉。附峒豪强私擅其利，時有攘奪之釁，今置里松土巡司。又沙田土巡司，在縣北。○大寧峒，在縣東。其地有南鄉六衝，連接湖廣、廣東，地遥山峻，易生戎心，防閑不易。今有大寧土巡司。

荔浦縣，府西北七十五里。至桂林府陽朔縣百二十里。漢縣，屬蒼梧郡。三國吴屬始安郡，晉以後因之。隋屬桂州。唐武德四年置荔州治焉。貞觀十三年州廢，縣仍屬桂州。宋因之。明朝弘治四年改今屬。編户五里。

崇仁廢縣，在縣西南。唐武德四年置，屬荔州。州廢改屬桂州，尋廢。又永寧廢縣，在縣西北五十里。本陽朔縣地，唐武德四年析置永豐縣，屬桂州。長慶三年改曰豐水，五代梁時湖南奏改永寧縣，仍屬桂州。宋因之。熙寧四年廢爲鎮，元祐初復故。元初省入荔浦縣。通志：「縣南四十里有荔州故城，西二十里有澄河縣故城。」未知所據。

龍頸山，縣北一里。又城西一里曰望高嶺。志云：縣東南五里有鵝嶺山，巖壑相承，虚明變幻。山下有鵝翎巖，宋嘗改爲鵝英山。又聖山，在縣南一里。上有巖，雲合則雨。

鏌鋣山，縣北四十里。險峻如刃。昔人置關其上，土人謂之界牌峽。或以爲即漢之荔平關。○馬鬃嶺，在縣東四十里，亦曰鷄冠嶺。其相對者曰銅鼓嶺，亦曰火焰山，或曰即古之方山，高數千仞。方輿紀：「方山對九疑，高下相類。」又有天門巖，在縣東南。一名太極巖。其中又有拱辰、廣寒諸巖，雲壑深邃，遊歷難盡。

荔江，在縣南。志云：桂林府永福縣南境有荔山，荔江出焉，東南流，經修仁縣界至縣境，又東入平樂府境合於灕江。輿地記：「荔溪多桂，不生雜木。」又山月江，在縣北二十里鐘山下。志云：源出縣東北之南源，西南流入於荔江。一名沙月江。又丹竹江，出縣東峰門砦，過縣南九里獨秀山入於灕江。

鎮鄒關，在鎮鄒山上。又華蓋營，在縣東。控扼山險，爲傜、僮出没之所。經略志：「縣南接府江，〔一七〕西通修仁，西北連永福之黄磊，北達陽朔之金寶頂，皆稱阻隘，而東面尤險。華蓋營鎮壓諸巢，最爲重地。至若葫蘆、夾板、富林、五墩等處皆羣賊淵藪，而龍肚、銅鼓之衝要，横木、界牌之險僻多岐，羅門、長峒之萬轉羊腸，南源、江帶之陰陽反覆，舊恃龍頭堡以扼其吭，修復不可不早也。」

上、中峒砦。縣東二十里。萬曆四年築城置戍。又下峒砦，在縣東北三十里。有城，萬曆十年築。又峰門砦，在縣東四十里。有城，萬曆四年築。南源砦，在縣東北三十里。有城，萬曆十年築。志云：二砦爲縣境要隘，皆置土巡司於此。○白面堡，在縣東。又縣東南有乃乃堡。

修仁縣，府西八十五里。南至象州百五十里，西至柳州府洛容縣百五十里。漢荔浦縣地，吴析置建陵縣，屬蒼梧郡，晉因之。劉宋末改屬始建國，齊曰建陵左縣，仍屬始安郡。梁置建陵郡治焉。隋廢郡，縣屬桂州。唐初因之。貞觀初置晏州於此，十二年州廢，縣仍屬桂州。長慶三年改曰修仁縣。宋仍屬桂州，熙寧四年省入荔浦縣，元豐初復置。元因之。明初屬桂林府，弘治四年始改今屬。編户二里。

修仁故城，縣西南四十里。志云：洪武初縣治南隘口，永樂初爲賊所陷，景泰初遷羈寨山，天順中復陷於賊，成化十五年遷今治。舊爲土城，成化十九年易以磚石。郡志：故城在桂林府西南三百四十里。是也。

武龍廢縣，在縣西北。唐貞觀初置武龍縣，屬晏州。州廢，縣亦省入建陵縣。

羅仁山，縣東一里。石巖險峻，稍南水繞其下，寇至邑人以竹木架渡，可容四五百人。又松明山，在縣北一里。山多松，人採之以代炬，因名。又横水山，在縣西一里。越王山，在縣西十里。又西五里爲槖駝山。又西五里爲修仁山，縣因以名。○黄峒山，在縣南二十里。山深險，賊巢也。又南十里爲龍岡山。又有大峒山，在縣南百里。山嶺層疊，傜、獞出没。志云：縣南十里有榕山。其相近者爲潭川山。

崇仁山，縣北五十里。高數百丈，雲興即雨，因名。亦曰崇仁巖。又蘇山，在縣十里，亦高聳。○德峰山，在縣西三十里。高出衆山，可以望遠。又縣西南一里有象鼻巖，下臨水際。

荔江，在縣北。志云：源出廢理定縣界，流入境，有木穩、東坡、朝陽諸水悉流入焉，又東入荔浦縣界。○槖駝水，在縣西，源出槖駝山，流經縣南；又縣南三里有白石水，亦自縣西流合焉；下流俱注於荔江。

南隘關。在縣西南。亦曰南隘口，即舊縣治也。縣西又有西隘關。今皆廢。志云：縣境舊有麗壁市巡司，爲戍守要害。○石墻隘，在縣西南，向爲傜、獞門户。萬曆中置官兵戍守於此，爲石墻營。又太平堡，在縣西南百里，亦戍守要地也。又莫廖堡，在縣西百里。里道記：「莫廖西三十里即柳州府洛容縣之高天堡。」經略志：「縣南境仁化、歸化諸傜皆頑梗，而歸仁、吉祥、駱駝、小黄、安平諸里，其傜、獞善惡相錯，尤悍戾者則金村、大峒、板木、毛村諸傜，至鷄籠、横祥等村皆良傜也。」

昭平縣，府南二百二十里。南至梧州府百六十里，東北至賀縣二百五十五里。漢臨賀縣地，梁置龍平縣，兼置静州及梁壽諸郡於此。隋初州郡俱廢，縣屬桂州。唐武德四年復置静州治焉，貞觀八年改爲富州，天寶初曰開江郡，乾元初復曰富州。宋開寶五年州廢，縣屬昭州。熙寧八年改屬梧州，元豐八年復故。宣和六年改縣曰昭平，淳熙六年仍曰龍平縣。元因之。明朝洪武十八年廢入平樂縣，萬曆四年復置今縣。〔一八〕編户三里。

龍平舊城，今縣治。志云：梁析臨賀縣太平嶺置縣，爲南静郡治。隋志：「梁置静州及梁壽、静慰二郡於此，隋平陳並廢。」杜佑曰：「静州，陳所置也。」劉昫曰：「梁置静州，兼置南静郡，尋改郡爲龍平縣。」今以隋志爲據。唐時州郡皆治此，宋州廢而縣不改。明初縣仍治太平嶺，在府江西岸。有城，旋廢。成化中置昭平堡，尋陷於寇。正德三年遷堡城於府江東岸，置守備司。萬曆四年置縣，六年於岸舊址建城爲治。八年城圮，旋復補築。周一里有奇。

豪静廢縣，在縣南百里。梁置縣，兼置開江、武城二郡。陳改置逍遥郡。隋郡廢，縣屬桂州。唐武德四年屬静州，尋屬梧州，貞觀十二年廢入蒼梧縣。○博勞廢縣，在縣西南。梁置，隋屬桂州，大業初廢。唐武德四年復置，屬静州。又歸化廢縣，在縣西北。又安樂廢縣，在縣西。隋平陳置歸化及安樂縣，大業初俱省入龍平。唐初復置，俱屬静州，九年與博勞縣同廢。

馬江廢縣，在縣東南。梁置開江縣，屬開江郡。隋初郡廢，縣屬桂州，大業初并廢縣。唐初復置開江縣，屬静州，尋屬梧州，武德九年還屬静州。長慶三年改曰馬江縣，屬富州。宋開寶四年廢。又思勤廢縣，在縣東北。唐乾元初置，屬富州，宋開寶四年亦廢入龍平。

棋盤山，縣南三里，以山頂方平而名。志云：縣南二里有靖尉山，亦秀聳。唐開元中恭城尉葉靖有道術，嘗遊此，因名。○五峰山，在縣北五里，以五峰並峙也。又縣北十五里曰雷霹山，五十里曰銀盤山。又金田腦山，在縣西八里，又縣西二十里曰銅鼓山，峰巒巖壑，次第相望。

北陀山，縣東八十里。山高嶺峻，登陟艱阻。山後有天池，一名峽口塘。石山對峙，潭水清澈，源常湧不竭，舊爲傜、僮出没處。萬曆中築城於天池之前，設兵防戍。里道記：「北陀山有小路，自峽口至大江口計里一百五十，爲灘六十有五，萬曆三十七年郡守陳啓孫開鑿，遂爲坦道。」又苳葉山，在縣東四十里；木皮山，在縣東二十里；皆高峻。○天門山，在縣東百四十里。有天門嶺，接賀縣界，上有石門插天。志云：縣西四十五里有富玉山，亦高廣，圖經所云「東列天門，西環富玉」者也。

獨山，縣北百二十里。亦曰獨山巖。巍然特立，周圍峭壁不可躋。其南一穴深三十步，廣二十六步，高千尋，可通山巔。寇起居民緣梯而上，寇不敢犯。○五指山，在縣東百八十里。中深廣，入僅一線，僅容二人，扼之則萬夫莫過。萬曆三年昭平賊黎福莊等作亂，撫臣吳文華遣兵襲擒之，搗五指、白冒諸巖，賊黨悉降。又珊瑚嶺，在縣東二百六十里，接廣東開建縣界。

灕江，在縣城東。自平樂縣南流，經此入梧州府界。沿江山箐深險，舊爲盜賊出没之所。志云：縣西北十里有龍門峽，府江經其中。左有玉臼泉，亦流注於府江。

思懃江，縣東北百里。志云：源出富川縣界丹霞洞，流經白蘋澗，至思勤廢縣與韋峒濁水江合，又西南入於府江。○濁水江，亦在縣東北。志云：源出富川之龍巖，至思勤廢縣合思懃江。又有富郡江，源出賀縣界，流經馬江廢縣入府江。

歸化江，縣西北八十里。源出永安州界仙回洞，流經廢歸化縣，因名，東南流入於灕江。又明源水，出縣西金田腦山，〔一九〕至縣東北練灘堡入灘江。又上灘水，〔二〇〕在縣南。源出縣西南之鹽洞，至縣南百五十里黃京山入於灘江。

韋洞營，縣東北九十里。萬曆七年築城置戍。又北陀砦，在北陀山東南。舊爲賊巢，萬曆二十八年收復，築城戍守。城後即峽口塘。郡志云：北陀城在縣東南百三十里。○九衝營，在縣東。其地倚山爲險，傜、僮常屯聚於此，萬曆中設營戍守。

雷霹堡，在縣北雷霹山旁；有藤灣堡，在縣東北；皆濱江控險，怪石狂瀾，叛傜依阻其地。萬曆中剗平之，置堡守禦。志云：雷霹堡又北二十里即平樂縣界之甑灘堡。○石仁堡，在縣南。其相近爲東、西兩營。志云：縣有上永、藤灣、明源江口等村，〔二一〕諸傜、僮環縣四列，而東營、西營、石仁等堡爲戍守要地。

龍門驛。縣南百二十里。里道記：「縣南門外有昭平驛，自驛而南四十里地名福登，又四十里爲上仰，又三十里至龍門驛，又三十里爲沙衝，又三十里爲簕竹公館，接蒼梧縣界。」又明源洞，在縣西，亦傜、僮窺伺處。

永安州，府西南百六十里。南至梧州府二百七十里，西南至潯州府四百里，西至象州百六十六里。

古百越地，漢屬蒼梧郡，隋屬始安郡。唐初屬荔州，武德五年析置南恭州，貞觀八年改爲蒙州，天寶初曰蒙山郡，乾元初復故。宋初因之，熙寧五年省入昭州。元屬平樂府。明朝成化十三年置永安州，屬桂林府，弘治四年改今屬。編户三里。

州屏蔽昭、梧，控扼蠻左，界潯、灘二江之中，爲形援要地。

立山廢縣，今州治。漢荔浦縣地，隋置隋化縣，屬桂州。唐武德五年改爲立山縣，南恭州治焉。尋爲蒙州治。宋州廢，縣屬昭州。元因之。明朝洪武十八年省入平樂縣，成化中改爲州治。城邑攷：「立山縣舊無城，成化十三年置州始營土城，萬曆二年增築。有門三，門外各有關城。周三里有奇。」

純義廢縣，州南四十七里。唐武德五年置，屬荔州，尋屬南恭州。貞觀六年改屬燕州，十年還屬蒙州。永貞初改曰正義縣。宋熙寧五年省入立山縣。又東區廢縣，在州東北。唐武德五年分立山縣置，屬荔州，尋屬南恭州。貞觀中屬燕州，十年還屬蒙州。宋熙寧五年省入。嶺政廢縣，在州北。唐武德五年置，貞觀十二年省。郡志云：縣西北三十里有常安廢縣，唐初置，尋廢。今正史不載，似悮。

蒙山，州東五十里。下有蒙水，其居人亦多蒙姓，唐因以名州。志云：州東五里有石鼓山，頂有大石如鼓，讖云「石鼓鳴，盗賊興」，州人每以爲驗。○蓮花山，在州西五里。諸山聯絡，狀若蓮花。又天馬山，在州南二十里。又南三十里爲古眉山，舊設古眉巡司於山東麓，今廢。

茶山，州西四十里。綿亘深遠，林箐叢鬱。又力山，在州西南三十里。巖谷尤深險，舊爲叛傜依阻處。○羣峰山，在州北四十里。羣峰環聚，巖限深阻，羣峰巡司舊置於此。志云：州北三十里有通天嶺，險峭嵯峨，勢若插天。

銀江，在州東。源出州東北之平峒，過三昧巢，又南會於西江。○西江，在州西。源出茶山，過大洞，東南會於銀江，下流入於灕江。志云：州北有金麻江，源出榕洞。又有金斗水，出州北七十里金斗巖，流合古東、古爽諸川，又流合縣北羣川東入荔江。

激江，在州南。源出古眉山，南流入藤縣合於藤江。

仙迴營，州東南七十里。其地有仙迴洞，東南去昭平縣百二十里。亦曰仙迴山，本屬平樂縣，弘治十一年督臣鄧廷瓚請以仙迴洞田給昭平堡畊種是也。萬曆四年築城，置堡於此。今有仙迴巡司。又古眉營，在州南古眉山下，州境要害也。舊置巡司於此，萬曆七年議置土巡司戍守。○羣峰營，在州北羣峰山下，有巡司。志云：洪武中置司於峽口堡北，後遷於杜莫砦，萬曆中遷於州東北之猫兒堡。

古西巖口隘，在州東北，接荔浦、昭平二縣界，舊爲傜賊出没處。隆慶三年，荔浦三峒賊攻荔浦縣。既而府江西岸仙迴諸賊圍保安州，掠山灣諸處。撫臣殷正茂議討之，未果，彪灘、龍頭磯諸賊益肆。六年官兵分道進討，三峒兵克古西巖口、木魚、青靛諸巢，西岸水兵克太平、古冒、馬尾、彪灘、仙迴諸巢，東岸兵克黃峒、古㥑、水漄、河冲諸巢，賊大敗。追及南源鷄籠山，復破之。高天巢賊猶乘險拒敵，我兵攻克之。東岸賊遁匿苦竹蒲巖，用火攻盡殲之。萬曆初乃議城昭平，分上中峒、下峒、東岸、西岸、龍頭磯、仙迴、永安、高天、古帶諸界，皆設堡戍守。三年陽朔碎江賊廖金濫等復叛，南源殘孽又陰助之，襲古西巖口，據峰門、山灣，撫臣郭應聘發兵討之，復峰門，破山灣巢。南源賊酋周公樓等請降，乃屯兵山灣，據守永安扼塞，又遣兵破榕峒諸巢，上中峒僮酋皆降。

杜莫砦，州北七十里，傜、僮出没處也。萬曆二年築城置戍。里道記：「州北四十里曰潘村，又北三十里即杜莫砦，又東北二十里即荔浦縣也。自州而西南百四十里爲藤縣之五屯所。」○佛巢堡，在州東，又東南六十里至昭平縣。又三昧巢，在州東北五十里。堡西北四十里即荔浦縣。志云：州巒嶂稠疊，傜、僮充斥，嘉靖以後漸次掃除，惟古造、六峒與修仁山澤相連，至爲險阻，堡扼六峒之口，則守禦爲易。至九屯接斷藤峽，素稱頑悍，雖已鼠伏，然附近乃門堡、平峒諸處，嶺峻山長，通府江，達三峒，皆稱要害。至五屯所爲州唇齒，杜莫砦爲州咽喉，尤不可忽也。

附見

平樂守禦千户所。在府治東。洪武十三年建。又富川守禦千户所，在富川縣治東。洪武二十三年建。賀縣守禦千户所，在賀縣南。洪武二十九年建。

校勘記

〔一〕前巖東嚮爲華景山　「華」，底本原作「寶」，今據職本、鄒本改。

〔二〕亦名蓮碧峰　「蓮碧」，底本原作「碧蓮」，今據職本、鄒本乙正。

〔三〕州南二十里又有筆架山　底本原脱「南」字，今據職本補。

〔四〕羊伏　宋志卷八八作「羊狀」。

〔五〕全州西有延洞蠻粟氏聚族居此　「粟」、「族」，底本原作「栗」、「俗」，今據職本、宋史柳開傳改。

〔六〕東南至湖廣永明縣　「明」，底本原作「寧」，今據鄒本改。永明縣見本書卷八一。

〔七〕永貞初改爲慕化縣　「慕化」，底本原作「恭化」，鄒本作「慕化」。今核諸各書，元和志卷三七、唐會要卷七一、寰宇記卷一六二、輿地廣記卷三六均作「慕化」，惟舊唐志卷四一作「恭化」，然舊唐書卷一四憲宗紀又云「改桂州純化縣爲慕化縣」。新唐志卷四三上亦作「恭化」，但其桂州古縣下又云「乾寧二年析慕化置」。比合諸書所記，當以慕化爲是。今據鄒本改。下「慕化廢縣」同。

〔八〕麻蘭烏沙諸嶺　「烏沙」，底本原作「諸沙」，今據職本改。

〔九〕一出石城隘　「出」，底本原作「名」，今據職本改。

〔一〇〕桑江　此桑江條共四十二字，敷本、鄒本全脱。

〔一一〕灘瀧三百六十所　「灘」，底本原作「灕」，今據職本、鄒本及輿地紀勝卷一〇七改。

〔一二〕榕津接富川賀縣界　「富川」，底本原作「四川」，今據職本、鄒本改。

〔一三〕有平樂溪之名　「之」，底本原作「因」，今據職本改。

〔一四〕縣東九十里有東山　底本原作「縣東十里，上爲仙山」，今據職本改。

〔一五〕南流合於賀水　底本原脱「合於」二字，據職本補。

〔一六〕溝源　職本、敷本與底本同，鄒本作「溝源水」。

〔一七〕縣南接府江　「府江」，底本原作「府府」，今據職本、鄒本改。

〔一八〕萬曆四年復置今縣　「置」，底本原作「故」，今據職本改。

〔一九〕出縣西金田腦山　「田」，底本原作「山」，今據職本、鄒本改。

〔二〇〕又上灘水　底本原脱「水」字，今據鄒本補。

〔二一〕明源江口　底本原脱「江」字，今據職本、鄒本補。

讀史方輿紀要卷一百八

廣西三

梧州府，東至廣東德慶州百九十里，南至廣東高州府五百二十里，西至潯州府三百八十里，北至平樂府三百九十里，自府治至布政司五百八十里，至京師八千二百六十二里。

禹貢荆州徼外地，周爲百粤地。秦屬桂林郡，漢初屬南越，趙佗封其族趙光爲蒼梧王，即此。元鼎六年置蒼梧郡，元封五年兼置交州，領郡七，理於此。後漢因之。孫吴亦曰蒼梧郡，交州移治番禺，孫皓時又移龍編。晉以後因之。梁屬成州。隋平陳，蒼梧郡廢，改州曰封州，大業初仍曰蒼梧郡。梁置州於封川縣，隋州郡皆仍舊治，而以蒼梧爲屬縣。唐平蕭銑改置梧州，治蒼梧縣。天寶初曰蒼梧郡，乾元初復曰梧州。五代初屬於湖南，漢乾祐三年入於南漢。宋仍曰梧州，亦曰蒼梧郡。元曰梧州路，明初改爲梧州府。今領州一，縣九。

府地總百越，山連五嶺，脣齒湖、湘，噤喉桂、廣。漢以交州治廣信，控南服之要會。明制亦設重臣於此，固兩粤之襟帶。形勢所關，古今一轍矣。蘇氏曰：「蒼梧爲兩粤都會，北自灕江建瓴而下，西則牂牁及鬱合爲巨浸，綰轂三江之流而注之大壑。故論西則桂林爲堂奥，而蒼梧爲門户；論東則南海爲腹心，而蒼梧爲咽喉。控上游而據要害，其指顧便也。」山堂雜論曰：「梧州居兩粤之中，自西而東者至梧州則廣東之籓籬壞，自東而西者至梧州則廣西之心腹傾，所謂地利者，非與？雖然攻守之勢有内外之分焉，提兵壓敵，利在深入，則攻在梧州可也；蠻左窺伺，釁生於内，居中肆應，以時撲滅，則守在梧州可也。若欲以一隅之地，動天下之權，臨戰合刃，惟敵是求，則兩廣之形勝不盡在梧州也。籌兩粤者，當知所折衷矣。」

蒼梧縣，附郭。漢置廣信縣，爲蒼梧郡治，後漢及晉、宋因之。隋郡廢，縣屬封州，尋屬蒼梧郡。唐武德四年置梧州治此，自是皆爲州郡治。今編户三十三里。

廣信城，在今府治東。漢置，自三國吴以來皆因而不改。城邑攷：「府舊城在大雲山麓，東北跨山，西南兩面皆臨江，宋開寶六年磚築，皇祐四年寇燬，至和二年重築。明朝洪武二十二年因舊址增拓，三面環濠，北因山險。正統十年燬，十一年重修。天順八年及成化二年皆繕治，四年復增築甕城門樓，稱爲雄壯。正德初及萬曆五年以後修葺不一。有門五。城周四里有奇。」

猛陵廢縣，府西北百里。漢縣，屬蒼梧郡，晉、宋以後因之，隋廢。蕭銑復置，唐初屬藤州，貞觀八年屬梧州，改曰孟陵。乾化四年馬殷奏隸貴州，尋復舊。宋開寶四年省入蒼梧。○戎城廢縣，在府西南二十里大江南岸。晉置遂成縣，屬蒼梧郡，宋以後因之。隋開皇十一年改曰戎城縣，屬藤州。唐永徽中改屬梧州，光化四年馬殷表隸桂州，尋復舊。宋仍屬梧州，熙寧四年省爲戎墟鎮。志云：府南二十里有戎墟渡，當大江南岸，上通長洲，故縣蓋置於此。

寧新廢縣，在府東南。蕭齊置寧新縣，屬蒼梧郡，蓋析廣信地置。梁、陳因之，隋廢。志訛爲新寧。或曰縣蓋在廣東封川縣境內，今府南十五里即封川縣界。又城冢記：「蒼梧西南有農城廢縣，晉置，屬蒼梧郡，劉宋初廢。」郡國志云：「其地有銅山、銅湖、銅丘，今堙。」○廢歌羅城，志云：在府西南六十里。隋開皇中李賢所築以屯兵處，久廢。

大雲山，在城東北隅，盤迴高聳。其下爲三台山，郡之主山也。上有扶虎巖，一名大蟲山，一名大靈山。搜神記謂扶南王范尋養虎之所。今其巖蟠結危聳，爲一山之勝。○火山，在城南隔江二里。上有光如火，其下水深無際，今亦名冲霄山。又石英山，在府城西桂江上。宋時産石英充貢。志云：府東南八里大江濱有蘇山，以宋蘇軾南遷時泊舟山下而名。

立山，府西十五里。東臨大江，山坂平衍，西極險阨，有徑通藤縣。山下有三公坡，成化初督臣韓雍集大僚講武於此，因名。○通星山，在府北六十里。山高聳，可以遠望。

大江，在府城南。黔、鬱二水相合，東流至此合於桂江，謂之三江口。三江同流，水勢浩衍，故曰大江。又桂江，在府城西。自平樂府昭平縣流經此，至城西南合大江。俱詳見前大川及川瀆異同。

思良江，府北二十里，亦名思賢水，又有峽山水合焉，南流入於桂江。○東安水，在府北四十里，東南流入廣東封川縣界注於大江。又北有江簡水，亦南流入於大江。

繫龍洲，府南七里大江中，亦名七里洲。一峰卓立，林木深秀，江漲時洲獨不没，亦名浮洲。水口有浮橋。○長洲，在府西七里大江中。縱三十里，横三里，居民甚繁。自此遡流而上又有思恩、思化等洲，皆在江中，俱有民居林木。

灘水關，在城西南。漢志蒼梧郡有灘水關，即此。今堙。○大雲關，在府東二里。府西二里又有掃雲關。又鎮南關，在府南火山上。府西南三十里又有耀武關。志云：府西二十里有下岸關，關北十里有揚威關。以上六關，俱成化六年督臣韓雍築，以控扼衝要。

長行鎮，府東七里。舊有長行巡司，置於長行鄉，洪武二年移置於此。又府境須羅鄉有羅粒砦巡司，洪武中置。又東安沙村有東安鄉巡司，正德六年置。○澄海營在府城西北，元初土軍所居，明朝洪武十二年廢。今閲武營在府城西南隔江五里。

府門驛。在府城西南德政門外，遞運所亦置於此。志云：所舊置於城北雲山門外江濱，萬曆三年改所爲提舉司，移建遞運所於此。稍西爲税課司。又有龍江驛，在蒼梧縣治西北。○武竈渡，在武西遞運所前桂江之側。又冲霄渡，在税課司前。潘田渡，在城南五里。又兩渡，在城東二十里。又府西二十里有平浪渡，六十里有龍江渡，八十里爲古欖渡，百里曰觀音渡，皆大江津要也。

藤縣，府西八十里。西南至容縣二百四十里，西至潯州府平南縣百四十里。漢猛陵縣地，晉爲安沂縣地，義熙中析置夫寧縣，屬永平郡。〔一〕蕭齊徙郡治此，梁兼置石州，陳因之。隋平陳郡廢，改州曰藤州，又改縣曰永平縣，大業初復改州曰永平郡。唐武德四年仍置藤州，治永平縣。貞觀中改縣曰鐔津，天寶初又改藤州曰感義郡，乾元初復爲藤州。五代時屬於南漢。宋仍曰藤州，元因之，明朝洪武十一年以州治鐔津縣省入，復改州爲縣。今編户四十四里。

鐔津廢縣，在治東北。晉置夫寧縣，隋曰永平，唐曰鐔津。元志：「藤州治鐔津，舊在大江東岸，宋徙治於西岸。」是也。明初縣廢。城邑攷：「舊城在大江之南、繡江之西。元至順三年因舊址修築。明朝宣德間復築土城，天順四年爲寇所毁，五年重修，甃以磚石。成化初又爲寇所陷，二年增築，其東、北隅皆濱大江。隆慶、萬曆間亦嘗修繕，崇禎九年又復營葺。周二里有奇。」

安沂廢縣，縣南百二十里。志云：晉升平五年分蒼梧郡立永平郡，治安沂縣，宋因之。齊移郡治夫寧，安沂屬焉。梁改縣曰安基，置建陵郡。隋平陳郡廢，縣屬藤州。唐初因之，貞觀七年改屬泰州。明年爲泰州治，又改州曰燕州。十八年州廢，仍屬藤州。二十三年縣廢，尋改置安昌縣，至德二載改曰義昌縣。南漢因之。宋開寶三年省入鐔津縣。明朝正統十二年設義昌巡司，成化八年革。又感義廢縣，在縣西百二十里。隋開皇十九年置淳民縣，屬藤州。隋志作「淳人」，避唐太宗諱也。唐武德七年改曰感義縣，仍屬藤州。宋開寶三年廢入鐔津縣。

寧風廢縣，縣西百里。唐貞觀五年置寧風縣，屬燕州。七年徙州治此，更曰泰州。八年又徙州治安基，復曰燕州，縣仍屬焉。十八年州廢，縣屬藤州。宋開寶三年廢。○長恭廢縣，在縣西七十里。唐貞觀二年置長恭及泰川、〔二〕池陽、龍陽四縣，屬燕州，尋移州治長恭。五年復增置新樂、寧風、梁石、羅風四縣，又徙州治寧風，改池陽曰承恩，而省長恭入寧風。八年省龍陽、承恩，復又省新樂、梁石、羅風等縣。皆在今縣境。又隋安廢縣，在縣南；

又東南曰賀川廢縣；俱隋開皇十九年置，屬藤州。唐貞觀末年俱廢。

東山，縣東一里繡江東岸。相傳唐李靖東征，嘗駐師於此。今山上有衛公祠。又南山，在縣南二里繡江南岸。山勢聳秀，頂平如砥。相接者曰石壁山，巖巒相倚，下瞰重淵。亦名赤壁，以石色皆赤也。又東南曰石人山，去縣三里。山勢峭拔，上有巨石，遠望如人。志云：縣西北五里隔江有谷山，高出衆山之上，一名西山。

龍驤山，縣南七里。數峰聳列，下瞰清流。晉龍驤將軍陳隱鎮此郡，嘗駐兵其下，因名。又登嶼山，在縣西十五里。二山南北對峙江中，蒼翠相望。縣西九十里又有六爻山，山形六疊，如卦爻然。山足爲十二磯，絡繹相屬，與白馬堡對峙，爲峽寇出沒處。

靈山，縣東南百餘里。巖口險巇，路徑懸絶，林木陰翳，傜蠻巢穴也。又勾刀山，在縣西南竇家砦北。岧嶢峻絶，猨猴所不能踰。萬曆初劖石爲梯磴，南通容縣，山雖險而取徑甚捷。○大燕巖，在縣西三十五里。雄偉秀麗，下瞰長江。志云：縣西南三十餘里有羅幔嶺，高四五里，周迴如列帳。其巔廣袤十里，有陂塘村落，田産饒沃。又潘洞、多旁、慕寮諸水發源處也。

白藤嶺，縣西南百里。峻拔侵雲，路通容縣。多産白藤，縣以此名。○赤水峽，在縣東六十里。峽南有巖，相傳李白曾過此，謂之李白巖。峽與巖相對壁立，一水中流，林木蔚然，嵐氣朝夕不散。有赤水峽巡司。志云：赤水峽中有金環灘。又縣東南百餘里有天堂嶺，高四五里，上有大池。

藤江，在城東北，黔、鬱二水合流經此。有龍潭灣，甚深闊，亦謂之鐔津，舊縣以此名。江流入縣界亦謂鐔江也，挾蒙、繡諸川並流入蒼梧縣界。一名彌江，又名劍江。邑志：自縣至郡城陸程八十里，水程百二十里，蓋江流屈曲也。○蒙江，在縣西五十五里。即永安州瀲江下流也，經五屯所城東亦名五屯江，又東南入於藤江。

繡江，在縣東南。一名北流江，源出廣東高州，流入府境，經北流縣始通舟楫，由容縣境竇家砦至縣城東入於藤江。志云：繡江流入縣境有石城灘，江中隱石橫截如城也。又北流百里有中笞灘，以石嶼屹立中流，江分兩派也。又北四十里爲鴨兒灘，又北五里至城東爲將軍灘，舟行經此，冬月水涸，最爲險阻。○黃華江，在縣西南百二十里。源出廣東信宜縣，至縣境恩澤村入繡江。又縣南百二十里有義昌江，其源一出靈山，一出岑溪縣界，流入繡江。縣南百五十里有潘洞江，源出羅幔嶺；又南十餘里有思羅江，源出容縣大容山；其下流皆入繡江。

慕寮江，縣西十里。源出羅幔嶺，分二流，流二十里而復合於藤江。又都榜江，在縣西六十里。亦出羅幔嶺，至黃丹驛南岸入於鬱江。○黃埇江，在縣東五里；又白石江，縣東七十里，源出靈山；皆北流入於鬱江。

溻洲，〔三〕縣東十五里，又東三十里爲托洲，皆在江中，縱橫各數里，有陂池田舍，居民稠密。又登洲，在縣西二十里。中流一峰尖峙，高數百尺。又西有思禮、黃鮀等洲，皆有居民勤樹畜，生產頗饒。○蓬塘陂在縣西四十里，又縣南三十里有大埇陂，縣北四十里有合水陂，縣西南義昌鄉有法衝陂，俱有灌溉之利。

馬鞍關，縣南二里，平南、岑溪、容縣舟道所經也。山徑險隘，正統初設關於此，嘉靖末廢。○安靖營，在縣城西。又三江營，在縣北藤江北岸。萬曆十二年置。志云：縣西二十里有登洲營，又縣東十里有黃埇江口營，二十里爲白石江營，皆濱江設險處也。又青草營，在縣南十里。又南十里爲牛灣營。

白石砦，縣西五十里，有巡司。又縣東六十里有赤水鎮巡司，縣南百二十里有竇家砦巡司。志云：舊有周村巡司，在縣南五十里。正統中置，成化中廢。今爲周村堡。又有驛面巡司，在縣西南六十里。廢置同上，即今驛面村。又思羅巡司，在縣南百三十里思羅村。洪武中置，旋廢。

大灣堡，縣西三十里，又西十里爲濛江堡，水道北達五屯所。又石腮堡在縣西六十里，十二磯堡在縣西八十里，又十里爲白馬堡，西出平南之水道也。又縣西北八十里有標欖堡，東北至平樂府昭平縣二百五十里，西南至五屯所二十里。○苦竹堡在縣南三十里，又縣西南百十里爲嶺頭村堡，又南十里爲三眼堡，南出容縣水道所經也。

藤江驛。在縣治南。又黄丹驛，在縣西六十里。雙競驛，在縣南百二十里之甘村。志云：竇家砦下舊有金鷄驛與雙競驛相近，萬曆初廢。輿程記：「自藤江驛歷濛江口白石巡司而至黄丹驛，又西四十里至潯州府平南縣之烏江驛。」

容縣，府西二百四十里。東北至藤縣二百四十里，東南至廣東信宜縣百八十里。漢合浦縣地，晉初置蕩昌縣，屬合浦郡，宋、齊因之。或作宕昌，悮也。梁改曰陰石縣，并置陰石郡。陳廢郡，改縣曰奉化。隋開皇十九年改縣曰普寧，屬藤州。唐初屬銅州，尋屬容州，元和中州移治普寧縣。五代初州屬湖南，尋屬南漢。宋仍曰容州，元爲容州路，尋降爲州。明朝洪武十年以州治普寧縣省入，又改州爲縣，屬梧州府。今編户十六里。

普寧廢縣，今縣治。唐初屬容州，州蓋治北流縣。開元中升州爲都督府，嶺南五府之一也。天寶初改曰普寧郡，乾元初復故，元和中移治普寧縣，都督府如故，亦爲容管經略使治。乾寧四年改經略使爲寧遠軍節度。南漢亦曰寧遠軍。宋仍爲普寧郡、寧遠軍。元至元十三年爲容州安撫司，十六年改容州路，尋復降爲州，皆治普寧。致和元年廣西普寧縣僧陳慶安作亂，即此。明初省。城邑攷：「今縣城，唐經略使韋丹築。內爲子城，周二里有奇。外城，周十三里。宋咸淳初寇毁，四年重修。元至正十三年寇毁門樓，明朝洪武二年因故址修葺內城，二十二年展築城西，其周四里餘。天順三年復爲賊毁，成化四年修築，以城廣難守，截去東隅。萬曆八年復繕治。皆因內城展築，其外城則遺蹟僅存，惟舊濠如故。」

宕昌廢縣，在縣西。唐武德四年置，因晉、宋舊名改蕩爲宕也。本屬容州，建中三年改屬禺州，唐末廢。又西北有新安廢縣，亦武德四年置，屬銅州，尋屬容州，貞觀十一年省。○渭龍廢縣，在縣西南。唐武德四年析普寧縣置，南漢仍屬容州，宋開寶五年廢。

欣道廢縣，縣東北八十里。隋開皇十五年置安人縣，屬藤州。十八年改曰寧人縣。唐初因之。貞觀二十三年改曰欣道縣，屬容州。宋開寶五年廢。

大容山，縣西北二十五里。高五百餘丈，周圍千餘里。以其迴闊無所不容，因名大容。北流、興業諸縣，鬱林、高、潯諸州分據其麓，皆以此山爲望。○凌雲山，志云：在縣北十里，以山勢凌雲而名。上多斑竹。又奇嶺山，在縣西南五里。

都嶠山，縣南二十里。山有八峰，曰兜子、馬鞍、八疊、雲蓋、香爐、仙人、中峰、丹竈，而八疊尤奇秀高聳，石徑紆迴，上復軒敞，又有南北兩洞，皆高廣百餘丈，道書以爲第二十洞天。○天塘山，在縣西南百里。上有塘，水旱潦不增減，因名。通志：「山周二百餘里，南接信宜，多竹木。有石竅出泉，流至山下爲池。其西南有龍分山，天塘水出其下，流分九支，因名。」

石梯山，縣南百五十里。路出高州，磴道險狹，如梯上下。○三紐嶺，在縣南百里，峻峋峭險。

容江，在縣南。源出北流縣境之綠藍山，流入境，又東合於繡江。○繡江，在縣西三里。自北流縣流入境，與容江合流，而東入藤縣界。又渭龍江，在縣西南七里。源出天塘，分流爲九，至此復合爲一，下流入於容江。志云：縣北有思登江，又有波羅等江，俱流入容江。

李家陂，縣北半里。思登江匯流處也，溉田甚廣。又縣西二里有蓮塘陂，又西二里有石村陂，縣東有水源陂，皆有灌溉之利。

粉壁砦。縣西南四十里，有巡司。又大洞巡司，在縣東五十里大橫村。又三洲營，在縣東江中三洲上。○自良驛，在縣東北七十里，路出藤縣。

岑溪縣，府西南二百九十里。東北至廣東羅定州百九十里，南至廣東信宜縣百五十里，西至容縣九十里。漢猛陵縣地，隋永業縣地，唐武德五年置龍城縣，爲南義州治。貞觀元年州廢，縣屬建州。二年復置義州，五年復廢州，〔四〕以縣屬南建州。六年復置義州，仍治龍城縣。天寶初改爲連城郡，至德二載改龍城縣曰岑溪，乾元初復改郡曰義州。五代時屬於南漢。宋太平興國初改曰南儀州，熙寧四年州廢，縣隸藤州。元因之，明初改今屬。編户七里有奇。

龍城廢縣，志云：在縣東二十里。唐初置縣於此，後改曰岑溪，宋初改縣於今治。舊有土城，明朝洪武三年修築，成化十年易以磚。正德十五年築夾城於外，甃以石。萬曆二十四年以城垣湫隘，復議展築。

永業廢縣，縣東四十里。梁置永業郡，尋改爲縣，陳省。隋開皇十六年復置永業縣，屬藤州。唐初改置龍城縣及安義等縣，屬南義州。至德中改安義曰永業。〔五〕南漢因之。宋省入岑溪縣。今爲永業鄉。又連城廢縣，在縣東北五十里。唐武德五年析龍州之正義縣置，屬南義州，尋屬義州，宋省。今爲連城鄉。又有義成廢縣，在縣東南。亦武德五年置，乾元中廢。

高城山，在縣南。蟠結高遠，土人以爲石城嶺。有巨石如人立狀。一統志：「縣有高城嶺，又有馬頭、大富、登高三嶺。」○都盤山，在縣南二十里。一名羅山。又冷水山，在縣西南三十里。其相接者曰佛子山。兩山拱峙，勢如張翼，爲縣之衛。

烏峽山，縣東北十里。壁立萬仞，險峻可憑。又丁郎山，在縣東十里，以漢孝子丁密而名。下有孝感泉。或訛爲丁蘭山。亦高勝。又有要峨山，在縣東百里。峥嶸蒼秀，一名秀峰。○石瀧，在縣北十五里。大石連江，不通舟楫。

皇華江，在縣城南。有二源：一出縣北中西鄉，一出連城鄉。合流經縣北十里皇華山下，因名。南流經縣東，折而西至容縣入於繡江。志云：潘洞江，在縣西二十里。源出連城鄉之鳳凰巢，經縣南，亦西入容縣界合於繡江。

仲塘陂，縣東二里，又東八里有大塘陂，又東七里爲赤水陂，皆灌溉所資。又斷河陂，亦在縣東三十里，溉田五十頃。

烏峽鎮，縣西一里。舊置於烏峽山下，後移於此，改爲上里河巡司。

大峒鎮。縣西北五十里。又西十餘里爲北科鎮。經略志：「岑溪縣西北有下七山，介蒼梧、藤縣間，有平田、黎峒、白板、孔密等三十七巢。東南爲六十三山，有孔亮、陀田、桑園、古欖、魚脩、白碟等百餘巢，與粵東羅旁相聯絡。巖嶺高險，林巒環匝，數百里無日色。賊傜據險爲亂，弘治中四征不克。嘉靖初七山賊叛，征之無功。三十二年撫臣應櫝發兵潛襲，七山賊被創，自是稍戢，而六十三山賊甚熾。時粵東羅旁賊方煽亂江上，岑溪、容縣諸賊俱爲羽翼。萬曆初督臣凌雲翼平羅旁，岑溪、容縣賊俱乞降，乃於岑溪縣西北數十里大峒鎮設參將，築城駐守。鎮西爲北科鎮，募兵耕屯。其地又設連城、北科、七山、六雲諸鎮，分兵列戍，聯絡岑溪西境。後漸怠玩，二十三年賊復熾。會粵東亡命浪賊數百，潛入七山誘結諸傜爲亂。二十四年浪賊屠乾厢村，傜人應之，侵掠諸村，邑民震恐，因發官兵討之，賊懼，願自歸。會北科賊復叛，與七山、孔亮山賊合，勢甚張，督臣陳大科等調兩粵兵合進，前鋒從小徑登孔亮山，賊敗走。賊初恃六十三山奇險，王師必不能至，至是膽喪，望風逃潰，追至魚脩、白蝶，復大敗之。賊潛遁車灘，我兵乘之，賊溺死無算。至是窮搜諸穴，岑溪遂平。」藤縣志：「北科、七山二鎮，萬曆三十一年改屬藤縣。」

懷集縣，府東北百五十里。西南至廣東開建縣百里，西北至平樂府賀縣二百七十里。本漢南海郡四會縣地，晉元熙中置懷遠縣，屬新會郡。宋改置懷集縣。沈約志：「本四會縣之銀屯鄉，元嘉十三年分爲縣，屬綏建郡。」齊、梁因之。隋平陳屬封州，大業初屬南海郡。唐武德五年置威州治焉。貞觀初州廢，屬南綏州，十三年改屬廣州。南漢因之。宋仍屬廣州。元至元十五年改屬賀州，明朝洪武十年改今屬。編户四里。

懷遠廢縣，縣東二十里。志云：「晉末所置縣也，宋改置今縣。今其地名古城營。」城邑攷：「今縣城，洪武三十年築土城，成化四年易以磚石。弘治七年潦水崩頹，尋復築。隆慶五年復爲潦水所毁，萬曆九年修葺，即今城也。」

渀水廢縣，在縣西北六十五里。漢封陽縣，屬蒼梧郡，晉屬臨賀郡，宋、齊因之。隋平陳屬封州，尋屬蒼梧郡。劉昫曰：「南齊改封陽曰渀安。」似悮。蓋大業末蕭銑所改也。唐武德五年置齊州，又析置宣樂、宋昌二縣。貞觀初省州，復以二縣并入，屬綏州。十三年改屬廣州，至德二載改曰渀水。宋開寶五年廢入懷集縣。名勝志：「今縣西西水里斤水渡頭上里許，即渀水城舊址。」

永固廢縣，舊志云：在縣北。唐置，屬廣州，開元十二年省入懷集縣。名勝志：「今縣東南務本里有永固峒，城垣基址猶存，疑即故縣。」又興平廢縣，在縣境。唐武德五年置威州，兼置興平、霍清、威成三縣屬焉。貞觀初州廢，以三縣省入懷集。

天馬山，縣南五里。唐志縣有驃山，即此。志云：縣城西有寧峒山，諸峰疊出，竹木交生。○忠讜山，在縣西六十里。又西十里爲花石山，峰巒錯立，石多五彩。

齊嶽山，縣西百十里。峭拔出於衆山之上。上有龍潭，久旱不涸。又白巖山，在縣西南百五十里。山險峻，多白石。○筆架山，在縣南百二十里。三峰亭亭，竦插天外。有雲頭山，在縣南百四十里。兩山相並，其上多雲。志云：縣東百里有戴帽山，以雲擁山尖也。其相近者曰梅子山，中多梅林。

登雲嶺，縣北八十里。嶺頭雲霧常凝結不散，行者經此，若登雲然。志云：縣東南有上愛嶺，接廣東四會縣界。

四門巖，縣西五十里。石山突起數百丈，下有石室，外爲四門，巖中奇勝不一，一名花石洞。巖之東爲游仙巖，巖之西爲衡天、道士諸巖。又西數里曰三潮巖，中有泉，應潮輒湧，因名。○朝巖，在縣西八十里。巖口幽窄，中甚明敞。其西南三里曰燕巖，石峰峭拔，洞口高敞，中容數百人。鸛巢其間，因名。

懷溪水，在城西南。亦名南溪水。源出齊嶽山，南流而東折，合桃花水，經廣東四會縣界下流入海。又佛燈水，在縣北七里。志云：縣境有馬寧、花兜、西厢、宿泊、下朗、佛燈、甘洞、桃花、多羅、瀛古諸水，俱匯合懷溪水入於四會縣界。

官陂，縣西六里。縣西三十里又有大徑等陂。志云：縣境之以陂名者凡數十處，俱有灌溉之利。

慈樂砦。縣西六十里官陂山口，有巡司。又縣東二十里有武鄉巡司。

鬱林州，府西三百三十五里。東南至廣東化州三百七十里，西北至潯州府三百里。

古百越地，秦爲桂林郡，漢屬鬱林郡，漢元鼎六年更桂林爲鬱林郡，治布山縣。今見潯州府附郭桂平縣。後漢因之。晉亦屬鬱林郡，宋、齊仍舊。梁置定州，又改爲南定州。隋平陳改爲尹州，大業初改爲鬱州，通典作「鬱林州」。下倣此。尋復爲鬱林郡。治鬱林縣。唐初屬貴州，麟德二年析置鬱州，劉昫曰：「貞觀中置鬱林州，治石南縣。」通典亦云治石南，新唐書治鬱平縣。平，當作「林」。乾封初更爲鬱林州，天寶初曰鬱林郡，乾元初復爲州。五代時屬於南漢。治興業縣。宋仍曰鬱林州，亦曰鬱林郡。志云：開寶中州治興業，至道二年徙治南流。元因之。明朝洪武五年以州治南流縣省入。編户四十三里。領縣四。

州襟帶潯、梧，控扼蠻越，山川環亘，嶺表奧區。

南流廢縣，今州治。杜佑曰：「本漢日南郡地，宋分置南流郡，齊因之，治方度縣。梁改爲定川郡。隋平陳廢郡，改縣曰定川，屬越州。大業初屬合浦郡，隋末廢入北流縣。唐武德四年析置南流縣，屬容州，尋屬牢州。」唐志：「武德二年置義州，五年改智州，貞觀十一年改曰牢州，徙治南流，尋廢。乾封三年將軍王杲平蠻僚復置牢州，仍治南流縣。天寶初改爲定川郡，乾元初復曰牢州。」南漢因之。宋開寶四年州廢，縣屬鬱林州，尋爲州治。城邑攷：「州子城宋至道二年築，周二里有奇。淳熙六年陸川寇反，郡守黃齡築外城守禦，爲寇所毀。七年郡守施坤重修子城，又繕水城。元至正三年修復子城。明朝洪武十九年又創築新城，二十九年濬濠爲固，天順四年增修，七年、八年連被寇陷，成化二年重修，嘉靖四十一年又復繕治。萬曆十四年大水，城多壞，尋復修治。有門四。城周三里有奇。」

定川廢縣，在州西，隋定川縣地也。唐武德四年析北流縣復置定川縣，初屬容州，尋屬牢州，南漢因之；其西有宕川廢縣，唐貞觀十一年分南流縣置，屬牢州，南漢因之；宋開寶中俱省入南流縣。通志：「今州西南三十里有定川下渡，相傳即故定川縣治。又州北二十里有定川上渡，亦以故定川縣而名。」

容山廢縣，州西北八十里。唐永淳初置安仁縣，屬黨州。二年析置平琴州治焉，兼領懷義、福陽、古符三縣。垂拱三年州廢，神龍三年復置。天寶初曰平琴郡，至德二載改安仁曰容山縣，乾元初復改郡爲州。建中二年州廢，縣皆屬黨州。南漢因之。開寶中容山、懷義等縣俱省入南流。

善勞廢縣，州北七十里。唐志：「古西甌地，漢屬鬱林郡。唐初鬱林州地也，永淳元年開古黨洞，因置黨州，領善勞、撫安、善文、寧仁等四縣。天寶初曰寧仁郡，乾元初復爲黨州。」南漢因之。宋州廢，縣皆并入南流縣。劉昫曰：「黨州西至平琴州二十二里。」又撫安廢縣，在善勞縣東，唐至德二載改曰撫康。

信石山，州東南一里。一名牢石坡，舊唐書：「牢石高四十丈，周二十里，牢州以此名。」〔六〕又石柱坡，在州東南三里。柱高三丈，相傳馬伏波所立。其地亦名馬援營。通志云：「營在州南二十里。」又茘枝山，在州東南二十里。嵯峨峻拔，爲州屏障。○緑鴉山，在州西北四十里。厥土青黄，冶者取土鍊鐵鑄爲鍋。又寒山，在州北二十里。舊山多橘，採者常遇大寒不得歸。下有潭水，色如靛。志云：州西四十里有西山，形如鼓角樓臺。

豸塘嶺，州北一里。山形如豸，爲州後鎮。又州東有東門嶺。○兩道嶺，在州南十里。山峰尖麗，博、陸兩縣於此分道。又南十里爲五岡嶺，有五峰並列。又南三十里爲尖岡嶺，孤峰插天，爲南境之望。又南十里曰五巖嶺，泉石甚勝。

張道巖，州東二十五里，有石門通人行。志云：州東南二十里爲水月巖，巖中虛明爽豁，澗壑絶勝，右接天馬、鈞天諸洞，幽異不一。又白石洞，在州東三十里，周七十里，道書以爲第二十一洞天。

南流江，在州城南。源出容縣大容山，經縣東而西南流十餘里，中有八疊縈洄，合羅望江至廣東廉州入海。舊南流縣以此名。○羅望江，在州西。一名西望江，亦出容山，繞流經州北，復西南流十餘里，下流會南流江。

鴉橋江，州西四十里。源出緑鴉山，亦名緑鴉水。又定川江，在州西南二十里。源出興業縣之葵山，緑鴉水流入焉，共注於南流江。○橋麗江，在州南三十里，源出白石洞；又有沙田江，在州南四十里，源出州東南六岑山；俱流匯於南流江。

官陂，州北五里。又北十餘里有銀水陂。其相近者曰三山陂、緑表陂。又州北二十五里曰錦陂，五十里曰河阜陂，尤廣衍。○都亳陂，在州西三十里。其相近又有林陂、鴉橋陂。又赤㙮陂，在州南四十里。皆瀦流溉田，多者至二三百頃。

西關。州西一里。志云：州南一里有安遠橋，跨南流江上。元延祐中建，明朝永樂八年重建，萬曆二年增修，津梁要衝處也。今名瑞龍橋。又通濟橋，在州東二十里。本名妙林橋，元至正中建。明朝弘治十三年重建。一名太平橋，衝要次於安遠。又西望橋，在州西五里。本名大興橋，與通濟橋同時創建，亦津途所必經也。○西甌驛，在州城南。

博白縣，州西南七十里。西南至廣東廉州府百八十里。漢合浦郡合浦縣地，梁置南昌縣，隋因之。隋平陳屬越州，大業中屬合浦郡。唐武德四年改置博白縣，兼置南州治焉。六年改爲白州，天寶初曰南昌郡，乾元初復爲白州。南漢因之。宋仍曰白州，亦曰南昌郡。政和初州廢，縣屬鬱林州。三年復舊，紹興中仍廢入鬱林州。元因之。今編户三十二里。

建寧廢縣，縣東五十里。唐武德四年置，并置郎平、周羅、淳良等縣，皆屬南州。貞觀十二年省郎平、淳良二縣，而建寧如故。宋開寶五年廢入博平縣。通志：「縣北十五里有廢郎平縣。東南百里有廢淳良縣，〔七〕今其地名安仁鄉。」又周羅廢縣，在縣東南百里，宋開寶中與建寧縣俱廢。城邑攷：「今縣城，唐初築，宋淳熙六年寇毁，十一年修故土城也。元至正十三年磚砌。明朝洪武五年寇燬，六年增修。天順六年又爲寇所陷，成化二年修築，并甃濠環之。正德初又復營繕，萬曆四年展築西南隅。今城周二里有奇。」

南昌廢縣，縣東南四十五里。志云：隋舊縣也，唐初更置，屬潘州，貞觀中改屬白州，宋開寶五年廢。又都大廢縣，在縣南。唐初置，屬廉州，貞觀六年改屬白州，十二年省，屬博白縣。○龍池廢縣，在縣西南。漢合浦縣地，唐貞觀中置山州，領龍池、盆山二縣。天寶初曰龍池郡，乾元初復故。建中間州縣俱廢。

衛公山，縣東十里。崔嵬聳立，爲邑之鎮。唐初李靖南征，嘗駐兵於此，因名。其相接者曰洞房山，廣七十里。洞中高廣玲瓏，麗若雕房。又凝霧山，在縣東二十里。山勢屹立，雲霧常集其上。○雙角山，在縣西十五里，兩峰角立。又西十五里曰緑羅山，下有緑珠洞。

飛雲山，縣西六十里。山勢崇峻，常有雲氣。又縣西南六十里有宴石山。山皆盤石，壁立峭絶，北臨大江，流泉濆激，巖宇虛曠，有二石峙於山巔，寰宇記以爲南越王宴處。○九岐山，在縣西七十里。迴巒複嶂，分爲九峰，四時葱翠。又西二十里有南象山，高百餘丈，廣百里。舊嘗産象，因名。

蟠龍山，縣南八十里。蜿蜒蒼翠，形似蟠龍。又大荒山，在縣南百五十里。上有池，産魚如人形。又南三十里曰射光山，峰標插空，日影先見。○八將山，在縣東百三十里，有八峰攢立。其相接者有鳳飛山，亦高聳。

緑秀嶺，縣南五十里。嵯峨盤亘，林木青葱，廣三百餘里。○大蟲巖，在縣南百餘里。臨大江，常有虎伏其下。又將軍洞，在縣南三十里。一名飛鼠巖。石門三重，中如堂。石有泉，温凉易流。唐初將軍龐孝泰判南州嘗遊此，因名。志云：縣東北二里有將軍巖，以宋狄青討儂智高嘗駐兵於此。

緑珠江，縣西七里。源出緑羅山，下流合於南流江。新唐書：「白州西南百里有北戍灘。」咸通中安南都護高駢募人平其險石以通舟楫，即南流江通廉州之道也。嶺表録異云：「白州之水出自雙角山下，東北流合容州江，是爲緑珠江。」恐悮。又飲馬江，在縣南一里，相傳馬援南征飲馬於此，下流亦入南流江。○緑淇江，在縣東南十里，源出洞房山；又小白江，出縣南十里之雲流山；陸馬江，〔八〕出縣東南橋浮山；鵶山江，出縣南十五里之凌青山；皆流匯於南流江。

頓谷江，縣西南四十里，源出飛雲山，又縣西二十里有浪馬江南流會焉，並入於南流江。又南立江，在縣北三十里。〔九〕源出緑澄洞，下流亦入南流江。○浪醴江，在縣西六十里，流入潯州府貴縣界入於鬱江。

龍母陂，縣東十里。又縣南百里有江口陂，百五十里有雙魚陂。志云：縣境遠近之陂凡十餘處，此三陂其差大者。

海門鎮，縣東南百五十里，舊爲入安南之道。唐咸通三年南詔復寇安南，敕都護蔡襲退屯海門，時襲已爲賊所圍，詔不得達。四年安南爲南詔所陷，置行交州於海門鎮，尋復置安南都護於此。六年高駢治兵海門鎮，進復安南。又石晉天福二年交州亂，南漢劉龑圖乘機取其地，屯兵於海門是也。○南關，在城南。又有東、西兩關，皆在城外。

沙河砦。縣西七十里，有巡司。又周羅巡司，在縣南八十里，以廢周羅縣爲名。

北流縣，州東四十五里。東北至容縣六十里，南至廣東信宜縣百七十五里，北至潯州府平南縣百七十里。漢合浦縣地，梁、陳間置北流縣，屬合浦郡。隋屬越州，大業中仍屬合浦郡。唐武德四年置銅州治此，貞觀初改爲容州，開元中升爲都督府，并置經略軍於城内。天寶初曰普寧郡，乾元初復爲州。元和中徙州治普寧，縣屬焉。宋因之。元仍屬容州，明朝洪武十年改今屬。編户二十里。

陵城廢縣，在縣東南。唐武德四年置，屬銅州，尋屬容州。南漢因之。宋開寶五年省入北流縣。又豪石廢縣，在縣東。亦唐武德四年置，屬銅州，貞觀十一年廢。城邑攷：「今縣，舊有土城，景泰初因故址修築。天順四年寇毁，成化二年增修。七年展城濬濠，嘉靖四十二年增築。周不及二里。」

峨石廢縣，縣東南百十里。唐總章初析白州之温水縣置，尋爲禺州治。唐志：「武德四年置南宕州，治南昌縣。貞觀六年移治定州，八年改爲潘州。總章元年改爲東峨州，移治峨石縣。二年改爲禺州。天寶初曰温水郡，乾元初復曰禺州，皆治峨石縣。」歐陽修曰：「東峨州，乾封二年將軍王杲奏析白、辯、竇、容四州置，總章二年改曰禺州。南漢因之。宋開寶五年禺州廢，以所領峨石、扶萊、〔一〇〕羅辯、陵城等縣皆并入北流縣。」南昌，見博白縣。定川，見上鬱林州。

羅辯廢縣，縣東南百里。志云：本羅辯洞地，梁置陸川縣，屬合浦郡。〔一一〕隋大業初廢入北流縣。唐武德四年改置羅辯縣，屬羅州，尋屬辯州，乾封中改屬禺州。南漢因之。宋開寶五年省入北流縣。○扶萊廢縣，在縣南百里。唐武德五年析信義縣置扶萊縣，屬竇州，以扶萊水爲名。貞觀中省。乾封中復置，屬禺州。南漢因之。宋初與州俱廢。

勾漏山，縣東北十五里，巖穴幽勝。詳見前名山。

金鼅山，縣東南二里，與會靈臺山隔江相對。臺上有瀑布巖洞。又梧臺山，在縣城南。其並峙者曰賀山。又有公界山，高廣相埒，爲縣南鎮。又天門山，在縣西。與穿境山並峙，縣之西鎮。○銅石山，在縣東十五里。峰巒秀麗，山頂寬平。舊産水銀、硃砂。又縣東五里爲筆架山，有三峰聳峙。

緑藍山，縣西北三十里。容山之東支也，容江之源出焉。○扶萊山，在縣南百里，陵水出焉；又縣東南有峨石山，羅水出焉：二水俱流入廣東化州界。志云：縣東南二百五十里有雙威山，下臨思賀江。

通津巖，在縣之南壩鄉。石山疊峙，有二門，南北相對，高敞如闕，水流環繞，石室虚明，爲縣之勝。志云：縣西南有歇馬嶺，相傳伏波南征曾駐兵於此。

緑藍水，在縣北。出緑藍山下，分二流，一入容縣境爲容江，一入博白縣境合南流江。今縣東二十里有落桑橋，蓋跨緑藍水上。○繡江，在縣東南。出廣東茂名縣，西北流入境，又北入容縣界。

馬門灘，志云：在縣西南四十五里，即緑藍水所經也。漢馬援南征，以江流迅急，鑿去其石，餘二巨石雙立爲門，其中流水如奔馬，因名。又北戍灘，志云：亦在縣西南馬門灘下。唐高駢爲安南都護，平蠻北歸，見其湍險，屬防遏使楊林疏浚之，人以爲便。胡氏曰：「馬門江在博白縣西南百里，下北戍灘出馬門江，渡海抵安南界。」咸通四年南詔陷安南，都護蔡襲幕僚樊綽攜印渡江，即此處也。

黄江陂，在縣南。志云：縣境有坑塘、大陂、都莫等陂，俱有灌溉之利。

天門關，在縣西十里。顛崖邃谷，兩石峰相對，狀如關門，中間闊三十步，馬援討林邑路由此，交趾往來皆道此關。其南尤多瘴癘，去者罕得生還，俗號鬼門關，諺云「鬼門關，十人去，九不還」。輿地記勝：「桂門關，元廉訪司月魯改名魁星關，洪武初仍曰桂門關，宣德初改曰天門關。」舊志：鬼門關在縣南三十里。

雙威鎮。縣南百里，有巡司。又有游魚砦，在縣南山中，鄉人避兵處。成化二年賊鄧辛酉據此，掠廣東信宜縣境，官軍討平之。又寶圭驛，在縣治東。○化龍橋，在縣東南。兩溪水合流其下，舊爲行旅津要。宋開慶初甃石爲橋，構亭其上。永樂十一年毁，十四年修治，改曰登龍橋。

陸川縣，州南七十里。東南至廣東石城縣百四十里，東北至北流縣百十里。漢合浦縣地，梁、陳間爲陸川縣地，隋廢。唐武德四年復置陸川縣，屬南宕州，尋屬禺州，唐末改屬容州。南漢因之。宋仍屬容州，明朝洪武四年改今屬。編户十五里。

温水廢縣，今縣治。劉昫曰：「唐武德四年析南昌縣地置温水縣，屬南宕州，尋屬禺州，大曆中改屬順州。」宋開寶五年州廢，縣省入陸川。九域志：「陸川舊治在今縣東五十里，宋開寶九年移治公平鎮，淳化五年又移治舊温水縣。」是也。通志：「温水廢縣在今縣南六十里。」似悮。城邑攷：「縣舊無城，永樂中始築土城，景泰三年、正統十四年皆增修。成化十一年甃以磚石，弘治十八年又修城濬濠。正德七年寇毁，十五年重修。嘉靖四十二年、隆慶四年、萬曆二年屢經修治。城周不及二里。」

龍化廢縣，縣東南五十里。唐志：「武德五年置龍化縣，屬羅州，尋屬辯州。〔三〕以西有龍化水，因名也。大曆八年容管經略使王翃析禺、羅、辯、白四州置順州，治龍化縣，亦曰順義郡。」南漢因之。宋開寶五年州廢，省縣入陸川。通志：「龍化廢縣在縣北四十里。」悞。又南河廢縣，在縣東南百二十里。唐志：「本石龍縣地，武德五年析置南河縣，屬羅州，大曆八年改屬順州。」宋初與州俱廢。通志：「南河廢縣在今縣西六十里。」亦悞。石龍，見廣東化州。○龍豪廢縣，在縣西南。唐武德四年置，屬南州，尋屬白州，大曆八年改屬順州，宋初廢。

後陽山，縣北一里。層巒疊嶂，起伏不一，爲縣所倚。又縣南一里有三台山。○分水山，在縣北五里。其水分二派：一合縣東南妙洞水流入廣東石城縣界，一經鬱林州合南流江入廣東廉州界。志云：縣東八里爲東山，中有妙洞。又有金坑山，在縣東南十里。山下有溪，沙黃如金，瀑水注之，則妙洞水矣。又文龍山，在縣東北十五里，下有水流繞縣前。

白羊山，縣東北二十里。山色潔白，四面懸絶。上有飛泉，下有勾茫木，土人練其皮爲布。○鳳凰山，在縣西十里。中多桐竹，上有石盤泉。其相近者曰石鼓山，一名鳴石山。志云：即山海經所稱長石之山也。又雙流山，在縣西南二十里，相傳唐龍豪縣治此。〔一三〕縣西北二十里又有石湖山，一名石抱山，上有淵潭，旁爲石巖。或云山多竹木，葱翠如袍，一名石袍山。

文黎山，縣南五十里，產黃白藤。山下水流瀠洄，凡九十九渡。又謝仙山，在縣東五十里。上有潭，流泉下注，土人謂之昆崙水，西南流經廣東石城縣界入海。〔一四〕

回龍江，縣北十五里。志云：縣北有喬林、高嶺二水，合流爲回龍江，其下流合南流江。○龍化江，在縣南四十里。

又有平南水，在縣南二十五里，流合龍化江，下流入廣東石城縣境合九州江。

老鴉陂，縣東三里；又暗螺陂，在縣南三十里；沙料陂，在縣北三十里；皆灌溉民田數十頃。

温水砦。縣南五十里，蓋以廢縣爲名。○永寧驛，在縣南七十里。輿程記：「自永寧而東南繇回龍、流埇、麻陂、墟洞、尾流、茶六等河，七十里達廣東石城縣之三合驛。」

興業縣，州西北六十里。西北至潯州府貴縣百二十五里，西南至廣東靈山縣二百二十里。漢鬱林郡地，唐初爲石南縣地，屬貴州。麟德二年析置興業縣，屬鬱林州。宋因之，鬱平、興德二縣省入。今編户七里。

石南廢縣，縣東北五十里。隋志：「陳置石南縣，爲石南郡治。隋平陳郡廢，縣屬尹州，大業中屬鬱林郡。」唐初屬南尹州，尋屬貴州。麟德二年置鬱林州治焉。建中二年州移治鬱林，以石南省入興業。城邑攷：「今縣城，洪武三年築，宣德五年增築，正統十年、天順三年皆修葺。正德二年始甃以磚石，嘉靖中又嘗修葺。周不及二里。」

鬱林廢縣，縣西北六十里。志云：在潯州府貴縣東南五十里。漢廣鬱縣地，梁置鬱林縣，爲鬱林郡治，兼置定州治焉。隋平陳郡廢，改州爲尹州，大業中仍爲鬱林郡治。唐初縣屬南尹州，尋屬貴州。後置鬱林州，縣改屬焉。建中間州移治鬱林縣，後又徙治興業。南漢因之。宋初改鬱平曰鬱林，以鬱林縣省入興業。今詳見貴縣。

興德廢縣，縣西北二十里。志云：蕭銑析石南縣置，尋廢。唐武德四年析鬱平縣復置，屬南尹州，尋屬貴州，後改屬鬱林州，宋初省入興業縣。又潭栗廢縣，在縣東三十里。唐置，屬鬱林州，亦宋初廢。

萬石山，縣西四里。峰巒錯落，如累石然。其下有石井澗，繞流結曲。○北斗山，在縣北十里。七峰卓立，如北斗然。又縣東十里有東斗山，與北斗山對峙。志云：東斗山相接者又有東山。山上有泉，從石壁飛下，凡百餘仞，望之如翔鸞舞鶴。

鐵城山，縣南十里。石壁四周，險固若城。中平衍，容數百家。上多石竇，泉流不竭。有四門，惟東門可通人行。南門山半有土基，相傳爲古敵樓。西北二門多石艱阻，其石皆鐵色。圖經云：「鬱林州舊設於此。」山北一里有古州巖，廣數丈。中有潭，四時不涸。又緑陰山，亦在縣南十里。有大木如榕，蔽數十畝。一名甑山，鳴水江繞其下。又三台山，在縣南二十里，有三峰連屬。○葵山，在縣北十五里。山半有巖，巖有龍井。

黄嶺，縣東南十里。重巒迴合，下多居民。又松嶺，在縣東十五里。長松四匝，望之鬱然。又翻車嶺，在縣北二十五里。龍母江之源也。山路嶮巇，兩崖陰翳。志云：縣西二十五里有黄桑峽，抵廣東靈山縣界。○白馬巖，在縣西十餘里。巖深廣，容數千人。又牛龍巖，在縣南十里。地温，有龍蟄此。居民遇冬則驅牛入巖以避寒，容數千頭。又石掩巖，在縣西六十里。巖門有石若扉闔，不可開。

穿江，縣西十里。源出葵山，東南流二十里有石山穹窿，水過其下，東入鬱林州境，即定川江之上源也。○清江，在縣西南九里，亦出葵山。又龍母江，在縣北二十里，源出翻車嶺。又有上鳴江，在縣北十餘里。參差會流，經縣東二十里曰下鳴江，巨石横亘，湍流激射，聲響如雷，東流爲定川江。

岑江，縣南百里，西南流入廣東廉州界。又西水，在縣北四十里，西流入貴縣界注於鬱江。

南山陂，縣北二里，縣東北二里又有大林陂，(一五)又都陵陂在縣之興德鄉，相近者曰龍江陂，灌溉民田各至數十頃。

高橋。縣北二十五里。舊有高橋驛。又富陽橋，在縣東北一里。輿程記：「貴縣懷澤驛而東南九十里至高橋驛，又八十里至富陽驛，自富陽驛而東南又八十里至鬱林州之西甌驛。」似悮。○龍津江橋，在縣南門外，往來通津也。

附見

梧州守禦千户所，在府治東，洪武十二年建；又容縣守禦千户所，在縣治西北，洪武二十三年建；懷集守禦千户所，在縣治北，洪武三十年建；鬱林州守禦千户所，在州治東，洪武十九年建；俱直隸都司。

五屯屯田千户所。藤縣西北百里，北至永安州百四十里。成化二年建所，築城，直隸都司。嘉靖八年增築，周一里有奇。其地舊名古贈，當大藤峽、風門、拂子賊僮巢穴之衝，守禦最切。邊略：「五屯舊爲僮人聚居。洪武初以僮首覃福爲桂林右衛中所千户，率其屬編隸桂林。後福物故，部曲散亡，潛歸故窟。成化初生齒日繁，督臣韓雍請照遷江屯所，就於本土開設千户衙門，築城分哨，以控制東隅，而黄丹 白馬、蒙江、十二磯有警，皆可倚任。從之，始置今所。既而督臣王守仁增置城堡，屹爲保障。」

潯州府，東至梧州府四百里，南至梧州府鬱林州二百二十里，西至南寧府横州四百三十里，北至柳州府象州三百六十里，自府治至布政司九百八十里，至京師八千五百四十里。

古百越地，秦爲桂林郡地，漢爲鬱林、蒼梧二郡，後漢因之。晉屬鬱林郡，宋、齊仍舊。梁置桂平郡。隋平陳郡廢，屬尹州，大業中仍屬桂林郡。唐初屬貴州，尋屬燕州，貞觀七年置潯州。十二年州廢，屬龔州。後復置，天寶初曰潯江郡，乾元初復故。南漢因之。宋開寶五年廢入貴州，明年復置。亦曰潯江郡。元曰潯州路，明朝洪武三年改爲府。今領縣三。

府據兩江之會，扼溪洞之衝，山藪藏慝，職爲厲階，往者嘗芟薙之矣。夫柳、桂諸州府爲之襟帶，梧、邕二郡府爲之腰膂，防維不先，而粤西一隅將盡病矣。談形勢者，不可以潯爲緩圖也。

桂平縣，附郭。漢爲布山縣地，鬱林郡治此。後漢因之，晉以後皆爲鬱林郡地。梁分置桂平縣，桂平郡治焉。隋郡廢，縣屬尹州，大業初屬鬱林郡。唐初屬南尹州，貞觀三年屬燕州，七年爲潯州治。南漢因之。宋初州廢，亦屬貴州，尋復爲潯州治。今編户二十四里。

布山廢縣，府西五十里。漢縣，鬱林郡治也，後皆因之。梁析置桂平縣，又改置鬱林縣爲郡治，以布山縣屬焉。隋屬尹州，大業初省。城邑攷：「今府城，宋嘉祐七年因舊址增拓。有子城，尋圮。嘉泰初復營土垣，環以濠塹。景定三年易以磚石，移築於城西高原。元至元十七年城廢。明朝洪武六年復營治，十五年、二十九年相繼增拓，東西甃濠，南北際江。景泰四年、成化二年又復修築，崇禎七年亦嘗繕葺。有門六。城周七里有奇。」

阿林廢縣，在府南。漢縣，屬鬱林郡，晉、宋皆因之。隋仍屬鬱林郡，唐屬繡州，宋開寶五年省。又羅繡廢縣，〔一六〕亦在縣南。唐武德四年分阿林地置，屬繡州，宋初廢。今爲羅繡里。○皇化廢縣，在縣西南。亦漢阿林縣地，隋開皇九年置縣，屬尹州，大業初省入桂平縣。唐武德四年復置，屬繡州，〔一七〕貞觀七年改屬潯州，宋開寶五年廢。又西南有盧越廢縣，亦唐初置，屬繡州，貞觀七年廢入羅繡縣。

常林廢縣，府西南百五十里。通典：「縣西北去貴縣百里。」漢阿林縣地也，〔一八〕晉以後爲鬱平縣地。唐武德四年置常林縣，又置林州治焉。六年改爲繡州。貞觀六年省歸誠縣入常林，移治歸誠故城。天寶初曰常林郡，乾元初復故。宋開寶五年廢繡州，并縣入桂平。舊志：常林故縣在今縣西南二百里。唐武德四年置歸誠縣，亦屬繡州，後歸誠縣廢，常林隨州移治焉。

陵江廢縣，在府東北。漢布山縣地，唐貞觀七年置陵江縣，屬潯州，十二年廢入桂平縣。今爲崇江里。又大賓廢縣，在府東南。隋開皇十五年置，屬藤州，唐改屬潯州，唐末廢。

武靖廢州，府東北三十里。本桂平縣地，成化三年督臣韓雍以碧灘地爲藤峽要害，奏置武靖州，尋復移置崇姜、大宣二里間，爲蓼水北岸，乃紫荆、竹踏、梅嶺、大衝諸山要路也。地廣土沃，袤連大同、鵬化諸鄉，足以控制諸蠻。城邑攷：「州城在府北淥江上。淥亦作『蓼』。督臣韓雍委土知州岑鐸所築，有二門，周二里。」又土司考功：「上隆州岑鐸犯大辟，下獄，韓雍建置武靖州，特請宥其罪，使遷部兵二千人世掌武靖州事，設流官吏目一員。鐸死無嗣，部兵漸散。正德十六年議以田州府岑猛次子邦佐繼之，時僅有部兵五十人。嘉靖五年猛亂，安置邦佐於漳州。七年王守仁撫平田州，奏復邦佐知州事，益驕横。議者謂宜削去土官，改州爲武靖千户所。既而邦佐嗣亦絶，以潯州府通判權知州事。萬曆末州廢爲武靖鎮，仍置兵戍守。」郡志：鎮在府西南五里武流灘上。似悮。或曰萬曆末蓋遷置於此。

思陵山，城西五里。一名西山，亦曰西陵。秀峙穹窿，映帶府治。上有三清巖。宋淳化初州守姚嗣宗游此，亦曰姚翁巖。有泉曰乳泉，即思陵水之源。又覆船嶺，在城西北二里。

白石山，府南六十里。兩峯並立，下有巖洞通梧州府北流縣之勾漏山，世傳葛洪嘗往來其間。有會仙巖，磴道險峻，上平廣，容數十人，峰曰獨秀，泉曰漱玉，道書第二十一洞天也。隋開皇十七年，周法尚討桂州叛俚李光仕，敗之，光仕走保白石洞，〔一九〕尋潰走，追斬之。胡氏曰：「白石洞，即潯州白石山。」○羅叢山，在府西南六十里。平地中忽起岡阜，中有巖室明爽，東爲碧虛洞，西爲靈源洞，皆深邃。繇靈源而入又有水月洞，敞若廣廈，中有龍潭。

紫荆山，府北五十里。自山而北，巖壑深廣，山爲傜、僮門户。相近者石鹿山。志云：府北九十里曰吉盤山，百里曰都温山。又北四十里曰羅渌山，即羅渌洞也。〔二〇〕又府北百六十五里爲基石山，本名閬石山，峰巒競秀，如列旌旗。下有讀書巖，相傳五代梁嵩讀書處。府北百八十里曰竹踏山，相接者曰屋厦山，萬曆以前皆叛傜出没處也。又羅影山，在府西北五十里，亦高聳。府西五十里又有鳳巢山，下有龍潭。

石梯山，府西百里，削直如梯，路通梧州府容縣。志云：府西七十里爲崑崙岡，府西南七十五里爲岐嶒嶺，路極險峻。○鷄冠山，在府南八十里，峰巒昂聳。又鷄栖山，在府東八十里。府東百三十里又有水表山，爲東面之望。

横嶺，府南五十里。又南三十里爲雲合嶺，聳秀插天，雲合即雨。又南頓嶺，在府南百二十五里。志云：府南三十里爲寶子嶺，山勢磊落，如聚寶玉。又三鼎嶺，在府東三十里。○高振嶺，在府北百餘里。成化二年韓雍討大藤峽，登嶺督戰處也。

大藤峽，府西北百五十里。大山夾江，自象州武宣縣而南，綿亘數百里。山勢險峻，叛傜出没於此。峽口有大藤如梁。成化三年傜賊作亂，都御史韓雍討之，斷其藤，因名斷藤峽。正德十二年都御史陳金奏改爲永通峽。後蠻復依阻，嘉靖、萬曆間屢盪平之，漸爲通道。詳見前重險。

潯江，在府城東。其在城北曰黔江，一名北江，經柳、象諸州境，匯衆水流入界，繞城北而東合於鬱江。在城南者爲鬱江，亦曰南江，經邕、横諸州境，匯衆水流入界，遶州南而東合於黔江，共流爲潯江，過藤、梧至番禺入於海。志云：今州東一里有銅鼓灘，當黔、鬱二水合流處，春夏水漲，響如銅鼓。餘詳大川左、右江。

官江，府西南三十里；又繡江，在府西南五十里，亦曰繡水，或以爲即藤縣之繡江，悮也；又横眉水，在府西南六十里：俱流入鬱水。○渌水，在府南十五里。又府西四十里有羅葉水，亦流入鬱水。

大隍水，府東北五十里。源出象州武宣縣界，東流合黔江。又思陵水，在府西北十里；都耶水，在府北三十里：俱流合大隍水入黔江。志云：永通峽内有南渌水，黔江别流也，合大隍水仍流入黔水。○木賴水，在府西北九十里。自武宣縣境流經貴縣界，又東入於黔江。

牛渚水，府東北九十里，自藤峽分流，爲傜賊出没處；又相思水，在府東北百里：俱流入潯江。又伏化水，在府東南二十里；布歷水，[三]在府東十里：俱流入潯江。○南湖，在城西南。一名潔湖，廣三里許，中有洲。今漸湮塞爲民塘。

弩灘，府西北五十里。當大藤峽口，水湧而迅，勢如發弩，因名。嘉靖五年藤峽以北傜酋侯勝海居弩灘爲亂，指揮潘翰臣誘殺之。其弟公丁噪武靖城下而去，官軍泝流擊弩灘賊，無功，乃立堡於其上，設兵守之。賊掩至，戍兵没者甚衆。尋討平之。

碧灘，府西北八十里。成化初韓雍議峽江百里有上中下三灘，上曰勒馬，下曰獻俘，中曰碧灘，既而議置武靖州及移思隆巡司於此。萬曆三年參政田汝成議曰：「江北一帶，西自碧灘，東連林峒，皆南渡蓼水，墾作便田。江南一帶東起滿竹，西繞河源，亦托處平原，遠背山麓。宜設保里，以防不虞。」是也。輿程記：「自府入柳江四十里而至鎮峽堡，又西北四十里而至碧灘堡，又百二十里爲武宣縣。」郡志：碧灘在府西二十五里。一云在府西北五里，弩灘在府西北十里。似皆悮。

浪灘，郡志云：在府西南九十里。萬曆初議者以弩灘、浪灘兩處傜賊遠徙，舊穴遼曠，恐爲他賊所乘，宜於灘碕各立營堡，戍以官兵是也。又龍門灘，在府東百里。又武流灘，郡志云：在府西南五里，俗名馬流灘，武靖鎮置於此。舊經：「府境有思傍、砍水等灘，與碧灘、弩灘、銅鼓灘爲五灘。」似未可據。

東樂關，在府城東，又城西有西靖關，城南有南濟關，城北有北定關，皆近郊之衛也。又有歸化、鎮遠二關，亦在府城旁。

靖寧鎮，府北三十里。成化初議改置靖寧鄉巡司於獻俘灘，即此處也。又大黄江巡司，在府東五十里。郡志：桂平縣境内巡司凡七。其靖寧鄉巡司置於崇姜里之甘村。大黄江巡司置於大黄江口。又有大宣鄉巡司在大宣鄉平山村。常林鄉巡司在上秀林里浪灘村。又有羅繡里、思龍鄉、木盤浦等巡司，廢置無定云。

勒馬寨。府北百里。成化二年韓雍平大藤峽，議移周冲巡司於勒馬灘，即此。又碧灘堡，置於碧灘上。輿程記：「府西北四十里爲鎮峽堡，又四十里爲碧灘堡，又西北百二十里而至象州武宣縣。」○府門驛，在城南。輿程記：「自府門驛歷大藤峽水口共九十里至牛屎灣堡，又東八十里至平南縣之烏江驛。又自府門驛而西四十里爲淹冲堡，又六里爲秀江堡，又七十四里爲貴縣之東津驛。」又馬平場，在府西七十里。志云：昔時土人採砂煉鉛處也。

平南縣，府東百三十里。東至梧州府藤縣百四十里，南至梧州府北流縣百七十里，西北至象州武宣縣二百二十里。漢蒼梧郡之猛陵縣地，隋爲武林縣地，屬永平郡。唐貞觀七年析置平南縣，屬龔州，尋爲州治。天寶初曰臨江郡，乾元初復故。南漢因之。宋仍爲龔州，亦曰臨江郡。政和元年州廢，縣屬潯州。三年復故。紹興六年州復廢，仍屬潯州。

今編户三十六里。

武林廢縣，縣東四十里。漢猛陵縣地，晉析置武城縣，屬蒼梧郡，後廢。劉宋元嘉中置武林縣，屬永平郡，齊、梁因之。隋屬藤州，大業初屬永平郡。唐初仍屬藤州，貞觀三年置燕州，治武林縣。七年徙州治寧風，而增置龔州於此。又升都督府，旋廢。復移州治平南，以縣屬焉。宋開寶五年廢入平南縣。今爲武林鄉。城邑攷：「平南縣舊無城，洪武間始築土城。景泰初寇毁，天順中改築磚城，環城濬濠。弘治七年又築增爲羅城。城周二里有奇。」

陽川廢縣，縣西六十里。漢布山縣地，唐初置陽建縣，屬藤州。貞觀中屬燕州，尋改曰陽川，屬龔州。宋初省。今爲陽川里。又大同廢縣，在縣北五十里。唐貞觀初析武林縣置，屬藤州，尋屬燕州。七年改屬龔州。亦宋初廢。今爲大同鄉。○隋建廢縣，在縣東。漢猛陵縣地，隋開皇九年置隋建縣，屬藤州。唐屬龔州。亦宋初廢。

西平廢縣，在縣西南，唐貞觀八年置；又南有歸政廢縣，亦是時所置也；俱屬龔州。貞觀十二年省歸政入西平，後又以西平省入平南。又泰川廢縣，在縣東北。唐貞觀初置，屬藤州，七年屬龔州，十二年省入平南。

武郎廢縣，〔三〕在縣西北。新唐書：「永隆二年析龔、蒙、象三州置思唐州，領武郎、平原二縣。開元二十四年爲羈縻州。天寶初亦曰武郎郡，乾元初復故。建中初仍爲正州。長慶三年改平原縣曰思和。」南漢廢思和縣，尋改州爲思明州。宋開寶五年州廢，以武郎縣屬龔州，嘉祐二年廢入平南縣。

鷰石山，縣東南十二里。隋志武林縣有鷰石山，即此。唐因置鷰州。有石巖，每春夏則羣燕巢於巖頂。通志云：「山出石鷰，故名。」○大峽山，在縣北十五里。又北五里爲馬頭山。邑志：縣北五里有高妙嶺。又有暢巖，在縣西二十里。其相接者曰思鵜嶺巖，舊經謂之思鵜石，狀若八角樓。或謂之鵜山。天啓末賊胡扶紀據此，官軍旋討平之。

摩雲山，在縣南隔江百里。山高切雲。又出馬山，亦在縣南百里。勢如奔馬。志云：縣東九十里有飛鳳山，形如飛鳳。又維靈山，在縣東南八十里。九峰錯立，下有深潭。○藍峒山，在縣南六十里。山多竅穴，有藍峒村。又有石脚巖，相傳巖通勾漏。

閬石山，縣西北八十里，即桂平縣之基石山也。中有石巖、石梯、流水，扃若堂奥。志云：縣西北九十里有高陽巖，高爽明豁，前瞰平野。其陰又有胡叟巖。○蛇黄嶺，在縣北一里。嶺勢盤紆，出蛇黄，每歲八九月土人掘地求之。一名蛇岡。又縣東四十里有天堂嶺，縣西四十里有西嶺。

仙臺峒。縣北百餘里。其相近有花相、白竹、古陶、羅鳳等峒，迴環相屬，皆斷藤賊連結煽亂處也。嘉靖七年王守仁勦仙臺、花相諸賊，皆平之，即此。又東西王峒，在縣北境。唐貞觀八年龔州道行軍總管張士貴討東西王峒及僚，平之。胡氏曰：「峒在龔州界。」

龔江，在縣城南，即潯江也。唐置龔州，江因以名。東流入藤縣界，亦名都泥水。江中有洲曰游魚洲，西上五里曰乾洲，又五里曰相思洲，皆在江中。志云：縣東十五里有石門灘，又五里爲將軍灘，又古滬灘在縣西二十里，有渚甚險，皆大江所經也。

相思江，縣西北三十里，自桂平縣界流入境；又泰川江在縣東北二十里，廢縣以此名，或訛爲泰川河；又白馬江在縣東五十里，武林江在縣東南五十里，又有淥水河在縣東南二十五里，南浦河在縣南五里：俱流合於龔江。

太平關，在縣西北。志云：縣有東、西、北三關，俱在縣郭內，蓋即弘治中所築羅城諸門也。又烏江之西曰永寧關，稍北曰太和關。○泰川鎮，在縣西北四十里，有泰川巡司。又縣北六十里有大同鄉巡司；縣南五十里有武林鄉巡司，在武林江口：俱以舊縣名。又平嶺巡司在縣西，三堆巡司在縣西南，大峽巡司在縣東北。郡志：縣境巡司凡六。是也。圖經：「縣城西南又有洞心巡司。」

烏江驛。在縣城西。輿程記：「自烏江驛而東，歷將軍灘，共六十里至白馬堡，又東四十里即藤縣之黄丹驛。」〔三〕

貴縣，府西百四十里。西至橫州百八十里，東南至鬱林州興業縣百二十五里，西北至賓州百七十里。古西甌駱越地，漢爲鬱林郡之廣鬱縣地，後漢因之。三國吳置陰平縣，晉太康初改曰鬱平縣，仍屬鬱林郡，宋、齊以後因之。隋初屬尹州，大業中亦屬鬱林郡。唐武德四年置南尹州，兼置總管府，尋爲都督府。貞觀七年罷都督府，九年改南尹州爲貴州，天寶初曰懷澤郡，乾元初復爲貴州。南漢因之。宋仍曰貴州，亦曰懷澤郡，開寶四年改州治鬱平縣曰鬱林。〔二四〕元因之，大德九年以州治鬱林縣省入。明朝洪武三年降州爲縣，又改今屬。編户三十六里。

鬱平廢縣，即縣治。漢廣鬱縣地。劉昫曰：「古西甌駱越所居，後漢靈帝建寧三年谷永爲鬱林太守，招降烏滸人十餘萬，〔二五〕開置七縣。」今貴州境内皆是其地。晉始曰鬱平，唐爲貴州治。新唐書貴州治鬱林，悮也，宋初始改鬱平爲鬱林。元省。城邑攷：「縣城，唐元和中築，甃以磚。宋紹熙中重修。元初城毁，至正中又嘗營治。明朝洪武二十九年展築，二十九年復甃以磚石。成化五年、嘉靖九年皆嘗增修。周四里有奇。」

懷澤廢縣，縣南百五十里。漢廣鬱縣地，三國吴析置懷安縣，屬鬱林郡，旋廢。晉末復置，宋、齊因之。梁曰懷澤縣，仍屬鬱林郡。隋屬尹州，大業初廢。唐武德四年復置，屬南尹州，尋屬貴州。南漢因之。宋初廢。○義山廢縣，在縣北八十里。梁置馬度縣，屬鬱林郡，隋因之。唐武德四年改爲馬嶺縣，屬南尹州，尋屬貴州，貞觀末廢。天寶末復置，改曰義山，仍屬貴州。宋初廢。舊志云：縣有烏滸夷巢。又潮水廢縣，在縣西五十里。唐武德四年分鬱平縣置，屬南尹州，尋屬貴州，亦宋初廢。勝覽云：「縣西有鬱林郡城遺址，吴陸績爲太守時築。」似未可據。

南山，縣南七里。有二十四峰，峭拔秀麗，甲於一郡。上有七星諸巖，洞壑皆奇勝。志云：南山巖洞，其得名者凡數處。又有景祐寺，宋太宗、真宗、仁宗所賜御書藏其中。又東山，在縣東二十里，峰巒秀峙。縣北十五里又有北山，一名宜貴山，上有瀑布千仞。其北爲登仙巖，路接仙女嶺。又西山，在縣西三十里，有五峰並峙。

龍山，縣北五十里。山勢險峻，綿亘深遠。新唐書貴州有龍山府，蓋府兵防戍處也。山產茶。沙江出焉。議者以爲藤峽之右臂，成化二年置北山巡司以扼其險。○馬嶺山，在縣西北七十里。一名馬度山，昔以此名縣。亦名龍馬山。

仙女山，縣北七十里。亦曰仙女嶺。嘉靖初藤峽傜賊據此，謂之仙女砦。又東北爲油榨、石壁、大陂等巢，王守仁遣兵討平之。○馬面山，在縣北九十里。志云：縣東北六十里有鴉笑山，東接石梯山，西連北欖山，亦傜賊出没處也。圖經：「北欖山在縣北六十里。石梯山在縣東北七十里，東接桂平縣之思陵山。」

龍巖山，縣東六十里。上有七巖，一巖最大，有四門，虛明爽塏。○定祥山，在縣西三十里。崎嶇險塞，常爲盜藪。其相近者又有雲嶺山。

銅鼓嶺，縣南十五里。平地突起，層岡環列，可以避寇。又分界嶺，在縣南百二十里。○金鷄峽，在縣西六十里。相近者又有獅子峽。又懸象峽，在縣西一百四十里。

鬱江，在城南。自横州流入界，又東經府城南合於黔江。一名南江。○沙江，在縣東三里，源出龍山；又有東津江，在縣東二十里，即沙江分流也；俱入於鬱江。又寶江，在縣西二里。一名浮江。自賓州流入界，南注於鬱江。

汎水江，縣南四里，北流入鬱。一名道冲江。〔三六〕又思繳江，在縣南四十里。源出興業縣，即西水下流也。又有武思江，在縣西六十里，自鬱林州博白縣流入界；横眉江，在縣東南，自鬱林州流入界；俱注於鬱江。○潮水泉，在縣西六十里。其水盈涸不時，唐時潮水縣以此名。

長平關，在縣城南。志云：縣城外有東寧、西鎮、北靖三關，環城爲衛。○新安砦，在縣東六十里，有巡司。又縣南三十里有橋頭墟巡司，縣西三十里有瓦塘渡巡司。又北山砦巡司，在縣北三十里。縣境又有五州寨、東壆渡、〔二七〕郭東里諸巡司，共爲七巡司是也。

五山鎮，縣東北百三十里。志云：五山之地，周數百里，界賓江、遷江、武宣、來賓間。山深林密，八砦餘孽往往逋逃於此。萬曆中浸淫爲患，二十三年討平之。議者謂：五山界潯、柳間，謝村適當五山之中，先曾設堡於謝村、馬鞍、金箱，兵弱不能彈壓，應於謝村修建土城，增設官兵，倚爲重地。自謝村迤西北十五里爲馬鞍堡，通武宣之古亳、來賓之南四、白牛諸處，則五山後門也。稍折十里而西爲玄村，其地東廖源、鵝懷諸山口，通來賓、遷江捷路，則謝村後門也。又折而西爲寨思堡，通來賓南四之六象山口、遷江之崑山口，賊村要害也。又迤西而南爲定藏嶺，控制馬羅、疊址，交通五山之門户，與玄村俱應添築小堡，合馬鞍、寨思爲一路。又謝邨迤東北四十里爲金廂堡，則南四、古亳、武賴交通龍山之門户也。稍迤而南爲大器嶺，龍山、五山之通衢也。一以控山東、山北蘆荻等賊村，一以保固郭西北、郭東民村，宜增築一堡，與金廂爲一路。又自謝邨以南十里爲黄粱橋，上應謝村，下接北霸，應增小堡。北霸在黄粱橋北三十里，羣賊窺伺城廂要路也，應添大營戍守。稍橫而西爲窿笠堡，荒僻深阻，爲各賊窟藏，密邇思簡、惡村。又折而西北爲佛子山，與黄粱橋以下宜爲一路。四路置堡增戍，而謝村居中以彈壓，則五山得寧謐矣。

三江鎮。縣西五十里鬱江上。上流諸水咸匯於此，向爲盜藪。萬曆中置三江城，設兵戍守，盜氛始息。○懷澤驛，在縣城東。又東六十里鬱江南岸爲東津驛，接桂平縣界。自縣而西六十里爲鬱江北岸，爲香江驛，接南寧府横州界。又縣城西又有河泊所。

附見

潯州衛，府治東北。洪武八年建。

奉議衛。在貴縣治西北。正統十一年自奉議州改調於此。又有守禦貴縣千户所，在縣治西。洪武二十五年調南寧衛中前千户所戍守於此，本在縣治東，永樂十四年遷縣西北，即今奉議衛也。正統十一年建奉議衛，因遷所於此，隸南寧衛。

向武軍民千户所。舊在貴縣北門外，正統十一年自向武州移置於此，萬曆二十三年移置於五山謝村鎮。

校勘記

〔一〕義熙中析置夫寧縣屬永平郡　「郡」，底本原作「縣」，今據鄒本改。

〔二〕泰川　底本原作「泰州」，今據職本及舊唐志卷四一、新唐志卷四三上改。

〔三〕㵒洲　「㵒」，底本、職本作「禓」，敷本作「裼」，鄒本作「褐」，明志卷四五作「㵒」。字書無「禓」字，禓乃裼之訛。鄒本作「褐」，形義與「裼」相去較遠，今不取。明志作「㵒」，㵒者，濕也。今從之。

〔四〕五年復廢州　「廢」，底本原作「置」，今據職本及舊唐志卷四一改。

〔五〕改安義曰永業　底本原脱「曰」字，今據職本、鄒本補。

〔六〕牢州以此名　「州」，底本原作「川」，今據職本、鄒本改。

〔七〕東南百里有廢淳良縣　「淳良」，底本原作「良淳」，今據職本、鄒本乙正。

〔八〕陸馬江　敷本、鄒本作「陵馬江」。

〔九〕又南立江在縣北三十里　底本原脱「北」字，據鄒本補。

〔一〇〕扶萊　「萊」，底本作「菜」，據職本、鄒本及新唐志卷四三上、寰宇記卷一六七、宋志卷九〇改。

〔一一〕屬合浦郡　「郡」，底本原作「縣」，今據鄒本改。

〔一二〕尋屬辯州　「辯」，底本原作「辨」，今據鄒本及舊唐志卷四一、新唐志卷四三上改。

〔一三〕相傳唐龍豪縣治此　「豪」字底本原脱，今據職本、鄒本補。

〔一四〕石城縣　「石城縣」，底本原作「石康縣」，據本書卷一〇四廣東化州「石城縣」改。

〔一五〕又有大林陂　底本原脱「林」字，今據鄒本補。

〔一六〕又羅繡廢縣　「又」、「繡」，底本原作「入」、「脩」，今據職本、鄒本改。

〔一七〕唐武德四年復置屬繡州　據舊唐志卷四一、新唐志卷四三上，武德四年置林州，六年改名繡州，則此武德四年不當云「屬繡州」，宜作「屬林州」。

〔一八〕漢阿林縣地也　「林」，底本原作「陵」，今據職本、鄒本及漢志卷二八下改。

〔一九〕光仕走保白石洞　底本原脱「白」字，據職本、鄒本補。

〔二〇〕即羅渌洞也　底本原作「即禄羅洞也」，今據職本、鄒本乙正。

〔二一〕布歷水　職本、敷本與底本同，鄒本作「竹歷水」。

〔二二〕武郎廢縣　錢大昕諸史拾遺卷二云：「郎當作朗。史臣避宋諱缺筆，後人訛爲郎耳。元和郡縣志正作『武朗』。」陳垣史諱舉例卷六亦云：「郎當作朗。」

〔二三〕龔江至黄丹驛　按此四條，即龔江、相思江、太平關、烏江驛，各本皆脱，今據職本補。

〔二四〕開寶四年改州治鬱平縣曰鬱林　「治」，底本原作「置」，今據職本、鄒本改。

〔二五〕招降烏滸人十餘萬　「滸」，底本原作「浦」，今據鄒本及後漢書卷八靈帝紀改。

〔二六〕一名道冲江　底本原作「一名度中口」，今據鄒本改。

〔二七〕東壆渡　底本原作「坐渡」，今據職本、鄒本及明志卷四五補、改。

讀史方輿紀要卷一百九

廣西四

柳州府，東至平樂府四百五十里，南至南寧府五百七十里，西至慶遠府二百三十里，北至貴州黎平府六百里，自府治至布政司四百里，至京師七千七百三十二里。

古百越地，秦爲桂林郡地，漢屬鬱林郡，後漢因之。三國亦屬桂林郡，晉、宋以後因之。隋開皇十二年置象州，治馬平縣。祝穆曰：「三國吳析桂林郡置馬平郡。梁大同中兼置龍州，治龍江南岸。隋廢郡，徙州治江北。尋廢州，而以馬平郡置象州。」與史志不合。大業初州廢，仍屬始安郡。唐武德四年置昆州，尋曰南昆州，貞觀八年改曰柳州，以地當柳宿而名。天寶初曰龍城郡，乾元初復曰柳州。光化三年屬於湖南。五代漢乾祐三年爲南漢所取，仍曰柳州。宋因之。亦曰龍城郡。宋志：「州治馬平，咸淳初徙治柳城縣之龍江北。」元曰柳州路，元志：「至元十三年置安撫司，十六年改爲柳州路。」明初曰柳州府。今領州二，縣十。

府襟帶楚、黔，控扼蠻洞，山川迴環，封壤遼遠，志云：柳州形勢，東北達昭、桂，西南接黔、邕，控扼番落，封疆不啻千里。衆流透迤，與牂牁會邊於夜郎，爲駱越要害，足以控制諸蠻云。馭之得其道，可以盪黔江之氛翳，清嶺表之烽烟也。

馬平縣，附郭。本漢潭中縣地，屬鬱林郡。吴屬桂林郡。梁析置馬平縣，并置馬平郡。隋郡廢，爲象州治。大業初州廢，縣屬始安郡。唐爲南昆州治，尋爲柳州治。宋因之。咸淳初州徙治柳城縣之龍江，元亦治柳城縣。明初復徙治馬平。今編户七里。

潭中廢縣，在府西。漢縣，孫吴置桂林郡治此，晉、宋因之。齊移郡治武熙縣，潭中屬焉。梁因之。隋廢入馬平縣。城邑攷：「府舊無城，宋元祐中創築，咸淳初州徙城廢。明朝洪武初復爲府治，〔一〕四年築土城，十二年易以磚石，外環以濠。一名壺城，以三江回合繞城如壺也。萬曆十九年復繕治。有門五。城周五里有奇。」

武熙廢縣，在府東南。孫吴置武熙縣，屬鬱林郡，晉、宋因之。齊改屬桂林郡，尋爲郡治，梁、陳仍舊。隋平陳郡廢，尋廢縣入馬平。○新平廢縣，在府南。唐武德四年析馬平縣置，屬昆州，貞觀十二年省。又文安廢縣，〔二〕亦在府南。唐武德四年置，屬昆州，尋改縣曰樂沙，〔三〕貞觀七年省入新平。

仙奕山，府城西南。山高聳，多竹木。山半有穴，由穴而登乃至其巔。穴中如屏、如室、如宇，奇勝不一。又有石枰可奕，因名。其南爲石魚山，山小而高，形如立魚。山半有立魚巖，巖之東麓靈泉出焉。○駕鶴山，在府城南。旁臨大江，聳立如鶴，古州治負此。柳宗元云：「古州治薄水南山石間，今徙在水北，直平四十里，南北東西皆水匯是也。」又屏山，在府南一里，以方正如屏而名。志云：江南岸一里有馬鞍山，五里有鳳凰山。

雷山，府南三里。兩崖東西相向，雷水出焉，蓄於崖中謂之雷塘。一名大龍潭。通志云：「山在府南十里。」○峨山，在城西三里。一名深峨山，亦曰鵝山，謂瀑布飛流如鵝也。又西二里曰四姥山，其山四面對峙，因名。又新洞山，在府西南十里，與鵝山相對。有穴，可坐百人。

夾道雙山，府北十里。東山曰桃竹，西山曰鵲兒。柳宗元記：「柳州北有雙山，夾道嶄然，曰背石山。有支川東流，入於潯水。」○龍壁山，在府東北十五里。有石壁峭立，下臨灘瀨，郡城之下關也。有關洞，西去城八里。龍壁南又有甑山，絕水壁立，下上如一。

走馬嶺，在城西。綿亘二十餘里，有一峰突起，謂之金山。又將臺嶺，在府東北十里。府東十五里又有銅鼓嶺。

柳江，在城南。其源曰福祿江，自貴州西山陽洞長官司南流入境，經懷遠縣西至融縣東爲融水，又流經柳城縣始名柳江，歷府城西折而東南，經江口鎮合相思埭、永福、洛容之水，過象州入潯州府境。宋景德四年宜州澄海軍校陳進作亂，擁判官盧成均爲帥，號南平王，攻柳州，至柳江不能渡，守臣王昱遁去，遂陷柳城，官軍退保象州，江蓋郡城之襟要也。一名黔江，亦曰潯水。詳大川右江及川瀆盤江。

龍江，在府城西北。源自貴州獨山州，流入慶遠府天河縣界，東流經宜山縣北，又東入柳城縣境，又南合於柳江。○黄陂水，在府西三十里，流入柳江。又鵝水，府西南四十里。源出鵝山，亦流入於柳江。

羅池，在府城東，水可溉田。有羅池廟，即柳宗元祠也。又府城東有白蓮池，池有九竅，泉出其中。又長塘，在城西南駕鶴山下。俱有灌溉之利。

新興鎮，府南五十里，有巡司。志云：府南十里有三江渡，亦謂之三江口，柳江、洛清江與鵝水匯流處也。或曰龍江、柳江、洛清江爲三江。洛清江，見下洛容縣。〇穿山驛，在府西南十里，馬驛也。有穿山堡。又雷塘水驛，在府城東。輿程記：「驛在府東北七十里，又八十里爲洛容縣之雲騰驛。」似悮。

魚窩寨。在府西南，賊巢也。經略志：「馬平五都諸賊竊發不時。弘治中魚峰賊周鑾復相煽亂，官兵討之，爲所敗，賊勢益張。嘉靖間賊首韋金田等占據水陸二路，村落悉被荼毒。二十四年督臣張岳等會兵征之，分三哨並進，破雷巖、同銀、平田、落滿、都博等巢，遂圍魚窩巢。魚窩石壁峭立，拔地高數千丈，從來用兵莫能勝。賊悉力堅守，山四周傾仄，官軍進攻，不能置足，乃爲久困計。乘懈擊之，遂破魚窩巢，於是高桅、同銀、馬鞍諸巢亦盡下，馬平之寇遂息。」

洛容縣，府東北百三十里。東北至永寧州永福縣二百二十里，東至平樂府修仁縣百五十里。漢潭中縣地，唐貞觀中置洛容縣，屬柳州。宋因之。明朝仍舊。編户五里。

洛容廢城，今縣東北三十里。志云：縣本治白龍巖下，明朝天順末毀於賊，邑民奔米峒居之，因即山麓甃爲垣，距古田常安鎮僅隔一水。成化中甃石爲城。正德十六年爲古田賊所陷，嘉靖二年稍修復之。隆慶初平古田，古田賊多遁洛斗及附縣諸村。既而縣令邵廷臣議復縣治於白龍巖，不果。諸賊尋糾永寧遺孽，又與柳城上油洞諸巢相聯絡。萬曆二年叛傜襲入縣，殺吏掠印而去。時官軍方破懷遠，議並除之，且分兵攻上油賊，於是連破托定、洛斗、金洞、古龍、黄塘諸巢，賊敗散，乃設兵分屯扼塞。三年復移城於白龍巖，以舊縣爲平樂鎮，即古米峒地也。

廢象縣，在縣東南。隋置，屬象州，尋屬始安郡。唐初屬貴州，貞觀中改屬柳州。宋初因之，嘉祐四年廢入洛容縣。

思微山，在廢城北一里。頂有泉穴，四時不涸。又西北九里曰屏石山，峰巒高聳，下有石崖，泉水出焉。○如來山，在廢城南二十五里，高聳峻拔。

會仙巖，縣南五里。中有潭，水石清曠，又縣西五里有白象巖。舊縣東二十里有白龍巖。

洛清江，縣南半里。其上源自永福縣境流入，亦謂永福水，經縣南謂之洛清江，又西南至郡城南之三江口入於柳江。志云：柳江在縣西百二十里。○龍鼻江，在舊縣西十五里。出托定、洛斗諸鄉，流合洛清江入於柳江。

江口鎮，在縣東。有巡司，志云：洪武六年設於縣西南十里洛容江口，萬曆三年遷於此。又平樂鎮，即廢縣也，亦有巡司。志云：洪武六年置鎮於縣東十里豐軌鄉石榴江，萬曆十四年遷於此。○高天砦，在縣東。自砦而東百二十里至平樂府修仁縣，舊爲盜賊出没處。

橋屯隘，〔四〕在縣北。萬曆二年官軍平洛斗諸巢，賊敗散，乃設兵分屯扼塞，一守橋屯隘，一守都勒隘，一守平經隘。於三板橋設堡一，屯兵戍守。又托定村，在縣東北。正德十五年賊僮覃萬賢據古田作亂，掠洛容，據西鄉，托定，洛斗諸村江道多梗，久之患始平。

洛容驛。在縣東。又江口驛，通志云：「在縣西。」輿程記：「自江口驛而西南百二十里爲雲騰驛，趨府城之道。自江口驛而東北百二十里爲大分驛，又百二十里爲永福縣之橫塘驛，趨桂林府之道。」

柳城縣，府北七十里。西南至慶遠府百六十里，西北至羅城縣百二十里。漢潭中縣地，梁置龍城縣，屬始安郡。隋開皇中屬貴州。唐武德四年置龍州於此。貞觀七年州廢，縣屬柳州。宋因之，景德三年改曰柳城縣，咸淳初徙州治此。元因之。明初還治馬平，縣屬焉。編户十二里。

龍城廢縣，在縣南。志云：梁大同三年八龍見於江，乃即江南置龍城縣。隋開皇八年徙治江北，唐因之。宋曰柳城，元移置於龍江東，即今縣也。縣舊無城，成化間築甃以磚，周不及二里。○柳嶺廢縣，在縣西南。唐武德四年置縣，屬龍州，貞觀七年廢入龍城縣。

青鳳山，縣西二里。高百餘丈，上有一竅通明，一名穿山。又烏蠻山，在縣東南二里，高聳臨江。下有深潭，澄湛徹底。以山石純盧，故名。○勒馬山，在縣北五里。其形曲轉如勒馬狀。志云：縣舊治在山下，一名文筆山。又銅磬山，在縣西十里。一名雲蓋山，高大峻聳，雲氣常覆其上。志云：縣西北有觀音巖，回環相通。又東有會仙巖。

龍江，在縣西。自慶遠府宜山縣東流入境，又東南流與融水合而爲柳江。

融江，在縣東，即柳江之上流也。自懷遠縣流入境，亦謂之融水，又南入馬平縣界，龍江流合焉。○馬跑水，在縣西七十里。一名湧珠泉，有灌溉之利。

東泉鎮，在縣南，有巡司。又東泉驛亦置於此。又古旹鎮，在縣北，〔五〕有巡司。志云：司初置於融江西岸，成化二十二年遷於馬頭驛東。○東江驛，在縣西。又縣北有馬頭驛。輿程記：「自東江驛而西六十里爲羅斯驛，又五十里爲宜山縣境之大曹驛，又五十里即慶遠府城也。」

上油峒。在縣東北，賊巢也。萬曆二年洛容叛傜與上油峒諸賊相連絡，官軍討之，分遣別將楊照等攻上油，連破板橋、姚峒、青鳥、黃泥、常安、蒲巖諸巢，俘獲甚衆。賊遁匿里厢、下良諸巖。里厢、下良共一山，長數里許，中寬而曲，水石各半，官軍復攻破之。○安勞堡，在縣西北。成化初置，正德以後爲叛傜所據。萬曆二年平上油賊，復置堡，設兵屯守。又於境村立堡，亦設兵守之，邑境遂安。

羅城縣，府西北百九十里。東南至柳城縣百二十里，西南至慶遠府天河縣百里。一統志云：「本桂林之琳州洞地，〔六〕宋開寶五年置羅城縣，屬融州。熙寧七年省入融水縣，崇寧初爲羅城堡。明朝洪武初復置縣，仍屬融州。十年州廢，改今屬。」編户五十里。

羅城舊城，在縣西。志云：縣舊治西羅鄉，洪武三年遷治鳳凰山下，即今縣也。舊無城，成化十七年始甃石爲城。周二里有奇。

東黄山，在縣東。中有淵秀巖。又城北二里曰鳳凰山。十里曰覆鐘山，有巖圓聳若覆鐘。○冰山，在縣西北四十里。其上高寒，四時常冰。縣西北八十里又有葵山。又西十里曰石硯山，聖水發源於此，南流入於龍江。

武陽江，縣北百里。有二源，一出縣東北之高懸里，一出縣北之平西里，皆流至武陽砦合爲一，又西有沙拱江流合焉，下流入於融江。○西江水，出縣西銀村，南流入於慶遠之龍江。

武陽砦。在縣北。宋置。通志：「今縣西百里有武陽鎮巡司，又西九十里有通道鎮巡司。又莫離鎮巡司，在縣東五十里。」

懷遠縣，府北三百十里。北至貴州永從縣二百里，東北至湖廣通道縣三百七十七里。本牂牁縣夜郎蠻地，宋初置羈縻懷安軍，慶曆中廢。至和中置王口砦，崇寧四年又於砦置懷遠軍，尋改平州，兼置懷遠縣爲附郭。政和初州縣俱廢，復爲王口砦。七年復置平州，宣和二年賜郡名曰懷遠。紹興四年州廢，又爲王口砦。十四年仍置懷遠縣，隸融州。元因之。明朝洪武十年縣廢，置三江鎮巡司。十四年復置縣。改今屬。編戶九里。

懷遠舊城，在縣北，即王口砦也。宋初置懷安軍。景德四年宜州澄海軍校陳進作亂，據宜州，陷柳州，官軍退保象州，賊攻懷安軍，知軍任吉等擊走之，即此。崇寧中置懷遠軍，并置平州於此，後改廢不一。明初吴良征蠻，降古州峒，析融縣金鷄鄉爲縣地，置縣治於江浦。其地形嶢嶢，傜、獞環伺，屢爲寇亂。嘉靖初縣城爲賊陷，隆慶初營故城。傜賊復亂，萬曆初討平之，議移縣治於板江堡。四年傜復叛，堡毁，縣寄理於融縣。十七年始營縣城於丹陽鎮，周不及二里，即今城也。

廢允州，在縣西北。宋置安口砦，崇寧中置允州治焉，改砦爲縣，政和中州縣俱廢。又西有廢從州，宋置樂古砦，崇寧中置格州治焉，又改砦爲縣，五年改格州爲從州，政和中州縣皆廢，復爲樂古砦。宋史：「崇寧四年時蔡京以開邊蠱上。知桂州王祖道誘王江酋楊晟免等使納土，誇言向慕者百二十峒。又言王江山川形勢據諸峒要會，〔七〕宜開建城邑，置谿峒司主之。從之，於王口砦置懷遠軍，尋分其地置允、格二州是也。」

平山，縣北五里。宋平州以此名。亦曰屏山。山東麓有治平洲，廣數百畝，可以耕種。又北五里曰大桂山。○武牢山，在縣南十五里。高險峭拔。又縣南有珠玉山，縣之案山也。志云：今縣治即故丹陽鎮，有丹陽洲，蒼帽山當其北，珠玉山在其南，掛榜山在其西，天馬山直其東。又東北爲大耀山，又遠爲唐朝山，與湖廣通道縣接界。

九曲山，在縣西北。高萬仞，怪石巉巖，中流一泓，碧練千尺。其南爲石門山，大江左右兩山夾峙，凡有四處，俱崖石峭竪如門。又南入融縣界，江岸皆有山夾峙，俱謂之「石門」。志云：縣境有古尼山，峰巒環抱，風氣凝聚。

古州江，在縣西北。自貴州西山陽洞長官司流入縣境，即福淥江也。亦謂之大江。湖廣靖州南境之多星江、芙蓉江諸水皆流匯焉，自石門山而南，繞縣西入融縣境謂之融江。

板江，縣北十五里。源出北境之扶勞山，經牛頭、上甕，邊田諸村南入大江。又蕉花江，在縣北二十里。出蕉花村，自江口入大江。縣北三十五里又有田寨江，出吼江北原，經田寨、播營、丹竹諸村入大江。○西坡江，在縣北四十三里。源出白雉山，入甘邊江會合水江而入大江。又四里江，亦在縣北。自大理、馬平，〔八〕經白花、古利、龍塘諸砦入大江。又有斗江水，自縣北江源、大地諸村入大江。志云：縣北三里有軍聽潭，兩岸皆懸崖峭壁，其流亦入大江。

文村堡，在縣北。宋置。其東有臨溪堡。又有融江砦，在縣東北。又東有潯江堡。宋志：「崇寧四年王江、古州蠻户納土，因建懷遠軍，割融州之融江、文村、潯口、臨溪四堡寨隸焉。尋又屬平州。政和初州廢，融江等砦還隸融州。又百樂砦，在縣西北。宋崇寧中置，兼置萬安砦，初屬平州，尋又置通靖、鎮安等砦，〔九〕撥隸允州，後皆廢。」志云：縣東有通天砦，亦宋政和中置，屬平州，宣和中廢。

板江堡。在縣西南。萬曆二年設兵戍守，又議遷縣治於此。四年，堡爲傜賊所陷。經略志：「萬曆初議討懷遠叛傜，以近縣近江諸巢爲必勦之寇，黄土諸峒，白杲諸僮，青旗、大梅諸傜宜安撫，於是召集諸軍水陸並進，賊黨奔潰。官兵追搗太平、河里，連破七團諸巢，直抵靖州界，於是天鵝嶺之北，賊傜略盡。而杲黄、大地諸賊猶聚郡鄧山，乃移軍夾擊，復大破之。又破其上傜龍七砦，砦爲諸傜重地，長亘數里，崖壁峭絶，官兵奮勇克之。計前後破賊巢百四十有餘，傜大窘，乃議以縣北之太平、河里、四港諸孽屬之三甲餘民，猛團、七團諸孽屬之武洛良僮，桐木、合水、三門諸孽屬之白杲良僮，縣南郡鄧、坡頭、杲黄、大地諸孽屬之縣，邊田、板江諸孽屬之浪溪、寶江良僮，河潺、蕉花諸孽屬之背江良僮，縣境侵噬稍息。四年傜復叛陷坡頭堡，毁板江堡，六年復攻長安鎮，官軍大敗之，自是傜患益少。」

融縣，府西北二百五十里。東至桂林府永寧州二百八十里，東北至懷遠縣九十里。漢潭中縣地，蕭齊析置齊熙縣，爲齊熙郡治，梁兼置東寧州。隋平陳郡廢，開皇十八年改州爲融州，又改縣曰義熙。大業初州廢，縣屬始安郡。唐武德四年復置融州，六年改義熙曰融水縣。天寶初曰融水郡，乾元初復爲融州。宋因之，亦曰融水郡。大觀元年升爲帥府，黔南路治焉。三年府罷，賜軍額曰清遠軍節度，尋又升爲下都督府。元曰融州路，至元二十二年降爲州。明朝洪武初以州治融水縣省人，十年降州爲縣。編户七十里。

融水廢縣，今縣治西。蕭齊曰齊熙縣，〔一〇〕隋曰義熙，唐曰融水，皆爲州郡治。明初廢。志云：縣東臨融水，西近香山，南達真仙巖，北倚雲際山。唐始築州城，宋大觀初復增拓之，創外城，周九里。元至正中寇毁，復修築内城。明初又增拓城西一面，環之以濠。正統九年、嘉靖三十一年、四十四年皆嘗修葺。城周二里有奇。

武陽廢縣，在縣西北。志云：蕭梁置黄水縣，并置黄水郡，在今縣西。又西北置臨牂縣，屬黄水郡。隋平陳郡廢，縣皆屬融州，大業初俱省入義熙縣。唐初復置臨牂、黄水二縣，仍屬融州。天寶初改置武陽縣，臨牂、黄水俱省入焉，仍屬融州。宋初因之。熙寧七年廢入融水縣。崇寧初置武陽砦，即故縣也。或曰武陽廢縣即臨牂故址。○安修廢縣，亦在縣西北。唐武德四年置，貞觀十二年省入臨牂。

撫水廢縣，縣西北三百里。唐垂拱中置羈縻撫水州，領撫水、古勞、多蓬、京水四縣，屬黔州都督府，後仍没於蠻。宋初亦置撫水州及縣於此。祥符九年州蠻爲亂，寇宜、融等州，廣西轉運使俞獻可使宜州將曹克明、〔二〕融州將王文慶等討之。克明出樟嶺西，文慶出天河砦東，磴道危絶，蠻多伏弩以待，官軍擊破之，郡蠻竄伏，尋出降。詔以撫水州爲安化軍，縣爲歸仁縣。宋志慶遠府有羈縻安化州，領縣四，即此。元廢。○樂善廢州，在縣北。宋崇寧二年置樂善砦，紹興中爲羈縻樂善州，後俱廢。

獨秀山，縣西一里。挺然秀發，上干雲霄。又西里許爲旗山，山巔卓起，坡勢衍迤，舊設香山驛於山下。志云：縣西南四里有老人巖，疊巘隆起，度高千仞。山腰削壁，忽開巖竇，軒豁明爽。山後有石徑，縈紆而上，俯眺川原，盡在几榻。又縣西北四里有玉華巖，俗謂之龍吟虎嘯巖，以石形相似也。又縣西五里有彈子巖，中多石子。一名德巖。

靈巖山，縣東南五里。仰視高遠，青白錯雜，靈壽溪貫串山中。巖中有白石巍然，亦名老君洞。宋咸平中改爲真仙巖，頒太宗御書百二十軸藏於巖内。志云：縣南五里爲劉公巖，舊名西峰，宋紹定間郡守劉繼祖所闢，〔三〕因名。又南二里即真仙巖矣。

雲際山，縣北十里。甚高峻，上有二泉。又石門山，在縣西北十里。兩峰夾峙，江岸崖石峻削若門，土人謂之上石門，其在懷遠縣境者曰下石門。○聖山，在縣北四十里長安鎮。高七八里。上有聖祠，因名。又縣東北四十里有四盤嶺，上下二十餘里，嶺道縈紆。志云：縣北五十里有天堂嶺，有泉長流。

寶積山，縣東五十里。產鐵及蘆甘石。○採藍洞，在縣東北二十里。四山環列，洞中平地如砥。

潭江，縣城東。一名融水。自懷遠縣流入，與縣境諸水合流至柳城縣而爲柳江。今有潯陽渡，在縣東南十五里，融水津渡處也，爲往來要道。

背江，縣西北十里。志云：背江之水歷石門山流經羅城縣界入柳江，蓋即融江支流也。又保江在縣北二十里，浪溪江在縣北六十里，縣境又有思回江、丹江諸水，俱流匯於潭江。

靈壽溪，縣南五里。出縣西南之六村，東流入真仙巖。縣東七里有深潭，其深叵測，流合靈壽溪，下流俱注於融江。又玉華溪，亦曰玉華江，出玉華巖，下流亦注於融江。○都博塘，在縣西南十五里，大數百畝。又縣北四十五里有山塘，受諸山溪之水，回環數曲，大如江河。志云：縣境陂塘凡數十處，而都博、山塘爲最大。

長安鎮。縣北四十里，有巡司。通志：「鎮舊在融江東岸，今徙西岸。又縣西南五十里有鵝頸鎮巡司，縣東六十里有思管鎮巡司。」○板江村，在縣西。成化中懷遠賊侵融縣板江村據之，即此。

來賓縣，府南七十里。南至賓州二百二十里。漢潭中縣地，後爲僚所據。唐乾封元年招致生僚置來賓縣，并置嚴州治焉。天寶初改爲循德郡，乾元元年復曰嚴州。宋初州廢，縣屬象州。元因之。明初改今屬。城周二里有奇。編户九里。

歸化廢縣，在縣南。晉義熙中置縣，屬鬱林郡，宋、齊因之，梁、陳間廢。唐乾元初復置，屬嚴州。宋開寶七年省入來賓縣。又循德廢縣，在縣東。唐初置歸德縣，屬柳州，尋改曰循德縣，乾元初改屬嚴州，宋初廢。志云：縣東南五十里有古郎城，以旁有古郎山而名。城周一里。疑即故循德縣治。

武化廢縣，縣東南八十里。劉昫曰：「漢潭中縣地，隋爲桂州建陵縣地。唐武德四年析置武化縣，仍屬桂州，尋屬晏州。貞觀十二年州廢，以縣屬象州。尋移州治此，大曆十二年州移治陽壽，縣仍屬焉。」宋初因之，熙寧七年省入來賓。元祐初復舊，紹興初廢。又東有長風廢縣，唐武德四年析陽壽縣置，屬晏州，尋屬象州，大曆十一年省入來賓。

龍鎮山，縣北一里，縣之主山也。縣北四十里又有思玉山。○石牙山，在縣南三十里。平地有石，峭拔如牙。又南五里有居松山。又南五里爲穿山，山有穴，南北相通。相傳馬伏波獲白鹿於此。志云：縣南六十里又有金峰山，泉石甚勝。

白雲洞，縣北二十里。洞深邃，常有白雲覆其上。○白牛洞，在縣西南六十里。弘治中盜賊出没於此，臺臣萬祥言賊在柳、慶間者有白牛、上油、肆滴、二都、四五都諸巢是也。

大江，在縣南，都泥江下流也。其源自貴州定番州界，經慶遠府境，歷遷江縣北、賓州南，又東北入縣界，有雷江流合焉，又東南入於柳江。元和志「嚴州有長水，自牂牁流下來賓」，即此水也。詳見大川右江及川瀆盤江。

定清江，縣北五里，又雷江在縣北三十里，俱南流入於大江。○白馬溪，在縣西南二十餘里，下流亦入大江。

界牌鎮。在縣南境，有巡司。志云：司舊置於縣西，宣德七年遷於南江石牙村，接貴縣界。○在城驛，在縣西二里。

象州，府東南百三十里。南至潯州府三百六十里，西南至賓州二百八十里，北至平樂府修仁縣百五十里。

秦桂林郡地，漢屬鬱林郡，漢紀：「武帝平南越，以秦桂林地置鬱林郡，以秦之象郡爲日南郡。」茂陵書：「象郡治臨塵，去長安萬七千五百里。元鳳五年罷象郡，以其地分屬鬱林、牂牱。」臨塵廢縣，蓋在今州界。漢屬鬱林郡，後漢因之，後廢。通典：「秦之象郡，今合浦郡是也。」後漢因之。三國吳屬桂林郡，晉以後因之。梁置象郡。隋平陳郡廢，置象州，開元十二年置，治馬平縣。大業初州廢，屬始安郡。唐武德四年復置象州，治武德縣，貞觀十二年移治武化，大曆十一年又移陽壽。天寶初改曰象郡，乾元初復爲象州。宋因之。亦曰象郡。宋志：「景定三年州徙治來賓縣之蓬萊鎮。」元曰象州路，尋降爲州。明初以州治陽壽縣省入。編户十里。領縣一。

州接壤潯、邕，控臨番峒，山谿錯雜，爲肘腋要地。

陽壽廢縣，今州治。漢中溜縣地，屬鬱林郡，後漢因之。晉廢。後復置，屬桂林郡，宋、齊因之。梁改置陽壽縣，又置昭陽郡治焉。隋廢郡，縣屬象州，大業中屬始安郡。唐初屬象州，尋爲州治。宋、元因之。明初省。城邑攷：「州舊有土城，洪武中甃以磚，成化十四年、嘉靖九年及萬曆十三年皆嘗修治。城周三里有奇。」

桂林廢縣，在州東南。漢縣，屬鬱林郡。吳孫皓分置桂林郡，縣屬焉。廣紀：「漢改秦之桂林郡爲鬱林，孫皓又分立桂林郡。」時謂桂林縣爲小桂，晉建興三年陶侃爲廣州，執交州叛將劉沈於小桂是也。陶宏景曰：「始興桂陽縣即是小桂。」悮矣。大興初又分置晉興郡，桂林縣屬焉。宋、齊因之。隋屬桂州，後屬始安郡。唐屬象州，乾封初省入武仙縣。○淮陽廢縣，在州西南。梁置，屬昭陽郡。隋開皇十八年改曰陽寧縣，屬象州。大業初廢入陽壽縣。

武德廢縣，在州南。唐武德四年析桂林縣地置，爲象州治，尋屬象州，〔一三〕天寶初省入陽壽縣。又西寧廢縣，亦在州南。唐武德四年置，屬象州，貞觀十二年省入武德縣。○晉興廢縣，在州西。晉大興初分鬱林郡置晉興郡，領晉興等縣，宋、齊因之，隋郡縣俱廢。

象山，在州治西。下有巖深三里許，中有白石如象，州名本此。其相連者曰西山。山北爲猫兒山，下臨大江。風土記：「猫兒山對鹿兒灘。」是也。又鳳凰山，在州治東二里，與東岡山相連。又東三里有金鷄嶺。志云：州城北有燕子巖，空洞可容千人，羣燕巢栖於此。下有碧潭，亦名龍潭山。

白面山，州南七里。石壁屹立，横截大江，中多白石。一名掛榜山。又南三里有鷺鷀巖，一名鷺鷀峽。○居鹿山，在州東北四十里。上有鹿池。又雷山，在州東六十里，廣四十里。下有仙女池。州東北百里又有聖塘山，高峻不可登，上有塘水。

象臺山，州西北三十里。平正如臺。○石門嶺，在州東南十里。志云：州北七里又有二仙巖。

象江，在州城西，即柳江也。自府城南流經州北，自城西而南入武宣縣境，又南入潯州府界。詳見前大川右江。

七里江，州東七里。有天堂嶺，江源出焉，流入象江。又温湯泉，在州東三十里。水流成河，灌田甚廣，土人謂之熱水江。其下流謂之第四澗，從牛角州流入象江。又州東四十里有濮泉，州城東北有東泉，俱有灌溉之利。

三里塘，在州南。方廣三里，灌南鄉諸田。志云：州城東有大連塘。北城有第一、第二、第三等澗。又古鳳壩，在州北；慈悲壩，在州南；俱灌溉民田，爲利甚溥。

龍門砦。州東八十里，有巡司。志云：寨東至永安州二百里，山谿險僻，爲傜賊出沒之處。○象臺驛，在州城南。志云：州南三十里有象臺，平地突起，巍然一臺，四望平遠，相傳州舊治此，驛因以名。輿程記：「自象臺驛沿江而北，江中有金灘、麻子灘，皆峭險，分道出洛容縣之江口驛凡七十里。」

武宣縣，州南百里。南至潯州府二百五十里。本桂林縣地，唐武德四年析置武仙縣，〔四〕屬象州。宋因之。明初改爲武宣。編户八里。

武仙舊城，縣東十餘里，舊縣治此。宋景德四年宜州軍校陳進作亂，轉攻象州。時曹利用安撫廣西，遣將敗賊於武仙，遂平之，即此。明朝洪武三年築土城，三十年嘗增拓之。宣德八年移於今治，成化中始營磚城，周二里有奇，即今城也。

仙巖山，縣南四十里。巖中可容數百人。又石羊山，在縣西六十里。峭壁上有石如羊，俯臨大江。又銅鼓山，在縣西十里。下有銅鼓灘。

羅淥山，縣東南百五十里。其相近有老鼠諸砦，舊爲傜賊出沒之處。洪武二十年廣西參政湯敬恭討叛傜，敗沒於此。○大藤峽，在縣南三十里，接潯州府界。詳見重險。

潯江，縣東南三十里，亦曰大藤峽水，即柳江與諸川匯流處也。中有四灘，曰弩灘、新藤灘、鎖筒灘、牛角灘。灘有巨石，水勢迴旋，其聲如雷。又南入潯州府境，舊爲傜賊淵藪云。○大江，在縣西六十里，都泥江下流也。自賓州流入界，東合於潯江。

仙山驛。在縣南。自潯州府經大藤峽至縣，又北出象州之通道也。又縣東有東鄉巡司，舊爲傜、僮出没處，成化二年平大藤賊，設巡司於此。

賓州，府南三百里。東北至象州二百八十里，西南至南寧府百六十里，西北至慶遠府二百二十里。

秦桂林郡地，漢屬鬱林郡，宋、齊因之。梁置領方郡。隋平陳郡廢，屬尹州，大業初仍屬鬱林郡。唐武德四年屬南方州，貞觀五年改置賓州，天寶初曰安城郡，至德二載改爲嶺方郡，乾元初復爲賓州。宋開寶五年州廢，屬邕州，明年復置。亦曰安城郡。元曰賓州路，尋降爲州。明初以州治領方縣省入，編户十五里。屬柳州府。領縣二。

州制邕管之上游，爲兩江之障蔽，嘉靖中林富言：「州爲兩江障蔽，賓州有警，兩江必不能晏然也。」南服有警，批亢擣虚，州其折衝之所矣。宋皇祐中，狄青討儂智高於邕州，勒兵賓州，亦其證也。

領方廢縣，今州治。志云：舊縣在今州南三十里。漢置縣，屬鬱林郡，郡都尉治焉。後漢亦屬鬱林郡。三國吴改曰臨浦，晉太康初復曰領方縣，仍屬鬱林郡。宋、齊因之。梁爲領方郡治。隋初郡廢，縣屬尹州，尋屬鬱林郡。唐屬南方州，尋爲賓州治。宋開寶五年以琅琊縣省入領方，明年移州及領方縣於琅琊舊治，即今城也。唐志：「琅琊縣，唐武德四年析領方縣置，屬賓州。」城邑攷：「州城，宋開寶中築，後廢。明朝洪武初復修築，成化中增修，正德八年復修城濬濠。嘉靖十五年、萬曆十二年皆嘗營繕。城周不及七里」。

保城廢縣，在州東南。本領方縣地，梁析置安城縣，并置安城郡。隋平陳郡廢，縣屬尹州，大業中屬鬱林郡。唐初亦曰安城縣，屬南尹州。貞觀五年析屬賓州。至德二載改曰保城縣。宋開寶五年廢。○思干廢縣，在州西。唐武德四年置，屬南方州。貞觀五年改屬賓州，十二年省入領方縣。

領方山，城東一里。舊郡縣皆以此名。又圓珠嶺，在城南門外。大江環流，如珠圓抱。又南里許爲銅鼓嶺，人行嶺上，逢逢有聲，如銅鼓然。○頂山，在州南五里。州南十五里又有南山，連峰聳峙，爲州前案。其相近者曰武淥山。

馬鞍山，州西十五里，以形似名。其相連者有白村巖，相傳巖中有道，潛通南寧府武緣縣界。又葛仙嶺，亦在州西十五里。有洞深邃，容數百人。又有淥蒙嶺，在州西北十五里。盤踞蜿蜒，與淥壽嶺相接。四圍如屏，中有田數十畝。○金鷄山，在州西二十里。又州西南二十里有甘村巖，巖中幽深，下有潭水。

石壁山，州東北二十里。其並峙者曰白羊山。旁有廖平巖，清勝奇絶，四圍堅密如城郭。又雙山，在州東二十八里，以兩山相對而名。○銅泉山，在州東北十七里。下有泉，嘗出銅。志云：州北十五里有羅鳳嶺，蜿蜒橫亘，爲州後屏。

古漏山，州西四十里。有泉如滴漏，四時不竭。宋咸平中州守王舉鑿崖燒石，開闢路以通行旅，往來稱便。又燈臺山，在州西南八十里。高聳爲諸山望，南接南寧、武緣界，西接上林大明山，迤邐二百餘里。○鎮龍山，在州東南八十里。高出東南諸山，亘百餘里，與平樂府之永安縣、潯州府之貴縣接界。

賓水，在州南。其上源即都泥江也。自慶遠府忻城縣界東南流，經遷江縣北，又東南流歷州南，復東北入來賓縣界。詳見大川右江。

李依江，州東三十里。源出縣北，合諸流入賓水。融縣商船道出於此。又武陵江，在州東南三十里，源出武渌山；又有浮江，亦自州南流入焉；俱匯於李依江。○寶水，在州西南三十里。即賓水支流也，亦東匯李依江。

古漏水，在州西。出古漏山下，注流成川，合於賓水。○白鶴泉，在州南三十里。源出南山，至城東南通鷹呰泉合李依江。

陷塘，州東二十里，相傳嶺陷成塘，周五六里許；又東二十里有梁鴉塘；俱灌溉所資也。志云：州東十里有清潭渠。又州境陂塘其得名者凡十餘處，俱有灌溉之利。

古漏關。州南四十五里，以古漏山名。宋置。又安城鎮，在州東六十里，有巡司。○清水驛，在州北八十里。又北八十里爲來賓驛，接來賓縣界。

遷江縣，州西北百里。西北至慶遠府忻城縣七十里。本蠻地，唐大曆中置羈縻思岡州，屬邕州都督府。宋天禧中改爲遷江縣，屬賓州。嘉定三年始築縣城，元毀。明朝洪武二十五年始復營築，萬曆十三年增修。周不及四里。編户二里。

寶積山，縣東二里。疊石崔巍，不通道路。山巔稍平，可居，鄉人常依以避寇。亦作保積山。又縣北一里有鐘山，下有巖。又北二里曰鐘子山，以石峰突兀如鐘也。〇印山，在縣西二里，有泉石之勝。又西一里曰煙合山，層巒疊嶂，巖壑深蔚，烟雲常聚其上。又縣北五里有泊艦山。下有巖，容數百人。石筍奇勝，舟行者必駐觀而後去，因名。

永昌山，縣西七里。石巖闊大。又瓦山，在縣西十里。山峰險峻。志云：山下有古縣治。又縣西十五里有古黨山。志云：唐開古黨洞置黨州，即此。悞。〇雙髻山，在縣南十里。兩峰並峙。又南十里有鷓鴣山，郡志謂之白鶴山。下有洞，亦名白鶴洞。

大江，縣東北二里，即都泥江也。自慶遠府忻城縣流入界，又東南入賓州境。舊志：都泥江亦名渾水江，自宜州落木渡東流合賀水達柳江。詳大川右江。

龍江，縣南三里。源出鷓鴣山之白龍洞，下流入大江。又賀水，在縣西二里。源出上林縣界，石磧險巇，溪流屈曲，繞縣西而東，亦會於都泥江。〔一五〕〇武節水，在縣西十里，流匯於都泥江。又武緄水，在縣南十七里，流合賀水入都泥江。志云：縣西八十里有潮泉，泉水湧出，一日三潮，流至羅月鎮入都泥江。

石零堡。縣東南三十里。往來者經此每罹寇患，正德七年設堡於此，築城置戍。

上林縣，州西八十五里。西至思恩府二百五十里。漢領方縣地，唐武德四年析置上林縣，并置南方州治焉。貞觀八年改爲澄州，天寶初曰賀水郡，乾元初復爲澄州，皆治上林縣。宋開寶五年州廢，縣屬邕州，尋改今屬。縣舊無城，洪武三十一年始築土垣。景泰三年陷於賊，天順初改築土城，成化八年甃以磚，弘治以後屢經修築。城周一里有奇。編户八里。

無虞廢縣，在縣南四十里。唐武德四年析領方縣置，屬南方州，貞觀八年屬澄州，宋開寶五年省入上林。又止戈廢縣，在縣東南。亦唐武德四年置，屬南方州。貞觀五年改屬賓州，尋復來屬。宋開寶中廢。○賀水廢縣，在縣東北。新唐書：「武德四年析馬平縣地置，屬柳州。八年改屬南方州，尋屬澄州。」宋初與州俱廢。

扶嵐山，縣北五里。八峯分矗，〔一六〕若扶摇雲山之上。一名八角山。又羅勾山，在縣西六里。山勢盤屈如勾。○大明山，在縣西十里，接思恩府及武緣縣境。蜿蜒疊聳，中有五峰，直插霄漢。上有潭，深不可測。潭中時吐異光，遠燭數里，因名。又縣東七里有争光嶺，俗稱嶺有異光，與大明山交映也。又石光山，在縣北十里，以山石潔白而名。

鏌鋣山，縣南十里。相傳昔人嘗得寶劍於此。有鏌鋣關。縣南二十里又有鷄籠山，中有洞，宏闊可容百人。又石蓬山，在縣東南三十里。平地突起，中有巖洞，容數百人。下有小江穿石縫中，其水清碧多魚。志云：縣東四十里又有雲靈山，最高秀。○羅洪山，在縣東五十里。巖洞幽勝。其相近者又有獅山，對峙者曰螺山，皆平地突起。旁有獅螺江。志云：魚峰嶺亦在縣東五十里，高峻可四望。

高眼山，縣南四十里。山最高，林木深鬱。又古渌山，在縣西南五十里。喬林葱蔚，下有古渌水。○周安巖，在縣東北二百里。又智城洞，在縣東二十里，矗立千仞。又羅漢洞，在縣北二十里。一名白雲洞，有茂林清溪之勝。

澄江，縣西二里。出大明江，下流入馬波江，唐澄州以此名。○馬波江，在縣北四里。源出縣西之茶山，流入遷江縣境，合於大江。志云：縣北有黄龍、里仁、化龍諸江，又有周江，皆流合馬波江。又淡竹水，在縣南八里。亦出大明江，會馬波江。

周利江，在縣西南，又縣南有單竹江，俱東流注合水。志云：縣南三里有龍馬江，亦出大明山；縣南又有章光江流合焉；又樊廟江，在縣南三十里，出古淥山；俱流至縣東三十里而爲合水，又東匯於大江。○寶水，在縣西南十五里。有陂堰，可溉田。

鏌鋣關，在縣南鏌鋣山上。宋置。○三畔鎮，在縣北三十里，有巡司。志云：上無虞鄉有琴水橋，萬曆中置巡司於此。又思龍驛，在縣東百二十里。

周安堡。縣東北，八砦之一也。八砦者，曰思吉，曰周安，曰古卯，曰古蓬，曰古鉢，曰都者，曰羅墨，曰剥丁。後又益以龍哈、咘咳，爲十砦。其地東達柳州三都、皂嶺、北四諸洞，西連東蘭等州及夷江諸洞，南連思恩及賓州上林、銅盤、淥毛諸峒，北連慶遠忻城、東歐、八仙諸洞，周環五百里，故遷江八屯及上林二里民地，賊據日久，砦各千餘人，扼險要，且鷙悍難制。成化初參將馬義等討之，不克，正德中益熾。嘉靖初王守仁定思恩，密圖八寨，潛師分道擣之，破石門，賊始覺，警潰。守仁議以八寨諸賊，實柳、慶諸賊根柢，四山環合，同據一險，各巢賊皆倚八砦爲逋逃藪。今幸平盪，宜據其要害，建置衛所，以爲控禦。其周安堡正當八砦之中，宜創築一城，移南丹衛守之。未及行，而守仁病歸。既而撫臣林富議云：「八砦爲柳、慶、思恩各賊淵藪，而周安堡委當思恩八砦之中，四方賊巢道路所會，宜就築新城，委官駐劄。」亦不果。不數年猖獗如故。隆慶四年撫臣殷正茂征古田，八寨賊震恐，請服，因設長官司戍守其地。萬曆二年龍哈僮樊尚糾黨爲亂，撫臣郭應聘密令三寨土司襲破之。其後諸酋益恣，占上林七里、武緣五圖，横行四出。七年督臣劉堯誨等議征之，分官兵爲四部，一由三里，一由忻城，一由夷江，一由上林，進破賊巢，賊皆披靡。又以北五諸聚落習與賊通，移師破之。因議曰：「八寨原係遷江縣永安鄉地，洪武間設千户所。後寨賊强盛，所不能制。弘治六年以其地撥附思恩，正德間又改屬歸順州，未幾復叛。今宜分設三鎮，以周安、古卯爲一鎮，思吉、古鉢、羅墨爲一鎮，古蓬、都者、剥丁爲一鎮，各置土巡司戍守。以思恩參將轄之，而隸於賓州。建參將，置於三里。龍哈、咘咳，各築左右堡，募兵置戍。遷南丹衛八所與參將同城而居。」自是八寨帖服。土夷考：「三里爲上林之循業、撫安、古城等里，向被寨賊占據，改爲龍哈、咘咳二寨。萬曆三年撫臣郭應聘改設思恩參將駐守於此，因築三里城。又築龍哈、咘咳二大堡，設兵戍守。」

附見

柳州衛，在府治東北。洪武四年建。又守禦融縣左千户所，在縣治東。洪武二年建。守禦來賓中前千户所，在來賓縣治東。洪武三十年建。○守禦象州中右千户所，在州治東。亦洪武中建。又武宣守禦千户所，在武宣縣治東北。宣德六年建。守禦賓州後千户所，在州治東。洪武三年建。以上五所，俱隸柳州衛。

南丹衛，在上林縣西北百里。本慶遠之南丹州，洪武二十八年改州爲衛。正統七年徙衛於賓州治東，尋復立南丹州於故地，而衛治不改。嘉靖三年王守仁平八寨，議移南丹衛於八寨。八年撫臣林富言：「南丹衛舊設於賓州，既不足以遥制八寨，遷之八寨又不得以還護賓州。獨上林之三里，守仁嘗議設鳳化縣者，可遷衛於此。其地平曠博衍，多良田茂林，南連八寨，西達思恩，形勢險要，可耕可守。但設縣則割賓州之地以益思恩，是顧彼失此也；遷衛則守賓州之險以制八寨，以援思恩，是一舉而兩得也。」亦不果。萬曆八年督臣劉堯誨議曰：「南丹八千户所，舊在南丹土州，洪武二十八年建後徙於柳城屯種。永樂二年徙於上林縣東二里，築城以衛之。正統七年改附賓州。嘉靖七年王守仁議移南丹衛於周安堡，既而林富議移於三里，俱不果。今仍移於三里，與思恩參將同城駐守。」從之，即今衛也。

遷江縣屯田千户所。舊在縣治東。洪武二十五年建，直隸都司。嘉靖三年王守仁議曰：「遷江八所皆土官世職。舊有狼兵數千，分置八寨。今雖衰耗，尚有四千餘衆。若留四所屯田於外，調四所合南丹一衛之衆以守，足爲柳、慶間一巨鎮。」既而撫臣林富言：「八寨原係遷江八所土官所轄地方，合如守仁議，量遷四所官兵，并召募精鋭，協力防守。」七年遷置所於縣東南境，接潯州府界，西達八寨，壓屯堡七十二。編户五里。

慶遠府，東至柳州府百六十里，東南至柳州府賓州二百十里，西南至利州界七百里，西北至貴州獨山州界百七十里，自府治至布政司五百七十里，至京師七千九百里。

古百粤地，秦屬象郡，漢爲交趾、日南二郡地，晉以後没於蠻。唐武德中置粤州，乾封中改爲宜州，天寶初曰龍水郡，乾元初復爲宜州。唐末爲馬氏所據，五代漢乾祐三年入於南漢。宋仍爲宜州，亦曰龍水郡。宣和初升爲慶遠軍節度，咸淳初又升爲慶遠府。以度宗潛邸也。元曰慶遠路，大德初改慶遠南丹溪洞等處軍民安撫司。明朝洪武三年復爲慶遠府。通志：「洪武二年安撫司吴天護歸附，以慶遠爲南丹軍民安撫司，授天護爲同知。三年以廣西省臣言改置今府。」今領州一，縣四，又羈縻州三，縣一，長官司二。

府江山峻險，土壤遐僻，控扼蠻荒，爲西陲之襟要。

宜山縣，附郭。唐置龍水縣，爲宜州治。宋宣和初改縣曰宜山。今編户三十七里。

龍水廢縣，在府治東南。唐武德中平蠻洞置縣於此，尋爲州治。城邑考：「郡舊有土城，唐天寶初築，後廢。明朝洪武二十九年因舊址改拓，成化三年增修。弘治元年、二年復修城濬濠。正德七年又增外垣。嘉靖二年及萬曆九年又復營繕。有門六。城周六里有奇。」

洛曹廢縣，府東八十里。唐置洛封縣，屬柳州。元和十二年改曰洛曹。宋淳化五年改屬宜州，嘉祐七年省入龍水縣。○述昆廢縣，在縣西南。唐置羈縻述昆州，領夷蒙等五縣，隸桂州都督府。宋因之，尋爲述昆縣，熙寧八年廢縣爲鎮。相近有古陽廢縣。宋志羈縻懷遠軍領古陽一縣，熙寧八年廢縣爲懷遠砦，即此。今爲永順長官司地。

崖山廢縣，在府東南。唐貞觀九年置崖山縣，屬柳州，後改屬宜州。宋景祐三年縣廢。○富安廢監，在府南百六十五里。宋置此以採硃砂，後廢。宋志：「宜州有羈縻監二，曰富仁，曰富安。」其地蓋相近。通志：「府北三里有鐵城，宋寶祐中築。又有廢寶積監，在府西二百二十里；廢玉田場，在府西南百三十里；皆宋置。」

宜山，府城北一里。羣山皆高大，此獨卑小，下臨龍江，宜於登眺，因名。唐以此名州，宋復以此名縣。又天門山，在城北二里。兩峰如筍，崒嵂參天，亦曰天門拜相山。其相近者又有盧山，與府治對峙。○南山，在城南五里。巖洞軒敞如屋，洞中有石龍，鱗甲宛然，因名龍隱洞。山之左曰白雲巖。又九龍山，在府西南六里。山有九龍洞，洞口有潭，深不可測，引流爲陂，資以溉田。志云：九龍江陂在府西八里。

會仙山，府北二十里。有白龍洞。一名北山，盤曲數里，中多佳勝。通志：「山在城北一里。」○日山，在府東隔江九里。圓聳特立，拱峙郡城。又有月山，在府西二十里。

小曹山，府東三十二里。下有潭，今築爲寨，名水寨。又馬蹄隘山，在府南二十里。其並峙者曰鼇山。○香爐山，在府西六十里德勝鎮；其並峙者曰文筆山、屏風山；又有羊角山，在府西六十里河池所；皆以形似名。志云：府西十五里有觀音洞，以靈異稱。

龍江，在府城北。自貴州獨山州流經天河縣境，又東南流經城北，復折而東流，至柳州府柳城縣又東南合於融江，即右江別源也。其兩岸石筍峭立，湍流迅急。洪武二十九年拓郡城，北倚龍江爲險，而東西南三面平曠。弘治二年始環城爲濠，引官陂水注之是也。餘詳大川右江。

小江，府東北六里。源出西北諸蠻洞，經天河縣界合於龍江。又洛蒙江，在府南六十里。源出忻城縣山中，東北流經此，下流亦注於龍江。○金水，在府北。志云：龍江自天河縣折而南，與金水諸川合流至城北是也。

官陂，府南六里。堰水分流，東西灌溉，匯流城南，引入飲軍池。弘治初郡守王溥嘗疏治之。○飲軍池，在城南。宋景德間宜州軍校陳進叛，曹利用討敗之，嘗飲軍於此，因名。又龍泉，在府南二里。泉湧出如勺，而灌田甚博。又南一里爲龍塘，即龍泉所潴也，復導流而南爲官陂水。志云：府境陂塘，灌溉之利以數十計云。

東關，在府城東。成化三年壘石爲垣，以護民居。亦曰迎恩關。又西南二廂亦各爲關，皆設兵守之。其西關亦曰香山關。

大曹鎮，府東五十里，有巡司。其旁爲大曹驛。志云：府東四十里爲大曹渡，即龍山渡處也。○懷遠鎮，在府西三十五里，有巡司。又德勝鎮，在府西六十里，有巡司。德勝驛亦置於此。志云：萬曆六年置戎政行館於德勝鎮。是也。又東江鎮，在府西一百二十里，亦有巡司。

思立砦。在府北。宋淳熙十一年安化蠻蒙光漸等犯宜州思立寨，廣西將沙西堅討平之。宋志：「龍水縣有懷遠、思立二寨。」是也。懷遠即上廢古陽縣。安化，見柳州府融縣之廢撫水縣。

天河縣，府北九十里。西北至貴州獨山州二百九十里，東北至柳州府羅城縣百里。唐武德中置天河縣〔一七〕，屬粵州，尋屬宜州。宋因之。大觀初改隸融州，靖康初復故。今編户十八里。

天河舊城，在縣西。唐置縣治此。志云：宋時天河縣治在高寨山下，明朝洪武三年遷治蘭石村，正統七年治甘場村，是時縣未有城。正德十二年始營土垣。嘉靖十三年遷於福禄村，尋改築土城，後毁。萬曆九年復營木城，明年始甃以石，周二里，即今治也。

東璽廢縣，在縣東。唐置，屬粵州，尋屬宜州。五代時馬氏因之。南漢廢入天河縣。○澄海廢城，在縣東南，宋置戍守處也。景德四年澄海軍校陳進作亂，據宜州，既而轉攻天河砦，官軍敗之，即此城。尋廢。

甘場山，在縣治東。形如幞頭，巖險可恃，縣治倚其麓。又東二里曰鳳頭山。山形昂聳，因名。○榜山，在縣西三里。形如掛榜。又西里許曰穿山，以石竇相通也。又交椅山，在縣西五里。山形回環，因名。

高寨山，縣西二十里。舊縣治在其下。其相近者曰北陵山，麓有水泉。又烏山，在縣西三十里。峰巒高峻，上有泉，民恃險，築寨其上。○植福山，在縣東北二十里。山勢高聳，綿亘數里，縣之鎮山也。

龍江，在縣西南。自貴州獨山州流入界，又東南流達於府城北。○三潮水，在縣西十里。源出北陵山，注於龍江。其水一日三潮，潮至漲滿，潮退則其流一線，可以溉田，民受其利，謂之聖水。

東小江水，在縣東。發源羅城縣界，流入境注於龍江。又東北有小江水，亦自羅城縣流入境，二流分導，下流復合入於龍江。居民引以溉田，爲利甚溥。○思吾溪，在縣東南二里，下流亦入龍江。

德謹砦。在縣北。宋置。又西有嶇江堡，宋志：「大觀三年與縣俱屬融州，靖康初復舊。」元廢。○江口渡，在縣南二十里，通道所經。縣北三十里又有清潭渡。

河池州，府西二百十五里。西南至南丹州百四十里，西北至貴州獨山州二百里。

唐羈縻智州地，宋初置河池縣，隸宜州。大觀初改置庭州，四年州廢，仍屬宜州。元屬慶遠路，明初屬慶遠府，弘治十七年升縣爲州。編户十八里。領縣二。

州密邇蠻左，山川環疊，爲控扼之地。志云：州境思恩、荔波二縣西北界與貴州爛土、黎平諸夷相接，不通王化。

懷德廢縣，今州治北。宋置河池縣，大觀初即縣置庭州，改縣曰懷德。州尋廢，縣復曰河池。元因之。明初亦曰河池縣，後改爲州。城邑攷：「州治，即宋懷德縣，舊有土城。天順六年遷於屏風山，成化十三年還治庭州故址。

嘉靖四年以土壤卑窪，城易頹圮，復遷今治，北去舊治三里而近。隆慶四年始營土城，萬曆十三年復增拓之。城周不及二里。」

富力廢縣，在州東北。一統志：「宋置河池縣，以富力縣并入。」或曰縣蓋湖南馬氏所置，南漢因之，宋廢。疑即智州所領羈縻縣矣。○廢智州，在州西。志云：唐貞觀中開生蠻置。今唐志不載。宋志宜州所領有羈縻州十，智州其一也。州蓋宋初所置。或曰州西南有三旺州，今爲三旺里，蓋明初所廢。似未可據。

屏風山，州東北三里。嵯峨環繞，如屏之峙。天順初嘗徙縣治此。又四一山，在州治北。州治南有吴山，環拱前後，爲州之勝。又移嶺山，在州北五里。道路縈紆，山崖峻險。州東南三里又有馬鞍山。

智州山，州西四十里。盤紆綿亘，凡百餘里。智州舊置於山下。○都銘山，在州東二十里。山高峻，舊名都猛。又州東三十五里有鬼巖隘山，以巖穴深杳而名。又太平山，在州東，下臨金城江。

金城江，州東五十里。源出貴州界，下流入都泥江。宋志宜州所領有羈縻金城州，蓋因江以名。○古浪溪，在州東五里。一名乾溪。又州南一里有秀水，州西有猫溪水，居民多引爲陂塘，其下流注於金城江。

懷德陂，在州南。又州東南有羅家水陂，州東有將村陂，東北有官村陂，俱灌溉民田，多者至千餘頃。又懸崖泉，在縣南，溉田十餘畝。

安遠寨，在州西。宋大觀二年置，屬庭州。宣和五年移砦於平安山，尋廢。今爲安遠里。

謝村站。州西南八十里，又六十里而達南丹州。○金城渡在州東五十里金城江上，渡旁舊置巡簡司。

思恩縣，州東北七十里。東至府城百五里。本生蠻地，唐貞觀十二年開置思恩縣，屬環州。宋熙寧八年改隸賓州，大觀初又改入宜州，尋復故。元屬慶遠路，明初因之。弘治中改今屬。縣無城。編户二十二里。

廢環州，在縣西北。本蠻地，唐貞觀十二年李弘節招撫降附，置環州，理正平縣，兼領福零、龍源、饒勉、思恩、武石、歌良、蒙都七縣。天寶初曰正平郡，乾元初復故。後仍没於蠻。宋爲羈縻環州，亦曰南環州，以别於陝西之環州也。慶曆四年南環州蠻巨希範作亂，陷本州，破鎮寧州，詔廣西提刑田瑜討平之。元初州廢。○廢鎮寧州，在縣西，宋所置羈縻屬州也。宋志：「熙寧八年以環州之思恩縣屬宜州，又省鎮寧州之禮丹縣入焉。」縣亦宋所置也，宋末州廢。

廢溪州，在縣北。宋置帶溪砦，熙寧八年移思恩縣治此。元豐六年縣還舊治，大觀初增置溪州於此。四年州廢，仍曰帶溪砦。

寒山，縣南五里。山高多風，土人謂之寒坂。○紺山，在縣北二十里，以山色名。亦曰扞山，以扞蔽縣後也。巖嶂層疊，日光少見，土人謂之暗嶺。

三峰山，縣東二十里。三峰並列，下有石巖，洞泉出其中，引流溉田。○回頭嶺，在縣南三里，山勢回顧縣治。又龍巖，在縣南五十里，有洞深邃。

環江，縣南六里。源出縣西北蠻洞中，繞流經此，東北流合於龍塘，環州以此名。志云：縣西有環江渡，即江流所經也。○帶溪，在縣北四十里。源出荔浦縣，東流經此，旋繞如帶，南流入於龍江。

普義砦。在縣南。宋志：「縣有普義、帶溪、鎮寧三砦。」是也。元廢。土司志：「普義相近有茆灘。正德中南丹酋莫提侵思恩地，於茆灘築二堡，於普義、六傳、川山、三疃築四堡，嘉靖初始還屬思恩。」○白面山寨，在縣治西。志云：縣治舊在清潭，宣德中徙於白面山寨，天順中又移今治。寨蓋邑民保聚處也，北去清潭不過百武。

荔波縣，州西北五十里。南至南丹州百八十里。本蠻地，宋置羈縻荔波州，元初因之，屬南丹安撫司，大德初廢。一統志云：宋置荔波州，明初廢入思恩縣。洪武十七年復置荔波縣，屬慶遠府。正統十二年改隸南丹州，弘治十七年改今屬。縣無城。編户十二里。

水巖山，縣西十里。巖穴幽勝，水出其中，因名。又縣北五里有方林山。

勞村江，縣東南百二十里。或曰即金城江之別名。○帶溪，在縣東，流入思恩縣界。

董家堡。縣南，近南丹州境。萬曆八年南丹酋莫之厚謀侵縣地，燬董界官堡，督臣劉堯誨諭却之。

附見

慶遠衛。在府治東北。洪武二十九年建。又河池守禦千户所，在德勝鎮西二里。明初置於河池縣城内，永樂六年徙於此，隸慶遠衛。有土城，宣德八年易以石。城内有思恩倉，亦永樂中置。

南丹州，府西二百四十里。東南至那地州百八十里，西至貴州豐寧長官司二百里，北至貴州獨山州二百七十里。

唐羈縻蠻洞地，宋元豐三年置南丹州，志云：「宋開寶中土酋莫洪臙内附，元豐中置州，管轄溪洞，以莫氏世其職。」大觀初改爲觀州，尋復故。宋史：「大觀元年廣西經略使王祖道欲急邊功，誣南丹酋莫公佞阻文蘭州，不令納土，發兵取其地，殺公佞，改南丹爲觀州。公佞弟公晟密圖報復。〔一八〕四年廢觀州，仍以公晟知南丹州，歷世承襲。」元爲南丹州安撫司，至元末莫國麟納土，升州爲安撫司。大德初并入慶遠路。時議者以南丹去慶遠爲近，户口少，請省之，因立慶遠南丹溪洞等處軍民安撫司。明初復爲南丹州。洪武二十八年州廢，改設南丹衛。正統十年復置州，洪武初莫金内附，後復叛，遣都督楊文討平之，因廢州置衛。後衛治屢徙，州地既虚，夷民屢叛，乃復置州，以授金子莫禄世守職貢。屬慶遠府。編户十九里。秋米七百二十石有奇。貢錫。

州巒峒錯雜，控據咽喉，稱爲形要。西粤風土記：「南丹視田州、泗城差小，而兵力悍勁。東蘭、那地兵亦精勇。」

廢觀州，在州東，本南丹州之高峰寨也。宋大觀初改南丹爲觀州，四年南丹復故，移置觀州於高峰砦，紹興四年復廢州爲砦，即此。○廢永州，在州境。一統志：「明初省永、鸞、福、延四州入南丹州。」建置未詳。

中平廢縣，在縣北，宋所置羈縻縣也。大觀初置靖南砦於此，屬庭州，四年移寨於廢孚州。政和七年砦還治中平縣，宣和二年仍置於廢孚州，以其地廢入南丹州。

孟英山，州西五十里。産銀。永樂十五年遣内臣開礦，歲不過九十餘金，旋變錫，遂罷去云。州西有長春、三寶諸山，州南有金鷄等山，皆高峻。

都泥江，在州南。由貴州定番州界流入境，又東歷那地州入忻城縣界。詳見大川右江。志云：州東南有紅盆江，西有青雲溪，下流俱入於都泥江。

羅侯關，圖經云：「在州西。」又西有下城關。又甲界關，在縣東南三十里。志云：縣東北二十里有蓮花寨。又東有金鷄寨、巴峨寨。又有蒙寨，在州東南四十里。

木門寨。在州東。宋志：「州有存留、木門、馬臺、平洞、黄泥、中村等堡寨。」今皆廢。○君峒，輿程記：「在州南六十里。又東南六十里爲中坑錫場，又十里而至那地州。」

東蘭州，府西南四百二十里。東北至那地州二百四十里，東南至思恩府二百四十里，西南至田州界百三十里，西至泗城州界二百里。

唐羈縻蠻峒地，宋崇寧五年置蘭州。土夷考：「宋時韋君朝者居文蘭洞爲土夷長，傳子宴鬧。崇寧五年内附，置蘭州，以宴鬧知州事，世其職。」元曰東蘭州。明初因之，洪武十二年土酋韋富撓歸附，世襲知州修職貢。屬慶遠府。編户十二里。秋米一千一十三石有奇。貢馬。

州羣山森立，地僻而險。

廢文州，在州東。本羈縻蠻洞，宋崇寧五年納土，置文州。大觀初改置綏南砦。紹興四年寨廢，仍置文州。一統志：「洪武十二年省安習、忠、文三州入東蘭州。」建置皆未詳。

廢隆州，在州南。宋政和四年置隆州，治興隆縣。宣和三年州縣皆廢，改置威遠寨，隸邕州。又東南有廢兑州，亦宋政和四年置，治萬松縣。宣和三年州縣俱廢，改置靖邊砦，亦屬邕州。元初二寨俱廢。

五篆山，在州西南。又州北有青雲山，州西有勝山，州南有雙鳳等山，爲州之勝。○福山，在州東北。其東有三佛山，又東北曰伐山，皆高勝。

隘洞江，在州東北，流入南丹州界合都泥江。又州西有九曲水，流經州南合於隘洞江。輿程志：「自州東南渡清水江，越狗遁關，出思恩府之道也。」

雷山關。在州東南。其地有雷山，因名。

那地州，府西南二百四十里。西南至東蘭州二百四十里，南至思恩府百七十里，西至泗城州界三百里。

唐羈縻蠻洞地，宋崇寧五年置那、地二州，志云：宋熙寧初土酋羅世念等歸附。崇寧五年諸蠻納土，因置地州及那州。元因之。明朝洪武元年省那州入地州，改爲那地州，時地州酋羅黃貌帥先歸附，詔省那入地，以羅氏世掌州事。屬慶遠府。編户二里。秋米四百一十石。貢錫、馬。

州界蠻傜之中，山川盤紆，有險可恃。

廢那州，在州南。宋崇寧五年蠻酋納土置，元亦曰那州，明初廢。○廢孚州，在州東。本地州之建隆縣，宋大觀初析置孚州，其倚郭縣曰歸仁。四年州縣俱廢，移置靖南砦於此。政和七年復置孚州及歸仁縣，以靖南砦還舊治。宣和三年州縣仍廢，置砦如故。紹興四年砦廢。

虎山，在州南，以山形蹲踞也。又有馬山，在州北，馬山之西曰感現山，俱高聳。又有屏山，在州西，以卓立如屏而名。○紅山，在州東南。又東曰翠屏山。志云：州北有慕曉嶺，州東北有懷峽嶺，俱峻險。

都泥江，在州北。自南丹州流入界，又東入忻城縣境。志云：縣東有龍泉江，州西有巴羅江，俱匯於都泥江。

盤利關。圖經云：「在州東北。」又州東有龍泉寨，州西北有思廉寨。○水龍坑，在州西南六十里。輿程記：「水龍坑山路險仄，沿溪越嶺，三日而至東蘭州。」

忻城縣，府南百四十里。東南至柳州府賓州百六十里，西南至那地州百里。本蠻地，唐貞觀中開，置芝州，治忻城縣。天寶初曰忻城郡，乾元初復曰芝州。宋爲羈縻地，慶曆三年廢芝州，以忻城縣隸宜州。元屬慶遠路，明初屬慶遠府。土夷考：「元置八仙屯千户，授土官莫保。洪武初罷屯官，籍屯田兵爲民，莫氏遂徙居忻城界。正統以後傜、僮屢亂，知縣蘇寬不事事，僮老韋公泰等舉莫保玄孫敬誠爲土官。寬請於監司，奏授世襲知縣。一縣二令，權不相統，流官徒擁虛名，佩印蹴居府城。弘治中革流官獨任土官，莫氏世居其職。」編户一里。秋米二百一十九石。

廢紆州，在縣西。唐所置羈縻州也，領東區等六縣，隸桂州都督府。其南又有羈縻廢歸思州，亦唐置，宋初因之，慶曆三年以二州地并入忻城縣。○廢思順州，在縣東。亦唐所置羈縻州也，領羅尊等五縣，宋初因之。又有廢歸化州，宋所置羈縻州也。慶曆四年以二州地并入柳州府馬平縣，後析入縣境，蓋縣與馬平接界也。

疊石山，縣北六十里。巖石重疊，因名。又龍塘山，在縣北六里。○張帽山，在縣東北。山高聳，與疊石山相映帶。

烏泥江。縣西六里，即都泥江也。自那地州流入境，經縣北，下流入賓州遷江縣界。○龍塘江，在縣北。源出龍塘山，東南流入烏泥江。

永順長官司，府西南六十里。本宜山縣古陽、述昆等鄉，弘治間增置今司，以鄧文茂等世其職，割宜山西南百二十四村界之。秋米三百五十九石。

永定長官司。府東南八十里。本宜山縣歸善、洛三等鄉，弘治中增置今司，以韋槐等世其職，割宜山東南一百八十四村界之。秋米三百三十五石。土夷考：「官山南境與思恩府接界。正統六年老人黄祖記與思恩土官崇瑛合謀割地歸思恩，土人韋萬秀不服，遂倡亂。成化二十二年覃召管等復作亂。弘治中遣官撫之，叛者願以黄祖記所謀割地復立長官司。撫臣鄧廷瓚奏從其請，遂置二司，設正副長官各一，自是遂爲羈縻之地。」

校勘記

〔一〕明朝洪武初復爲府治　「明朝洪武初」，底本原作「明初洪武年」，今據職本、鄒本改。

〔二〕又文安廢縣　底本原作「入文安縣縣」，今據職本改。

〔三〕尋改縣曰樂沙　「縣」，底本原作「郡」，今據職本、鄒本及舊唐志卷四一、新唐志卷四三上改。

〔四〕橋屯隘　「屯」，底本原作「鄧」，今據鄒本及下文「一守橋屯隘」改。

〔五〕又古甾鎮在縣北　底本原脱「在」字，今據職本補。

〔六〕本桂林之琳州洞地　「琳」，底本、職本作「玖」，鄒本作「琳」。大明一統志卷八三云：「本桂林之琳州洞地，宋開寶中置羅城縣。」寰宇記卷一六八云：「琳州，治多梅縣，在宜州西六十里。」諸書不見唐宋時有玖州之記載，大明一統志之「琳州」顯爲「琳州」之壞文，而「玖」又爲「琳」之訛也。

今依鄒本及寰宇記作「琳州」。

〔七〕知桂州王祖道至據諸峒要會　「楊晟免」、「諸峒」，底本原作「楊成免」、「諸河」，今據職本、鄒本及宋史卷三四八王祖道傳改。

〔八〕自大理馬平　「自」，底本原作「有」，今據職本、鄒本改。

〔九〕又置通靖鎮安等砦　「通靖」，底本原作「連靖」，今據鄒本及宋志卷九〇改。

〔一〇〕齊熙縣　底本原作「義熙縣」，今據職本、鄒本及隋志卷三一改。

〔一一〕曹克明　「曹」，底本原作「普」，今據鄒本及宋史卷四九五蠻夷傳改。

〔一二〕郡守劉繼祖所闢　「所」，底本原作「洗」，今據鄒本改。

〔一三〕唐武德四年析桂林縣地置爲象州治尋屬象州　既爲象州治，焉得不屬象州？「尋屬象州」四字宜刪。

〔一四〕唐武德四年析置武仙縣　「仙」，底本原作「宣」，今據職本、鄒本改。

〔一五〕亦會於都泥江　「都」，底本原作「東」，今據職本、鄒本改。

〔一六〕八峰分矗　「峰」，底本原作「山」，今據鄒本改。

〔一七〕武德中置天河縣　「天」，底本原作「大」，今據職本、鄒本及舊唐志卷四一、新唐志卷四三上改。

〔一八〕公晟密圖報復　「晟」，底本原作「成」，今據職本、鄒本及下文「仍以公晟知南丹州」改。

讀史方輿紀要卷一百十

廣西五

南寧府，東至潯州府貴縣五百里，東南至廣東欽州三百五十里，西至太平府羅陽縣界三百十里，西北至思恩軍民府二百三十里，東北至柳州府賓州二百五十七里，自府治至布政司二千二百里，至京師九千二百七十里。

古百粤地，秦屬桂林郡，漢屬鬱林郡，後漢因之。晉大興初分置晉興郡，宋、齊以後因之。隋平陳郡廢，屬簡州，大業初屬鬱林郡。唐武德四年置南晉州，貞觀六年改曰邕州，置都督府，并督羈縻二十六州，自是皆兼督府之名。開元中置邕管經略使，爲嶺南五管之一。劉昫曰：「上元後始置經略使。」似悞。新唐書：「州城内有經略軍。」天寶初曰朗寧郡，乾元初復故。咸通四年置嶺南西道節度使，治此。五代時屬於南漢。改嶺南西道曰建武軍節度。宋仍曰邕州。亦曰永寧郡、建武軍節度，州仍置都督府，督羈縻州四十四。元曰邕州路，泰定初改曰南寧路。明初改路爲府。志云：洪武十年改。今領州三，縣三，又羈縻州四。

府内撫溪峒，志云：府境有三十六峒，錯壤而居。外控蠻荒，南服有事，此爲噤喉重地。唐置邕管於此，爲廣南脣齒之勢。唐咸通元年南詔陷安南，明年轉陷邕州。四年南詔復陷安南，遂進逼邕管，明年圍州城，蓋州與安南接境。宋儂智高倡亂，邕州不守，而西路遂爲魚肉，宋皇祐四年儂智高陷邕州，遂陷横、貴、藤、梧、康、端、龔、潯八州，又陷昭州及賓州。盪滅之後，恒以重兵戍守。元亦置重鎮於此，以鎮壓安南。元至元十六年，邕州路兼左右兩江溪洞鎮撫司，元貞初以静江都元帥府分司邕州。明朝用兵田州及經略安南，皆建節於此，蓋地居衝要，勢所必争也。

宣化縣，府郭。漢領方縣地，屬鬱林郡。晉置晉興縣，爲晉興郡治，宋、齊因之。隋屬簡州，開皇十八年改縣曰宣化，屬緣州。大業初屬鬱林郡。唐、宋以後皆爲州郡治。今編户四十一里。

邕州城，府南二里，相傳唐時邕州治也。四方俱水而中高曰邕。有邕溪水經其下。咸通二年邕州爲南詔所陷，後復治此。宋皇祐中平儂智高，改營今城，後屢經修築。明朝嘉靖十六年復營治之。有門五。城周六里。

朗寧廢縣，在府西。唐武德五年析宣化縣置朗寧縣，屬南晉州，尋屬邕州。宋開寶五年廢。○思籠廢縣，在府西北。新唐書：「乾元後開山洞置，屬邕州」。又封陵廢縣，亦唐乾元後開山洞所置也，屬邕州。開元十四年封陵僚梁大誨等據賓、横州反，討平之。宋開寶五年與朗寧縣俱廢。

晉興廢縣，在府東北。唐武德五年析宣化縣地置，屬南晉州，尋屬邕州，五代末南漢廢。又横山廢縣，在府東，以近横山而名。唐武德五年置，屬南晉州，尋屬邕州，乾元後省。○如和廢縣，在府南。唐武德五年置，屬欽州，景龍二年改屬邕州，宋景祐二年廢入宣化縣。

廢瀼州，府南二百八十里，東至廣東欽州六百三十里。通典：「隋大將軍劉方始開此路，置鎮守，尋廢不通。唐貞觀十二年清平公李弘節遣欽州首領甯師京尋劉方故道，開置瀼州，以達交趾，治臨江縣，兼領波零、鵠山、弘遠三縣。天寶初改爲臨潭郡，乾元初復曰瀼州，以縣界有瀼水而名也。唐末廢。胡氏曰：「州在鬱林西南，交趾東北。」

○廢懷化州，在府西。本邕州懷化洞，宋元祐初改置州，蓋羈縻州也。紹興以後廢。

武號山，府南十里。山勢雄武，拱向城郭，爲邕江之砥障。一名五象山。又青秀山，在府東南十里。雄峙秀拔，障邕水之口，拱揖望仙、白塔諸山。○馬退山，在府北十五里。柳宗元曰：「是山崒然起於莽蒼之中，馳奔雲矗，亘數十百里。尾盤荒陬，首注大溪。諸山來朝，勢若星拱。蒼翠詭伏，綺繡錯雜。蓋天鍾秀於是，不限於遐裔也。」又北五里曰羅秀山，上有龍潭。山高峻，俯瞰北湖，亦曰羅山。又有苦竹山，在府北三十里。多產苦竹，因名。

橫山，府東八十里。山高險，橫截江流。南蠻入犯，往往以山爲孔道。宋置橫山砦於山上，爲控扼之所。又思玉山，在府東北六十里。志云：山跨柳州府來賓縣及賓州界，險峻難越。又都石山，在府東六十里，以巖石崔嵬而名。其相近者曰都茗山，產茶。○都龍山，在府西北六十里。蜿蜒起伏，勢若遊龍，遠近諸山皆相聯帶。又聖嶺山，在府西三十里。峰巒秀拔，雲興雨至，居人每以爲驗，因名。又府西二十里有鐃鈸山，下有龍潭，流入大江。

崑崙山，府東北百里。巉巖峭拔，高出羣山。有道極險阨，古設關於此以扼蠻洞。關上有臺。宋皇祐四年狄青討儂智高，勒兵賓州，別將陳曙擅引步兵擊賊，潰於崑崙關，青誅之。旋引軍次崑崙關，玄夜於軍中會飲，引兵先度關，大敗賊兵。又熙寧七年，交趾分三道入寇，一自廣府，一自欽州，一自崑崙關，連陷欽、廉二州，又陷邕州，蓋關爲府境之衝要也。志云：關扼賓、邕兩界，旁多岐嶺，與諸夷通，據關而守，則間道所當慮也。

望仙坡，府東北一里，與羅秀山相對。昔羅秀者學仙於山上，故坡以望仙爲名。狄青破儂智高時駐師於此。坡下有白龍塘。志云：府南百里有回龍巖，下有龍潭。

大江，在府城西南，即鬱江也。其上流自奉議州流入界，經歸德州及隆安縣南，又東流至此，有左、右二江流入焉。左江源出交趾境内廣源州，右江源出交趾境内峨利州，二江俱東北流，至合江鎮會爲一江，又東至府城西南合於鬱江。唐時廣、桂、容三道共發兵三千人戍邕州左、右江，三年一代。其後戍軍廢，左、右江守兵單薄，咸通二年南詔乘虚入寇，遂陷邕州。左、右江蓋南蠻入寇之道也。鬱江自州南復引而東，經永淳縣南，又東入鬱州界。唐志「鬱江自蠻境七源州流出，常爲州民患，景雲中州司馬吕仁引渠分流，以殺水勢，自是無没溺之患，民皆夾水而居」，蓋悮以左、右江爲鬱江上源也。又劉昫曰：「驩水在宣化縣北，本牂牁河，俗呼鬱林江，即駱越水，一名温水，蓋皆鬱江之異名也。」唐時州城未徙，故江在城北，非悮也。餘見大川左江及川瀆異同。

八尺江，府東南六十里。其上流自廣東欽州界流入境，北流入於鬱江。志云：府東南六里有扈江，西北十里有星盈江，府東四十里有大冲江，合遠近諸山澤水，下流皆入鬱江。

伶俐水，府東八十里。源出崑崙山，流經横州永淳界，合於鬱江。○可瀘水，在府西九十里。源出思恩府境大明山，流經武緣縣界至龍安縣曲流村合鬱江。

北湖，府北十里。又北五里有銅鼓陂，陂水南溢，匯而爲湖。中有五花洲。又有龍溪，亦出銅鼓陂，會北湖諸水南流入鬱江。志云：銅鼓陂昔時瀦流溉田處也，永樂二年修築。其後崩潰，成化、嘉靖中皆嘗修築，爲民利。○邕溪，在府南十里。源出欽州界，北流經故州治南入江。唐以此名州。郡志云：溪源出四方嶺，經府西十里南入江。似悮。

崑崙關，在府東崑崙山上。詳見前。

横山寨，在府東横山上。唐嘗置横山縣，宋置砦。皇祐元年廣源州蠻儂智高據安德州，沿鬱江東下攻邕州横山寨，殺守將，尋陷邕州。紹興三年詔市馬於横山砦，置博馬場，以東路經略安撫司總其事。開慶元年，蒙古兀良合台自交趾而北，破横山，進陷賓州、象州，趨静江寨，蓋鎖鑰重地也。或作「横江砦」，悮。

永平寨，在府西，舊與横山砦並稱要害。志云：永平寨去府十里，宋置，爲戍守要地。○古萬砦，在府西百四十里，亦宋置。志云：左江發源交趾界，流五百八十里至古萬砦，又九十里至合江鎮是也。

遷隆砦，府西八十里，因宋砦爲名。又府西六十里有那南寨，七十里有那龍寨，百四十里有渠樂寨，皆設巡司戍守，俱洪武四年置。○金城寨，在府東九十里。本宋之金城驛。宋皇祐四年廣南西路將陳曉擊儂智高於邕州，敗於金城驛。明朝洪武四年改爲寨，并置巡司於此。又八尺寨，在府南六十里。有巡司，亦洪武四年置。近八尺江，因名。

合江鎮，府西五十里，左、右兩江合流處也。宋皇祐中狄青敗儂智高於歸仁舖，智高自合江口遁入大理，即此。胡氏曰：「府西有左江、右江二鎮，唐長慶三年嶺南奏黄洞蠻寇邕州，破左江鎮是也。」或曰左江、右江即合江之異名耳。○歸仁舖，在府東三十里。狄青討儂智高，陳於歸仁舖，賊兵大敗，智高遁去，築京觀於舖側，即此。

三官堡，在府西那梧村。嘉靖三十年置。又大座堡，在府東北三十里，防賓州、武緣諸山寇。關山堡，在府東北八十里，防賓州、渌里之寇。又渌關堡，在府西北四十里。又西有木冥村堡及渠樂堡，今名三河堡，防羅陽縣白沙、那昏、長沙諸寇。○團羅堡，在府南九十里。又南二十里有那漏堡，防廣東靈山、欽州之寇。

建武驛。在府治西南。又府西五十里有凌山水驛及大灘馬驛。又那龍寨旁有那龍水驛，府南五十里又有黄范水驛，府東六十里有施溢馬驛，又東五十里有長山馬驛，府當四達之道也。萬曆中遷凌山驛於新寧州。

隆安縣，府西北百八十里。東至思恩府武緣縣百二十里，西至萬承州百十里。本宣化縣之那九村，嘉靖七年王守仁守田州，相度地利，奏置今縣，屬南寧府。十四年築磚城，周不及二里。編户十里。

三台山，縣東二里隔江。俗曰邕横頂，有三峰，因改今名。旁有那覺巖，深不可測。縣東南八里又有金榜山，俗曰邕雅，有巖有池，四寨如城，中多泉石，奇勝不一。○火燄山，在縣東北三十里。俗曰邕桑。脈自歸德州來，上有泉。六七月間山表火焰自發，因名。邑志：縣東三十里有邕桑山，亦高聳，上有泉池，非即火燄山也。又東十里曰逍遥山，上亦有池。又縣東五十里有隴鴉山，巖石之勝，甲於一邑。

邕僕山，縣南四十里。有巖，可容數百人。舊爲夷賊淵藪，設縣以來，稍稍斂跡。又蓋橋山，在縣南二十里。中有巖穴，水積其中，架梁其上。○邕空山，在縣西三十里，高出衆山。山頂有巖，流泉下注大江。又多柄山，在縣西南三十里，亦高秀。縣西南六十里有龍山，山形屈曲，宛如游龍。

梅謳嶺，縣南五十里，廣三十里。樹木叢蔚，鳥獸繁殖，盗賊常竊據於此。又更院嶺，在縣東三十里。平洋中突起五峰，逆鎮大江，俗謂之梅花嶺。又那龍嶺，在縣南半里。巖嶂層疊，下有甘泉。又南里許曰馬晚嶺。○龍牀巖，在縣東南二十五里，濱江。巖内有石如牀，下有龍牀潭，深不可測。志云：縣西北三十里有陽明洞，濱江。王守仁征田州時過此，因名。

大江，在縣城北。自奉議州流經縣西，繞流而東南出。郡志云：江自田州經縣界，至縣東三十里繞流九曲，其地名九曲村，又東南達於郡城。

可瀘江，縣東南七十里。與武緣縣接界，流入宣化縣界合大江，可通舟楫。○馱甘溪，在縣東二里；又頭玉溪，在縣北三十里；剥落溪，在縣東北二十里；皆出武緣縣界，流入境，分引溉田，下流注於大江。又馱良溪，在縣西十里；馱興溪，在縣南十五里；馱淥溪，在縣南二十里，流合馱興溪；皆源出萬承州，分灌諸村田，達於大江。

馱黿溪，縣西北十里。發源都結州，流經縣西邑空山，又東合大江。又墓烏溪，在縣東南四十五里，源出思恩州之明山；又橋峻溪，在縣東南五十里，源出永康州；皆分灌民田，流注大江。志云：縣西有冲柳溪，又有冲利溪，亦流注大江，有灌溉之利。

馱演寨。在縣西，有巡司。志云：舊在那村，今徙於那九埠頭。又那樓寨，在縣南二十里，亦有巡司戍守。又梅鼂堡，在縣東南五十里。有戍兵，以扼梅鼂嶺之險。隆慶四年置。○那造水驛，志云：舊在府西九十里，後徙於縣城西北隅。嘉靖四十五年革。〔一〕

橫州，府東二百十里。東至潯州府四百三十里，南至廣東欽州三百五十里，北至柳州府賓州二百六十里。

秦桂林郡地，漢爲鬱林、合浦二郡地，孫吴永安六年置合浦北郡，晉太康七年改置寧浦郡，廣州記：「漢建安二十三年吴分置寧浦郡。」晉志亦云寧浦郡吴置，沈約據太康地志云晉改合浦屬國都尉立郡。宋、齊因之。梁增置簡陽郡。隋平陳，二郡俱廢，改置簡州，開皇十八年改爲緣州。大業三年州廢，屬鬱林郡。唐武德四年復置簡州，六年改爲南簡州，貞觀八年改爲横州，天寶初曰寧浦郡，乾元初復曰横州。宋因之。亦曰寧浦郡。元曰横州路，尋復爲州。明朝洪武初以州治寧浦縣省入，改隸潯州府。十年降爲横縣，隸南寧府。十四年復爲州。編户十五里。領縣一。

州屏蔽嶺西，控扼交趾，宋余靖以爲九洞襟帶，列城脣齒。杜杞以爲地勢險阻，實邕、欽、廉三郡之咽喉。説者以爲粤西之要在邕州，邕州之要又在横州。州蓋粤西之鎖鑰，不特一二郡之籓垣而已。

寧浦廢縣，今州治。漢鬱林郡廣鬱縣地，吴置昌平縣，晉太康元年析置寧浦縣，爲寧浦郡治，宋、齊因之。隋、唐以後皆爲州郡治。明初廢。城邑攷：「州舊爲土城，元至正六年甃以磚石。明朝洪武二十二年復修拓之。宣德十年、景泰二年、成化四年皆嘗增修，嘉靖三十一年、三十八年又復營繕。南距大江，東西北三面環濠。有門六。城周十里。」

樂山廢縣，州東南五十里。漢合浦郡高凉縣地，晉置平山縣，屬寧浦郡。梁置樂陽郡治焉。隋平陳郡廢，改縣曰樂陽，屬簡州。開皇十八年又改樂山縣，大業初屬鬱林郡。唐屬横州。宋開寶五年省入寧浦縣。○昌平廢縣，在縣東。志云：吴置。晉析置寧浦縣，而昌平如故，亦屬寧浦郡。劉宋省入寧浦縣。沈約曰：「晉改昌平爲寧浦也。」今晉志有昌平縣。

興道廢縣，州東南百里。孫吴時置連道縣，屬合浦北郡。晉屬寧浦郡，尋改爲興道縣，宋、齊因之。隋廢。又淳風廢縣，在州東北七十里。唐武德四年析寧浦置淳風縣，屬簡州，尋屬横州。永貞初改曰從化縣。宋開寶五年省。

簡陽廢縣，在州南。沈約曰：「晉太康七年置縣，屬寧浦郡。」今晉志不載，宋志作「澗陽」。齊仍曰簡陽縣，屬寧浦郡。梁簡陽郡蓋置於此。隋平陳郡縣俱廢。○始定廢縣，在州西南。晉太康地記寧浦郡領始定縣，今晉志不載。宋仍曰始定縣，屬寧浦郡。齊改曰安廣縣，寧浦郡蓋治此。梁、陳間廢。又吴安廢縣，在縣西。或曰三國吴置，晉屬寧浦郡，宋、齊因之，後廢。

蒙澤廢縣，州西四十里。唐武德四年置蒙澤縣，屬簡州，貞觀十二年省。又嶺山廢縣，在州西北百里。梁置縣，爲嶺山郡治。隋平陳郡廢，改曰嶺縣，屬簡州。開皇十八年復曰嶺山縣，大業初屬鬱林郡。唐屬横州。貞觀十八年省入寧浦縣。

秀林山，州西南十里。一名盛山，以林木秀鬱而名。又古鉢山，在州北七里。山形圓聳。其左曰九珠山，右曰九鳳山，以山勢聯絡飛舞而名。志云：古鉢山，州之鎮山也。○長寨山，在州東二十里。形如執笏，一名將軍山。又城東北二十里有羅蠶山，平地突起，其形如蠶。

寶華山，州南二十里。山形高秀，背有雷公嶺，東出如練。又南三十里曰洪崖山。山之東麓接廣東靈山縣界，置堡其上，爲守禦處。

烏滸山，州東六十里。昔烏滸蠻所居之地，亦曰烏浦。後漢建興三年鬱林太守谷永招降烏浦人十餘萬，開置七縣。熹平末合浦、交趾烏浦蠻反，光和四年刺史朱儁破之，蓋是時烏滸於諸種蠻爲最盛也。杜佑曰：「烏滸在南海之西南，安南府北，屬朗寧郡界。」劉昫曰：「今貴州鬱平縣，漢鬱林郡廣鬱縣地，古西甌駱越所居，谷永招降烏滸，即此地也。」今山與貴縣界。相近亦謂之烏蠻山，郡志：山本名烏巖，南漢主名巖，因易爲「蠻」。非是。山下有烏蠻灘。○東山，在州東南八十里。高數千丈，盤紆百餘里，多樟枏之材。武流水出焉。

震龍山，州北百里。山頂有潭，分流爲五溪。志云：橫、淳、賓、貴諸山之脈，皆起於此。又天堂山，在州西南百里。其並峙者曰石榴山。山高聳，登其巔見廣東欽州靈山縣境。○崆峒巖，在州東三十里。石洞玲瓏，一名五星巖。又東十里有鳳凰巖，石壁臨江，巖石深廣。又登高嶺，在州城西北隅。上有敵臺，景泰二年建。

鬱江，在城南。自永淳縣東流至此，環抱州城，其形如月，謂之月江，又東入潯州府貴縣界。志曰：州西南五十里爲橫槎江，中有灘亦名橫槎灘，亦曰橫浦，相傳昔有浮槎至此而名，州曰橫州以此也；經州東二十里爲月林灣；又東四十里歷烏蠻灘，灘極險，延亘三十餘里；又東二十里爲鰐江，以旁有鰐魚穴也：皆鬱江之異名矣。餘見大川右江。

清江，州東十里。源出州北，經六麼山下，又南有從化水流合焉，注於鬱江。又古江，在州東十六里。源出震龍山，經州北六十里之綠藍坡，下流至烏蠻驛入於鬱江。○武流江，在州東南二十里。源出廣東靈山縣界，北流經東山麓，又北合於鬱江。又陳埠江，在州西南十里。源出欽州界，經靈山縣入州境。商人販竹木穀粟之利，多取道於此，達於鬱江。志云：州東五十里有苦竹水，旁多苦竹；又州西五十里有冷水；下流俱注於鬱江。

太平關，州南隔江二里。成化四年建。志云：州西四十里有南鄉巡司，州東六十里又有古江口巡司，旁有烏蠻水驛置於烏蠻灘上。又州門驛，在州治西。○海棠橋遞運所，在州城西一里。洪武中建。

武思營。在州東，近貴縣武思江口，馴象衛撥兵戍守。又六莊堡，在州東南五十里。州境又有洞口堡、楞佛堡。

永淳縣，州西百三十里。北至賓州百四十里，南至廣東靈山縣界五十里。漢鬱林郡廣鬱縣地，隋爲寧浦縣地，唐武德中置永定縣，爲淳州治。天寶初曰永定郡，乾元初復爲淳州。永貞初改曰巒州。宋開寶五年廢巒州，以永定縣屬橫州，熙寧四年省入寧浦縣。元祐三年復置，更曰永淳縣。元因之。明初屬潯州府，洪武十年屬南寧府，十四年仍隸橫州。今編户七里。

廢巒州，在縣北。新唐書：「唐武德四年置永定縣，并置淳州」。劉昫曰：「淳州失起置年月。」或以爲開元中所置也。後又改曰巒州。咸通二年安南陷邕州，經略使李弘源奔巒州，即此。五代時南漢亦曰巒州，宋廢。城邑攷：「縣本治江北，元至正十二年以峒賊亂遷於三洲村，明朝洪武三十一年復以寇亂遷江南岸。天順八年始築土城，成化八年復以寇亂始甃以磚石，開濠環之。嘉靖三年及十四年又復修築。周二里有奇。」邑志：古淳州在縣東百里。又云：巒州在縣北六十里。皆悮。

武羅廢縣，縣北八十里。唐置，屬淳州，宋開寶六年廢入永定縣。又靈竹廢縣，在縣東七十里。亦唐置，屬淳州，宋初廢。今縣有武羅、靈竹二鄉。邑志：縣南七十里有南里廢縣，唐置，旋廢。今正史不載。

掛榜山，縣治西北隅。城環其上，石壁臨江，亦名屏風山。下有珠巖，俯臨水涯。志云：城北二里有萬松山，一名印匣山，亦曰赤石嶺。又有佛子嶺，在縣東二里。

高尖山，縣北二十里，高聳接天。又天堂山，在縣西三十里，峰巒峻拔。又司中山，在縣西北三十里。山深林茂，中多名材。縣北五十里又有滕塘山，山多林木。其相近者曰大人嶺。嶺高聳，上有古寨，鄉人避寇處也。

盤龍山，縣東北七十里，山形蟠繞。又火煙山，在縣南三十里。峰巒高峻，烟霧朦朧，狀如火烟。○魚流山，在縣西六十里，濱江。潦漲湍急，魚輒隨流而下。又龍隱巖，在縣西十五里，巖壑甚勝。一名聚仙巖。又朦朧窟，在縣東二十里。石窟中容數百人。

鬱江，在縣城西。自宣化縣東流入縣界，歷縣北復繞城而西南，又折而東入橫州界。中有牛練灘，志云：灘在城南十七里。又有三洲，在縣西南十里。水中有三洲突起，舊縣嘗治此。

永東江，〔三〕在城東一里。一名四嶺江，自橫州北境流入縣界。又東班江，在縣東北五里，源出橫州震龍山；其別源出賓州界，經縣西北二里；俱入於大江。○秋風江，在縣西南三十里。一名馬卯江。邑志：江有二源，一出廣東靈山縣界，一出宣化縣界，俱流入大江。

莫大湖，縣東二十里。又清湖，在縣東五十里。志云：縣北六十里有平旺潭。今築壩，運穀於此，爲軍興之資。○

火烟溪，在縣東三十里，源出廣東靈山縣；又蓼江溪，在縣北五十里，源出横州震龍山；下流皆入於鬱江。

火煙驛。縣南六十里，水驛也。舊名羅幃站，明初改今名。又縣城南有縣門驛。志云：縣東北六十里有修德鄉巡司，景泰間遷於縣西。又縣北有武羅鄉巡司，縣南有南里鄉巡司，皆置於廢縣治云。○渌境堡，在縣西十五里江濱。又西十里有石洲堡。志云：石洲西十五里曰伶俐堡，又西二十里曰天窩堡，二堡在宣化界内，而工食則取給於縣，蓋縣境上流之衛也。

新寧州，府西二百里。西南至忠州二百里，西至江州界百八十里，西北至太平府羅陽縣百里。

古蠻峒地，唐貞觀十二年清平公李弘節招撫降附，開置籠州，天寶初曰扶南郡，乾元初仍爲籠州，尋復荒塞。明朝嘉靖中峒民黄綱率衆歸款，隆慶六年始置新寧州，志云：州境舊爲四洞，地介宣化縣及思明、江州、忠州間，後爲思明及忠州所占據。嘉靖十八年洞民黄綱請内屬，因改四峒爲四郡，曰武黎，曰華陽，曰沙水，曰吴從，設四都營，屬南寧府，使黄綱等掌其地。隆慶中思明、忠州争取四都地，忠州黄賢相擅命據守，剽掠村落，官兵討擒賢相，尋建州治沙水都定渌岡，以三都地屬之。屬南寧府。

武勒廢縣，在州東。唐置籠州，治武勒縣。勒，或作「勤」。唐末没於蠻。今州城，隆慶六年築，萬曆十三年易以磚石。有門四。城周四里有奇。

武禮廢縣，在州境。唐籠州兼領武禮、龍羅、扶南、龍賴、武觀、武江六縣，後皆廢。宋置羈縻武黎縣，屬邕州。武黎即武禮之悮也。元廢。今爲武黎都。龍賴，或作「龍額」。○華陽廢縣，在州西南。元置，屬思明路。至元二十九年上思州土酋黄聖許作亂，結交趾爲援，陷忠州、江州及華陽縣，尋敗走交趾。明初縣廢。今爲華陽都。

西原廢州，在州西南，又西接太平府境，皆古西原蠻地。唐上元初桂州經略使邢濟奏破西原蠻二十萬衆，斬其帥黄乾曜等。大曆六年西原蠻張侯、夏永等陷容州及鬱林州，容管經略王翃討平之，因置羈縻西原州，屬安南都護府。尋復入於蠻。新唐書「西原蠻居廣、容之南，邕、桂之西，北接道州武岡，西接南詔，依阻洞穴，綿地數千里。有甯氏相承爲豪，又有黄氏居黄橙洞，其屬也。天寶初黄氏强，與韋氏、周氏、儂氏相脣齒。爲寇害，據十餘州。既又逐韋、周於海濱而奪其地。今州境諸土豪，大抵皆黄氏之裔」云。

印山，州南一里。其上有玄天洞，石峰突起，寬敞可容百人。○三峰山，在州北。三峰並峙，環列如屏。俗名筆架山。下有金鷄巖。又北二十餘里有朝冠山，澗水出焉，流入大江。

獅巖洞，州西北十里。山半有洞，洞口寬數十丈，稍入則邃曲空曠，稱爲奇勝。又犀牛洞。在州西十里。洞最空明，池水清澈。○石人埠，在州東五十里，接宣化縣界。有石如人，卓立水濱。

大江，在州城北。自奉議州流入境，又東入隆安縣界。志云：州西五里有鮎魚灣，大江經此，羣峰壁立，一石下垂，狀若鮎魚。又有回瀾石，在州西一里。巨石突出横江，江水爲之西折。州西半里又有石龍洲，連亘千餘丈，横截江流，三面皆水。中一白石長數十丈，出地不過尺許。

麗江，州南二里。志云：自太平府羅陽縣流入境，又東入宣化縣界，即府西南境之左江也。

凌山驛，在州西。舊在宣化縣西五十里，萬曆三年改屬州，移於州治南，十五年復徙治於西門外。

中峒。在州南。宋嘉祐五年交趾與中峒蠻寇邕州，廣西經制使余靖討平之。又黄峒，在州西，即西原蠻巢穴也。一名黄橙峒。唐大曆以後黄峒蠻屢爲亂，元和末裴行立攻黄峒蠻破之。既而復熾，長慶二年邕州刺史李元宗懼罪奔黄峒，蓋遁入蠻中也。

上思州，府西南三百里。至思明府二百五十里，東南至廣東欽州界七十里，西南至交州偏村界一百里。

唐初羈縻蠻洞地，尋置上思州，屬邕州都督府。宋屬邕州遷隆寨。元屬思明路。明初因之，志云：洪武元年土官黄威慶率子中榮内附，以州授中榮。成化末其孫瑛以罪死，族黨争立作亂。弘治中改流官。正德中餘黨黄鏐等復爲亂，嘉靖初討誅之。弘治十八年改屬南寧府。編户二十里。秋米六十七石。

上思州舊城，在今州南隔江，峙武嶺之南，有土城。弘治十八年遷州治於江北，改築州城，即今治也。嘉靖十五年、二十三年復增拓之，三十五年又復營治。有門四。城周四里有奇。

獅山，在州北二里。蹲踞若獅。一名思山，州因以名。其並峙者曰文嶺山，亦曰三台山。山陰五里有温泉。○望州山，在州北十里。官路所經，俯瞰州治。其相接者曰渌王山。又北二十里曰北梯嶺，路險若梯。

棟銅山，在州東，有三百谷口。又朝拜山，在州南，一名六馬嶺，其形如拜。○鳳凰山，在州西十里，北接王侯山。上有廨址，一名王侯寨。又蕾淋山，在鳳凰山西。嘉靖初官兵討黄鏐屯營於此。州西十八里又有達追山，亦曰排陽嶺，四周石壁，泉流如瀑布，下注成溪。

東香山，州北四十里。山最高險，下有弄懷巖，巖峻洞深，怪石層疊。其東曰美麗巖。又大吉山，在州東七十里。俯視羣山，草木蔽芾。其相接者曰幞帳山。○十萬山，在州西南八十里。羣峰巑岏，百溪分注，明江之源出焉。

四方嶺，州西三十里。山勢陡拔，四面方正。上有天池，溉田甚遠。○峙武嶺，在州東南。其東峰高百丈，上有土城，相傳馬伏波所立。山之麓爲甘燕巖。其對峙者又有胡峙嶺、回車嶺，上皆有土城。又獨秀峰，在州東南五里。峰後三里有獅子潭。州西八里又有明麗峽，兩山相麗，明江水出其間。

明江，州南一里。源出十萬山，東北流至州西南五里，匯爲葫蘆潭，亦曰龍跳溪，一名板龍溪，江流兩分，一西流入思明府界，一東流經州南，又東至古萬寨與小江合。志云：州南有龍潭，一名汪水潭，亦明江所匯也。

小江，在州東南。即源出峨利州之右江也，流經州境入宣化縣界。又上漁江，在州西南。亦東流至古萬寨合於小江。漁，亦作「愚」。○馱龍溪，源出州北龍嶺，南經獅山，繞流而南合於明江。又馱造溪，源出州東十里東曉山；州西又有馱槐等溪，源出鳳凰山；皆流注於明江。

馱桃溪，縣北二十里，一名馱白溪，源出東香山；又有剥鄧溪，出州西三十五里弄樸山；淰況溪，出州東二十里蕾西山；下流皆入明江。○那板溪，在州西南，與淥浪、淥鬱等溪俱出十萬山，流匯於明江。

那馬堡。在州東。又東南有那洞等堡。又馱槐堡，在州南。相近又有那嶺等堡。又南有那提堡，接交趾界。○弄槐堡，在州西。又西有那麻、佛子等堡，接忠州界。西南有那奔堡，近思明府之遷隆洞，嘗爲峒酋所侵軼。又州北有淥骨等堡，皆戍守處也。

附見

南寧衛。在府治西。洪武二年建。又馴象衛，在横州治東。洪武二十一年建。

歸德州，府西二百五十里。東北至思恩府二百五十里，西北至田州三百里，南至隆安縣六十里。

唐羈縻地。宋熙寧中置歸德州，隸邕州横山寨。元屬田州路。明初屬田州府，洪武二年黄隍城歸附，授世襲知州，以流官吏目佐之。爲田州所侵鑠，請隸南寧府，從之，仍以黄氏世其職。弘治十八年改今屬。編户一里。秋米一百十石。

歸峰山，州治西。山勢有趨歸之狀，因名。

大江，在州西南。自奉議州流入境，又東入隆安縣境。志云：州治西南有三索橋，即大江所經也。

潤山堡。圖經云：「在州東。」又州西有丹良堡。

果化州，府西南三百二十里。西北至田州三百五十里，東北至歸德州百里。

唐羈縻峒地。宋爲羈縻果化州，仍隸邕州。元屬田州路。明初屬田州府，洪武二年土官趙榮歸附，授世襲知州，以流官吏目佐之。弘治中爲田州所侵鑠，改隸南寧府，仍以趙氏世其職。弘治十八年改今屬。編户一里。秋米一百四十石。

忠州，府西南四百餘里。西至思明府百餘里。

唐羈縻地。宋置忠州，屬邕州遷隆寨。元屬思明路。明初屬思明府，土司考：「忠州土官黄姓，其先江州之族。明初黄威慶率子中謹歸附，授威慶江州，中謹忠州，各世襲。隆慶中知州黄賢相與思明土官黄承祖争四都地，賢相擅命侵據，官兵討擒之，因改州，屬南寧府，仍以賢相子有翰世其職。」隆慶三年改今屬。編户一里。秋米二百一十石。貢馬。

下雷州，府西五百八十里。西北至鎮安府百三十里，南抵太平府安平州界百二十里，西抵交趾界二百里。

唐羈縻地，宋置下雷州，元因之。明初爲下雷峒，時州印失，因廢爲峒。屬鎮安府，嘉靖四十三年改屬南寧府，土夷考：「下雷峒長許永通，明初歸附，調征有功，世襲洞長。嘉靖十四年復得舊印，仍號下雷峒。後改今屬。萬曆中以地逼安南，升下雷州，授許應珪爲土官，流官吏目佐之。」萬曆十八年升爲下雷州。編户一里。秋米百石。

太平府，東至交趾界二百四十五里，南至江州界六十五里，西至龍州百八十里，北至向武州界三百里，自府治至布政司二千五十里，至京師一萬四百二十五里。

古南粤地，漢屬交趾郡，地名麗江。晉、宋以來爲夷僚所據。唐爲羈縻地，志云：即西原蠻地也。隸安南都護府。其後或臣或叛。宋平嶺南，於左、右二江溪洞立五寨，此爲太平寨。與古萬、遷隆、永平、横山四寨爲五也。五寨各領州縣溪峒，屬邕州。元初仍爲太平寨，後改置太平路，控制左江州縣峒。明朝洪武二年改爲太平府。土司考：「元至正間太平路爲上思酋黄英衍所據，遷路治於馱盧村。洪武元年歸附，因改路爲府，設流官知府統之，復遷府治於麗江。」編户三里。秋米二千石有奇。今領州四，縣一，又羈縻州十四，縣二。

府内環溪峒，外達交趾，山川圍繞，爲西南之藩翰。

崇善縣，附郭。宋置羈縻崇善縣，隸古萬寨。元隸太平路。明朝洪武初因之，土酋趙氏世襲。宣德間改流官，嘉靖十九年遷入郭内。編户十六里。

太平城，今府城。一名壺城，以麗江自西北來經城南，復折而東北，〔三〕屈曲如壺也。元末徙治馱盧，在今城東北三十里。洪武初復還舊治，六年創築府城，甃以磚。永樂六年易以石，正德十四年復修築。隆慶六年水泛城淹，旋復修治，萬曆三年復營繕。舊有門五，正德末塞西南一門，今爲門四。東西南三面皆據河爲險，城周不及四里。

崇善廢城，府西北五十里。古名崇山。宋置崇善縣，隸古萬寨。元隸太平路。明朝洪武初土官趙福賢歸附，子暹襲。宣德間暹叛，攻破左門，占據村峒四十餘所，帥臣顧興祖討誅之，始改流官。嘉靖初徙入郭内，今故址猶存。

將軍山，在府城東。山勢聳立，如武士然。或謂之衣甲山，今名文奎山。又金櫃山，在府城東隔江。山形如櫃，其中虚明，可容百人。〇筆架山，在城東一里。〔四〕其北曰葸簩山、筋竹山，上多産竹，故名。又城東三里曰蛾眉山，屹立雲表。其並峙者曰白雲山，方巖連亘，如玉屏然。有七洞相連，而白雲最勝。其相近者又有尖峰，峰尖而秀，如卓筆然。

燈架山，府北四里。高聳尖秀，望之巍然。又籠頭山，在府東北四里。屹立江心，形如砥柱。其西即蛾眉山也，每春夏波濤衝激，有聲如雷，俗名鷄籠山。志云：城北三里有石門，其石突立江上，中通如門。又有感谷，在城西北一里。上有進寶石，下瞰江流，狀如石闕。

青連山，府北十里。山勢綿亘三百餘里，峰巒紛列，青翠相連。其陽有青山巖，高闊深邃，奇勝不一。巖中之土可以煎硝，郡人取之。又北四十里曰盤環嶺，純土可畊。望見太平、安平二州，一名望州嶺。

崇官山，舊縣北二里，〔五〕縣因以名。或云即古崇山，舜放驩兜處，傳訛也。一統志「舊縣南二里有環嶺」，蓋即盤環嶺矣。

府前江，在府城南，即麗江也，亦曰左江。發源交趾界廣源州，合七源州之水，歷憑祥州、龍州、思明州、下凍州，會崇善縣水，經府城西，環繞城南而東北出，歷左州、思同州、陀陵縣、羅陽縣諸境，又南入南寧府界，至合江鎮與右江俱會於鬱江。

舊縣江，在府西北。一名崇善江，〔六〕合思城州、太平州諸水，流經故縣北，又東南入於麗江。志云：舊縣東又有崇善水，出崇官山，與崇善江合流。

龍馬泉，在府治南，水色清碧，南流入麗江。又有廣濟泉，在青連山北，志云泉在府北二十里，皆有溉田之利。

壺關，府北三里。府城三面臨江，惟北通陸，江流屈曲，形如壺口，正德三年置關於此，用石甃築，東西跨河，爲城北之保障。關外一里有隴口嶺，與關城爲唇齒。又有保障關，在府東北四十里。○威震關，志云：舊在衣甲山下，一名伏波關，相傳馬伏波征交趾時所築。又舊有南關，近交趾界。今皆廢。

府前渡。在城南。一名南門渡。自府境達思明府、思陵州、上思州、忠州、江州之路皆出於此。又有歸龍渡，一名中渡，在府城東。又城西有上郭渡，城東南有下郭渡，皆麗江津口也。○左江驛，在府城東南，與下郭渡相近。

附見

守禦太平後千户所。在府治東。洪武五年建，隸南寧衛。

左州，府東北百里。東至永康州百里，東北至萬承州五十里。

舊蠻峒地，古名左陽。唐置羈縻左州，隸邕州都督府。宋仍曰左州，隸古萬寨。元改今屬。明初亦爲羈縻州，土夷考：「洪武初土官黄勝爵歸附，世襲知州。天順中以爭襲相讐殺，成化中始改流官。弘治、正德中餘黨屢作亂，皆討平之。」成化十三年改同正州，仍屬太平府。編户四里。秋米二百三十石有奇。

左州舊城，在州東十五里，地名龍村。正德十三年遷於古欖村，即今治也。有土城，周二里。

金山，州西北二里。有通幽巖，奇峰錯峙，怪石環列。稍北有流霞峰，最高，登之則八表在目。又有雙清、獨秀諸峰，聯絡環向，六州之勝概也。又銀甕山，在州西五里，臨江，上有洞。又州西南有華父山，泉石甚勝。

雲巖山，州東三里。巖有二層，平廣如一。一名雲洲山，一名落城巖。又傳感山，在州東南八里之咘亮村。奇峰相峙，一水中流，水隔處架槎以渡，巖洞泉石，類皆幽勝。○柏嶺，在州南三里。一名北山。巖中虛敞，可容百人。

麗江，在州南。自府東流入境，又東入思同州界。州治南又有橋龍江，源出陀陵縣之三清山，西南流合諸山谿水，經龍、光二村，環州治而南入麗江。

龍泉，州東二里。高山連絡，一石卓峙，泉湧其下，四時不竭，匯而爲池，北流合於橋龍江。州民引流灌溉，凡數百頃。

馱樸驛。在州東沿江村。

養利州，府北百五十里。西至思城州界二十里，東至全茗州界三十里，北至龍英州六十里。

舊蠻峒地，古名歷陽。唐置羈縻養利州，屬邕州都督府。今唐志不載。宋屬太平寨。元隸太平路。明初亦爲羈縻州，土夷攷：「洪武初土官趙日泰歸附，世襲知州。宣德三年其裔趙文安侵掠鄰境，服辜，因改流官。」宣德七年改同正州，仍屬太平府。編户二里。秋米一百四十八石有奇。

養山，州西三里。綿亘甚遠，蒼翠蓊蔚，州蓋以此山及利水名。又西四里有金馬山，玲瓏聳峙，爲州之勝。○武陽山，在州東三里。有武安洞，武陽水出焉。志云：州治南有古嵩山，州治西有小印山，兩山相望，僅隔一里。

通利江，在州北。自龍英州流入境，又西南入崇善縣界合崇善江。○利水，在州西一里。志云：源出思城州，東流入境，合於通利江。

武陽水。在州南。源出武安洞，洞中水滴成溪，亦曰洞溪，西南流至州南，有瀑布泉流合焉，下流亦匯於通利江，溉田甚廣。

永康州，府東北二百里。西至左州百里，南至思同州六十五里，〔七〕東北至南寧府隆安縣百里。

舊蠻峒地，古名康山。宋置永康縣，屬遷隆寨。元隸太平路。明初因之，土夷考：「洪武初土官楊榮賢歸附。成化八年其裔楊雄傑糾合峒賊劫掠宣化縣，總兵趙輔討誅之，因改流官。萬曆二十八年升縣爲州，仍屬太平府。編户一里。秋米四十石有奇。

净瓶山，州東二里。平地突起一峰，如瓶立。又州西北有鳳凰山，西有白虎山。

馱排江。〔八〕在州西。山谿諸水匯而爲江，南流至羅陽縣境，下流入於麗江。○緑甕江，在州西南。源出州北緑空山，西南流合思同、羅陽諸水入於麗江。

上石思州，府西南三百三十里。東至思明府百五十里，西至交趾界百三十里。

古蠻峒地，唐置羈縻石西州，〔九〕屬邕州都督府。宋初因之，嘉祐間改爲上石西州，屬永平寨。元屬思明路。明初併入思明府，永樂二年復置，土夷考：「上石西州，土官趙姓，明初歸附。既而更趙、何、黄三姓，皆絶，始改流官。成化中知州殷興爲土人毒死，厥後莅職者多寄孥於太平，承使令之乏而已。其州地則爲思明土酋黄氏所據。嘉靖中州雖屬官，而莅職者曠廢如故。萬曆十九年知州孫繼先復新州治，赫然更始。既而復爲蓁莽。論者以爲土官轄流官，事體非便，仍改今屬。」萬曆二十八年改屬太平府。編户一里。秋米三十石。

古望山，在州北。山勢嵯峨，可以望遠。又白馬洞，在州南三十里，中甚宏敞。

明江。在州東。自思明府界西北流經此，又西北入龍州境注於麗江。

太平州，府西北八十里。東至左州九十里，東北至養利州百二十里。

舊巒洞地，古名瓠陽，即西原農峒地也。唐爲羈縻波州地，屬邕州都督府。宋爲太平州，宋志不載，或曰即西農州。隸太平寨。元隸太平路。明初因之，土夷考：「洪武初土官李以忠歸附，世襲知州，設流官吏目佐之。」今仍屬太平府。編户四里。秋米二百三十九石。貢馬。

龍蟠山，州西二里，以山勢盤繞而名。又州東有坡高山，綿延昂聳。○板棧山，在州南里許。州北又有巖傍山。志云：州治以四山環繞，稱爲形勝。

邏水。在州西。自南寧府下雷州發源，東南流入境，環繞州治；又有隴水自安平州發源，東南流入境；又教水自思城州發源，南流入境；俱合於邏水，三水同流，經崇善縣入於麗江。

思城州，府西北百里。西南至太平州三十五里，北至南寧府下雷州界七十里，西至安平州五十里。

本西原農洞地，唐置思城州，隸邕州都督府。宋分置上思城、下思城二州，隸太平寨。元屬太平路，至正中并爲一州。明初因之，土夷考：「洪武初土酋趙雄傑歸附，世襲知州，以流官吏目佐之。」今仍屬太平府。編户二里。秋米一百八十六石有奇。貢馬。

龍級山，在州治西南。山盤旋高峻，層級而上。又州南有龍馬山，高聳如馬。○弄限山，在州北，峻險難越。志云：州境又有岜白、普眉諸山，皆雄勝。

教水。在州西南，流入太平州合於邏水。志云：州南有流水，其下流入於麗江。

安平州，府西北百十里。東至思城州五十里，西南至龍州二百餘里，北至交趾界百四十里。

本西原洞蠻地，古名安山。唐波州置於此。宋皇祐初改置安平州，隸太平寨。元隸太平路。明初因之，土夷考：「洪武初土官李郭佑歸附，授世襲知州，以流官吏目佐之。」今仍屬太平府。編户五里。秋米一百九十石有奇。貢馬。

帽山，在州治西北，以山形高聳而名。又西北有星山，亦高峻。○顯山，在州東北，又州南有仰山，州北有秀貌山，皆險峻。

隴水，在州東北，又有大水、小水，並流而南，合於隴水，入太平州界合於邏水。圖經：「州東南有長洲、印洲，州南又有寶洲，隴水與諸川環流分注處也。」

古鐙隘。圖經云：「在州北。」又州西北有兔零隘及兔零洞，又西有那營峒，皆與交趾接境，爲戍守處。志云：州有煙邦、化隆二洞，亦與交趾接界。

萬承州，府東北百五十里。西北至龍英州界三十里，南至思同州五十里，東北至南寧府隆安縣百四十里。

本西原農峒地古名萬陽。唐置萬承州，隸邕州都督府。宋因之，隸太平砦。元隸太平路。明初因之，土夷考：「洪武初土酋許郭安歸附，授世襲知州，以流官吏目佐之。」今仍屬太平府。編户四里。秋米二百五十石有奇。貢馬。

萬形廢州，在州西北。唐所置羈縻州也，隸邕州都督府，宋并入萬承州。

馬鞍山，在州治南，以形似名。又南有武安峒。○連山，在州北。又州境有香壽山，亦高峻，爲州之望。

緑降水。在州西南，又州南有㳑黎水，合流而南，經思同州界入於麗江。○思崖泉，在州西五里。有二源，灌田萬畝。又更塘，在州東北八十里，廣數頃，與隆安縣接界。南寧志：「塘舊屬宣化縣，正德中爲州所侵據是也。」

全茗州，府北百六十里。東至茗盈州五十里，西北至龍英州五十五里。

本西原蠻地，古名連岡。宋置全茗州，隸邕州。宋志不載。元隸太平路，明初因之，土夷考：「土酋李添慶歸附，授世襲知州，流官吏目佐之。」今仍屬太平府。編户一里。秋米一百二十石。貢馬。

端坐山，在州治南，以形似名。又州東有獅子山。

澗水。在州南。自茗盈州流入境，又東南流入陀陵縣界注於麗江。志云：州東有㳑顯水，源出茗盈州，流入界，引流溉田。兩州數争其利，萬曆二年立石分界，争始息。

鎮遠州，府東北二百八十里。東北至南寧府果化州界百三十里，西至向武州界四十里，南至結倫州五十里。

本西原農蠻峒地，舊名古隴。宋置鎮遠州，隸邕州。宋志不載。元隸太平路。明初因之，土夷考：「洪武初土酋趙勝昌歸附，世襲知州，流官吏目佐之。」今仍屬太平府。編户一里。秋米九十九石。貢馬。

天馬山，在州西北，又州東南有筆架山，俱高勝。

巖磨井。在州治南。水泉清洌，州人皆仰給焉。

思同州，府東二百里。東南至羅陽縣百里，北至永康州六十五里，西北至萬承州五十里。

本西原蠻地，舊名永寧。唐置思同州，屬邕州都督府。宋隸太平寨。元隸太平路。明初因之，土夷考：「洪武初土酋黃克嗣歸附，授世襲知州，流官吏目佐之。」今仍屬太平府。編户四里。秋米八十石有奇。貢馬。

明山，在州治東，巖穴相通。其在州治北者又有敦厚山。又馬鞍山在州東，金星山在州西，俱高峻。志云：州境有壽桃峰、頓笏峰，皆以形似名。

麗江。在州南。自左州流入境，又東入陀陵縣界。州西又有淥零水，流入麗江。

茗盈州，府東北百六十里。西至全茗州五十里，東北至結安州七十里。

本西原峒地，宋置茗盈州，隸邕州。宋志不載。元隸太平路。明初因之，土夷考：「洪武初土酋李鐵釘歸附，世襲知州，流官吏目佐之。」今仍屬太平府。編户一里。秋米一百三石。貢馬。

帽山，在州北，州北又有獅山，皆以形似名。

澗水。在州東。自結安州流入境，又西南流入全茗州界。又咘顯水，在州北，亦西南流入全茗州合於澗水。

龍英州，府北二百十里。東南至全茗州五十五里，南至養利州六十里，西至鎮安府上映洞界六十里，北至向武州界五十里。

唐羈縻地，舊名英山。宋爲龍英洞，屬邕州。元置州，隸太平路。明初因之，土夷考：「洪武初土官李世賢歸附，割上懷地益之，世襲知州，流官吏目佐之。」今仍屬太平府。編户二里。秋米三百七十五石。貢馬。

上懷廢州，在州西南。元置，明初廢。

牛角山，在州治東，以山巖相對如牛角也。又巖山，在州南；筆架山，在州西北：俱高聳。

通利江。在州治前。其源有三，一自州西北境流入，一自西南境流入，一自筆架山流入，俱至州治前合流，經養利州，歷崇善縣入於麗江。

結安州，府東北二百二十里。東北至都結州九十里，北至結倫州十五里，西南至茗盈州七十里。

本西原農峒地，舊名營州。宋置結安峒，隸太平寨。宋志不載。元升爲州，隸太平路。明初因之，土夷考：「洪武初土酋張仕榮歸附，〔一〇〕世襲知州，流官吏目佐之。」今仍屬太平府。編户一里。秋米七十八石。貢馬。

城門山，在州治東北，以壁立如門也。州北又有石人山，州南有石牛山，皆以形似名。

堰水。在州西南。或曰即澗水也。自都結州流入境，土人堰水以溉田，因名堰水，南流入茗盈州。

結倫州，府東北二百三十里。東至都結州八十里，南至結安州十五里，北至鎮遠州五十里。

本西原農峒地，舊名那兜。宋爲結安峒地。元置結倫州，隸太平路。明初因之。土夷考：「洪武初洞長馮萬傑歸附，世襲知州，流官吏目佐之。」今仍屬太平府。編户一里。秋米一百二十石。貢馬。

倚坐山，在州治北，以形似名。又州治西有兜鍪山。其並峙者曰高寺山。

咘卑水。在州東。自都結州流入境，又西南入結安州界合於堰水。

都結州，府東北三百三十一里。西至結倫州八十里，西南至萬承州百八十里，東南至南寧府隆安縣七十里，北至田州上林縣界五十里。

本西原農峒地，舊名渠望。宋爲結安峒地。元置都結州，隸太平路。明初因之。土夷考：「洪武初土酋農威烈歸附，世襲知州，流官吏目佐之。」今仍屬太平府。編户一里。秋米九十八石。貢馬。

印山，在州治南。山形方正如印。又青雲山，在州北，以高聳入雲而名。

咘卑水。在州治南，流入結倫州界。志云：澗水出州境山中，西南流入結安州，即堰水也。

上下凍州，府西二百二十里。東北至龍州四十里，西南至交阯界百里。

本西原農洞地，舊名凍江。宋置凍州，隸太平寨。元分上凍、下凍二州，隸太平路。旋合爲一州，隸龍州萬户府。明初仍曰上下凍州，土夷考：「洪武初土官趙帖從歸附，世襲知州，流官吏目佐之。」屬太平府。編户一里。秋米百有二石。貢馬。

八峰山。州西二里，八峰並聳。又州治北有青連山，自交阯廣源州發脈，西連州境。今詳見太平府。○拱天嶺，在州南十里。山高峻而長，綿延百餘里，東南接交阯界。峰頭皆北向，因名。

大源水。在州北。源出八峰山，東北流入於麗江。

思明州，府西南二百三十里。東至思明府百里，南至西平州百二十里，西至交阯界百里。

本羈縻蠻地，宋置思明州，屬太平寨。元屬思明路。明初屬思明府，土夷考：「洪武初土酋黄鈞壽歸附，授世襲知州，本思明府土酋同族也。成化中思明府黄琬煽亂，謀奪州。四傳至黄泰，竊據州地。萬曆中其裔黄恩降，〔二〕復與思明府土官黄承祖争地相仇，因改屬太平府。」萬曆十一年改屬太平府。編户一里。秋米六十一石。貢馬。

逐象山，在州東。回環甚遠，爲州屏障。

明江。在州東北。自思明府流入境，又東入龍州界。志云：州有太子泉，下流入於明江。

陀陵縣，府東二百四十里。東至羅陽縣六十里，北至思同州五十里。本西原農峒地，舊名駱陀。宋置陀陵縣，隸古萬寨。元隸太平路。明朝洪武初土官黄富歸附，世襲知州，以流官典史佐之，仍屬太平府。編户四里。秋米一百六十七石。貢馬。

渌空山，在縣治東。山下有水，引以溉田。又那寰山，在縣南。縣北又有駱陀山。

麗江。在縣南。自思同州流入境，又東入羅陽縣界。志云：澗水在縣西北，自全茗州流入境而注於麗江。

羅陽縣。府東三百里。東南至南寧府新寧州百里，西至陀陵縣六十里。本西原農峒地，地名福利。唐置羈縻羅陽縣。元和末裴行立攻黄峒蠻，得其地。長慶初邕州刺史李元宗復以其地歸蠻酋黄少度，遂没於蠻。宋復置羅陽縣，屬遷龍寨。元隸太平路。明朝洪武初土官黄宣歸附，世襲知縣，以流官典史佐之，仍屬太平府。編户一里。秋米一百五十五石。貢馬。

青山，在縣治東。其在縣西北者又有白虎山。志云：縣西北有白面山。隆慶五年土酋黄金彪作亂，官兵討之，彪奔隴悶村白面山箐中，既而食盡，乃就縛處也。

麗江。在縣南。自陀陵縣流入界，又東入新寧州境。○馱排江，在縣西。自永康州東南流入縣界，注於麗江。

校勘記

〔一〕嘉靖四十五年革　「四十五年」，底本原作「四年五年」，今據職本、鄒本改。

〔二〕永東江　底本原作「水東江」，今據鄒本及嘉慶重修一統志卷四七一改。

〔三〕復折而東北　「東」，底本原作「南」，今據職本、鄒本改。

〔四〕在城東一里　底本原作「在城一里」，方位不明。職本作「在城東一里」，今從之。

〔五〕舊縣北二里　底本原脱「北」字，今據鄒本補。

〔六〕一名崇善江　「江」，底本原作「縣」，今據鄒本改。

〔七〕南至思同州六十五里　底本原脱「六」字，今據職本補。

〔八〕馱排江　「江」，底本原作「山」，今據職本改。

〔九〕唐置羈縻石西州　「唐」，底本原作「元」，今據職本改。新唐志卷四三下邕州都督府所隸有石西州。

〔一〇〕土酋張仕榮歸附　「仕」，底本原作「在」，今據職本、鄒本及明史卷三一八廣西土司傳改。

〔二〕成化中至其裔黄恩降　「黄琬」，職本、鄒本並作「黄玹」，明史卷三一八廣西土司傳又作「黄玹」。又「黄恩」，底本原作「黄思」，今據職本、鄒本及明史改。又「降」，底本原作「隆」，今據鄒本及明史改。

讀史方輿紀要卷一百十一

廣西六

思恩軍民府，東至柳州府賓州上林縣二百五十里，東南至南寧府二百三十里，西南至南寧府歸德州二百五十里，北至慶遠府那地州百七十里，自府治至布政司千二百里，至京師一萬一千三百里。

古百越地，漢交趾郡地，晉、宋以後皆爲蠻所據。唐置羈縻思恩州，屬邕州都督府。宋仍爲思恩州，隸邕州遷隆鎮。元屬田州路。明初屬田州府，永樂三年改隸廣西布政司，正統五年改爲思恩府，尋升軍民府，土夷考：「洪武初土酋岑永昌歸附，授世襲知州，時居民僅八百户。子瑛，〔一〕强勇有謀略。洪熙間以武緣白山峒七百户分屬思恩，宣德間又以上林渌谿洞八百餘户益之。正統間從安遠侯柳溥議，升爲府，又益以宜山八仙諸峒六百六十户，尋升軍民府。弘治中岑濬恃兵力屢寇思城、果化、上林，又攻陷田州，放兵大掠，官兵討之，濬敗死，因改設流官。其土目叛服不常，嘉靖初王守仁列其地爲九土巡簡司，亂稍弭。其後九司日熾，府不能制。萬曆七年督臣吴文華請割南寧府之武緣縣屬思恩，自是遂成巨鎮。」弘治中改同正府。〔二〕編户二十里。今領縣一。

府土田廣衍，山溪環錯，控臨諸夷，爲西土之外險。志云：府舊治橋利，四面絶壁，署據礋确，觸之皆芒利砱砑之石，如在矛戟中，瘴霧昏塞，薄午始開。今治四野夷曠，軒豁秀麗，後山起伏蜿蜒，敷爲平原，兩水繞山合流而入巨浸，江水既通，商賈輻輳，益比於内地矣。

思恩舊城，在今城西五里，地名橋利。其西北又有舊城，今名砦城，明初思恩州治也。正統十年岑瑛以府治遐逖，遷於橋利。成化初始築城，有門四。嘉靖七年督臣王守仁奏徙治於荒田，創築磚城。十七年大水城壞，旋復修治。二十一年及萬曆十九年俱重修。有門三，北面無門。城周三里有奇。

鳳化廢縣，府北三十里。正德七年增置，屬思恩府，治以流官。嘉靖七年王守仁議割武緣止戈、二里益新郡，又議割上林三里，移鳳化縣治焉，爲犬牙相錯之勢。明年林富議以三里地遷置南丹衛，遂并鳳化縣裁之，於是府治益孤。三里，在府東百十里。其地在八寨間，平曠博衍，多良田茂林，今南丹衛置於此。詳見前上林縣。

獨秀山，在舊城東半里。一峰峭立，亦名印笏山。又舊治南有筆架山，五峰並聳。志云：舊府城内有仙女山，前有大潭，水光如鏡。其環繞舊治左右者又有獅子、棲霞諸巖。○將軍山，在舊府城西。山勢雄偉，狀如兜鍪，旁有兩峰，峭拔夾峙。

崇武山，在舊城西北十里。高峻爲一方之巨鎮。又文筆山，在府西北五里，高插雲中。○安山，在府北十里，爲郡後屏障，土人訛爲暗山。又鷹山，在府西北七十五里，臨江屹立。又西有仙跡山，上有池，登其巔可見田疇。

大名山，府東南五十里，即大明山也。形勢高廣。接上林、武緣二縣界。遠近羣川多出於此。可瀘水亦出焉，下流入於鬱江。餘見前上林縣。○雙馬山，在府西五十五里。二峰昂聳，如駿馬並馳，因以名。

都陽山，府西北二百五里。山高廣，有泉下注成溪，引流溉田。舊有都陽寨。弘治中土酋岑濬作亂，甃都陽等砦石城十有八所，即此處也。○靖遠峰，在府東北，近慶遠府宜山縣界。弘治中官兵討岑濬道出此，登峰以望賊氛，事平名曰靖遠。又黄篠嶺，在府北四十里。其高處有廢壘。

白雲巖，志云：在舊城東北十餘里，林壑甚勝，泉自巖出，流成溪澗。又滴玉巖，在舊城西十餘里；又西七十餘里有通天巖；皆深廣。

清水江，在府北。東南流，城中有通津水、橋利水俱流合焉，下流會於大欖江。志云：大欖江，一名劍江，出大明山，流入武緣縣，沿江立陂以溉田，蓋即可瀘水之别名矣。又府南有硃砂江、粟谷江、渌流江，皆分流並導，有灌溉之利。

洪水江，府西北六十里。一名馱蒙江。源出府西北都陽諸山，經鷹山下，又東會於清水江。或以爲即清水江之上源。○惠泉，在府城西，流經城中而東出，引流灌田。

白山鎮，府北六十里。正德中土目王受與田州土目盧蘇合謀煽亂，嘉靖初督臣王守仁招撫之，尋分思恩地爲九土巡司，管以頭目，而授王受白山巡司是也。今府西北六十里有興隆巡司，府北五十里有那馬巡司，府東北七十里有下旺巡司，府東八十里有古零巡司，府東北三百二十里有安定巡司，府西一百三十里有定羅巡司，府西北百五十里有舊城巡司，百六十里有都陽巡司，俱嘉靖六年置。

八仙堡。在府東北，即元所置八仙屯也。亦曰八仙峒。本慶遠府宜山縣地，正統中割屬思恩，置堡於此，仍以八仙爲名。志云：堡東五里即靖遠峰。弘治中討岑濬，以堡爲駐兵之所。○渌溪峒，在府東。本上林縣地，宣德中改今屬。又白山峒，在府南。本武緣縣地，洪熙元年改屬思恩是也。

武緣縣，府南百五十里。南至南寧府八十里，西至南寧府隆安縣百三十里，東至賓州百五十里。漢領方縣地，梁置武緣縣，屬領山郡。隋平陳郡廢，大業初以武緣縣并入嶺山縣。唐武德五年仍置武緣縣，屬南晉州，尋屬邕州。宋因之。元屬南寧府。明朝仍舊，萬曆七年改今屬。城邑攷：「縣城，洪武二十四年築，〔三〕周三里有奇。」編戶十五里。

樂昌廢縣，在縣東南。劉宋時置樂昌郡，治樂昌縣，齊、梁因之，隋廢。唐爲晉興縣地，屬邕州。宋初置樂昌縣，仍屬邕州。景祐二年省入武緣縣。志云：縣北有永寧廢縣。悮。

羅波城，縣東四十里。正統中土官岑瑛築石城於此。中有羅波潭，因名。又東二十里有鏌鋣石城，亦岑瑛所築。今皆廢。

鏌鋣山，縣東八十里。即大明山也，延袤甚遠，舊爲邕、澄二州之望。又武臺山，在縣東二十里。山後有大章嶺，聳秀冠於一邑。又起鳳山，在縣東九里。平地特起兩峰，軒聳秀麗，如雙鳳之騰霄。○獨秀山，在縣南五十里。平地突起一峰，高數十丈。其相近有高峰嶺，高二百餘丈，長十五里，南接宣化縣界。

帽山，縣西十五里。山形圓聳。又郎山，在縣西北六十里，山狀如人。又西北十里有峥山，上有泉，甚清洌。○紫金嶺，在縣南二十里。又南五里有天井嶺，山頂有井。俗傳儂智高敗遁經此，人馬渴甚，穿石得泉，似悮。

南流江，縣南二里。源出大明山麓，西流合西江水，南流經宣化縣界會於鬱江。○西江，縣西門外，可濾水支流也。

源亦出大明山，其正流經縣西入隆安縣界，支流經城西南合南流江而注於鬱江。

博澀寨，縣東六十里。有巡司。又縣東五十里有鎮𨚗砦巡司，縣北百五十里有高井寨巡司，縣西北百里有西舍寨巡司，縣南四十里又有横山砦巡司，俱爲戍守處。

高峰堡，縣南四十里。又縣東百十四里有馬頭堡，百二十里有彭嶺堡，百四十里有扶臺堡，又有暗山堡在縣南三十里，俱撥兵戍守。

黄桐驛。縣東六十里，馬驛也。又縣北四十里有硃砂馬驛，縣西百二十里又有白石馬驛。志云：縣南五十里有暗橋，與宣化縣接界。又縣北五十五里有硃砂渡，思恩府境硃砂江所經也。

附見

武緣守禦千户所。在縣治西。本南寧衛前所，洪武二十四年撥武緣縣守禦，仍隸南寧衛，萬曆九年改屬思恩府。

鎮安府，東至向武州界八十里，西至交趾廣源州界三百五十里，南至都康州界六十里，北至奉議州界四十里，自府治至布政司二千二百里，至京師一萬一千四百九十四里。

古百粤地，漢屬交趾郡，唐爲羈縻蠻地。宋於鎮安峒建右江鎮安軍民宣撫司，元改鎮安路。明朝洪武二年以舊治僻遠，移建於廢凍州，或曰元上凍州嘗置於此。改鎮安府，土夷考：「洪武初土酋岑天保歸附，世襲知府，流官守領佐之。三十五年向武知州黄世鐵侵奪高砦等地，督府遣兵平之，仍以其地屬鎮安。」隸布政司。編户二里。秋米千二百五十石。貢馬。

府高峰峻嶺環帶左右，内撫谿洞，志云：府歷溪峒二十有八。外控安南，亦形勝處也。

鎮安舊城，在府西感馱巖下，即故鎮安峒也。宋時宣撫司置於此。元泰定三年鎮安總管岑修廣爲其弟修仁所攻來告，命湖廣行省辨治之，即此地。明初移置於廢凍州，即今治也。

岜筆山，府城北。上有數峰相連。又雲山，在府城東。峰巒聳拔，上接雲霄。其北又有嶺，曰雷高嶺。○敢山，在府西十里。下有泉，流爲咘來水。

感馱巖，府西四百五十里。巖周二十餘丈。内有石柱如盤，亦名盤石巖。側有鎮安峒，宋、元時鎮安舊治也。

馱命江，在府城南。府境之水皆流匯焉，東北歷奉議州界入於大江。又咘來水，入於城北，南流合馱命江。

黑洞水，府南二百餘里。水出洞中，長流不竭，引以灌溉。又蓮花塘，在府南，其水四時不涸，又那盎陂，在府東三里：皆潴水溉田，爲利甚溥。○咘桑泉，在府西北八十里，亦有灌溉之利。

上映洞，在府東。元置上映州，屬鎮安路。明初廢爲上映洞，仍屬鎮安府。土官許朝卿管洞事，世守其職。

湖潤寨。在府東南。明初土酋岑元全歸附，授巡簡司世襲，傳至岑穩，隆慶三年調征廣東陣没，其子復繼其職。

歸順州，東北至鎮安府百餘里，東至都康州界四十里，南至太平府安平州界七十里，西至交趾界二百餘里。

宋羈縻蠻地。明初爲歸順峒，隸鎮安府。弘治九年升爲歸順州，〔四〕土夷考：「永樂中鎮安知府岑志綱分其第二子岑永福領歸順峒事，傳子瑛，屢率兵報效。弘治中都御史鄧廷瓚奏：『歸順峒舊爲州治，洪武初裁革。今其峒主每效勞於官，乞設州治，授以土官知州。』從之，仍增設流官吏目一員。後又以瑛子岑璋奏改隸布政司，從之。」仍隸鎮安府。嘉靖初改隸布政司。編户一里。秋米一百五十石。貢馬。

歸順江，在州北，流入鎮安府合於馱命江。

禄峒。在州西。又州西北有計峒，西南與禄峒接界。元皇慶二年交趾犯鎮安、歸順二州，陷禄峒、計峒，焚養利州，尋引去。

思明府，東至廣東欽州界三百里，南至思陵州界八十里，西至交趾界一百三十里，北至江州界四十里，自府治至布政司二千二百里，至京師九千五百二十七里。

古百越地，漢屬交趾郡，晉、宋以後皆爲蠻地。唐置羈縻思恩州，隸邕州都督府。宋隸永平寨。明初改爲思明府。土夷考：「洪武初思明總管黃忽都歸附，世襲知州，流官佐之。」編户三里。秋米六百三十七石。貢馬。舊領州七，縣一。今領州一。

府密邇交趾，江山環帶，資爲屏蔽。

回團山，府治西南十里，以山勢盤旋而名。又府南百二十里有公母山，以山頂有兩峰相對也。〇摩天嶺，在府南十五里，道出思陵州；又府北十里有峰門嶺；皆高峻。

明江，在府治南。源出上思州之十萬山，西北流繞府治，而北流百八十里入龍州之龍江。龍江即麗江也。

太子泉，在府治西。志云：元鎮南王討占城，師還思明，士卒飲明江水而病，禱於神，馬跑泉湧，味甘美，汲之不竭，因甃爲井。亦名太子井。明初建樓其上。

遷隆峒，府東二百里，東至上思州五十里。亦曰遷降寨，宋邕州五寨之一也，爲控扼要地。元曰遷隆峒。明朝洪武初峒長黄氏歸附，四年置遷隆峒土巡司，以黄氏世其職。秋米四十石。

況村。在府西。成化中思明庶孽黄紹治兵況村，殘思明州及下石西、上石西州，并據府治，弘治十八年討平之。紹子文昌後肆惡，遷府治於況村，築城拒命，復討擒之，思明始定。

下石西州，府西百四十里。西至上石西州十五里，北至思明州界三十里。

本蠻峒地，唐置石西州，宋嘉祐間分置下石西州，屬永平砦。元屬思明路。明初因之。土夷考：「洪武二年土官閉賢歸附，〔五〕授世襲知州，流官佐之。」今仍屬太平府。編户一里，秋米二十五石。貢馬。

白樂山。在州治北。峰巒聳秀，林木蒼翠。

附見

禄州，府東南二百餘里。

本蠻洞地，唐置羈縻禄州，屬安南都護府。宋屬邕州永平砦。元屬思明路。明朝洪武初省入思明府，二十一年復置，尋没於交趾。永樂二年開復，宣德二年復没於安南。州南三里有棟包山。

西平州，府西南二百里。

本蠻洞地。唐羈縻西平州，屬安南都護府。宋屬永平砦。元屬思明路，明初省。永樂二年復置，宣德二年没於安南。

田州，東北至南寧府歸德州三百里，南至奉議州界一百里，西至泗城州界百十里，北至慶遠府東蘭州界二百五十里，自州治至布政司一千三百里，至京師一萬一千三百三十里。

古百粤地，漢屬交趾郡，晉、宋以後皆没於蠻。唐開元初置田州，天寶初曰横山郡，乾元初復故。後爲羈縻蠻洞地。宋亦置田州，隸邕州横山砦。元改爲田州路。明初曰田州府，土夷考：「洪武元年土官岑伯賢歸附，世襲知府。洪武三年思城州土官岑欽、泗城州土官岑應攻寇田州，自是與田州鄰境，互相仇殺。正德中酋岑猛恃其强狡，凌轢鄰境。嘉靖初驕慢益甚，督臣姚鏌遣兵攻之，猛走死。疏請改置流官，從之。未幾田州復亂，乃命王守仁總制軍務。七年諸夷聽命，守仁疏言：『治田州非岑氏不可，請降府爲州，分設土巡司以殺其勢，而添設田寧府，統以流官知府，俾總其權。』從之。未幾以都御史林富言罷府治，惟分置十八土巡司。」嘉靖五年改爲流官，七年降府爲州，復添設田寧府治焉。明年府廢，仍爲田州，直隸布政司。編户十里。秋米四千八百六十五石。貢銀爐并馬。舊領四州，一縣。今領縣四。

州山川平曠，控帶百粤，翼蔽南荒。風土記：「田州臨大江，地勢平衍，沃野方數百里，兵力悍勇。」

田州舊城，州東四十里。唐置州，治都救縣，兼領惠佳、武龍、横山、如賴四縣，大曆以後爲羈縻州縣。宋諸縣皆廢，而田州如故。元末移於今治。今故址猶存。

廢來安路，在州西。元置來安路軍民總管府於此。明初岑伯顏以田州、來安二路來降。洪武七年來安酋岑即廣叛命，旋討平之，尋以來安省入田州府。又唐興廢州，亦在州西境。元置，屬來安路。延祐六年來安總管岑世興叛據唐興州，即此。明初廢。

婪鳳廢州，在州境。宋所置羈縻州也，元廢。今爲婪鳳巡司。

横山，州東南十里，以山勢蜿蜒横列而名。又㞯野山，在州東三十里。志云：州西十里有怕武山。○古鉢山，在州境。萬曆二十一年土目黄閼據周安鎮作亂，官兵討之，賊敗遁古鉢山，官兵追及之，於石巖藤蘿間斬之。周安鎮，見前上林縣。

左江，州東南三十里。自泗城州流入界，又東入奉議州境。詳見大川。○萬洞溪，在州西二十里。水深闊，居民常漁於此，下流入於左江。又州西五十里有那壖泉，四時不竭，引流溉田。

工堯隘，在州東南。亦曰共堯村，州之險塞也。嘉靖初官兵討岑猛，猛以勁兵屯工堯隘，别將沈希儀擊之，去工堯五里而營，夜分三百人，緣山而右走間道，三百人緣江而左繞出工堯山背，黎明接戰，間道兵登山樹我旗幟，賊讋潰，遂入田州。○武峒，在州東。萬曆二十一年州目黄閼作亂，掩州之武峒，大掠而去，即此。一名武籠峒。

凌時鎮。在州境。嘉靖七年王守仁撫定田州，土目盧蘇等因分州地置十八巡司，〔六〕以盧蘇爲巖馬甲巡司，餘曰凌時，曰大田子，曰萬岡甲，曰陽院，曰思郎，曰累彩，曰洎河，曰武隆，曰拱甲，曰𣏌甲，曰婪鳳，曰下隆，曰砦桑，曰思幼，曰侯周，曰縣甲，曰篆甲，俱以土酋世襲。

上林縣，州東南三百八十里。西至向武州界六十里。宋置羈縻上林縣，隸横山砦。元屬田州路。明朝洪武二年土官黄嵩歸附，授世襲知縣，以流官吏目佐之。編户一里。

附見

恩城州，在田州北二百五十里。

舊爲蠻峒地，唐置恩城州，〔七〕隸邕州都督府。宋因之。元屬田州路。明初屬田州府，土夷考：「明初岑氏世襲知州。弘治中知州岑欽與田州相攻，官軍討之，欽服罪。弘治末思恩岑濬作亂，攻田州，欽孫桂佩黨於濬，官兵討濬，并誅桂佩，印失。今無襲。」舊有編户六里。弘治末廢。

上隆州，在田州北八十里。

舊爲蠻峒地，宋置上隆州，隸横山寨。宋志不載。元屬田州路。明初屬田州府，土夷考：「洪武初以上林知縣岑永通管州事。成化間移置潯州府武靖州，州遂廢。舊有編户四里。成化三年州廢。

泗城州，東至東蘭州界三百里，南至果州界百八十里，西至上林長官司界一百二十里，北至貴州永寧州界百十里，自州治至布政司二千一百里，至京師一萬一千四十五里。

漢交趾郡地，唐羈縻蠻地。宋置泗城州，隸横山寨。元屬田州路。明初移州治古磡峒，仍曰泗城州，土夷考：「洪武初土官岑善忠歸附，世襲知州。宣德七年岑豹襲職，桀驁無狀。子應及接世濟其惡，迫逐程縣流官知縣，攻殺上林、安隆長官司，殘破田州，嘉靖初爲田州所戕殺，自是衰息。」編户二里。秋米一千六百四十一石。貢馬。隸廣西布政司。領縣一。

州山川明秀，境壤深僻，與慶遠羈縻諸州互相雄長。風土記：「泗城方千餘里，兵倍田州，散居巖峒，石城險絶，芭蕉關尤峻而固。」

泗城舊城，在州西南。宋、元時州皆治此。今治即古磡峒也。或曰宋置勘州於此，元州廢，改爲古磡洞，明初移州治焉。

凌雲山，州治北，極高峻。又治東有迎暉山，治西有餞暘山，東西並峙，爲州之勝。

左江，州東八十里，其上源即南、北盤江也。自貴州慕役長官司合流入州境，又東南入田州界。詳見大川。○澄碧水，在州東北三里。又州南北五十里有龍淵水。

羅博關。在州界，有巡司戍守。又州界有芭蕉關。○古那村，在州西北，與利州接界。宣德七年總兵柳溥以泗城與利州争地，議將古那易利州之利甲莊，不果。

程縣，州東北三百二十里。東至南丹州界二百里。舊名程丑莊。洪武初土酋歸附，二十一年升置程縣，隸泗城州。尋以縣距州遠而距宜山稍近，因改屬慶遠府。宣德初改任流官，還隸泗城州。正統間爲泗城岑豹所竊據，凡七十餘年。嘉靖初始徵縣印貯於公帑，其地已爲蓁莽，南丹、那地諸州俱圖吞據，治兵相攻。舊有編户一里。

回顧山，縣東五十里。又縣西百里有藩籬山。

布柳水。在縣西，流入那地州境合於都泥江。

利州，東至泗城州界八十里，南至田州府界二百五十里，西至隆安長官司界百五十里，北至貴州永寧州界六百里，自州治至布政司二千五百三十里，至京師一萬一千四十五里。

漢交趾郡地，隋、唐以來爲谿峒地。號阪麗莊。宋置利州，屬邕州横山砦。元仍置利州。明初因之，土夷考：「洪武初土官岑姓者歸附，授世襲知州，流官吏目佐之。正統間利州知州岑顏爲泗城酋岑豹所攻，奪其地二十五里，顏訴於上，屢敕鎮官開諭，豹終不悛，攻殺顏及子得，奪去州印，遂以流官州判管州事。嘉靖二年泗城土酋岑接爲田州岑猛所攻殺，督府始遣官按問州印，覈顏宗枝無可據者，印貯賓州庫中，而以地方兵民歸併泗城州。」舊有編户二里。秋米一百石。貢馬。直隸布政司。

白麗山，州治北。又州西二里有巴牙山。

阪麗水。州北二里。又濛泓水，在州東百三十里。阪作水，在州南八十里。三水皆小溪，亂石嵯岈，難通舟楫。

奉議州，東至田州界十里，南至鎮安府界百二十里，西至田州界十五里，北至田州界一里，〔八〕自州治至布政司二千四百二十里，至京師一萬九百五十五里。

漢交趾郡地，隋、唐以來爲谿洞地。宋置奉議州，志云：初屬静江軍節度使，後屬廣西經略安撫司。元因之。一統志：「元屬廣西兩江道宣慰司。」明朝洪武五年省入來安府。七年復置。二十八年改爲奉議衛，尋罷衛復置州，土夷考：「洪武初奉議州爲土酋所竊據，七年向武土官黄志威招撫有功，兼轄州事，世襲。弘治中殄世，今以判官掌州事。」編户二里。秋米二百八十六石。貢馬。直隸布政司。

奉議舊城。州東十五里。宋置州治此。元大德中始築此城。明朝洪武初遷州治於柴林村，即今治也。舊城遺址尚存。

唏沙山，州南十里。州東南十六里又有石門山。

左江，在州城北。自田州流入境，又東入南寧府歸德州界。今州城北門外有州門渡，州東二里有通濟橋，即左江經流處也。一統志作「右江」，而謂交趾所出之麗江爲左江，悮。詳見大川。

蓮花關。圖經云：「在州北，與田州接境處也。」

向武州，東至田州上林縣界五十里，南至太平府鎮遠州界七十里，西至鎮安府界百二十里，北至田州界百二十里，自州治至布政司二千四百里，至京師一萬九百九十四里。

漢交趾郡地，隋、唐以來爲谿峒地。宋置向武州，隸横山砦。宋志不載。元隸田州路。明初亦曰向武州，洪武二十八年改置向武軍民千户所，三十二年復曰向武州，土夷考：「洪武二年土官黄志威歸附，世襲知州。七年以志威兼轄奉議州及富勞縣，皆世襲。弘治中奉議改流官，而向武、富勞羈縻如故。」編户七里。秋米八百六十八石。貢馬。改隸布政司。領縣一。

向武舊城，州西北五里。元築。延祐中遷州治於邕棒村，即今治也。舊城故址尚存。○武林廢縣，在州東北十里。元置，明朝永樂初省入富勞縣。又向武千户所，在今州城内。洪武中置，正統中徙潯州府貴縣。

馬鞍山，州東三里。又州南有武城山。

枯榕江。在州城南。其上流即馱命江也。自鎮安府流入州境，又東至田州上林縣界合於左江。又泓渀江，在州東南。自太平府境流入州界，有多罕泉江流合焉，復流合枯榕江注於左江。〔九〕。

富勞縣，州北三十里。元置，隸向武州。明初爲夷僚所據，縣廢。二十五年復置富勞縣，〔一〇〕仍隸向武州，以知州黃志威兼轄，仍命世襲。編户二里。秋米二百一十四石。

坡州山。縣北三里。山勢如虎，一名虎山。又塘濱山，在縣西五里。山勢縈紆聳秀，下有塘濱泉。

都康州，東至太平府龍英州界二十里，南至龍英州界五里，西至鎮安府界十里，北至向武州界五里，自州治至布政司二千四百五十里，至京師一萬九百九十五里。

漢交趾郡地，隋、唐皆爲蠻地。宋置都康州，隸橫山寨。宋志不載。元屬田州路。明初州廢，建文元年復置都康州，土夷考：「洪武初夷僚作亂，酋長馮原保出奔，詔撫還其子進福以安集民夷，後置州以授進福子斌，世襲知州，設流官吏目佐之。」編户二里。秋米二百三十石。貢馬。直隸布政司。

州崇山峻嶺環列左右，控禦諸夷，亦稱險固。

啼顯山，在州治北。州治東又有岜望山。

岜爐江。州西四里，下流入龍英州界合於通利江。○劄空陂，在州西，其地有瀘泉，水湧流不竭，築爲陂；又州治南有黎塘，俱爲灌溉之利。

江州，東至南寧府忠州界百二十里，南至思明府界百里，西至龍州界九十里，北至太平府界十五里，自州治至布政司二千一百十里，至京師一萬四百四十五里。

漢交趾郡地，隋、唐時皆爲蠻地。地名江陽。宋置江州，隸古萬寨。元屬思明路。明初屬思明府，土夷考：「洪武元年土官黄威慶歸附，世襲知州，以流官吏目佐之。」編户二里。秋米二百二十石。貢馬。洪武二十五年改隸布政司。領縣一。

州山川環帶，土田曠遠，於諸部中稱爲饒沃。

波漢山，在州治後。山勢起伏如波瀾，因名。

綠眉水。在州治南，下流入麗江。又有歸安水，自上思州流經州境，下流亦入麗江。

羅白縣，州東北百里。本蠻地，宋置羅白縣，屬遷隆寨。元屬江州。明朝洪武初土官梁敬賓歸附，授世襲知縣，仍屬江州。編户一里。秋米一十五石。

羅高山，在縣治東。

隴冬水。在縣南，下流入於麗江。

思陵州，東至南寧府忠州界四百二十里，南至交趾界三百九十里，西至思明府界七十里，北至思明府界一百二十里，自州治至布政司二千一百二十里，至京師九千九百二十七里。

漢交趾郡地，後爲溪峒雜夷所據。唐置羈縻思陵州，屬南安都護府。宋屬永平砦。元屬思明路。明朝洪武初省入思明府。二十一年復置州，授土酋韋氏世襲。編户二里。秋米二十五石。貢馬。直隸布政司。

州逼近交趾，山川迴繞，亦爲要地。

峙壁山，州東六里。又東四里有紀牟山。又東陵山，在州東四十里。州南二十里又有角硬山。

淰削水，在州治南，流入思明府入於明江。○角硬水，亦在州南。源出角硬山，北流二十里合於淰削水。

辨强隘。在州西南，道出安南，爲戍守處。

龍州，東至太平府百八十里，南至思明府界一百四十里，西至太平府上下凍州四十里，北至太平府安平州二百餘里，自州治至布政司二千三百里，至京師一萬五百六十里。

漢交趾郡地，後爲谿峒地。唐置龍州，屬安南都護府。宋改隸邕州太平寨。元大德中升州爲萬户府。明初復爲龍州，土夷考：「洪武初土官趙帖堅歸附，世襲知州，以流官吏目佐之。」編户五里。秋米四百五十五石。貢馬。隸太平府，洪武九年直隸布政司。

州控制交趾，藩屏中原。土司論曰：「永樂中問罪安南，由龍州度憑祥，用扼交人之吭，最後安南納款，叩關請命。則二州固中國之藩籬，亦入交之門户哉。」

龍州舊城，州東北百里。元初築。大德間遷於龍江，即今治也。其故址尚存。

叫抱山，州城南。城西又有馬傾山。○秀嶺，在州西二十里。其山高聳，爲州境諸山之冠。

龍江，在州城南，即麗江也。源出交趾，經州境入太平府界。今州東四十里有馱河渡，即龍江津濟處。

羅迴洞。在州西。元泰定中安南廣源賊閉覆寇龍州羅迴洞。又嘉靖中討交趾，分道出兵，以羅迴洞爲左哨是也。

○龍游驛，在城西。輿程記：「自龍州驛正南渡廣源、江州入白藤大、小兩江，爲龍州入交趾之道。」

憑祥州，東至龍州界六十里，東南至思明府百里，西至交趾界七十里，北至龍州界五十里，自州治至布政司二千零四十里，至京師九千六百三十里。

唐羈縻地，宋爲憑祥洞，屬永平砦。元屬思明路。明初因之，洪武十八年置憑祥鎮。永樂二年升爲縣，屬思明府。成化十八年又升爲州，土夷考：「洪武初憑祥峒長李昇内附，十八年授昇憑祥鎮巡司。永樂初改爲縣，昇子應清世襲。成化中以縣當交趾要衝，升爲州，授李廣寧世襲，流官吏目佐之。」編户二里。秋米一百六十五石。貢馬。直隸布政司。

州控馭安南，爲出入衝要。志云：州境有一關三隘，稱西南門户是也。

坡幹山，在州治北，有六尖峰。

麗江，在州西北。亦曰左江。自交趾廣源州流入界，又東北入龍州界謂之龍江。

鎮南關，州南三十里，即界首關也。嘉靖十六年兵部尚書毛伯温督師討交趾莫登庸，受降於關内。輿程記：「自兩廣、雲南三省軺車往來，必由龍州龍游驛。陸路四十里至憑祥，出界首關而南，皆土山。緣坡嶺行二百四十里至卜鄰站，山溝皆深峻。又百里過濮上站始平，又二百十里渡富良江抵安南城。此入交趾之正道也。」

緝隘。圖經云：「在州西。」其南又有岐口隘。又鎮南關旁有南關隘。所謂州有一關三隘也。

上林長官司，東至泗城州界百里，南至雲南廣南府富州界百五十里，西至安隆長官司界百五十里，北至泗城州界一百五十里，自司治至布政司一千三百里，至京師一萬八百四十五里。

漢交趾郡地，後爲蠻地。宋爲上林峒，屬泗城州。元因之。明初永樂七年建上林長官司，土夷考：「永樂中置長官司，以泗城土酋岑善忠第三子子成世襲長官。天順八年爲泗城酋岑豹所戕殺，擅據其地。嘉靖初泗城衰亂，而子成之裔皆絕，因以流官吏目掌司事，管十六甲。」秋米四百石。直隸布政司。

潯岜山，司東十里。司南二十里又有晚架山。又累峰嶺，在司南二里。嶺有數峰，因名。又司北三里有倉冒嶺。

馱娘江。在司治西，流入田州界合於左江。

安隆長官司。東至泗城州界四十里，南至上林長官司界二百里，西至雲南廣南府界三百里，北至貴州貴陽軍民府界六百里，自司治至布政司二千五百三十里，至京師一萬一千五百六十里。漢交趾郡地。唐、宋時皆爲蠻峒地。元置安隆砦，屬泗城州。明朝永樂元年置安隆長官司，土夷考：「永樂初置長官司，以泗城土官岑善忠次子子德世襲長官。弘治四年爲泗城酋岑接所戕殺，自是數爲泗城所侵擾，嘉靖初亂始息。」編户一里。秋米一百四十一石有奇。直隸布政司。

校勘記

〔一〕子瑛　「瑛」，底本原作「瑾」，今據職本、鄒本及明史卷三一八廣西土司傳改。

〔二〕弘治中改同正府　「正」，底本原作「政」，今據職本、鄒本改。

〔三〕縣城洪武二十四年築　「城」，底本原作「地」，今據職本、鄒本改。

〔四〕弘治九年升爲歸順州　「九」，底本原作「中」，今據職本、鄒本及明志卷四五改。

〔五〕土官閉賢歸附　「土」，底本原作「上」，今據職本、鄒本改。

〔六〕土目盧蘇等因分州地置十八巡司　明志卷四五云置十九巡司，且巡司名與本書亦多有不同。

〔七〕唐置恩城州　底本原脱「州」字，今據職本、鄒本補。

〔八〕北至田州界一里　本書同卷田州下云「南至奉議州界一百里」，此脱「百」字。

〔九〕復流合枯榕江　「流」、「榕」，底本原作「留」、「松」，今據職本改。

〔一〇〕二十五年復置富勞縣　明志卷四五向武州下云：「北有富勞縣，元屬田州路，洪武二年屬田州府，尋爲夷僚所據，建文四年復置。」蓋靖難之役後，明成祖詔以建文四年爲洪武三十五年，此作「二十五年」，既脱「洪武」二字，又誤「三十五」爲「二十五」也。

讀史方輿紀要卷一百十二

廣西七 外國附考

安南，在憑祥州南七百五十里。東至海三百二十里，南至占城國界一千九百里，西至雲南老撾宣慰司界五百六十里，自其國都至京師一萬一千一百六十五里，至廣西布政司二千八百里。古南交地，虞書「宅南交」是也。周曰交趾。禮王制：「南方曰蠻，雕題、交趾。」秦爲象郡地，秦末屬於南越。史記：「尉佗以兵役屬西甌、〔一〕駱。」安南即所謂駱越也。漢元鼎五年平南越，置交趾、九真、日南等郡，兼置交州刺史。後漢建武十六年交趾女子徵側、徵貳反，馬援討平之。孫吴時增置新昌、武平、九德三郡，晉因之。宋增置宋平、宋壽等郡，齊增置義昌郡，梁於交趾等郡增置交、愛、驩等州，兼置交州都督府。隋平陳廢郡存州，改都督府曰總管府。煬帝初州廢，仍爲交趾、日南、九真等郡。唐武德三年仍置交州總管府，管交、峰、愛、仙、鳶、宋、慈、澄、道、龍十州。〔二〕七年改曰都督府。其後諸州增省不一。調露元年又改都督府曰安南都護府，至德二年曰鎮南都護府，大曆三年仍曰安南，以刺史充都督。貞元六年置軍曰柔遠軍。咸通初爲南詔所陷，明年收復。四年復爲南詔所陷，七年高駢攻克之，始置静海軍於安南。天祐初曲承裕據其地，再傳至曲承美。五代唐長興初南漢劉龑遣軍攻拔交州，執承美以歸，以其將李進守之。明年愛州將楊廷藝攻取交州。晉天福二年，交州將皎公羡殺廷藝而代之。三年廷藝故將吴權舉兵攻殺公羨，遂據交州，稱静海節度使。權卒，子昌岌立。卒，子昌文立。周顯德初始請命於南漢，南漢以昌文爲静海軍節度使，兼安南都護。宋初復爲部人丁部領所據，自稱萬勝王，以子璉爲静海節度使。開寶六年内附，八年封交趾郡王，自是交趾遂爲異域。璉死，弟璿嗣，又爲其將黎桓所篡，景德初封南平王。桓死，子龍挺嗣。景德四年改封交趾郡王。死，子至忠嗣。大中祥符三年爲其臣閩人李公蘊所篡，宋仍封爲交趾郡王。再傳至日尊稱帝國，號大越。熙寧間王安石議開邊，侵擾蠻境。八年交人叛，陷欽、廉、邕等州。九年詔郭逵等討之，至富良江，得四州一縣而還。其地尋復入於交趾。公蘊八傳嗣絶，爲其婿陳日煚所有。宋淳祐十二年蒙古將兀良合台破安南，日煚遁海島。師還，日煚復取其地。宋亡，日煚子光昺歸附，元封爲安南國王。光昺死，子日烜自立，不受命。再發兵擊之，皆不能克。日烜死，子日燇嗣，復遣使入貢。日燇死，子日烇嗣，明朝洪武二年率先入貢，遣使册爲安南國王。未至，日烇死，姪日熞嗣。五年爲陳叔明所篡，叔明老弟端代視事。十一年端攻占城敗死，弟煒代立。二十一年其相黎季犛弑煒立叔明子日焜。明年又弑日焜，立其幼子顒，假煒名來貢。二十九年思明府奏：「安南奪丘温、如嶅、慶遠、淵、脱五縣。」遣使勑以地還思明。不聽。三十二年季犛復弑顒而立其幼子灾。尋復弑灾，奪其位。季犛詭姓名曰胡一元，子蒼曰奃，僭號紀元，國號大虞。永樂元年表稱陳氏嗣絶，請署國事，從之。已復封爲王。二年陳氏故臣裴伯耆走闕下乞師，而老撾亦傳送故王孫陳天平來朝，詔詰季犛。季犛詭請迎天平歸國，詔廣西都督黄中、吕毅率兵五千送天平歸國。至境，季犛僞遣使迎候，而伏兵隘口，襲殺天平及大理卿薛嵓等。中等引還，於是以成國公朱能爲征夷將軍，率新城侯張輔、西平侯沐晟等二十五將軍出廣西、雲南兩道討之。能至龍州卒，輔代總其衆。五年平安南，俘護季犛父子。詔求陳氏後立之，無所得，因置交趾等處承宣布政使司，領府十七，州五，屬府州四十二，縣一百五十七。又置衛十一，所十三，屬都指使司。又置市舶司一。其地東西相距一千七百六十里，南北二千八百里。六年交人簡定復推陳季擴爲亂，命沐晟討之，敗績。復命張輔往征，擒定。季擴尋請降，以爲交趾右布政使。未幾復叛。十年輔等以計擒之，賊黨皆平。十五年召輔還都。明年寇孽黎利復叛，官軍屢衄。宣德初再遣大兵征之，皆敗績，賊勢益張，侵吾禄州、西平州及欽州四峒，皆陷。既而利托言請立陳氏後，罷兵息民。朝廷因而許之，遂棄交趾。六年詔利權署安南國事。八年利死，子麟嗣，正統元年封爲安南國王。七年麟死，子濬立，遣兵攻占城，虜其王摩訶賁該以歸。天順三年濬爲庶兄宜民所弒。四年濬弟灝嗣，輒侵吾土地，攻殺老撾宣慰司刁扳雅、蘭、掌父子，爲八百敗歸，屢攻占城，謀并其國。弘治十年灝死，子暉嗣。十七年暉死，子敬嗣。旋死，以弟誼嗣。正德初其臣阮种弒之，立其弟阮伯勝。國人共殺种等而立灝庶子晭。晭孱，政在羣下，國亂。正德十一年其下陳暠弒晭自立，酋目莫登庸等復逐暠立晭兄子譓，專其國。暠奔據諒山。黎氏舊臣鄭綏以登庸不臣漸著，推族子酉榜爲主，登庸皆攻殺之。十六年登庸攻暠，暠敗死。嘉靖初登庸自稱安興王，謀弒譓。譓奔清化，登庸立其庶弟懬。交人云：「懬，登庸子也。」六年登庸竊安南，尋殺懬。九年禪位於其子方瀛，自稱太上皇，退居都齋海陽，爲方瀛外援。譓竟死清化，故臣共立譓子寧，居來州漆馬江，倚老撾爲援。十五年寧遣其臣鄭維憭來乞師，詔咸寧侯仇鸞爲帥。尋以征蠻將軍安遠侯柳珣代之，而命樞臣毛伯温總其事。伯温駐師南寧，時方瀛死，子福海嗣。登庸聞大軍致討，懼請歸欽州二都、四峒故侵地，世奉職貢。乃於鎮南關受登庸降，廢勿王，降國爲都統司，十三路爲宣撫司，以登庸爲都統司，統境内十三宣撫司，隸廣西藩司。而命黎寧仍居漆馬江，令雲南守臣勘訪，果繫黎氏後，始授境土制下。登庸已死，乃授其孫福海。二十五年福海死，子宏瀷幼，阮如桂等擁衛之，三十年始嗣職。時國内多艱，貢不達，黎氏雖據一隅，黨類强。寧死，鄭檢立寧子寵。寵死，復立其宗人黎維邦。會莫氏臣黎伯驪作亂，鄭檢以兵會之，宏瀷奔海陽，自是益衰弱。四十三年宏瀷卒，萬曆初子茂洽襲爲都統使，國大亂。既而黎維邦死，鄭檢子松復立維邦子維潭，舉兵攻殺莫茂洽，盡逐莫氏遺孽。茂洽子敬用竄居高平府，敬璋、敬恭竄居東海府保樂州，復内相讐。未幾敬璋爲黎氏所殺，維潭遣使浮海，詣督臣歸罪，請款關輸貢。因與約，必以高平居莫氏，如黎氏漆馬江故事。維潭意以高平其故地也，莫氏篡臣，不宜以漆馬江爲比。久之，乃聽。二十四年受維潭降，以爲都統使。與莫敬用以高平，令維潭毋侵害，於是安南復定。自黎氏以來，雖奉貢稱藩，然自帝其國如故矣。○羅氏曰：「入交之道凡三：一由廣西，一由廣東，一由雲南。由廣東則用水軍，伏波以來皆行之。廣西道宋行之。雲南道元及明朝始開。廣西道亦分爲三：從憑祥州入者由州南關隘一日至交之文淵州坡壘驛，復經脱朗州北，一日至諒山衛，又一日至温州之北，險徑半日至鬼門關，又一日經温州之南新麗村，經二卜江，一日至保禄縣，半日渡昌江，又一日至安越縣南市橋江下流。北岸一道，由思明府入，過摩天嶺，一日至思陵州，過辨强隘，一日至禄平州，州西有路一日半至諒山府。若從東南行過車里江，此江乃永樂中黎季犛堰之以拒王師，後偵知其堰處，乃决之以濟師，一日半至安博州，又一日半過耗軍峒，山路險惡，又一日至鳳眼縣，又分二道：一道一日至保禄縣，亦渡昌江；一道入諒江府，亦一日至安越縣之南市橋江北岸，各與前道會。其自龍州入者，一日至平而隘，又一日至七源州，二日至文蘭州平茄社，又分爲二道：一道從文蘭州，一日經右隴縣北山徑出鬼門關，平地四十里，渡昌江上源，經右隴之南，沿江南岸而下，一日至世安縣，平地至安勇縣，又一日亦至安越縣之中市江北岸；一道從平茄社西，一日半經武崖州，山徑二日至思農縣，平地又一日半亦進至安越縣之北市橋江上流北岸，市橋江在安越縣境中昌江之南，諸路總會之處，隨處皆可濟師，一日至慈山府，又至東岸嘉林等縣，渡富良江以入交州。雲南亦有二道。其一道由臨安府蒙自縣經蓮花灘入交州之石隴關，下程瀾峒，循洮江源右岸，四日至水尾州，又八日至文盤州，又五日至鎮安縣，又五日至下華縣，又三日至清波縣，又三日至臨洮府。洮水即富良江上流，其北爲宣光江，南爲陀江，所謂三江者也。臨洮二日至山圍縣，又二日至興化府，即古多邦城，自興化一日至白鶴神廟三岐山，又四日至白鶴縣，渡富良江。其一道自蒙自縣河陽隘，循洮江左岸，十日至平源州，又五日至福安縣，又一日至宣江府，又二日至端雄府，又五日亦至白鶴三岐江，然皆山徑，欹側難行。其循洮江右岸入者，地勢平夷，乃大道也。若廣東海道，自廉州烏雷山發舟，北風順利，一二日可抵交之海東府。若沿海岸以行，則烏雷山一日至永安州白龍尾，白龍尾二日至玉山門，又一日至萬寧州，萬寧一日至廟山，廟山一日至屯卒巡司，又二日至海東府，海東二日至經熟社，有石隄，陳氏所築以禦元兵者，又一日至白藤海口，過天寮巡司南至安陽海口，又南至塗山海口，又南至多漁海口，各有支港以入交州。自白藤而入則經水棠、東潮二縣至海陽府，復經至靈縣，過黃徑、平灘等江。其自安陽海口而入則經安陽縣至荆門府，亦至黃徑等江，由南策，上洪之北境以入。其自塗山而入，則取古齋，又取宜陽縣，經安老縣之北至平河縣，經南策、上洪之南境以入。其自多漁海口而入，則由安老、新明二縣至四岐，遡洪江至快州，經鹹子關以入。多漁南爲太平海口，其路由太平、新興二府，亦經快州鹹子關口，由富良江以入。此海道之大略也。交州之東有海陽、荆門、南策、上洪、下洪、順安、快州等府，去海不遠，各有支港，穿達迤邐數百里，大艦不能入，故交人多平底淺舟，以便入港云。山居贅論曰：「安南自秦、漢以來入中國版圖者，歷千百年，其比於外臣，特自宋以後耳。宋之兵力自太宗以後勢已衰鈍，其不能奄有交南宜也。元人兵威所加，輒見摧滅，而安南竟偃蹇一隅，不能郡縣其地，何哉？倘所謂强弩之末，不能穿魯縞者歟？永樂中兩興大役，皆係累其君長，掃清其境土，而師還未幾，反覆隨之，豈時有難易，交人方强，未可逆折歟？逮正德以後陳氏、莫氏與黎氏禍亂相尋，兵分勢削，取亂侮亡，機不可失，而豎子帥師，徒費張皇。其後任交人之自爲魚肉，以秦、越相視而已矣。夫是非不張，恩威不振，何以壓蠻夷觀聽之情哉？」國史：「嘉靖十六年仇鸞爲帥，尚書毛伯温督師駐廣西，檄諸路兵候師期。正兵分三哨，廣西憑祥州爲中哨，龍州羅迴峒爲左哨，思明府思州爲右哨。分奇兵爲二哨，歸順州爲一哨，廣東欽州爲一哨。又烏雷山等處爲海哨。又雲南兵於蓮花灘分三哨，東西並舉，馳驛安南，莫登庸大懼乞降。」蓋先是撫臣蔡經言安南水陸之路有六，憑祥、龍州、歸順、欽州、海陽、西路，皆接安南也。時欽州知州林希元言：「莫氏所恃者惟都齋耳。其地濱海，淤塗十餘里，舟不得泊，計以爲王城不支即守都齋，都齋不支即奔海上耳。若以東莞、瓊海之師助占城擊其南，賊不得奔矣。以福建之師航海出枝封河，湖廣之師出欽州與合，都齋無巢穴矣。以廣西之師出憑祥，雲、貴之師出蒙自，以攻龍編，則根本拔矣。如此可一舉定也。」其説置不問。夫攻安南者，希元之言非勝算哉？又安南僭置僞東都，設五府、五部、六寺、御史臺、通政司，五十六衛，四城兵馬等衙門。附郭府三，一曰奉天，二曰廣德，三曰永昌。永樂二年改東都爲交州府。宣德二年棄交趾，黎氏復曰東都。其西都亦曰清華、承政，永樂二年改清化府。又都齋、古齋，近海口，莫登庸故鄉也。本無城郭，以鐵竻木作排栅三層爲外衛，登庸所自居也。大約自黎氏以來，鄭氏、莫氏二宗最强，而鄭以江華爲重，莫以古齋爲重云。二都之外，分道十三，設承政司、宣察司、總兵使司，亦仿中國三司之制。

交州府，即安南之東都也。永樂二年改置。領州五，曰慈廉、福安、威蠻、利仁、三帶；領縣十三，曰東關、慈廉、石室、英蒥、清潭、清威、應平、平陸、利仁、安朗、安樂、扶寧、立石。宣德二年以後仍爲東都，領附郭府三，曰奉天、廣德、永昌。又分置安邦承政司，領府一，曰海東。

龍編城，在今交州府東。漢郡治也。漢志：「交趾郡治羸𨻻。」後漢治龍編，孫吴黄武六年交州亦自番禺縣徙治焉，晉、宋以後因之。水經注：「漢建安二十三年立城之始，有蛟龍盤編於水南北二津，因改龍淵曰龍編。」或疑縣本名龍淵，唐顔師古、章懷太子諱淵，改漢志爲編也。隋開皇中仍爲交趾。大業中移交趾郡治宋平，而龍編爲屬縣。唐武德四年置龍州，又析置武寧、平樂二縣。貞觀初州廢，以二縣省入龍編，隸仙州。十年州廢，仍屬交州。今僞奉天府或曰即龍編也。

交趾城，在府西。劉昫曰「漢交趾郡治羸𨻻」，即此。羸，孟康音蓮；𨻻，音受，土簍也。後漢仍爲羸𨻻縣，屬交趾郡，晉、宋因之。隋改置交趾縣，屬交州。唐武德四年仍置交州於此。又析置慈廉、烏延、武立三縣，以慈廉水爲名，置慈州。六年改爲南慈州。貞觀初州廢，三縣仍省入交趾。二年移縣治於漢之故交趾城，仍爲交州治。寶曆元年徙州治於宋平，縣屬焉。顔師古曰：「羸𨻻亦讀曰累縷。」杜佑曰：「交趾之名，以南方夷人其足大趾開廣，並足而立，其趾則交，故名。」

宋平城，在府南。漢龍編縣地，宋孝建初析置宋平縣，尋又置宋平郡治焉。梁、陳因之。隋平陳郡廢，縣屬交州，大業初爲交趾郡治。唐武德五年於縣置宋州，并置弘義等縣，又析置懷德等縣。六年改曰南宋州。貞觀初州廢，以弘義、懷德二縣省入，屬交州。大曆中爲交州治，後移於今所。○南定城，在府東北。本宋平縣地，唐武德四年析置南定縣，屬宋州。明年改屬交州。大曆五年廢，貞元八年復置。〔三〕咸通六年高駢爲安南都護，自海門進兵至南定，掩擊峰州蠻衆，大破之，即此。

朱䳒城，在府東南。漢縣，屬交趾郡，後漢因之。晉仍屬交趾郡，宋、齊因之。梁大同末詔楊瞟討交州賊李賁，瞟以陳霸先爲先鋒，出交州，敗賁於朱䳒，又敗之於蘇歷江口。五代志：「朱䳒縣，梁置武平郡，隋平陳郡廢，縣仍屬交州。」唐武德四年置䳒州，并置高陵、定陵二縣屬焉。貞觀初州廢，以二縣省人朱䳒，屬交州。䳒同鳶。劉昫曰：「朱䳒，孫吴時軍平縣地，晉武帝曰海安。」未知所據。

勾漏城，在府西南。漢置苟漏縣，屬交趾郡。苟漏與句漏同。後漢亦曰苟漏縣。〔四〕晉仍屬交趾郡，葛洪求爲苟漏令，即此縣也。宋、齊以後因之，隋縣廢。今石室縣是其地也。

平道城，在府西北。今安朗縣地，後漢建武十九年馬援平交趾蠻置封谿縣，屬交趾郡。三國吴屬武平郡，晉因之。宋仍屬武平郡。齊析置平道縣，梁、陳間以封谿省入平道。劉昫曰：「封谿即古駱越地也。」南越志：「交趾之地，最爲膏腴，舊有君長曰雒王，其佐曰雒侯，其田曰雒田，民墾食之，因曰雒民。」交州志：「雒王、雒侯主諸郡縣，縣有雒將，後漢建武十五年交趾麊泠雒將女子徵側、徵貳反，九眞、日南、合浦蠻俚皆應之。」廣州記：「交趾有雒田，仰潮水上下，人食其田，名爲雒侯。後蜀王子將兵攻取其地，自稱安陽王。後南越王尉陀復奪取之。今平道城東有城凡九重，周九里，蓋即安陽王所居城矣。」或以爲封谿故城也。隋志：「平道縣舊曰國昌，開皇十二年改平道縣，屬交州。」五代志南齊有昌國縣，屬宋平郡，蓋即國昌之訛。梁、陳間又省平道入國昌，隋復故國昌爲平道也。唐武德四年於平道置道州，又析置昌國、武平二縣，六年改爲南道州，是年又更名仙州。貞觀十年州廢，又以昌國省入平道，隸交州。志云：府西有望海廢縣，亦後漢建武中與封谿縣同置，後廢。相近又有蠻城，祝穆云：「亦馬援所築戍守處也。」

太平城，在府西北。本封谿縣地，吳孫皓建衡三年討扶嚴夷，以其地置武平郡，治武寧縣。晉因之，宋改縣曰武定，仍爲武平郡治。齊仍舊。隋平陳郡廢，縣屬交州。開皇十八年改曰隆平縣。唐武德四年置隆州，并置義廉、封谿二縣，尋徙州治義廉。六年曰南隆州。貞觀元年州廢，省義廉，以封谿隸岑州，隆平隸交州。〔五〕先天元年改曰太平縣，仍屬交州。○武平城，亦在縣西北。亦封谿地，唐武德四年析平道縣置武平縣，屬道州，明年改屬交州。劉昫曰：「唐初改隋隆平縣爲武平。」似悞。

竻竹城，或曰即今府城。唐大中十二年王式爲安南都護經略使，至交趾，樹竻木爲柵，可支數十年。深塹其外，泄城中水，塹外植竹，寇不能冒。范成大桂海虞衡志：「新州有竻竹城，交趾外城亦是此竹，即式所植者。」又大羅城，志云：在府城外。舊城唐刺史張伯儀所築，本在江南，寶曆元年安南都護李元善請移城於江北岸，未幾復故。咸通七年静海節度高駢築安南城，周三千步。又鑿道三所，〔六〕通使者道，名曰天威道。今故址猶有存者。○東關城，在府城北，五代以後蠻所改置附郭縣也。元至正二十五年脱歡入交趾，安南王陳日烜遁據海口。既而擁兵守禦東關，遏絶歸路，脱歡戰敗，由間道遁還。明朝宣德初黎利叛，率賊衆圍東關，大帥王通懼，謀以交趾歸利，檄軍民官吏出城赴東關，即此。

三帶城，在府西富良江北岸，蠻所置三帶州也。永樂初張輔等討交趾，自新福縣移營三帶州招市江口，造船圖進取是也。○清威府，在城西南百五十里，又西南五十里有石室城，皆蠻所置縣也。宣德初黎利作亂，其弟善據廣威州，擁衆攻交趾，參將馬瑛大破之於清威，與王通合兵石室縣，進屯寧橋。陳洽以爲宜置師於石室縣之沙河以覘賊勢，不聽，遂渡河而陳，地皆險惡，伏起大敗。黎利自義安來合圍東關，攻交趾城，敗去。

佛跡山，在府西南石室縣。山下有池，景物清麗，爲一方勝概。又勾漏山，亦在石室縣，相傳漢句漏縣置於其下。

海，在府東南。自廣東欽州而西南，歷烏雷山以至南境之大長海口，其可入之支港以數十計。馬援討徵側緣海而進，高駢復安南亦自海道而前。今有天威涇，駢所鑿也。唐史：「咸通二年南詔攻安南，都護蔡襲請救。詔襲按軍海門。襲以圍迫不及奉詔，城陷死之。其僚屬樊綽走渡江，督荆南兵入東郛，苦戰，頗有斬獲。是夜南詔屠安南，尋詔大興諸道兵進，因置行交州於海門，調山東之兵戍守，命容管經略使張茵鎮之，經略安南。茵逗留不進，乃以高駢爲大帥，仍駐海門。七年駢收復安南，以交州至邕州海道多潛石，漕運不通，遂鑿石開道。有青石徑，相傳馬援所不能治，既而震碎其石，亦得通，因名天威涇。自是漕運無滯。」海門，今見梧州府博白縣。

富良江，在府北三十里。其上源即雲南之瀾滄江也。自車里宣慰司東北界及臨安府之西南界流入境，曰蓮花灘；東流歷文盤州、臨洮府北境亦曰洮江；又東至興化府境合于江北之白鶴江，江南岸又有沱江來注之，謂之三岐江；又東歷三帶州南，至府城之北東南流，歷順安、上洪、下洪諸府之境，縱橫貫串，以達於海。宋熙寧八年交趾分道入寇，欽、廉、邕皆陷，郭逵討之，行至長沙，先遣將復邕、廉，而自將西進至富良江。交人乘船逆戰，大敗其軍。其王李乾德請降，於是取廣源等州而還。寶祐五年，蒙古兀良兀台入交趾，至洮江，交人戰敗，其王陳日煚走海島。元至元二十一年，脱歡擊安南王陳日烜，敗其兵於富良江，日烜遁，遂入其都城，以盛夏霖潦，軍中疫作引還。二十四年脱歡等復渡富良江，次交趾城下，敗其守兵，日烜復遁據海口。明朝永樂五年，張輔等討安南，從憑祥入，進次昌江市，造浮橋濟師，前鋒直抵富良江。而沐晟亦自雲南蒙自入安南，駐兵洮江北岸，造舟徑渡，至白鶴江遣人來會。賊恃東、西都及宣江、洮江、沱江、富良江爲固，於江北岸緣江樹柵，多邦隘增築土城，城柵相連至九百餘里。又於富良江南岸環江置椿，盡取國中船艦列江内。諸江海口俱下桿木以防攻擊。賊之東都亦嚴固。繼而輔等合軍拔多邦，遣别將向其西都，賊焚宫室遁入海。既又敗賊於富良江，遂盡平其地。一統志：「富良江一名瀘江，上接三帶州白鶴江，經交州府城東下，通行四十四里至歸化江。」海南使録云：「富良江行四十四里至歸化江，一名瀘江，闊與漢鄂等江相似。自大理西下東南入於海，有四津，潮汐不常。」或曰歸化江即富良江下流矣。

來蘇江，在府城東北。自富良江分流，轉而西，直抵鋭江。本名蘇歷江，相傳昔有蘇歷者開此江，因名。梁大同末陳霸先敗李賁於蘇歷江，既而進克嘉寧諸軍，皆屯於江口。胡氏曰：「江口，蘇歷江入海之口也。」永樂初黄福爲交趾布政司，以江淤重濬，時王師弔伐，因更今名。○武定江，在府北二百五十里武平縣界，下流入於富良江。

喝門江，在府西南。又府西有生厥河。永樂二年交趾簡定反，沐晟討之，戰於生厥河，敗績。既而詔張輔進討，輔進兵慈廉州，攻喝門江粉社營栅皆破之，獲定。

浪泊，東關縣西北。一名西湖。後漢建武十八年馬援由海道討徵側，隨山刊道千餘里，至浪泊上。賊既平，謂官屬曰：「吾在浪泊、西里間，賊未滅時，上潦下霧，毒氣熏蒸，仰視飛鳶，跕跕墮水中。」謂此也。酈道元曰：「葉榆水過交趾麊泠縣北，分爲五水，絡交趾郡中。其南水自麊泠縣東經封谿縣北，又東經浪泊。馬援以其地高，自西里進屯焉。」郡國志：「浪泊在交趾封谿縣界，援既平交趾，奏分西里置封谿、望海二縣。」

石碕鎮，在府東南。晉義熙七年盧循自合浦犯交州，刺史杜慧度拒之，破於石碕。胡氏曰：「岸曲曰碕。」〔七〕既又破循於龍編南津，循自投於水，取其尸斬之。

寧橋。在府西，近石室縣。宣德元年命成山侯王通等征交趾，至寧橋，遇伏軍敗處也。○東津渡，在東關縣，即富良江渡口也。舊以舟楫往來阻於風濤，永樂初張輔、沐晟始置浮橋，一歲一易。

北江府，在交州府北二百里。永樂二年改置。領州三，曰嘉林、武寧、北江；領縣七，曰嘉林、超類、細江、善才、東岸、慈山、善誓。宣德以後仍以北江及諒江地置京北承政司。〔八〕領府四，曰北河、慈山、諒江、任安。

越王城，在府西南東岸縣。一名螺城，以其屈曲如螺也。南越志：「交趾之地，初無郡縣，統其民者爲雒王，副爲雒侯，亦曰雒將，皆銅印青綬。傳十八世蜀王子泮擊滅之，代有其地，爲安陽王。其後南越擊并之。」或以爲此即安陽城，與交州府平道縣接界。隋仁壽二年交州俚帥李佛子作亂，據越王故城，遣其兄子大權據龍編城，其別將李普鼎據烏延城，劉方討平之。烏延城或曰舊在府北境，蓋近烏滸之地。舊志：越王城中有故宮遺址。一統志：「交州府三帶州故有雒王宮。」

嘉林城，在府西南，即今州城也。濱富良江。唐羈縻都金州所領有嘉陵縣，疑即此。蠻曰嘉林，置州。永樂初張輔等進屯三帶州，驍騎朱榮敗賊於嘉林江，即其地也。江因城而名。

東究山，〔九〕在嘉林州。一名東皐山，唐高駢建塔其上。又仙遊山，在武寧州。一名爛柯山。州境又有金牛山，相傳高駢欲鑿此山，見金牛奔出而止。或以爲漢居風縣地，恐悞。

赤土山，在府西善誓縣境。萬仞插天，亘數百里。志云：安南西面皆山，而寄狼、寶臺、佛跡、馬鞍在境內，皆高峻，其傑出者則赤土山也。

天德江，在府東，下流注富良江。一名廷蘊江，又名東岸江。永樂初黎寇懼討，役民堙塞江口，寇既平，重加濬治，舟楫復通。

市橋江。在府西，東南流入富良江。自廣西入安南者，江爲必由之道。或謂之乾滿江。元至元二十一年脱歡等擊安南王陳日烜，入其都城，師還，交人追襲，又邀擊別將唆都於乾滿江，唆都戰死，即此處也。一名南栅江。志云：道出南栅江，以筏渡行四十里至富良江。水湍急，不甚闊。江之南名橋市，居民頗衆云。

諒江府，在交州府東北三百三十里。永樂二年改置。領州二，曰諒江、上洪；領縣十，曰清遠、那岸、平河、鳳山、陸那、安寧、保禄、古隴、唐安、多錦。宣德以後仍分屬京北、山南二承政司。

崑山，在府東鳳山縣境，巖洞殊勝。

昌江。府南七十里，保禄縣南。源出府西北山中，下流合市橋江。有昌江市，永樂初討安南，張輔等進次昌江市，造浮橋濟師是也。宣德黎利陷昌江城，敗官兵，遂攻交趾城。既而都督崔聚率官軍討黎利，進至昌江，復爲賊所敗。

諒山府，在交州府北五百三十里。永樂二年改置。領州七，曰上文、下文、七源、萬涯、廣源、上思、下思；領縣五，曰丘温、鎮夷、淵縣、丹巴、脱縣。宣德以後仍以諒山地置諒山承政司，領府一，曰諒山。

廣源城，在府西北境，與廣西龍州接界。或曰唐所置羈縻平源州也。本都金州之平原館，開成四年析置州，領龍石、平林、龍當等縣，屬安南都護。宋爲羈縻廣源州，屬邕州都督府。宋史：「廣源州在邕管西南鬱江之南，崖險峭深。儂智高爲州蠻作亂，據倘猶州，又襲據安德州，交趾不能討，因界以廣源，使知州事。智高僭稱南天國，緣鬱江東下，破宋邕州。倘猶、安德，舊俱與廣源接界也。又熙寧八年交趾入寇，詔郭逵討之。逵遣别將燕達掠廣源州，舉兵出界，直抵富良江。未至交州三十里，其王李乾德懼，乞修貢如初，遂收廣源州、門州、思浪州、蘇茂州、桄榔州而還。詔以廣源爲順州。後没於蠻，仍曰廣源。」

丘温城，府北二百里，即今縣。舊屬廣西思明府。洪武二十九年思明府奏安南奪丘温、如嶅、慶遠、淵、脱等縣，詔以其地還思明，不奉命，自是没於蠻。永樂初遣征安將軍黃中等送陳天平歸國，至丘温，爲黎賊所紿，進至芹站，天平見殺，即此。

湯州城，在府東。唐置州，治湯泉縣，兼領緑水、羅韶二縣。天寶初曰湯泉郡，乾元初復曰湯州，後廢。又古州城，〔一〇〕舊志云：在府東北。唐貞觀十二年置古州，治樂古縣，兼領古書、樂興二縣。天寶初曰樂古郡，乾元初復故。杜佑曰「州接瀼州界」，蓋皆與邕州相近。又廢武州，在府北境。新唐書邕管所領有顯州、武州、沈州，後省。或曰武州大中間復置。唐史：「咸通初南詔陷交趾，安南都護李鄠奔武州。二年鄠自武州收集土軍攻羣蠻，復取安南是也。」○廢羅伏州，在府西境。本唐羈縻州，咸通七年南詔據安南，置扶邪都統。實録：「扶邪縣屬羅伏州，南詔置。」

廢安州，在府北境，接廣西太平田州界。宋大觀二年知桂州張莊奏安、化、上三州一鎮諸蠻納土，幅員九千餘里。又奏寬樂州、安沙州、譜州、泗州、七源等州納土，計一十六州，三十三縣，五十餘峒，幅員萬里。大抵皆安南接邕管之地，莊夸言之也。

丘皤山，在府東南丹巴縣境。上有石門，廣三丈，相傳馬援所鑿。又府西南有寄狼山，尤高峻。○雷火峒，在府西北。宋嘉祐二年雷火峒蠻儂宗旦入寇邕州，即此。又宋史：「儂智高年十三，殺其父奔雷火峒。」峒蓋在廣源、倘猶二州間。

阿勞江，在府東。劉昫曰：「阿勞江口南至交州城五百四十九里。」下流入海。○下梢河，在府境。宣德二年黎利敗王師，陷隘留關，鎮夷將軍王通守交趾，懼，出下梢河，立壇與利盟約而還。

隘留關，在府北文淵州界，又南爲鷄陵關，又南爲芹站。永樂二年遣黄中等送陳天平還安南，至丘溫，又進度隘留、鷄陵二關，將至芹站，山路險峻，林木蒙密，軍行不得成列，賊伏發，殺天平及大理卿薛嵓、行人聶聰，中等方整軍欲戰，橋斷不得前，乃引還。於是發大軍討安南，將軍張輔發憑祥，度坡壘驛，進破隘留、鷄陵二關，追度芹站，搜兩旁伏兵皆遁去，於是進次昌江市，造浮橋濟師。及安南平，改鷄陵關爲鎮夷關。宣德初黎利叛圍丘温，攻昌江陷之，又陷隘留關。時柳升將大軍進討，連破賊兵，自隘留關進抵鎮夷關，升恃勇直前，至倒馬坡，率百騎渡橋，既渡而橋壞，後軍不繼，賊伏四起，遂敗死。別將崔聚進至昌江，亦敗死。官軍七萬人盡殪，於是棄交趾去。

老鼠關，在府北。南使録：「丘温東南行十數里至陡關，度嶺西南行兩山間，初所見黄茅修竹，既而深林茂樹，水闊不數尺，然周遭百折，或百步一涉，或半里一涉，凡六七十處，復度一嶺，夾道皆古木蒼藤，有巨石挺出，篁竹薄叢，最爲阨險，名老鼠關。西行有山峰秀拔，綿亘不絕，是爲寄狼山。翠壁蒼崖，異木翳密，凡三十里抵刺竹關，有兵守之。關上兩山相交，僅通馬道。大竹皆圍二尺，上有芒刺。蓋其國控扼要地，所稱鼠關、狼塞之險也。」

決里隘，在廣源州南。宋熙寧九年郭逵討安南，前鋒將燕達拔廣源州，又破賊於決里隘，進抵富良江是也。○芹站，在府北，即陳天平被殺處。張輔討安南，前鋒度芹站，次昌江市，而大將從芹站而西折至新福縣，遣將會雲南沐晟之師是也。

坡壘驛。在文淵州北百里。亦曰坡壘關，自憑祥入安南必由之道也。今曰坡唯站。〔一〕輿程記「自憑祥州界首關而南三十里至坡唯站，又經洞濮站、不濮站、不博站，共二百十里至卜鄰站，又百里至濮上站，又經丕禮站、昌江站、市橋站、吕塊站共二百十里，度富良江而至安南城」云。

新安府，在交州府東三百里。永樂二年置。領州四，曰東湖、靖安、南策、下洪；縣十三，曰至靈、峽山、古費、安老、水棠、枝封、新安、安和、同利、萬寧、雲屯、四岐、清沔。宣德以後仍置海陽承政司，領府一，曰海陽。

枝封城，在府東海中，即枝封縣界東面要地。或曰縣本名思封。唐置巖州，領常樂、思封、高城、石巖四縣，天寶初曰安樂郡，至德二年又改常樂郡，乾元初仍曰巖州。今新安縣即其地也。後訛思封曰枝封。

都齋城，在府東。其地近海，即海陽城也。交趾倚爲重地。嘉靖六年莫登庸禪位於其子方瀛，退居都齋海陽，爲方瀛外援，即此。

象山，在府東東湖州。一名安子山，相傳安期生得道處，宋海岳名山圖以此爲第四福地。○雲屯山，在府東北雲屯縣大海中。兩山對峙，一水中通，番國商舶，多聚於此。又府東新安縣大海中有大圓山，突起圓嶠。永樂十六年此山獲白象來獻。

白藤江口。在府北，海道之口也。舊自此進至花步抵峰州。五代晉天福三年南漢劉龑以交州亂，欲并有之，使其子弘操將兵趨交州，自將屯海門爲聲援。弘操帥戰艦自白藤江而進交州門，逆戰於海口，弘操敗死。宋太平興國六年遣知邕州侯仁寶等伐黎桓，分兵由邕州、廉州兩道俱進，既而行營兵敗賊於白藤江口，仁寶率軍先進，爲交州兵所敗。又廉州將孫全興自白藤江進次花步，亦敗却。胡氏曰：「江當在峰州界。」

建昌府，在交州府東南二百里。永樂二年置。領州一，曰快州；縣六，曰建昌、布縣、真利、東結、芙蓉、永涸。宣德後仍屬山南承政司。

海潮江，在快州境。自阿魯江分流，下通玉珠江。昔陳氏破占城軍處。○夜澤，在東結縣境。方輿勝覽：「昔梁武帝時有阮賁者，世爲豪右，命陳霸先擊破之，賁逃澤中，夜則出掠，因號夜澤。」阮賁當即李賁矣。

鹹子關。在快州西北。自東南海道入者，此爲要會之處。永樂五年張輔等追黎賊至膠水縣悶海口，地下濕不可駐，乃陽爲班師，至鹹子關，令柳升守之。賊來躡，輔還軍遇於富良江，賊水陸進戰，皆敗走，復乘勝追至悶海口。六年交人簡定復叛據寧化州，來攻鹹子關。沐晟討之，戰於生厥江，敗績。其黨攻盤灘據之，於是復遣張輔進討，敗賊於鹹子關及太平海口等處。

鎮蠻府，在交州府東南五百里。永樂二年置。領縣四，曰廷河、太平、古蘭、多翼。宣德以後仍屬山南承政司。

龍溪。在府東廷河縣。昔陳氏夜過此溪，不能渡，忽見一橋跨江，既渡回顧不見，及有國，改名龍溪。

奉化府，在交州府東南三百里。永樂二年置。領縣四，曰美禄、西真、膠水、順爲。宣德後仍屬山南承政司。

膠水城，在府西南，濱海。永樂初張輔等討安南，督舟師進逼膠水，賊遁入黄江、悶海等處，輔等襲入籌江栅，破之。又追敗賊於萬劫江、普賴山。又敗賊胡杜於盤灘，進次魯江。賊率舟師逆戰於木丸江，大破之，窮追至膠水縣悶海口，即此。

魯江。在府界。永樂初張輔等追黎季犛於此。既而別將與陳季擴戰於魯江，不利。魯江蓋富良江之支流也。○虞江，在府境。永樂八年沐晟追賊首陳季擴於虞江，破之，即此。

建平府，在交州府東南三百里。永樂二年置。領州一，曰長安；縣六，曰懿安、大懿、安本、望瀛、安寧、黎平。宣德後仍即諒江、建昌、奉化、鎮蠻、建平五府地置山南承政司，領府十一，曰上洪、下洪、天長、廣東、應天、金門、新興、長安、沿仁、平昌、義興。

上洪城，舊志：在交州府東二百里，安南所置上洪府也。嘉靖中莫登庸作亂，據安南。其故王黎譓之子寧結國人攻之，登庸敗走海陽，據上洪、下洪、荆門、南策、太平諸郡。復潛師出大江，掩國都，寧敗走清華。登庸復攻之，寧走老撾。

神符海口。在府南境，義興城南。永樂十年張輔等討陳季擴，破之於神投海口。其黨潘可佑屯可雷山乞降，輔又進破賊於西心江。神投，或曰即神符海口是也。

三江府，在交州府西四百五十里。永樂二年置。領州三，曰洮江、宣江、沱江；縣五，曰麻溪、夏華、清波、西蘭、古農。宣德以後仍即三江地及交州府、嘉興府歸化州地置山西承政司，領府六，曰歸化、三帶、端雄、安西、臨洮、沱江。

鳳翼山，在府西南夏華縣。山勢迴翔，如鳳矯翼。

三江。在府西。洮江、沱江、宣光江合流之口也，府因以名。

宣化府，在交州府西北九百里。永樂二年置。領縣九，曰曠縣、當道、文安、平原、底江、收物、大蠻、楊縣、乙縣。宣德後仍即宣化地置明光承政司，領府一，曰宣化。

三島山，在楊縣境，有三峰突起。

宣光江，在府北。源自雲南臨安府教化長官司流入境，流七百餘里以達宣化江。一統志：「永樂初沐晟自雲南引兵出此。」

野蒲隘。在府西北。沐晟討安南，自雲南蒙自縣經野蒲，斬木通道，攻奪猛烈柵華關隘，賊徒悉奔，晟進築壘於洮江北岸，造舟渡白鶴是也。○守鎮營，在府西二百里。嘉靖六年莫登庸作亂，交人武文淵以衆來降，又攻登庸守鎮營，破之。

太原府，在交州府西北四百五十里。永樂二年置。領縣十一，曰富良、司農、武禮、峒喜、永通、宣化、弄石、大慈、安定、感化、太原。宣德後仍即太原府地置太原承政司，領府三，曰太原、富平、通化。

峰州城，在府西北。漢交阯郡麊泠縣地，三國吴建衡三年改爲新昌郡，治嘉寧縣。晉太康三年改爲新昌郡，宋、齊因之。梁兼置興州。隋平陳郡廢，而州如故。開皇十八年改州曰峰州，大業初廢州，縣屬交阯郡。唐武德四年復置峰州，領嘉寧、新昌、安仁、竹格、石堤、封谿六縣。後增省不一。天寶初曰承化郡，乾元初復曰峰州，蠻廢。○嘉寧廢縣，即峰州治也。三國吴置。或曰晉、宋時郡仍治麊泠，以縣屬焉。梁始爲州郡治。大同末李賁爲陳霸先所敗，奔嘉寧城。既而楊瞟等克嘉寧，李賁奔新昌僚中。隋、唐以來皆爲峰州治。志云：峰州所領有嵩山、珠淥二縣，皆唐元和後置。

麊泠城，在府西。漢縣，屬交阯郡。麊泠讀曰麋零。後漢因之。建武中交阯女子徵側、徵貳反，掠六十五城，都麊泠，馬援討平之是也。三國吴屬新興郡，後屬新昌郡，梁、陳間廢縣入嘉寧。

宂山，〔一三〕在府西弄石縣境，有巖洞可通行舟。或曰即金谿宂中也。一統志作「芃山」，誤。○隴山，在府西北洞喜縣境。四面峭壁，中有村墟。

林西原，在峰州西，唐時原旁有七綰洞蠻，其酋長曰李由獨，所屬又有桃花等蠻，皆助中國戍守，輸租賦。唐書：「林西原舊有防冬兵，大中八年安南都護李涿罷防兵，專委蠻酋李由獨戍守。由獨勢孤，南詔拓東節度使誘而臣之，安南始有蠻患。」新唐書安南都護府所領有羈縻林西州，領林西、甘橘二縣。

典徹湖，在府西。舊時湖陂浩邈，吐納羣川，今堙。梁大同十二年楊瞟等攻李賁於嘉寧，克之，賁遁入新昌僚中。諸軍頓於江口，〔一三〕李賁尋自僚中出屯典徹湖，造舟艦充塞湖中。衆軍屯湖口，不敢進，會江水暴起七丈注湖中，陳霸先勒所部兵乘流先進，衆軍鼓噪俱前，賁衆大潰，竄入屈僚洞中，尋爲洞蠻所殺。胡氏曰：「江，武平江也。」即今宣光、富良諸江上流矣。

禁谿，在府西境。後漢建武十八年馬援討徵側等，追至禁谿。水經注、越志作「金谿」，地在麊泠縣西南。沈懷遠南越志：「徵側走入金谿穴中，二歲乃得之。」竺芝扶南記：「山谿瀨上謂之穴。」章懷太子賢曰：「今峰州新昌縣是其地。」

新安村。在府西南。典略云：「梁楊瞟等討李賁，賁奔僚中，尋渡武平江據新安村，即此。」

清化府，在交州府西南八百里。永樂二年置。領州四，曰九真、愛州、清化、蔡州；縣十一，曰安定、永寧、古藤、梁江、東山、古雷、農貢、宋江、俄樂、磊江、安樂。宣德後仍即清化府地置清華承政司，領府四，曰紹天、鎮寧、蔡州、河中。

九真郡城，即今府城也。秦象郡地，漢元鼎六年置九真郡，治胥浦縣，後漢因之。晉、宋以後皆爲九真郡。梁置愛州。太清二年李賁爲屈僚峒所殺，其兄天寶遁入九眞，收集餘兵，圍愛州，交州司馬陳霸先討平之。隋平陳廢郡，仍曰愛州。大業初又改州曰九眞郡。唐武德五年仍曰愛州，領九眞等縣。天寶初曰九眞郡，乾元初復爲愛州。五代唐長興二年愛州將楊廷藝舉兵取交州，自是没於蠻。交人建紹天府，僭稱西都，兼置清華承政司於此。

居風廢縣，在府西北。漢置居風縣，屬九眞郡，後漢因之。三國吴改曰移風縣。晉仍屬九眞郡。宋、齊以後爲九眞郡治。隋平陳郡廢，縣屬愛州。唐武德五年於縣置前眞州，并置九皐、建正、眞寧三縣。貞觀初州廢，以三縣并入移風，〔一四〕隸南陵州。十年州廢，縣屬愛州。天寶初省入日南縣。交州記：「居風有山出金牛。又有風門，常有風。」後漢建武十九年馬援進擊徵側餘黨都陽等，至居風降之，即此。或以爲在今北江武寧州界，悮。

胥浦廢縣，在府西。漢置縣，爲九眞郡治。晉因之，宋仍爲胥浦縣，屬九眞郡。齊仍舊。隋初屬愛州，大業初亦屬九眞郡。唐武德五年於縣置胥州，并置攀龍、如侯、博犢、鎮星四縣。貞觀初廢胥州，以四縣省入胥浦縣，隸南陵州。十年州亦廢，縣改屬愛州，天寶中省入日南縣。

日南城，在府西。漢居風縣地，梁置日南縣，隋屬愛州。唐武德五年置積州，兼置積善、津梧、方載三縣。九年改曰南陵州。貞觀元年曰後眞州，十年州廢，縣屬愛州。志云：津梧本晉縣，隋廢，唐復置。又軍寧廢縣，在府北。晉置軍平縣，屬交趾郡。宋改曰軍安，屬九眞郡，齊、梁因之。隋屬愛州。唐武德五年置永州，十年改曰都州。〔一五〕貞觀元年州廢，縣屬南陵州，尋復屬愛州，至德二年改曰軍寧縣。後皆爲蠻所據。

安順城，在府東。三國吴所置常樂縣，屬九眞郡，宋以後因之。隋屬愛州，開皇十六年改曰安順縣。唐置順州，并析置東吴、建昌、邊河三縣。貞觀初州廢，并三縣入安順，屬愛州。又隆安廢縣，在府東南。本常樂縣地，晉分置高安縣，仍屬九真郡，宋、齊以後因之。隋屬愛州，開皇十八年改曰隆安。唐武德五年置安州，并析置教山、建道、都握三縣。又置山州，并置岡山、真潤、古安、西安、建初五縣。貞觀初廢安州，并省教山等縣。又廢山州，并岡山等縣，惟存建初一縣，與隆安縣並屬愛州。八年又省建初縣。先天初更隆安曰崇安，至德二年又改曰崇平，後廢。志云：建初縣本三國吴置，隋廢，唐復置。○松原廢縣，在府南。晉置，屬九真郡，宋、齊因之，隋廢。唐武德五年復置，又置楊山、安預二縣，俱屬愛州。貞觀初省二縣，九年復省松原入九真縣。

無編城，在府北。漢縣，屬九真郡，後漢因之，晉廢。唐復置無編縣，屬愛州，後改曰常林。又都龐廢縣，亦在府北。漢縣，屬九真郡。應劭曰：「龐音龍。」後漢省，三國吴復置，晉初廢。尋復置，宋、齊因之，隋廢。

福禄城，在府西南。唐武德中所置羈縻唐林州也，貞觀初廢。總章二年智州刺史謝法成招慰生獠昆明、北樓等七千餘落，以故唐林州地置福禄州。大足元年更名安武州，神龍初復故。天寶初曰福禄郡，至德二年改曰唐林郡，乾元初復曰福禄州，又廢。又柔遠廢縣，唐福禄州治也。本曰安遠，至德二年改曰柔遠，兼置唐林、福禄二縣。○廢長州，與福禄州相近。唐置，領文陽、銅蔡、長山、其常四縣。亦曰文陽郡，後爲蠻廢。

俄樂城，在府西南，即今俄樂縣。宣德初俄樂土官黎利反，官軍討之，遁入老撾。既而復還，官軍破走之於清化。

戲馬山，在府東永寧縣境。一名游英山，巋然獨立，横枕長江。○安蘉山，在府東南東山縣，產美石。晉豫章太守范甯嘗遣吏於此採石爲磬。

小黄江。在府東境，下流入海。唐志：「交州西至小黄江口水路四百里，入愛州界。」是也。又有月常江，亦在府東。永樂中張輔敗陳季擴之黨阮朔於九真州月常江，謂此也。

乂安府，在交州府南八百里。永樂二年置。領州四，曰驩州、南靖、茶籠、王麻；縣十三，曰衙儀、友羅、丕禄、士油、偈江、真福、古社、土黄、東岸、石塘、奇羅、盤石、河華。宣德後仍即乂安置廣南承政司，領府三，曰廣南、茶麟、五麻。又兼演州地置乂安承政司，領府八，曰乂安、肇平、思乂、奇華、德充、演州、北平、清都。

驩州城，在府西南。相傳即古越裳氏國，周成王時重三譯而獻白雉者也。秦屬象郡，漢屬九真郡，後漢因之。三國吴分置九德郡，治九德縣，晉、宋以後因之。梁兼置德州。大同七年交趾李賁監德州，遂結數州豪傑以叛，尋討平之。隋平陳，廢郡存州。開皇十八年改曰驩州，大業初曰日南郡。唐武德五年置南德州總管府，八年改爲德州。貞觀初仍曰驩州，明年兼置都督府。天寶初曰日南郡，乾元初復爲驩州，至今不廢。通典：「郡東南至海百七十里，南至羅伏國界百五十里，西至環王國界八百里。」新唐書：「驩州地限重海，與文單、占婆接界。」〇九德廢縣，即驩州治也。三國吴置縣，晉以後因之，皆爲州郡治。梁大同九年李賁叛據交趾，林邑來攻，賁將范修破林邑於九德，即此。唐武德五年分置安遠、曇羅、光安三縣。尋以光安置源州，并置水源、安銀、河龍、長江四縣屬焉。貞觀八年更名阿州。十三年州廢，以析置州縣次第省入九德縣。蠻廢。志云：蕭梁時置安遠、西安二縣，隋開皇十八年改西安曰廣安，大業末廢，唐復置。

越裳廢縣，在故驩州東南四里。吴置縣，屬九德郡。晉初廢，後復置，仍屬九德郡。宋、齊因之。隋屬德州，尋屬驩州。大業初驩州道行軍總管劉方經略林邑，遣欽州刺史甯長真以步騎出越裳是也。唐武德五年置明州，并置萬安、明弘、明定三縣。貞觀十二年明州僚反，交州都督李彥討平之。十三年州廢，以三縣并入越裳縣，屬智州。州尋廢，縣屬驩州。○交谷廢縣，在越裳縣南。蕭梁時置縣，兼置明州。隋大業初州廢，縣屬日南郡。唐武德五年置智州治焉，兼置新鎮、闍員二縣。貞觀初曰南智州，仍以二縣省入。十三年州廢，縣省入越裳。又金寧廢縣，在廢越裳縣西南。蕭梁時置，兼置利州。隋開皇十八年改爲智州，大業初州廢，縣屬日南郡。唐屬智州，十三年省入越裳縣。

浦陽廢縣，在府東。三國吳置陽成縣，晉太康二年改曰陽遂縣，又分置浦陽縣，俱屬九德郡。宋因之。大明後陽遂省入浦陽，齊、梁因之。隋初縣屬德州，尋屬驩州。唐仍舊。○昌國廢縣，在府東北。劉宋大明中分日南立宋平縣，後爲郡。齊志宋平郡領昌國、義懷、綏寧三縣。又有宋壽郡，亦在府境。志云：宋置，先屬交州，泰始七年改屬越州，齊建元二年仍屬交州是也。又有義昌郡，齊志云：「永元二年改沃屯置。」後俱廢。

茶籠城，在府北。宣德初黎利作亂，自老撾還寧化州，官軍與戰於乂安府茶籠州，不利，復戰於清化，破走之。○奇羅城在府東南，即奇羅縣也，南濱大海。永樂初張輔追黎賊至悶海口，賊以小舟遁走乂安。輔帥舟師追至海門涇鵠淺，引舟軍渡。渡既，而輔率步騎夾東西，柳升率舟師前進，至茶籠，賊敗走。又追敗之於奇羅海口，賊衆皆潰。柳升捕得黎季犛父子獻軍門，安南遂平。

天琴山，在奇羅縣東海邊。相傳陳氏主遊此，夜聞天籟如琴，因名。永樂初張輔擒黎蒼於此。○橫山，在府境河華縣。晉永和二年林邑王范文攻陷日南，檄交州刺史朱蕃請以郡北横山爲界。祝穆云：「此横山也。」

靈場海口。在府東境。永樂中簡定既擒，定所推陳季擴猶據義安，張輔破賊於凍潮州，沐晟又追敗之於靈場海口是也。

新平府，在交州府西南七百里。永樂三年置。領州二，曰政平、南靈；縣三，曰衙儀、福康、左平。宣德以後屬乂安承政司。

咸驩城。在府東南。漢縣，屬九真郡，後漢因之。三國吴屬九德郡，晉、宋以後因之。隋屬德州，尋屬驩州。唐武德五年置驩州治此，兼置安人、扶演、相景、西源四縣。貞觀初更名演州，十三年省相景縣，十六年州及諸縣俱廢，以咸驩縣屬驩州，尋改縣曰懷驩縣。廣德二年復置演州於此。建中三年演州司馬李孟秋叛，安南都護輔良友討斬之。

順化府，在交州府西南九百里。永樂二年置。領州二，曰順州、化州；縣十一，曰利調、石蘭、巴閬、安仁、茶偈、利蓬、乍令、思蓉、蒲苔、蒲浪、士榮。宣德以後仍即順化、升華二府地置順化承政司，領府三，曰順化、英都、重華。

愛子江。在府東北順州界。永樂中張輔等討簡定黨陳季擴，進兵順州，破賊於愛子江，進至政和縣羅蒙江，皆懸崖側徑，輔步進大索，擒其黨阮師檜於南陵州，季擴遁入老撾。

升華府，在交州府西南千一百里。永樂二年置。領州四，曰升州、華州、思州、義州；縣十一，曰黎江、都和、安蒲、萬安、具熙、禮梯、持羊、白烏、義純、鵝盃、溪錦。宣德以後仍屬順化承政司。

武峨廢縣。在府境。唐置，天寶初曰武峨郡，乾元初復故。新唐書：「州領武峨、如馬、武義、武夷、武緣、武勞、梁山等七縣，後廢於蠻。」○德化廢州，在府境。唐置，領德化、歸義二縣。劉昫曰：「永泰二年於安南西界牂柯南界置。」似悞。又郎茫州，亦唐永泰二年置，領龍然、福守二縣。劉昫曰：「州置於安南西界，蓋皆羈縻州」云。

廣威州，在交州府西三百里。永樂二年改置。領縣二，曰麻籠、美良。宣德以後仍以廣威地置興化承政司，領府三，曰興化、廣威、天關。

多邦城，在州西。交人謂之興化府。永樂初伐交趾，沐晟軍至洮江北岸，與多邦城對壘。張輔軍亦至，營於城北沙灘，與晟合勢。時賊帥俱逼江不可上，惟多邦城下沙灘可駐師，而土城高峻，城下重濠密坎，城上守兵如蟻，輔督諸軍夜襲其城，克之。

美良城。在州東南。永樂中簡定復叛，張輔等討敗之，進兵清化，窮追至演州。又分沐晟兵從磊江南，朱榮舟師抵牛鼻關，輔率騎兵至美良，定竄入吉利深山，擒之。

嘉興州，在交州西南六百五十里。永樂二年改置。領縣三，曰籠縣、蒙縣、四忙。宣德以後仍分屬山西承政司。

繖圓山，在州東，高峻雄偉。永樂初王師克多邦城，賊奔潰，追至繖圓山，遣別將向西都，賊焚宮室遁入海，於是三江路宣江、洮江等州縣次第來降。○艾山，在州之蒙縣。面臨大江，峭石環立，人跡罕至。山有仙艾，因名。

龍門江。亦在蒙縣界。漢書「封谿縣有隄防龍門水」，即此。源出雲南臨安府寧州，流經此，有石門橫截江流，中分三道，飛湍聲聞百里。舟行過此，必舁上岸，方可復行。

歸化州，〔一六〕在交州府西九百里。永樂二年置。領縣四，曰安立、文盤、文振、水尾。宣德後仍屬山西承政司。

水尾城，在州西南。交趾之水尾州也，與雲南老撾宣慰司接界。志云：自水尾州至老撾司城五百六十七里。宣德二年沐晟由雲南進討黎利，至水尾縣之高寨，賊水陸拒守，即此。○來州，在水尾縣之東南，安南所置州也。嘉靖中黎寧保據於此。

漆馬江。在水尾州西南。自老撾司境流入，東北合於洮江。嘉靖中莫登庸作亂，安南故王黎譓之子寧走老撾，聚兵保漆馬江，使其臣鄭惟憭泛海，自占城附商航走京師是也。

演州。在交州府南七百五十里。永樂二年置。領縣三，曰瓊林、茶清、美菑。宣德以後仍屬乂安承政司。

蕩昌廢縣。在州西。舊唐書：「馬援討林邑，南自交趾，尋海隅側道以避海，從蕩昌縣南至九真，又開陸路至日南郡。」按二漢志無此縣。

已上安南。

占城，東距海，西抵雲南，南接真臘，北連安南，東北至廣東，舟行順風可半月程，至崖州可七日程。古越裳氏界，秦爲象郡林邑縣，漢改象林縣，屬日南郡。後漢末邑人區連者因中原喪亂，殺縣令，稱林邑國王。孫吴時爲徼外國，黄武六年遣使入貢。其後世絶，外孫范熊代立。熊死，子逸嗣。其臣日南率范稚之奴名文者譖逐逸諸子，逸死，文篡立。晉永和三年文屢陷日南，四年寇九真，大爲交州患。五年桓温遣兵討之，不克。九年交州刺史阮敷討林邑，破五十餘壘。隆安三年林邑王范達陷日南、九真，遂寇交趾，太守杜瑗擊破之。義熙九年林邑范胡達寇九真，交州刺史杜慧度擊斬之。宋永初元年慧度擊林邑，大破之，林邑乞降。元嘉初林邑王范陽邁寇日南、九德諸郡。七年遣使入貢。八年復寇九德，交州兵却之。十年范陽邁遣使入貢，求領交州，不許。二十三年以范陽邁寇盜不絕，外托使貢，遣交州刺史檀和之討之。和之以宗慤爲前鋒，遂克林邑。師還，范陽邁復得其地。死，子咄歷嗣。齊永明九年夷人范當根純攻奪其國，遣使貢獻，詔以當根純爲都督緣海諸軍事、林邑王。十年，范陽邁之孫諸農率種人攻范當根純，得其國，詔以諸農都督緣海諸軍事、林邑王。永泰初諸農入朝，渡海溺死，以其子文款襲王爵。歷梁、陳至隋皆來朝貢。隋仁壽末遣劉方攻林邑。明年方破林邑兵，其王梵志棄城遁，方入其都，獲其廟主十八枚，皆鑄金爲之，蓋其有國十八世矣。詔分其地爲蕩、農、冲三州。三年改爲比景、海陰、林邑三郡。隋亂，梵志復收其地。唐武德六年遣使入貢。貞觀中其王頭黎獻方物。死，子真龍嗣，爲其下摩訶慢多伽獨所殺，范氏遂絕。至德中國人立頭黎之姑子諸葛地，更號環王。唐元和初入寇驩、愛等州，安南都護張丹擊破之，遂棄林邑，徙國於占，因號占城。五代唐長興二年，劉龑將梁克貞入占城，取其寶貨以歸。周顯德五年其王釋利因德漫遣其臣蒲訶散來貢。宋建隆二年其王悉利因陀盤遣使因陀玢等貢方物，自是間歲或數歲一貢。淳熙四年襲破真臘。慶元五年真臘大舉復仇，俘殺幾盡，更立真臘人以主之。元至元間其主孛由補剌者吾内附，遣使貢方物。後其子補的負固弗服，屢遣重兵臨之，又屢遣使招諭，乍臣乍叛，終無順志。明初其王阿答阿者，首遣其臣虎都蠻來朝貢方物，詔遣中書省管勾甘桓等封爲占城國王，自是朝貢不絕。每國王嗣位，必遣使請命於朝，因遣使册封，率以爲常。其所統聚落一百有五，大約如州縣之制。

朱吾城，在占城北境。本越裳地，秦置象郡。漢元鼎六年置日南郡，治朱吾縣。後漢郡治西卷，以縣屬焉。晉、宋皆屬日南郡，亦謂之朱吾城。宋元嘉二十三年遣交州刺史檀和之討林邑，至朱吾戍，即此也。齊仍曰朱吾縣，隋以朱吾改屬比景郡。〔一七〕唐仍屬景州，後廢。劉昫曰：「漢日南郡距交趾三千里，自朱吾南行四百餘里乃至林邑國。」水經注：「林邑國都治典冲，范文所徙也，在壽泠縣阿賁浦，西去海岸三十里，東至南海郡城三千里。」○西捲廢縣，在朱吾縣東北。漢縣，屬日南郡。後漢曰西卷，爲郡治。晉時郡治象林，縣仍屬焉。劉宋復移治西卷縣，齊因之。隋屬比景郡，仍曰西卷，唐廢。捲、卷同，皆讀權。又有壽泠廢縣，本西卷縣地，晉析置，仍屬日南郡，宋、齊因之，後没於林邑。隋復置，後爲林邑所廢。

比景城，亦在占城北境。漢置縣，屬日南郡，後漢因之。晉、宋以後仍屬日南郡。隋屬驩州。仁壽末劉方爲驩州道行軍總管，經略林邑，遣别將以步騎出越裳，方率大軍以舟師出比景，至海口是也。大業初林邑平，置蕩州治焉。尋曰比景郡，領比景、朱吾、壽泠、西卷四縣。唐初爲林邑所據。貞觀二年綏懷林邑，置匕州於驩州南界。匕與比同也。領比景、朱吾二縣，并置由文縣屬焉。尋曰南景州，八年曰景州，貞元末廢。○無勞廢縣，在比景廢縣南。晉析比景縣置，仍屬日南郡，宋、齊因之，後没於林邑。

象浦城，在占城西北。本漢之象林縣，屬日南郡，後漢因之。永元十四年置象林將兵長史。永和元年象林蠻區憐等反。憐亦曰連。自是遂爲林邑國。晉時日南郡治象林，蓋羈屬而已。劉宋仍屬日南郡。元嘉中檀和之拔區粟城，斬范扶龍，乘勝入象浦，即象林矣。蕭齊仍爲羈縻縣。隋大業初平林邑置冲州，領象浦、金山、交江、南極四縣。

三年改曰林邑郡，隋朝末復没於林邑。唐貞觀九年置林州，亦寄治驩州南境，領林邑、金龍、海界三縣。貞元末廢。

盧容城，在朱吾城西。漢縣，屬日南郡，後漢因之。晉仍屬日南郡。永和五年桓温遣將滕畯率交、廣兵擊林邑王范文於盧容，爲文所敗。宋、齊亦曰盧容縣，皆没於林邑。隋平林邑置農州，領新容、真龍、多農、安樂四縣。新容即盧容也。大業三年改曰海陰郡。隋亂仍没於林邑。晉志：「秦象郡置於盧龍縣。」又其地有盧龍浦，去日南地二三百里。

區粟城，〔一八〕在占城北境。水經注：「盧容水出日南郡盧容縣區粟城南高山，東徑區粟城北。」林邑兵器戰具悉在城中，宋元嘉中檀和之自朱吾戍進圍林邑將范扶龍於區粟城是也。

佛逝城，占城舊都也。外夷考：「占城之地東西五百餘里，南北千里，其國遷徙不常。宋淳化初以安南侵迫，避奔佛逝，去舊都七百里。後又徙新洲港，其地臨海，自瓊州順風一日可至，有磚城，宮室皆如中國之制。明朝成化中復爲安南所逼，徙居赤坎邦都郎，安南遂據其國都。其王古來航海奔廣州申訴，尋得返國，仍都新洲港。」一云占城國去海蓋百二十里，佛逝乃其屬國云。

大岐界國，在占城境。晉咸康中林邑王范文攻大岐界、小岐界、式僕、徐狼、屈都、乾魯、扶單等國，皆滅之，有衆四五萬是也。

葉調國，在占城境。後漢時入貢，日南徼外夷也。又羅刹國，在占城西南。唐書：「婆利東有羅刹國，其人極陋，嘗與林邑人作市，出大珠可以取火。」

崑崙國，唐志：「在林邑南，去交趾海行三十餘日，習俗文字與婆邏門同，武后時來貢。文明初廣州都督路元叡爲崑崙商胡所殺，入海而去。」〇蒲端國，志云：與占城接。咸平六年入貢。大中祥符四年詔授大食、蒲端、三麻蘭、勿巡等國貢使官，自是貢獻屢至。

銅柱山，在林邑境。新唐書林邑有浪沱州。其南大浦有五，浦旁有銅柱山，周十里，形如倚蓋，西跨重巖，東臨崖海，馬援植銅柱處也。隋書：「劉方擊林邑，過馬援銅柱南，八日至其國都，」林邑王梵志尋棄城走入海。」是銅柱在林邑北也。杜佑曰：「林邑南水行二千餘里有西屠夷國，馬援所樹兩銅柱表界處也。」宋白曰：「建武二十九年馬援置兩銅柱於象林南界，與屠夷國分境。計交州至銅柱五千餘里，爲漢之南疆，是銅柱在林邑南矣。」意者銅柱在漢象林縣之南，今占城之北，西屠夷之地，地已爲林邑所并歟？南越志：「日南郡西有西屠夷國，援嘗經其地，植二銅柱表漢界。及北還，留十餘户於柱下，至隋乃有三百餘户，悉姓馬，謂之馬留人。」太平御覽「馬援立銅柱於林邑岸北，有居民十餘家，不反，居壽泠岸，南對銅柱，後生息漸繁。交州號『留寓』曰『馬留』。山川移易，銅柱已没海中，賴此民以識故處」云。

鵶候山，在占城國大州西北。元兵擊林邑，敗其兵，其國王嘗逃於此山。〇金山，在林邑故國。山石皆赤色，産金，夜則出飛，狀如熒火。又不勞山，在林邑浦外。國人犯罪則送入此山，令自死云。

闍黎江，在占城北境。隋大業初劉方擊林邑，渡闍黎江，大破其軍，進軍追戰，過馬援銅柱南是也。

占城港。在占城北。元至元末擊占城，遣兵由廣州航海至占城港，港口北連海，旁有小港五，通其國城云。

已上占城。

爪哇，東抵古女人國，西抵三佛齊國，南抵古大食國，北界占城國。本名闍婆國，一名徐狼，又名蒲家龍。其屬國有蘇吉丹、打板、打綱、底勿等國。劉宋元嘉九年始通中國，後絶。唐志：「闍婆國一名訶陵國，在南海中。以木爲城，有文字，知星曆。唐貞觀二十一年來貢。天寶中自闍婆遷於婆路伽斯城。」宋淳化三年其王穆羅茶遣使朝貢，大觀中復至。元時稱爪哇國。至元二十九年遣史弼等自福建擊爪哇，時爪哇國王爲鄰境葛郎國所殺，其婿土罕必闍耶求救於弼，弼遂并取葛郎國王以歸。既而爪哇復叛，弼力戰得還，後竟不至。明初其王悉里八達剌遣使朝貢。洪武末分爲東西二國。永樂三年其附近牒里日、夏羅治、金猫里三國皆來朝貢。四年東爪哇爲西爪哇所并，朝貢至今不絶。

保老岸山，在蘇吉丹國。凡番舶未到，先見此山。頂聳五峰，時有雲覆其上。

八節澗，志云：澗上接杜馬班王府，下通蒲奔大海，乃爪哇咽喉，必争之地。元史弼、高興嘗會軍於此。

新村。爪哇馬頭也。四夷考：「由港口而入曰新村馬頭，爲商旅聚集處。後并三佛齊，名馬頭曰舊港，以别於新村。」

已上爪哇。

真臘，東際海，西接蒲甘，南連加羅希，北抵占城國。本扶南屬國，亦名占臘，一名吉蔑，又名甘孛智。其王姓刹利名質多斯乃者始併扶南而有之。隋大業中始通中國。唐自武德至聖曆凡四來朝。神龍以後國分爲二，其南近海多陂澤，爲水真臘，北多山阜爲陸真臘。後復合爲一。宋政和中遣使來貢，宣和初封爲真臘國王。慶元中國人大舉伐占城，破之，而立真臘人爲占城王，故當時占城亦爲屬國。其屬國又有參半真理、登流眉、蒲甘等國，所領聚落六十餘，地方七千餘里，城三十所，都城可二十里。明初其王忽兒那遣使朝貢，至今不絶。

扶南國，在真臘西境。北距日南七千里，西去林邑三千餘里。三國吴黄武中入貢，晉太康中亦來貢。隋、唐時亦遣使貢方物，尋并於真臘。通釋：「扶南國在日南郡南海西大島中。」〇注輦國，在真臘西南。宋志云：「注輦國東距海，南至羅蘭，自古不通中國，祥符六年入貢。」

堂明國，在海岸大灣中。北距日南七千里，即道明國也。三國吴黄武六年來貢。唐志：「真臘去長安二萬七百里，東距車渠，西屬驃，南瀕海，北接道明，東北抵驩州。」又陸真臘舊曰文單國。又有投河國，舊在真臘南。

黄支國。舊記：在日南之南大海中，去長安三萬里。漢元始二年王莽諷使來貢。漢志：「自甘都羅國船行可二日餘有黄支國，民俗略與朱崖相類。黄支之南有已程不國。後東夷傳：自女王國東渡海千餘里至狗奴國。又南四千餘里至侏儒國，人長三四尺。又東南船行一年至裸國、黑齒國，使譯所傳，盡於是矣。」

已上真臘。

暹羅，在占城極南，順風可十日程。本暹與羅斛二國地。暹國土瘠，不宜耕藝，羅斛土地平衍而多稼，暹人歲仰給之。元元貞初暹人遣使入貢。至正間暹降於羅斛，自是合爲一國。明初暹羅斛王參烈照毘牙遣使朝貢。永樂初始止稱暹羅，朝貢不絶。四夷考：「暹羅即古赤土國之地，扶南別種也。土色多赤，故曰赤土。隋大業三年使者常駿自南海郡水行晝夜二旬至焦石山，又東南泊陵伽鉢拔多洲，西與林邑相對，又南行至獅子石，自是島嶼連接，又行二三日西望見狼牙須國之山，南達鷄籠島至赤土界。」杜佑曰：「崖州直南水行便風十餘日到赤土國，其國熱氣特甚。」劉昫曰：「崖州南渡海便風十四日至鷄籠島即至其國，赤海中之一洲也。」又有丹丹國，亦振州東南海中一洲，舟行十日可至。

滿剌加，在占城南。自三佛齊順風八晝夜可至其國。前代不通中國，永樂三年其王西利八兒速剌遣使朝貢，詔冊爲王，自是朝貢不絕，道出廣東以達於京師。四夷考：「滿剌加國，古奇羅富沙之地。又有頓遜國，在海崎山上。地方千里，城去海十里，去扶南可三千里，亦羈屬扶南。又與闍婆相近，一名大闍婆。後稱重迦羅，滿剌加舊羈屬焉。明初羈屬於暹羅。○古麻剌國，在滿剌加之南，永樂中其王哇來頓道出福州來貢。一統志：「島夷之屬曰蘇門答剌國、蘇禄國、彭亨國、古里班卒等國，又東南有吕宋等國，皆明朝朝貢諸國也。」

三佛齊，在占城國南五日程。本南蠻別種，與占城爲鄰，居真臘、爪哇之間，所管十五州。其屬國有單馬令、〔一九〕凌牙斯、〔二〇〕蓬豐、登牙儂、細蘭等國。其王號詹卑，其人都姓蒲。一名干陀利國。梁天監初入貢，後絕。唐天祐初始通中國。宋建隆初其王悉利胡大霞里檀遣使朝貢，其後屢至。明朝洪武四年土王哈剌札八剌卜遣其臣來朝貢。永樂初爲爪哇所并，以其地爲舊港。五年設舊港宣慰使司授頭目施進卿，嗣是朝貢不絕，道出廣東以達於京師。

浡泥，去闍黎四十五日程，去三佛齊四十日程，去占城三十日程。本闍黎屬國，在西南大海中，所統十四州。前代不通中國，宋太平興國中其國王向打始遣使入貢。元豐中其國王錫理麻喏復遣使入貢。明朝洪武四年國王馬謨沙遣其臣朝貢，永樂三年詔遣使封其王麻那惹加那乃爲浡泥國王，自是朝貢不絕。四夷考：「其國有長寧鎮國山，永樂中其王屢請封是山，以爲一方鎮，因錫是名，蓋其國之後山也。道出廣東以達於京師。」

西洋古里，在西海中。其國爲西洋諸番之會。永樂元年其王馬那必加剌滿遣其臣馬戍來朝，貢馬，自是朝貢不絕，道出廣東以達於京師。

蘇門答剌，在西南海濱。自滿剌加順風九晝夜可至其國。其西去一晝夜有龍涎嶼，在南巫里洋之中，國人採龍涎香於此。洪武中稱須文達那國，遣使貢獻。永樂三年封其首鎖丹漢阿必鎮爲蘇門答剌國王，自是朝貢不絕。其旁有南勃等國，亦常來貢。四夷考：「蘇門答剌在占城之西洋中，南接賓童龍國，東北接雪山、葱嶺，蓋即古之大食國。宋熙寧以後分爲勿斯離弼、琶囉勿跋等國，而蘇門答剌出龍涎香，布那姑兒產硫黃。又有層檀國，亦在南海旁。其城距海二十里，宋熙寧四年入貢，順風行百六十日經勿林古巡、三佛齊國乃至廣州，其風俗語音皆與大食同。」

錫蘭山，亦在西南海濱。自蘇門答剌順風十二晝夜可至。其國有高山，番語高山爲錫蘭也。永樂七年太監鄭和等齎詔諭其王亞烈苦奈兒，苦奈兒負固弗服，和設策擒獻闕下，乃改立耶巴乃那爲國王，自是貢獻不絕。四夷考：「錫蘭山即古狼牙須國，蕭梁時有南海中狼牙修國來貢，疑即此。其地在西洋，與柯枝國對峙，南與別羅里爲界。自別羅里南去順風七晝夜可至溜山洋國，〔二〕十晝夜可至古里國，二十一晝夜可至卜剌哇國。柯枝接大、小葛蘭二國，山連赤土。小葛蘭順風二十晝夜可至木骨都束國。自古里順風十晝夜可至忽魯謨斯國，二十晝夜可至剌撒國，二十二晝夜可至阿丹國。又自忽謨魯斯四十晝夜可至天方國，乃西洋盡處也。」大食、天方，今俱見陜西塞外。

佛朗機。在爪哇南。歷代不通中國，正德十二年駕大舶突至廣州澳口，以進貢請封爲名。尋泊東莞南頭，恃火銃以自固，桀驁爲患，官軍進討，擒其魁，乃遁去。嘉靖以後往往雜諸番船中往來市易。四夷考：「廣州東南海中州上舊有婆利國，隋大業中常遣使入貢。明永樂十年喃勃利國王馬哈麻沙遣使入貢，或即婆利之裔，而佛朗機亦其種類也。」

右西南海夷。

校勘記

〔一〕西甌　底本原作「西歐」，今據鄒本及史記卷一一三南越傳改。

〔二〕唐武德三年至十州　據舊唐志卷四一、新唐志卷四三上，交州總管府置於武德五年，非三年。又「鳶」，底本原作「鵝」，今據職本、鄒本及新、舊唐志改。又「澄」，舊唐志或作「險」，或作「隆」，新唐志及輿地廣記卷三八並作「隆」，當以「隆」爲是。

〔三〕貞元八年復置　「貞元」，底本原作「貞觀」，今據職本、鄒本改。

〔四〕後漢亦曰苟漏縣　底本原脱「漢」字，今據職本、鄒本補。

〔五〕隆平隸交州　「隸」，底本原作「縣」，今據職本、鄒本改。

〔六〕又鑿道三所　新唐書卷二二四下高駢傳作「鑿道五所」，本書訛「五」爲「三」。

〔七〕胡氏曰岸曲曰碕　底本「胡氏曰」之下原重一「曰」字，今據職本、鄒本刪。

〔八〕京北承政司　「京北」，底本原作「京兆」，今據職本、鄒本及明史卷三二一安南傳改。

〔九〕東究山　「究」，底本、職本、敷本作「宄」，鄒本作「究」，明張燮東西洋考卷一交阯、嘉慶重修一統志卷五五三並作「究」，今從鄒本。

〔一〇〕古州城　底本原作「古城州」，今據職本乙正。古州，見舊唐志卷四一、新唐志卷四三上。

〔一一〕坡唯站　「唯」，底本原作「與」，今據職本及下文「坡唯站」改。

〔一二〕宂山　底本原作「宂山」，職本、敷本同，鄒本作「究山」。正字通寅集「宂」字下云：「俗從几作宂，或作冗，並非。」今據改爲「宂山」。大明一統志卷九〇、明張燮東西洋考並作「芄山」，顧祖禹以爲非是。

〔一三〕諸軍頓於江口　「頓」，底本原作「等」，今據職本、鄒本改。通鑑卷一五九梁紀一五亦作「頓於江口」。

〔一四〕貞觀初州廢以三縣并入移風　「以」字底本原在「州廢」之上，今據職本、鄒本乙正。

〔一五〕十年改曰都州　據舊唐志卷四一、新唐志卷四三上，永州改都州在武德七年，非十年，此誤。

〔一六〕歸化州　「州」，底本原作「府」，今據職本、鄒本改。

〔一七〕隋以朱吾改屬比景郡　「比」，底本原作「北」，今據職本、鄒本及隋志卷三一改。

〔一八〕區栗城　南齊書卷五八東南夷傳與本書同，水經温水注及宋書卷九七夷蠻傳「栗」作「粟」，與此異。

〔一九〕單馬令　「令」，底本原作「今」，職本、鄒本並作「令」，今據改。

〔二〇〕凌牙斯　宋趙汝适諸蕃志卷上作「凌牙斯加」。馮承鈞諸蕃志校注云：「梁書五四作狼牙修，續高僧傳卷一拘那羅陀傳作棱伽修，隋書八二赤土傳作狼牙須，西域求法高僧傳作郎迦戍，島夷志略作龍牙犀角，馬來半島之古國也……明代載籍僅武備志航海圖志有狼西加，疑脱牙字。」

〔二一〕順風七晝夜可至溜山洋國　「溜山洋國」，底本原作「卜剌哇國」，而下文又云「二十一晝夜可至卜剌哇國」，必有一誤。職本及鄒本均作「七晝夜可至溜山洋國」，今據改。

雲南方輿紀要序

雲南古蠻瘴之鄉，去中原最遠，有事天下者，勢不能先及於此。然而雲南之於天下，非無與於利害之數者也。其地曠遠，可耕可牧，魚鹽之饒，甲於南服。石桑之弓，出鶴慶、永寧二府境。黑水之矢，爨夷居黑水內，善造毒矢，著膚立死。今其種散居諸郡山谷間。儸、僚、爨、僰之人，率之以爭衡天下，無不可爲也。然累世而不一見者，何哉？或曰雲南東出思、黔已數十驛，山川間阻，倉卒不能以自達故也。吾以爲雲南所以可爲者，不在黔而在蜀，亦不在蜀之東南，而在蜀之西北。元人取道瀘州，置驛於永寧、赤水之間，蓋用蜀之東南。明初取道貴州，置驛於普定、普安之間，則又棄蜀而專事黔矣。大都郵驛之設，以京師爲向背，而奪其徑易之路，示以畫一之途，亦制馭疆索者所有事也。沿襲漸久，遂徇耳目而廢其心思，若謂雲南要害舍黔中無可討者，是亦不知變也已。明初規取雲南，太祖諭傅友德曰：「關索嶺路本非正道，正道又在西北。」此亦不專事黔中之一驗也。吾觀從古用兵，出没恍惚，不可端倪者，無如蒙古忽必烈之滅大理也。自臨洮經行山谷二千餘里，自金沙江濟，降摩挱，入大理，分兵收鄯闡諸部，又入吐蕃，悉降其衆。夫從臨洮而抵金沙亦不過二千里，行軍於無人之地，更不事假道蜀中也。夫彼可以來，我何不可以往？設有人焉，出麗江而北招納諸番，結以信義，徑上洮、岷，直趨秦、隴，天下之視聽必且一易，以爲此師從天而降也。或者曰此上策也，然而未易言矣。請言其次者，則盍觀蒙氏之已事乎？蒙氏之初，以小夷倔強，并有六詔。吾計其時唐之天下尚無事也，而首發大難者乃在南詔，鮮于仲通、李宓喪二十萬之師，而南詔之勢遂成。大和三年嘗陷戎、巂、邛三州，徑抵成都，寇東川，大掠而去，蜀中爲之虚耗。大中十三年寇播州，陷之。咸通四年寇西川，六年陷巂州，先是咸通二年寇巂州，是年又陷巂州。又咸通元年至五年再陷安南，亂邕管。十四年寇黔中，十五年寇西川，明年逼成都，乾符初復寇西川。蓋當天寶之時以迄咸通、乾符之季，中國疲於奔命者，後先歷見。論者謂唐之式微，繇宦官蠹其内，南詔擾其外也。夫南詔以一隅之地，而能爲中國患如此者，必取道會川而北徑走成都也。或者據韋齊休之説，以爲清溪關能引雲南之寇，宋棄巂州，而蜀遂無邊患，自此以後古道遂湮。此非通論矣。夫棄清溪關必先棄巂州，巂州今阪圖内地也。明初大理總管段寶聞太祖開國，遣其叔段真從會川走金陵，奉表歸順，此出何道乎？今永寧、浪蕖、北勝以東，姚安、武定以北，皆與蜀之鹽井、會川、東川接界，自諸葛武侯平南中以迄王建之破鄭旻、明玉珍之侵中慶，皆取道於會川之南，特未嘗規模前烈，赫然啓疆，以梁、益爲先務耳。故道豈盡榛蕪也？且臨洮可以創行而越金沙，建昌何不可循跡而問兩川乎？或又曰往時雲南所以争蜀者，以蜀爲富饒耳。今時勢已異，兩川數千里間盪爲丘墟，得其地誰爲之耕，得其城誰爲之守。蜀所以不足問也。予曰：此又不然。蜀中幅員廣遠，山川修阻，亂寇之剪屠，大抵成都最甚，其竄徙窮僻，保聚山谷者，時亦不乏焉。誠廣爲招徠，厚其生殖，擇噤喉之地畫而守之，且耕且屯，嚴爲訓練，敵來攻我，勢未能旦夕下也。轉輪則長安以南道途險遠，出掠則村落鮮少清野無虞，此亦坐制敵人之策矣。〔一〕或曰：子之坐籌若有餘矣，惜未身閱其際也。方東道孔棘時，專力以圖之，猶懼不足，尚能從容北顧，爲多方悞敵之謀哉？予曰：此悞於不早圖也。昔祖逖以單弱之旅，慷慨渡江，〔二〕及屯雍丘，居然重鎭，以劉曜、石勒之强不能爲之難。使今有遠猷者出焉，統罷散之卒，入空虛之地，措置有方，應援益衆，安在不可奮然有爲？而逡巡失據，望敵氣沮，使敵勢日彰，而吾境日蹙，以至於亡也。且也吾專拒敵於東，而敵果不能爲我患，是亦可也；我拒敵於東，而敵忽乘之於西，又將何以應之哉？俟敵之加我而後分兵以應之，何如敵未加我而先發以制敵，使敵不能測吾之虛實也？〔三〕上策既未可行，中策又不知法，而局守於曲靖、晉安之郊，此最下策也。太祖固言之矣，曰關索嶺非雲南正路也，何其不三復乎此也？〔四〕君子蓋觀於蒙氏之所以興，及段氏之所以亡者，而未嘗不爲唏嘘太息也。

讀史方輿紀要卷一百十三

雲南一

禹貢梁州南徼地，殷、周時皆爲蠻夷所居。或曰即百濮之國也。逸周書：「獻令西南有產里、百濮。」產里或曰今之車里，百濮蓋以種分百國而名。其在天文，亦井、鬼之分野。漢武帝元封二年間西南夷滇王降，以其國置益州郡，屬益州部。後漢增置永昌郡，亦屬益州部。三國時爲蜀漢地，又分益州置交州。後主建興二年改益州郡爲建寧，又增置興古、雲南二郡。以南中闊遠，置庲降督於建寧總攝之，遥領交州刺史。今曲靖府廢味縣是其治也。晉泰始七年改置寧州，太康三年復省入益州，立南夷校尉以護之。大安二年復置寧州。自是郡縣增置益多。咸康四年分置安州，晉春秋：「太寧以後寧州没於李蜀。咸康四年蜀李壽篡立，分牂牁、夜郎、朱提、越巂置安州，既又分興古、永昌、朱提、雲南、越巂、河陽六郡置漢州。明年寧州復爲晉有。」晉、宋志皆云是年置安州，蓋即李壽所置而晉因之，故云。八年仍并入寧州。晉志：「是年以越巂郡還屬益州。」宋、齊因之。梁大同中改置南寧諸州，承聖末没於羣蠻。隋開皇十七年復開南中，仍置南寧州，領羈縻數十州，後又領於益州都督府。唐武德四年置姚州，管羈縻州三十二。貞觀六年於戎州置都督府，督南中一十七州，後因之。天寶元年戎州督羈縻三十六州，一百三十七縣，並荒梗，無户口。**自開元之季南詔漸强，**會要：「開元二十六年册南詔蒙歸義爲雲南王。歸義之先本哀牢夷也。其地居姚州之西，東南接交趾，西北接吐蕃。蠻語謂王曰詔。先有六詔，曰蒙舍、蒙越、越析、浪穹、漾備、越澹，兵力相埒，莫能相一。蒙舍最在南，謂之南詔。是時皮邏閣寖强大，而五詔微弱，會有破洱河蠻之功，乃册爲王，仍賜名歸義，於是以兵威脅服羣蠻，不從者滅之，遂擊破吐蕃，徙居大和城，天寶以後大爲邊患。」南詔記：「六詔者，一曰蒙舍詔，今蒙化府是；二曰浪穹詔，今浪穹縣是，後移今劍川州，改浪劍詔；三曰鄧賧詔，今鄧川州是，亦作『邆賧詔』；四曰施浪詔，今浪穹縣蒙次河山之地是，亦作『施浪詔』；五曰摩些詔，今麗江府是，亦作『越析詔』；六曰蒙嶲詔，今四川建昌衛是。蒙舍最南，謂之南詔，五詔皆爲所併。」滇記云「滇西六詔之外又有時旁詔，矣川羅識詔，謂之八詔。此外不稱詔者，北有浪稽蠻、羅哥谷蠻，東有些狄蠻、烏皮蠻，南有離東蠻、鍋銼蠻，西有摩些蠻，與南詔越析相姻婭，皆哀牢雜種九十九部之後也。諸蠻吞併而爲八，又併而爲六」云。**天寶九載遂有雲南之地，僭國號曰大蒙。**

白虎通：「戰國時楚莊蹻據滇，號爲莊氏。」漢元狩間莊氏後有嘗羌者與白厓王争衡，武帝乃立白人仁果爲滇王，而蹻嗣絶。仁果傳十五代爲龍祐那當。蜀漢建興六年諸葛武侯南征，師次白厓，立爲酋長，賜姓張氏，遂世據雲南。或稱昆瀰國，或稱白國，或稱建寧國。歷十七傳當唐貞觀世，張樂進求以蒙舍酋細農羅强，遂遜位焉。蒙氏者，烏蠻别種也。永徽四年細農羅遣使入朝。上元元年子羅炎晟立。太極元年子晟羅皮立，唐封爲臺登郡王。開元二十六年子皮羅閣立，以破洱河蠻功，乃賂劍南節度王昱求合六詔爲一。昱爲請於朝，許之。賜姓名蒙歸義，册爲雲南王，自是益强。天寶八載子閣羅鳳立，始叛唐，取夷州三十二，進陷嶲州，稱臣吐蕃，僭國號曰大蒙。其地東至銅柱、鐵橋、蟠桃、王榆，東南至交趾，南至驃國木落山，西至大食，西北至吐蕃，北至神川，東北至黔、巫，〔五〕回環萬里，西南夷中稱爲最強。貞元十年改國號曰南詔，閣羅鳳之子曰鳳迦異，未立而死。子異牟尋以大曆十四年立，貞元四年吐蕃册爲日東王。五年復歸唐，十年請改國號南詔。載記「異牟尋初立，嘗改國號大理」云。大中十三年改稱大禮。異牟尋之子曰尋閤勸。尋閤勸之子曰勸龍晟，勸利晟相繼立。勸利晟之子曰晟豐祐，大和三年復叛唐。大中十三年豐祐死，子祐龍立，僭稱帝，國號大禮。死，子隆舜立。隆舜爲其臣楊登所弑，子舜化眞立。唐書：「乾符四年大禮酋龍卒，子法立，國號鶴拓，亦號大封人。」龍即祐隆也，一作「世隆」，一作「祐龍」。法即隆舜也。又南詔自尋閤勸以後，其君皆稱驃信，猶中國稱帝云。光化四年國亂，改稱大長和。蒙氏自細農羅傳至舜化眞，凡十四世，二百四十七年。其臣鄭買嗣奪化眞位而滅其國，改國號大長和。卒，子旻嗣。旻卒，子龍亶嗣，爲其臣楊干貞所弑。鄭氏傳三世，二十八年而國滅。後唐天成三年國號大天興，明年稱大義寧，楊干貞殺鄭隆亶而推其黨趙善政立之，國號大天興。僅十月，干貞自取之，國號大義寧，於是段思平起兵討平之。趙氏、楊氏得國共九年。石晉天福二年屬於大理。宋初因之。繹年運志：「段氏之先爲武威郡白人，有名儉魏者，佐閤羅鳳有功，六傳至思平而有國，改號大理。十傳至段慶義，爲其臣楊義貞所弑，自稱廣安皇帝，凡四年。而段氏臣高昇太以東方兵討滅之，立慶義子壽輝。復廢之，而立其庶弟正明。五年正明避位爲僧，國人共奉昇太爲主，而段中絕。」自熙寧八年以後段氏衰，元祐元年高氏代立，號大中國。元符二年段氏復興，號後理國。高昇太既代段氏，將卒，囑其子太明求段氏後正諒立之，於是段氏復有雲南地。淳祐十二年爲蒙古憲宗蒙哥二年。蒙古忽必烈滅大理。自正諒至段興智凡七傳而國滅，前後凡二十二傳，歷三百五十年。段氏雖滅，元人復設大理路軍民總管府，以段氏子孫世守其職。元至元十三年立雲南等處行中書省。治中慶路。元亡，其梁王把匝剌瓦爾密及段明分據其地。洪武十五年討平之，段氏自段實暨段明有十一總管，與元氏共爲存亡。始置雲南等處承宣布政使司。今領府共二十二，内羈縻者十一；州共四十一，内羈縻者亦十一；縣三十，内羈縻者二；又羈縻宣慰司六，宣撫司四，安撫司三，長官司二十四，總爲里六百二十四，夏秋二税大約十四萬五百八十九石有奇。而衛所參列其中。今仍爲雲南布政使司。

雲南府，屬州四，縣九。

昆明縣，附郭。富民縣，宜良縣，羅次縣。

晉寧州，屬縣二。

歸化縣，呈貢縣。

安寧州，屬縣一。

祿豐縣，

昆陽州，屬縣二。

三泊縣，易門縣。

嵩明州。
曲靖軍民府，屬州四，　縣二。
南寧縣，附郭。　亦佐縣。
霑益州，
陸梁州，
馬龍州，
羅平州。
尋甸州。
臨安府，屬州五，　縣五，　長官司九。
建水州，附郭。
石屏州，
阿迷州，
寧州，
通海縣，　河西縣，　嶍峨縣，
蒙自縣，　新平縣。

新化州，
納樓茶甸，已下皆長官司。教化三部，
王弄山，虧容甸，溪處甸，
思陀甸，左能寨，落恐甸，〔六〕
安南。
澂江府，屬州二，縣三。
河陽縣，附郭。江川縣，陽宗縣。
新興州，
路南州。
廣西府，屬州三。
師宗州，
彌勒州，
維摩州。
廣南府，屬州一。
富州。

元江軍民府，屬長官司一。

因遠羅必甸，附郭。

直隸者樂甸長官司。

楚雄府，屬州二，縣五。

楚雄縣，附郭。廣通縣，定遠縣，

定邊縣，碍嘉縣。

南安州，

鎮南州。

姚安軍民府，屬州一，縣一。

姚州，附郭。

大姚縣。

武定軍民府，屬州二，縣一。

和曲州，附郭。

元謀縣。

禄勸州。

景東府，
鎮沅府，屬長官司一。
　禄谷寨。
大理府，屬州四，縣三，長官司一。
　太和縣，附郭。
趙州，屬縣一。
　雲南縣。
鄧川州，屬縣一。
　浪穹縣。
賓川州，
雲龍州。
　十二關。
洱海衛，附見。
大羅衛，附見。
鶴慶軍民府，屬州二。

劍川州，

順州。

麗江軍民府，屬州四。

通安州，附郭。

寶山州，

蘭州，

巨津州。

永寧府，屬長官司四。

剌次和，　革甸，　香羅甸，〔七〕

瓦魯之。

瀾滄衛軍民指揮使司，附見。

直隸北勝州。

蒗蕖州。

永昌軍民府，屬州一，　縣二，　安撫司一，　長官司二。

保山縣，附郭。　永平縣，

騰越州，
潞江安撫司，
鳳溪，　　施甸。
騰衝衛。附見。
蒙化府。
順寧府，屬州一。
雲州。
車里軍民宣慰使司，
緬甸軍民宣慰使司，
木邦軍民宣慰使司，
八百大甸軍民宣慰使司，
孟養軍民宣慰使司，附大古喇宣慰使司。
老撾軍民宣慰使司，
南甸宣撫司，
干崖宣撫司，

隴川宣撫司，

孟定府，

耿馬安撫司，

孟艮府，

威遠州，

灣甸州，

鎮康州。

孟密宣撫司，

蠻莫安撫司，

鈕兀長官司，

芒市長官司，〔八〕

孟璉長官司，

茶山長官司，

麻里長官司。

東接黔、蜀，

雲南與貴州、四川接壤，今行旅所經，有東西兩路，而皆以曲靖爲孔道。從辰、沅經貴州，出威清、平壩、普定、安南，越普安州入雲南界，遵平夷而達曲靖者，此東路也。從巴、夔經瀘州，出永寧、赤水、畢節、烏撒，踰七星關入雲南界，遵霑益而達曲靖者，此西路也。志云：雲南之門户有四，曰古路，曰西路，曰東路，曰間路。自邛、雅、建昌、會川渡金沙江入姚安白崖者，古路也。秦常頞音案。略通五尺道，至蜀諸葛武侯始大闢之，謂之南道，亦曰石門道。唐書韋皐傳：「石門者，隋史萬歲南征所開也。天寶中鮮于仲通下兵南溪，今見四川叙州府。道復閉。至是蠻徑北谷近吐蕃，皐復治之，繇黎州出邛部直雲南，置青溪關，見四川重險。始遣幕府崔佐時復從此通南詔。」又蜀王建時繇此擊雲南，俘斬數萬。自宋以後，此道閉塞。西路亦曰姚嶲路，唐天寶中出師繇之，元季始置郵傳於此。東路則肇自莊蹻，而立驛則自明初始。若繇重慶、綦江七驛至遵義，又六驛至貴州，所謂間道也。諸葛武侯遣李恢、關索分道南征，又馬思撫定牂牁，皆繇此。此四路者，主黔、蜀而言也。若從廣西而入雲南，又有二道，皆會於宜良。萬曆三十二年普淜驛丞李仲登請開廣西路以便雲南。其略曰：「雲南富州與廣西賓州接界，僅隔一江。欲開水路，則從宜良、路南、彌勒、維摩至水下江，泛舟過富州，計程不過六日。往時有在城驛、回部驛、維摩驛、阿母驛，今皆荒廢。欲開陸路，則從宜良、師宗、塊卜、古彰、陽達，計程八日。至泗城州、田州，通計二十日。中間平川坦道，接三岔江，入京師不過七十四站。水陸通渠，較近二十餘站。中惟普鮮、鵜埂、馬蚌、古彰、夜得、板羊、阿拜等村設驛四站，土壤饒沃，道路易通。」不果。從安南而入雲南亦有二道，皆會於蒙自。永樂中平安南，分軍出雲南蒙自是也。羅氏曰：「蒙自縣經蓮花灘入交州石龍關，循洮江右岸者，此大道也。自蒙自縣河陽隘入交州，循洮江左岸者，皆山險崎嶇，此間道也。」今詳廣西安南。其餘蹊徑岐途，不可更僕數矣。楊氏曰：「昔諸葛武侯入南中，分軍一出牂牁，今四川遵義府而西南，皆牂牁道。一向益州，今曲靖、雲南皆古益州郡也。而躬率步騎渡瀘入越巂。今四川建昌行都司入姚安府境是也。隋史萬歲平南蠻，自越巂馬湖、青蛉、弄棟而入，即其道也。自是有事南中者，未嘗不師武侯之成法也。」唐天寶九載鮮于仲通伐南詔，統大軍出南溪路，今四川叙州府。分遣越巂軍出會同路，見建昌行都司。安南軍出步頭路。步頭，今臨安府。十三載李宓伐雲南，亦分二道：宓自蜀入，宓時爲劍南留後侍御史。廣南節度使何履光督軍自海道入。又貞元五年異牟尋謀歸，分遣信使繇西川、黔中、安南三輩俱達於成都。安南路即所謂海道也。宋寶祐初蒙古攻大理，次忒列。在吐蕃境內。分軍一從西道入，曰晏當路，在今麗江府徼外。一從東道入，路由白蠻，即今姚安。或以爲曲靖路，悮也。忽必烈將勁騎從中道入。從越巂渡金沙江至北勝州，此中道也。元至順初遣撒里帖木兒擊雲南叛者，時雲南諸王秃堅等爲變。亦分軍一自四川進，一繇八番進。今貴州也。又至正二十四年明玉珍攻雲南，分兵三路：一繇界首入，在叙州府。一繇建昌入，一繇八番入。明朝洪武十四年傅友德等帥師討雲南，分軍出四川永寧趨烏撒，而大兵自辰、沅出貴州向曲靖。此從來攻取之大勢也。

南控交趾，

自廣南、廣西、臨安、元江以及車里、老撾二宣慰司之南，皆安南國地。

西擁諸甸，

自永昌以西皆蠻甸環立，爲邊徼外籓。

北距吐蕃。

永寧、麗江皆與吐蕃接界，今西番諸夷是也。明初既平雲南，裂吐蕃二十三支分屬沿邊郡邑，轄以土官，於是控制在我，侵叛絶少，蓋得御番之上策矣。

其名山則有點蒼山，

點蒼山，在大理府城西五里。高千餘仞，盤亘百餘里，一云高六十里，盤亘三百里。介龍首、龍尾兩關之間。前襟楡江，碧瀾萬頃；背環漾水，連絡爲帶。亦曰靈鷲山。有十九峰環列內向，如弛弓然。山椒懸瀑，注爲十八溪。翠巒條分，青嶂並峙，如大鳥之連翼將翔也。後漢書志：「山似扶風太乙之狀，鬱然高峻，與雲氣相連結。險崖積雪，經夏不消，亦名雪山。」名山志：「自山南而北，一曰斜陽峰，溪曰南陽溪；二曰馬耳峰，溪曰葶溟溪；三曰佛頂峰，溪曰莫殘溪；四曰聖應峰，在城南十里。溪曰青碧溪；〔九〕五曰馬龍峰，溪曰龍溪；六日玉局峰，城南五里。溪曰緑玉溪；七日龍泉峰，溪曰巾溪；八日中峰，溪曰桃溪；九日觀音峰，溪曰梅溪；十日應樂峰，在城西北。溪曰隱溪；十一日雪人峰，溪曰雙鴛溪；十二日蘭峰，溪曰白石溪；十三日三陽峰，去城北十三里。溪曰靈泉溪；十四日鶴雲峰，在城北二十里。溪曰錦溪；十五日白雲峰，城北二十六里。溪曰芒湧溪；十六日蓮花峰，溪曰陽溪；十七日五臺峰，溪曰萬花溪；十八日蒼琅峰，溪曰霞移溪；十九日雲弄峰，下與洱海相接。環海之外，復有諸山，曰青巔，曰鷄巖，曰玉几，曰羅筌，曰曩葱，曰黿，曰蛇，若拱若揖，其間石窟巖巒，不可殫述。又玉局峰一名占文峰，峰頂之南有溤河，周迴萬步，疊崿承流，水色瑩徹。又西南爲青碧溪，溪中石子粼粼，青碧璀璨。緣山麓北行二里至祭天臺，諸葛武侯畫卦石在焉。山中林阻谷奥，而無猛虎毒蛇，冬夏氣候調適，暑止於温，寒止於凉。諸泉流注爲十八川，川流所經，沃壤百里，溉灌之利，不俟鋤疏，舂碓用泉，不勞人力，東注洱河，河山輝映，蓋與臨安之西湖，洪州之西山，嘉州之峨眉，齊安之臨皋，滁之琅邪，同一巨麗矣。唐時蒙氏竊據，封爲中嶽。天寶九載，鮮于仲通討南詔，進薄白崖，漸逼江口，謂漾備江也。分軍欲自點蒼山西腹背攻太和城，爲蠻所敗。貞元十年西川帥韋皋遣節度巡官崔佐時至雲南，雲南王異牟尋等與佐時盟於點蒼山神祠是也。宋寶祐初蒙古攻大理，登點蒼山，下臨城中，城中危懼，尋棄城走。明初藍玉等攻大理，大理城西倚點蒼，東臨洱海以爲固，玉等遣奇兵繞出點蒼山後，攀木援崖而上，立旗幟，敵遂驚潰。李夢陽曰：「點蒼山色積黛，四時如一，高六十里，接連雲氣，滇西山川聯絡拱揖，此爲之冠。」

高黎共山，

高黎共山，在永昌府騰越州東北一百二十里。一名崑崙岡，夷語訛爲高良公山。亦作「高黎貢山」。東臨潞江，西臨龍川江，左右有平川名爲灣甸。今山之東南即灣甸州也。山上下東西各四十里，登之可望吐蕃雪山。草卉障翳，四時不凋，瘴氣最惡。冬雪春融，夏秋炎熾。山頂有泉，東入永昌，西入騰越，故又名分水嶺。志云：泉極清冽，行者咸取飲之。蒙氏封爲西嶽。永樂初平緬諸蠻刀幹孟叛，何福討之，躋高良公山，直攻南甸，大破之。正統二年麓川賊思任發叛，斷潞江，守將方政擊敗之。別將高遠追敗賊於高黎共山下，乘勝深入，逼思任發於上江，遇伏戰死。七年督臣王驥等奉命進討，分軍破上江賊寨，中軍繇夾象石渡下江，通高黎共山道，進至騰衝。其山延袤數百里，當走集之道，戰守要道也。一名磨盤山。滇行記「渡怒江二十里爲磨盤山，徑隘箐深，屈曲僅容單騎，爲西出騰越之要衝」，即此山也。又滇附録云：「渡怒江至八灣，度高黎共山，其高四十里。下山爲橄欖坡驛。左渡龍川江，〔一〇〕其炎瘴同怒江。過龍川至騰衝衛，地稍涼，中國之西南界盡於此矣。」

玉龍山。江雲露山、蒙樂山附見。

玉龍山，在麗江軍民府西北二十里。一名聳雪山，亦曰雪山。條岡百里，巋聳十峰。上插雲霄，下臨麗江。山嶺積雪，經夏不消。壁立萬仞，千里望之，若在咫尺，與蜀松州諸山連接。蒙氏封爲北嶽。或謂之雪嶺。唐貞元中韋皋約雲南共襲吐蕃，驅之雲嶺之外，蓋即雪嶺外也。元至順初雲南諸王禿堅等作亂。四川行省兵討之，至雪山峽，擊敗羅羅斯軍。滇志：「唐貞元四年異牟尋自稱曰東王，僭封五嶽、四瀆。五嶽者，東嶽曰江雲露松外龍山，在武定府祿勸州東北二百八十里，接四川東川府界。亦名烏蒙山，亦名雲龍山，亦名絳雲露山，亦曰雪山。北臨金沙江，上有十二峰，雄拔陡絶，盤旋七十餘里。」唐貞觀二十年巂州都督劉伯英言：「松外諸蠻暫服亟叛，請擊之以通西洱河天竺之道。」從之。明年遣梁建方發蜀十二州兵討松外諸蠻，殺獲十餘萬，羣蠻震駭，走保山谷，遂遣使詣西洱河，諭其酋帥相率受命，松外首嶺蒙羽亦請入朝是也。南嶽曰蒙樂山，在景東府北八十里，西南入威遠、鎮康州界，西入雲州界，東南入者樂甸長官司界，亘三百餘里。亦名無量山。西嶽則高黎共山。北嶽則玉龍山。中嶽則點蒼山也。東南兩山，雖非險要所繫，然亦境内之大山也。」

其大川則有金沙江，

金沙江，源出麗江軍民府西北旄牛徼外，以産金沙而名。亦曰麗水。流入巨津州北境，〔二〕唐時謂之神川。天寶以後吐蕃有其地，置神川都督於此。貞元五年南詔破吐蕃於神川。十年南詔復擊吐蕃於神川，大破之。載記云：「南詔之地，北至神川是也。」東南流，環麗江府境之三面，流入寶山州境，經州南而入鶴慶軍民府東北境，又經順州之南而入北勝州界，從州南而東入姚安府之北境，又東歷武定府之北境，又東達四川之會川衛，西南而合瀘水，於是金沙江亦兼瀘水之名。繇會川衛而南過金沙江，即武侯五月渡瀘處也。兩崖峻極，府視江流，如在井底。煙瘴拍天，冬月行人過此亦皆流汗，惟雨中及夜分乃無虞。元李京云：「從滇池至越嶲，道經金沙江，計程一千三百里。」繇會川而東北流，經東川烏蒙府境，又東北經馬湖府南爲馬湖江，又東流至叙州府東南而北注於大江。亦見四川大川瀘水。蒙氏封爲四瀆之一。蒙古憲宗三年，忽必烈征大理，過大渡河至金沙江，乘革囊及筏以濟，其濟處蓋在麗江府之北。又至順初搠思斑擊雲南叛者諸王秃堅等，奪金沙江，遂直趨中慶抵南平，所奪蓋在武定、姚安間也。志稱雲南左右分畫，界以大江，東北曰金沙，西北曰瀾滄是矣。楊士雲議開金沙江書云：江名麗水，源出吐蕃界共龍川犂牛石下。本名犂水，訛犂爲麗。東經麗江府巨津、寶山二州，三面環府界；又東經鶴慶，受漾、共諸水；又東經北勝，受桑園、龍潭、程海諸水；又東經姚安府界，受青蛉、大姚、龍蛟諸水；又東經楚雄定遠，受龍川諸水；又東經武定府，受元謀、西溪諸水，又受滇池、螳螂諸水；士雲所引諸水，源流多不可考，武定以下，次第亦復舛錯。又東經東川府，西入滴盧部，受尋甸牛瀾江、谷壁川、喟嚙、化溪諸水；又東經烏蒙南，又東經鹽井、建昌、會川、越嶲諸衛合瀘水，受懷遠、寧遠、越溪、雙橋、長河、瀘沽、大渡、魚洞、羅羅、打冲、東河、熱地諸水；又東至馬湖界，受泥溪、大、小汶諸水；又東至叙州府合大江。此南中西北之險，蒙氏僭稱北瀆者也。漢武帝開益州郡，諸葛亮平南中四郡，皆先得此險，而始通西南夷。歷晉迄隋，通塞靡常，至唐蒙氏世爲邊患，至酋龍極矣，即晟祐隆。屢寇黎、雅，一破黔中，四盜西川，皆繇我失險，坐基南詔亡唐之禍。宋太祖鑒此，以玉斧畫大度河曰：「此外非吾有。」繇棄此險，遂成鄭、趙、楊、段氏三百餘年之僭。元世祖乘革囊及筏渡江，進薄大理，虜段智興以破此險，遂平西南夷。明初梁王拒命，太祖命將征討，諭潁川侯等曰「關索嶺路本非正道，正道又在西北」，蓋謂此也。夫雲南四大水，惟金沙江合江、漢朝宗於海，爲南國紀。天造地設，本爲天下用也。歷代乃棄諸夷酋，資其桀驁，[三]雖建立城戍，斤斤自守，時或陷没。豈知天有宿度，地有山水，人有脈絡，禹貢於州末必曰浮某水，達某水，入某水，逾某水，詳叙貢道達都，著天下大勢，以水爲經紀也。孰謂滔滔大川，可浮可逾，反舍而陸，乃北至永寧，東至鎮遠，不亦迂乎？誠一勞永逸，暫費永寧，纘神禹疏鑿之績，恢四海會同之風，息東西兩路之肩，拊滇雲百蠻之背，變彼險阻奥區，而爲掌中腹裏，一統無外之治，實在此矣。滇志：「正統間靖遠伯王驥議濬金沙江，不果。嘉靖間撫臣黄衷復議濬之，爲武定土酋鳳朝文所梗，事遂寢。既而撫臣汪文盛亦議修舉，卒中止。其後臬臣毛鳳韶上議：『雲南水路，昔人謂由滇之海口浮船武定金沙達馬湖僅七日，其武定府迤東水路，自雲南海口至安寧、羅次、富民、只舊、你革、達古、普河、安革、法於、土色，出東川大江至阿納木姑，共一十三站，惟土色有疊水。又迤西水路，自雲南陸路出富民、武定、虚仁、環川凡五站，於金沙江巡司浮舟至駡喇母、白馬口、粲喇則、五曲革、直勒則、卓剌、除魯、圭寧、抄塔甸、沙吉、撒麻村，亦至土色大江、阿納木姑，凡一十四站，惟卓剌、沙吉有疊水。』又金沙江土司言：『弘治、正德、嘉靖間木商多自馬湖伐杉木，以五板巨艦載之，中經虎跳、天生橋，雖險阻無害也。』又姜驛驛丞言：『木商結簰筏，自本司江流六日即抵馬湖。』大抵武定迤東最爲捷徑。迤西則水道益廣，中間雖有虎跳、天生二灘，皆沙石易鑿。誠於東西二道勘實，鳩工隨宜利導，若果崖石險絶，人力難施，亦須設法變通，水陸兼濟。至於郡邑遠近，村舍稀密，堪立驛遞哨堡者，皆當以次修舉，所關不獨一時一方之利而已。適地方多事，竟不行。隆慶初撫臣陳用賓復申前議，亦不果。天啓中安酋倡亂，貴陽道阻，復議開通。臬臣莊祖誥謂：『自金沙巡司而東，由白馬口歷普隆、紅巖石、喇鲊至廣翅塘，皆禄勸州地，其下有三灘，水溢没石。乃可放舟，涸則躋岸，纜空舟以行。又歷直勒村、駡喇、土色，皆會理州地，其下有雞心石，石如堆者三疊。江中行舟，必度水勢緩急。又歷踏照、頭峽、喇鲊至粉壁灘、甚駛，皆東川地。又歷驛馬河、新灘至虎跳灘、陰溝硐，皆烏蒙地。虎跳湍瀉亂石，不可容舟。陰溝二山相接，水行山腹中，皆從陸過灘，易舟而下。又歷大、小流灘，爲蠻夷司地。

又歷黄郎、木鋪、貴溪寨、業灘至南江口始安流。自黄翅塘至南江約十日程。又至文溪、鐵索江數灘，歷麻柳灣、教化巖，爲馬湖府地。又歷洩灘、蓮花、三灘、會溪、石角灘，至叙州府。此金沙江道里之可據者也。』」

瀾滄江，樣備江附見。

瀾滄江出吐蕃嵯和哥甸鹿石山。一名鹿滄江，亦曰浪滄江，亦作蘭倉水，流入麗江府蘭州境，南歷大理府雲龍州西，又南經永昌府東北八十五里羅岷山下，兩崖壁峙，截若垣墉，纜鐵飛橋，懸跨千尺，亦曰博南津。後漢書：「永平十二年得哀牢地，始通博南山，度蘭倉水，行者苦之，歌曰：『漢德廣，開不賓，度博南，越蘭津，度蘭倉，爲他人。』」指此也。志云：瀾滄江逕雲龍州入永昌，廣僅三十餘丈，其深莫測，其流如奔，有大瘴，零雨始旭，草玄葉脱時，行旅忌之。自永昌東流入蒙化府西南界，又流經順寧府東北，至府東南二百二十里之泮山下會於墨會江。墨會江者，即樣備江也。源出西番境内可跋海。一云出鶴慶軍民府劍川州南五里之劍川湖。亦曰漾濞江，亦曰濞溪江，亦曰黑惠江。流經大理府浪穹縣西，又南過府西之點蒼山後會西洱海，程大昌曰：「唐樊綽以麗水爲黑水，恐其狹小，不足爲雍、梁二州界，惟西洱河與漢志葉榆澤相貫，〔一三〕廣處可二十餘里，既足以界别二州，其流又正趨南海，昔人謂此澤以榆葉所積得名，則其水之黑似榆葉，積漬所成，尤爲證驗。」大昌蓋以樣備水爲葉榆澤也。亦曰神莊江，又南流經永昌府永平縣之東境，蒙化府之西境，又南至順寧府東北境，南流至泮山下合於瀾滄江。志云：瀾滄江中有物黑如霧，光如火，聲如折木，破石觸之則死，或曰瘴母也，文選謂之鬼彈，内典謂之禁水。惟順寧江中有之，他所絶無。二水合流至雲州南，又東南經景東府及鎮沅府，西南過者樂甸長官司南界達元江府西南境，車里宣慰司東北境，又東南過交趾界爲富良江而入於南海。蒙氏以墨會江、瀾滄江皆列於四瀆。洪武二十年詔沐英於瀾滄江津要築壘，置守以備平緬是也。李元陽黑水考云：「禹貢『黑水、西河惟雍州，華陽、黑水惟梁州』。又曰『導黑水至於三危，入於南海』。釋經者擬議其説而卒無所據。夫黑水之源固不可窮，而入南海之水則可數也。何則？隴、蜀無入南海之水，惟滇之瀾滄江、潞江二水皆繇吐蕃西北來，與雍州相連，水勢並洶湧，皆入於南海，是豈所謂黑水者乎？然潞江西南流，蜿蜒緬中，内外皆夷，其於梁州之境若不相屬，惟瀾滄繇西北迤邐向東南，徘徊雲南郡縣之界，至交趾入海，今水内皆爲漢人，水外則爲夷緬，禹之所導，於以分別梁州界者，惟瀾滄足以當之。孟津之會曰髳人，在今北勝；濮人，在今順寧；皆在瀾滄江内也。地理志謂『南中山曰昆瀰，水曰洛』，山海經『洱水西流入於洛』，故瀾滄江又名洛水，言脈絡分明也。元史『至元八年大理勸農官張立道使交趾，並黑水，跨雲南以至其國』，亦一證也。夫古今郡縣因革之名不可紀及，而山川之蹟則不可移，不據不可移之蹟，而據易變之名，末矣。所以然者，論者但知隴在蜀之北，蜀在滇之東北，故以禹貢黑水爲梁、雍二州界，又入南海爲疑。不知隴、蜀、滇三方鼎立，隴則西南斜長入蜀，滇則西北斜長近隴，蜀則尖長入滇、隴之間，故雍以黑水爲西界，對西河而言也，梁以黑水爲南界，對華陽而言也。惟三危之山不可考，或謂近在麗江，夫禹貢明言三危爲雍州山，且三苗所竄，豈復在南夷之地乎？姑置之闕如可也。」今黑水見川瀆異同。

潞江，

潞江，在永昌府潞江安撫司東北五十里。源出吐蕃雍望甸，南流經司北，兩岸陡絶，瘴癘甚毒，夏秋之間，人不敢渡。本名怒江，以波濤洶湧而名也。滇記：「諸葛武侯七擒孟獲，駐兵怒江之滸，即此。」又東經永昌府南百里，復東南流經孟定、芒市界達木邦、緬甸入於南海。潞江源委，諸志皆以荒遠略之。元人朱思本圖稍悉，亦難盡據。蒙氏封爲四瀆之一。正統三年麓川土酋思任發作亂，遣兵斷潞江，立柵以守，官軍討之不得渡，都督方政渡江擊走之。四年復命沐昂等征麓川，敗賊於潞江，進抵隴把，今隴川宣撫司治此。不能克而還。或曰潞江自孟定府西入於麓川江，而麓川江自隴川宣撫司西南入於金沙江，三水源異而歸同也。麓川江者，即龍川江。源出騰越州徼外峨昌蠻地之七藏甸，繞越甸而東南，經高黎共山下，其渡處地名夾象石，在江之東岸，南流至南甸宣撫司東南境爲孟乃河，經芒市西界入隴川司東爲麓川江。川流湍迅，蠻人恃以爲險。思任發之亂，方政擊敗之於潞江西岸，別將高遠追賊度龍川江，敗賊於高黎共山下，乘勝深入，與方政等逼賊於上江。上江，賊重地也。遠力憊無援，敗没。政亦西度龍川追賊，遇伏戰死。繼而樞臣王驥督大兵進討，遣總兵劉聚自下江夾象石徑進攻上江賊砦，破之。於是驥引大軍踰夾象石度下江，通高黎共山道，至騰衝，踰南甸擣賊巢，平之。上江、下江者，土人以江近麓川城爲上江，而近騰越爲下江也。踰隴川而南接芒市西界，西南流入金沙江。金沙江即大盈江也，亦名大車江。源出騰越州西徼吐蕃界，流入州境，南流經南甸及干崖宣撫之西境，有檳榔江亦出吐蕃界，東南流合焉。朱思本曰：「大車江、檳榔江二水合流始名大盈江也。」大盈江又東南流，遶芒市西南界，隴川西北界，又南而麓川江西南流合焉，並流經孟養宣撫司東境謂之金沙江。江合衆流，水勢益甚，浩瀚洶湧，南流入緬甸界，闊五里餘，經江頭、大公、蒲甘諸城而入於南海，蓋雲南西南境之巨津，又與東北之金沙江異流而同名也。龍川、麓川、大盈、金沙諸川，志皆錯雜不可考，今略爲是正。

滇池，

滇池，在雲南府城南。一名昆明池，亦曰滇南澤。戰國時楚將莊蹻滅夜郎，至滇池以兵威略定其地，又使部將小卜引兵收滇西諸蠻是也。漢元封中欲討昆明，以昆明有滇池，方三百里，乃於長安西南穿昆明池象之，以習水戰。蜀漢建興三年，諸葛武侯征南中，至滇池。常璩南中志：「滇池縣有澤水，周迴二百餘里，所出深廣，下流淺狹如倒流，故曰滇。」長老相傳池有神馬，交則生駿駒，俗稱之曰滇駒，日行五百里。」南行録：「滇池亦名積波池，周廣五百里，盤龍江、黄龍溪諸水之所匯也，稱南中巨浸焉。池中有大、小卧納二島。水之下委爲螳螂川，縈迴安寧州治，過富民縣而北達武定府東北界注於金沙江。今城西南八十里爲海口大河，即滇池導流處也。」滇記云：「郡城金馬、碧雞二山東西夾護，商山北來，而環列於前，中開一大都會。滇池受邵甸、牧羊山諸泉及黑白龍潭、海源洞諸水匯爲巨浸，延袤三百餘里，軍民田廬，環列其旁，而洩於稍西一小河，又折而北，不見其去，故又名滇海。」元史：「至元中張立道爲雲南勸農使，以昆明池夏潦必冒城郭，乃求泉源所出，洩其下流，得良田萬餘頃。」明初傅友德、沐英駐守雲南，皆事屯田，而滇池之水皆首爲灌溉之利。

西洱河。

西洱河，在大理府城東。源出鄧川州浪穹縣北二十里罷谷山，匯山谿諸流，又合點蒼山十八川而爲巨浸，下流合於漾備江，即古葉榆澤也。相傳黑水伏流，别派自西北來會於太和縣東而爲洱河，後漢志注謂之馮河，亦曰榆葉河。水經注：「諸葛平南中，戰於榆水之南。」是也。亦曰珥水，以形如月抱珥也。一云如月生五日。亦曰洱海，亦曰西洱海，杜佑謂之昆瀰川。漢武帝象其形，鑿以習水戰，非滇池也。古有昆瀰國，亦以此名。隋開皇十七年，史萬歲擊南寧叛爨，至南中，過諸葛亮紀功碑，度西洱河，入渠濫川，見昆陽州。行千餘里，破其三十餘部。唐武德四年巂州都督韋仁壽檢校南寧，將兵五百，循西洱河，開地數千里，置七州十五縣。貞觀二十二年，梁建方討松外蠻，破走之，於是遣使詣西洱河諭其酋帥歸附者七十餘城。復遣奇兵自巂州道千五百里，掩至西洱河，蠻帥楊盛駭懼請降，其西洱河蠻酋楊棟、東洱河蠻酋楊斂等俱請入朝。或曰即一洱河，而蠻分東西爲界也。新唐書：「繇郎州走三千里達西洱河。」天寶九載鮮于仲通伐南詔，十一載李宓又伐之，皆敗於西洱河。河形如人耳，周三百餘里，中有三島、四洲、九曲之勝。三島者，一曰金梭，一曰赤文，一曰玉几。金梭島亦名羅薟島，洱河東北岸有青巔山，島在其南。玉几島亦名濃禾島，以形如几案，故名。亦曰玉案，在洱河東岸。赤文島，亦名赤崖島。四洲者，一曰青沙鼻，一曰大貫淜，一曰鴛鴦，一曰馬簾。九曲者，一曰蓮花，一曰大鸛，一曰蟠磯，一曰鳳翼，一曰蘿蒔，一曰牛角，一曰波岞，一曰高崑，一曰鶴翥也，皆可田可廬，而大鸛洲隨水浮沉，冬夏不改。河遶城而西南流，會於樣備江，波濤千頃，澄泓一色，因謂之西洱海。志云：洱河遶城西南，繇石穴中出。石穴即天橋，東岸有分水崖，儼如斧劃。漁人謂自岸下分水爲兩，南河北海，鹹淡不類，河魚不入海，海魚不入河。元郭松年行記曰：「洱水涉歷三郡，渟蓄紫城，東北自河首，南盡河尾，汪洋浩瀚，揚波濤於兩關，〔四〕周迴百有餘里。」今西洱河袤百里，廣三十里，蓋匯羣流而成。蘇軾曰：「南詔有西洱河，即牂牁江。」悮矣。

其重險則有石門。龍首、龍尾二關附見。

石門，在麗江府巨津州西百里，今在大理府北八十里，當點蒼山之背。遵洱河而上，其山兩壁墻立，有若門然，即唐時石門南道也。從會川渡金沙江西南行，繇此入南詔之羊苴咩城，諸葛武侯繇此征南中，史萬歲繇此擊叛爨，韋仁壽、梁建方亦繇此平西洱諸蠻，韋皐復繇此通南詔。滇記：「天寶中鮮于仲通討南詔，下兵南溪，石門道遂閉。韋皐通雲南，以蠻經北谷近吐蕃，乃復治石門道，繇黎州出邛部直達雲南，謂之南道。」今詳見四川重險清溪關。其地亦名天威逕，以武侯七擒孟獲而名。今石門南有上關城，在府北七十里，周四里，四門。一名龍首關。當西洱河之首，亦曰河首關。又府南三十里有下關城，周二里，三門。關南有橋，橋南有壁。一名龍尾關。當洱河之下流，亦曰河尾關。自河尾順流而下約里許，有石門，巨石横眉，號石馬橋，爲羣波争道之地，懸流奔注，雲濤雪浪，聲聞數里。郭松年行記：「自趙州舟行三十里有河尾橋，架木爲梁，長十五丈餘。穹形飲水，睆而視之，如虹霓然。橋西則爲龍尾關，北入府城之路，南詔皮羅閤所築，最險固，高壁危構，巋然尚存。稍西南則爲石馬橋，亦曰天橋。」何鍾記云：「取道龍關，南循洱河，往觀天橋及石門關。出石關如行成皋之虎牢，沓嶂巉嵓，可百餘武，名一線天，爲洱水故道，險阨之地也。」是龍尾關南又有石門矣。五代晉天福二年，段思平自石城見曲靖府。起兵，鼓行而西，至河尾遂入關，滅楊干貞而代有其地。明初藍玉等攻大理，其酋長扼下關以守。玉等至品甸，即雲南縣。遣別將繇洱水東趨上關，爲犄角勢。自率衆抵下關，造攻具，夜半潛遣一軍繇石門間道渡河，遶出點蒼山後，攀木緣崖而上，立旗幟，昧爽大軍抵下關，望之踴躍讙噪，敵衆驚亂。沐英率軍策馬渡河，斬關而入。山上軍望見亦下攻之，敵大潰，拔大理城。既而分軍出上關，取鶴慶，略麗江，又出石門關此石門謂巨津州西百里之石門。下金齒。是下關亦可兼石門之稱也。滇略云：「龍尾關有伏波廟，世傳諸葛武侯駐兵瀘水上，一軍皆痟，因禱伏波之神得愈。關東又有戰士塚，唐天寶中李宓喪師處也。又天橋，在府西南三十五里。兩山輻湊，中空丈餘，水從空中出，兩岸石谷上特出丈許，其微不相及處，有巨石覆掩，非人力可致。過石橋，攀鳥道數十武，爲達樣備孔道，此石橋東厓也。循岸南行里許，有地名不落梅，乃洱水出橋外石厓，懸瀉數十尺，衝激亂石，濺沫上起如梅花。此下關外之極勝也。自上關以外出石門而北者，皆謂之天威逕。唐顧雲詩「雲南八國萬都落，皆從此路來朝天」，蓋石門之係於雲南非淺鮮矣。

按雲南古爲荒服，自漢以來，乍臣乍叛。蓋疆域遼闊，夷落環伺，崇山巨川，足以爲保據之資，故時恬則牛馴蟻聚，有事則狼跳虎噉，勢固然也。西南一隅，反覆最多，麓川抗戾於前，緬甸恣睢於後，蠶食鄰封，志欲漸廣，尾大之禍，議者早見其端。說者曰：雲南山川形勢，東以曲靖爲關，以霑益爲蔽；南以元江爲關，以車里爲蔽；西以永昌爲關，以麓川爲蔽；北以鶴慶爲關，以麗江爲蔽。故曰雲南要害之處有三：東南八百、老撾、交趾諸夷以元江、臨江爲鎖鑰，西南緬甸諸夷以騰越、永昌、順寧爲咽喉，西北吐蕃以麗江、永寧、北勝爲扼塞。識此三要，足以籌雲南矣。雖然，雲南者南臨交、廣，晉太康初陶璜爲交州牧，言寧州諸夷接據上流，水陸並通是也；北肘川、蜀，諸葛武侯欲專意中原，慮羣蠻乘其後，乃先南討；蒙氏據有雲南，屢爲唐劍南之禍是也。元史言：「雲南之地，東至普安路之橫山，西至緬地之江頭城，凡三千九百里而遠；南至臨安之麗滄江，北至羅羅斯之大渡河，凡四千里而近。」乃跼蹐一隅，自保不暇，梁王、段氏不爲千古之羞哉！

校勘記

〔一〕此亦坐制敵人之策矣　按職本此句之下還有一段文字，底本無有。其文云：「且夔門尚有操戈之士，鄖中亦多挺梏之夫，松潘、龍安之交番族之戴我豢養者不難揭竿起也。因利乘便，驅而用之，北震關中，東臨三峽，不患無策矣。豈將坐槁於寂寞之鄉哉？誠如是也，吾計黔、楚之間，雖有壓境之師，見我方縱橫四出，擣其不備也，勢必還而自救，則東道之患寬矣。」此段文字蓋爲清初抄書者所删。

〔二〕慷慨渡江　「江」，底本作「口」，今據職本、鄒本及晉書卷六二祖逖傳改。

〔三〕使敵不能測吾之虚實也　按職本此句之下還有一段文字：「誠以數千里之地接壤吾之封内，又爲吾所恃以圖度中原之本也，乃竟同甌脱置之，不亦異哉？」蓋爲抄書者所删，故底本無有。

〔四〕何其不三復乎此也　「復」，底本原作「伏」，今據職本、敷本、鄒本改。

〔五〕其地東至於銅柱鐵橋蟠桃王楡至東北至黔巫　此説見明楊慎所撰滇載記，該書「王楡」作「玉楡」。又新唐書卷二二二上南詔傳所載南詔四至與滇載記有所不同，今録以備考：「居永昌、姚州之間，鐵橋之南，東距爨，東南屬交趾，西摩伽陀，西北與吐蕃接，南女王，西南驃，北抵益州，東北際黔、巫。」

〔六〕落恐甸　「恐」，底本原作「空」，今據職本、鄒本及明志卷四六改。

〔七〕香羅甸　底本原脱「甸」字，今據鄒本及明志卷四六補。

〔八〕芒市長官司　「芒」，底本原作「世」，今據鄒本及明志卷四六、徐霞客游記卷八下改。

〔九〕溪日青碧溪　底本原作「碧日青碧溪」，今據鄒本改。

〔一〇〕左渡龍川江　「川」，底本原作「州」，今據職本、敷本、鄒本改。

〔一一〕流入巨津州北境　「巨津州」，底本原作「巨洋川」，今據職本、鄒本及明志卷四六改。

〔一二〕資其桀驁　「桀驁」，底本原作「𪈺驁」，字書無「𪈺」字，驁、鷔可通，今從鄒本。

〔一三〕惟西洱河與漢志葉榆澤相貫　「貫」，底本原作「灌」，今據鄒本改。

〔一四〕汪洋浩瀚揚波濤於兩關　底本原無「瀚」字，「揚」作「湯」，今據鄒本補、改。

讀史方輿紀要卷一百十四

雲南二

雲南府，東至曲靖府二百九十里，東南至澂江府百八十里，南至臨安府四百四十里，西南至楚雄府四百一十五里，西北至武定軍民府二百里，東北至尋甸府三百二十里，自府治至京師一萬六千四十五里。

禹貢梁州南境，殷、周時爲徼外西南夷地，有僰、鳩、僚、僳、䫻毒、獹咢、烏蠻諸種居此。戰國時楚莊蹻略地至此，竊王其地，號曰滇國。漢元封二年滇王降，始置益州郡。取疆壤益廓之意，治滇池。漢書：「武帝求身毒道，始通滇國。」是也。蜀漢建興三年改爲建寧郡，治味縣。晉因之，惠帝永安二年又增置益州郡，懷帝永嘉二年改爲晉寧郡，宋、齊並因之，梁、陳間廢。隋初立昆州，尋廢。唐初復置昆州，屬姚州總管府，貞觀四年改屬戎州都督府，天寶末没於南詔。廣德五年鳳伽異增築之，曰拓東城，〔一〕南詔於東境置拓東節度，言將開拓東境也，爲六節度之一。六節度者，曰拓東，曰弄棟，曰永昌，曰銀生，曰劍川，曰麗水云。〔二〕六世孫券豐祐改稱鄯闡府，鄯闡猶言别都也。滇記：「蒙氏名都曰苴咩，别都曰鄯闡。」志云：尋閣勸嘗改太和城爲西京，鄯闡曰東京。隆舜時又改西京曰中都，東京曰上都云。大理因之。段氏時以高智昇領鄯闡牧，遂世有其地。元初置鄯闡萬户府，至元十三年改中慶路。明朝洪武十五年改雲南府。今領州四，縣九。

府控馭戎、蠻，藩屏黔、蜀，山川明秀，屹爲西南要會。史記：「楚威王時後漢書、華陽國志俱作「頃襄王時」。使將軍莊蹻將兵循江，上略巴、蜀、黔中以西至滇池，地方三百里，旁平地，肥饒數千里，以兵威定屬楚。欲歸報，會秦擊奪楚巴、黔中郡。〔三〕道塞不通，因還以其衆王滇池。」秦時常頞略通五尺道，説者曰：滇池險，置棧道廣不過五尺云。漢興，滇與中國絶。及元狩元年會王然於等間出西南夷，求身毒國，乃至滇。使者還，因盛言滇大國，足事親附，天子注意焉，後數平西南夷。元封二年又發巴、蜀兵擊滅滇旁東北勞浸、靡莫二國。浸，漢書作「深」。以其與滇同姓相結，且數侵漢使也。遂以兵臨滇，滇降。滇自是入版圖矣。歷東漢以迄六朝之際，皆郡縣其地，然大抵因其故俗，羈縻勿絶。隋、唐之間，地雖益斥，而羈縻未改，天寶以後遂成異域。歷五代以及宋季，至度宗淳祐十二年，而大理亡於蒙古，自是蒙古縱横於宋之西南，而宋之天下如捧漏巵矣。明初以雲南闊遠，盡平中原，然後以師臨之。雲南降下，而西指大理，破竹之勢遂成。於以經理疆索，豈非西垂要地歟？

昆明縣，附郭。漢爲滇池縣地，隋爲昆州境，唐爲晉寧縣地，元初立二千户所，後改置善州，領昆明、官渡二縣，州尋廢，又併官渡入焉。明朝因之。編户二十七里。

拓東城，今府城也。唐廣德中南詔所築，後改曰善闡府城，元曰中慶城。明朝洪武十五年建雲南府，改築府城，周九里有奇。設六門：南曰崇正，東曰咸和，西曰廣遠，北曰保順，西南曰洪潤，俗謂之小西門；東北曰永清，俗謂之小東門。萬曆四十八年重修。門各有樓，四隅亦各有樓。環城有河，可通舟楫。外有重關，形勢頗壯。

苴蘭城，府北十餘里。相傳莊蹻所築，一名穀昌城。漢志益州郡有穀昌縣，後漢因之。華陽國志：「漢武遣將軍郭昌平滇中，因名縣爲郭昌以威夷人，孝章時始改曰穀昌。」今班志作「穀昌」，城則非章帝時改也。晉仍爲穀昌縣，屬建寧郡，宋、齊因之，梁、陳間爲蠻所廢。傍有王女城，志云：元梁王所築也。○秦臧城，在府西。漢縣，屬益州郡，後漢因之。晉屬建寧郡，南渡後屬晉寧郡，宋、齊因之，後廢。唐復置秦臧縣，屬昆州，天寶中没於南詔。

建伶廢縣，在府西北。漢縣，屬益州郡，蜀漢屬建寧郡，晉因之。永安二年分建寧置益州郡治此，永嘉末改爲晉寧郡。宋因之。元嘉十八年晉寧太守爨松子叛，寧州刺史徐循討平之。齊亦爲晉寧郡，梁末没於蠻。○益寧廢縣，在府西。唐昆州治也。唐志昆州所領有益寧等縣，後廢。又官渡廢縣，在府東南三十里。元置縣於此，尋廢入昆明。

高嶢關城，在府城西雲津橋北。爲關津總要處。碧嶢精舍記：「滇海西斥舍舟登陸，俗亦曰高橋。稽之古志，橋實曰嶢，以山形似秦嶢關也。〔四〕高嶢與碧雞相望，如箭括然。」

五華山，在城内。上有五華寺，俯見昆明池。○螺山，在城北。舊名盤坤山，山童然皆石，作深碧色，蟠旋如螺髻，因名。下有二洞，曰潮音，曰幽谷，深杳莫測。自滇池中望之，惟螺山與碧雞獨高。○商山，在螺山北，去城二十里。連峰疊嶂，丹崖翠壁，有鶴停鵠峙之態。冷泉在其下。或曰商山一名蛇山，即漢書所謂𨸏山也。漢書志注：「來唯縣有從𨸏山，出銅。𨸏，胡工反。」〔五〕似非此山矣。

玉案山，府西二十五里。一名列和蒙山。山秀麗多泉石。南去滇池十餘里，遠望出西南諸峰之上。一名棋盤山。下有菩提山泉。又府北二十五里有文殊山，一名蒙滯雄山。文殊泉出焉，流過松花堰入於西湖。

金馬山，府東二十五里。西對碧雞山，相距五十餘里，其中即滇池也。漢宣帝神爵元年，方士言益州金馬、碧雞之神可祠而至，乃遣諫議大夫王褒求之，即此。山不甚高，而綿亘西南數十里。源泉出於山巔。又上有長亭，下有金馬關。元至順二年雲南爲諸王禿堅所據，官兵擊之，戰於金馬山，獲其黨伯忽。又至正末明玉珍將萬勝攻雲南，梁王孛羅走金馬山。勝入城，孛羅復攻之，勝敗走。明初沐英等師至雲南之板橋，進駐金馬山是也。○龍泉山，在府東北二十里。下有龍湫。

碧雞山，府西南三十里。東瞰滇池，蒼崖萬丈，緑水千尋。下有碧雞關。又碧雞西北有太華山，有太華寺，下瞰滇池，左環右繞，稱滇城絕勝。○萬德山，在滇池南十里。又南十里許曰進耳山，天外三峰，形如筆架。

海源洞，在城西二十里，中容數百人。四崖削立，石乳奇幻。下有龍湫，其水清淺，四時不竭，流入鴛鴦池，又注爲黑龍潭。潭深不可測，一名黑魚池。志云：池在府西北二十五里。又西爲白龍池。自白龍池西十里曰横山水洞，一山横立如墻，鑿山凹爲東西洞，引泉以灌八村之田。洞高五尺，廣二尺，自西跨東五十有八丈，得泉二十二道，宛延縈迂四千一百八十三丈，奇勝不一。滇記：「横山水洞，隆慶六年左布政陳善始成是役，溉田四萬五千六百餘畝。」

滇池，在府城南。府西南八十里爲海口，池水由此北入富民縣，匯於廣趄塘，通金沙江處也。海口財賦歲以億計，咽喉通塞，利害最大。元至元中張立道濬之，以洩滇池之汎濫。明朝弘治十四年撫臣陳金亦濬治之。歲一疏濬，在田賦正供，謂之「海夫」。餘詳大川昆明池。

西湖，在府城西，即滇池上游也。亦名積波池，俗曰草海子，又曰青草湖。周五里。蒲藻常青，爲游賞之勝。又九龍池，在城内。中多廢圃，亦曰菜海。其平者爲稻田，下者爲蓮池。沿五華之右，貫城西南流入順城橋，匯於盤龍江達滇池。

盤龍江，在府東五里。源出嵩盟州故邵甸縣之東、西二山，凡九十九泉，合流西注，曲折而南入於滇池。

金稜河，在府治東十里。俗名金汁。引盤龍江水，由金馬山麓流經春登里，灌溉東鄉之田，爲利甚廣。蒙、段時隄上多種黄花，名遶道金稜。元賽典赤贍思丁復修築爲堤，今廢。又府西十里有銀稜河，俗名銀汁，亦引盤龍江水，由商山麓流過沙浪里，南繞府治。蒙、段時隄上多種白花，名縈城銀稜。明朝弘治中常濬二河，亦謂之東、西溝。

今涸。○寶象河，在府治南。源出楊林縣之上板橋，分瀉至此，注於滇池。

松花壩，在府城東北，爲滇池上流。元賽典赤贍思丁增修二堰，〔六〕灌田萬頃。又有南壩閘，在府城南。東北諸泉，舊繇銀稜河入滇池，恐其泛溢，故築此障之。元賽典赤嘗增修，今廢。

金馬關，在府東七里金馬山下。舊有關城，元築，今廢。又碧雞山之北麓爲碧雞關。○雲津橋，在府城東二里，跨銀稜河上。本名大德，明初修造，更今名。稍西爲通濟橋，跨金稜河支流。元末梁王殺平章段功於此。今水涸而橋存。又伽橋，在府西北。元至順初躍里迭水兀收復雲南，取安寧州，將抵中慶，賊拒戰於伽橋古壁中，復敗之。

板橋驛。府東三十里，又東達楊林廢縣六十里。明初沐英等征雲南，師至板橋，即此。志云：昆明縣西北有清水江巡司，與富民縣接界，武定夷入犯必取道於此。又縣境有赤水堋巡司。○常樂寺，在城南，俗呼西寺；又有覺照寺，俗呼東寺；唐貞觀初建，各有塔，高十三丈。俗呼白塔覺照寺，亦名慧光寺云。

富民縣，府西北九十里。東至嵩明州百七十里，北至武定府禄勸州二百里。唐初爲昆州地，及天寶以後没於蠻。烏蠻酋些門些末始築馬舉龍城，號黎瀼甸。元至元中立黎瀼千户所，尋改今名。今編户三里。

富民故縣，舊治在安寧河南梨花村旁，尋徙大河北。明朝嘉靖中以河流泛溢，復遷河南土主村，萬曆中復徙治大河北。舊無城垣，崇禎十三年始營城浚隍，周三里有奇，即今治也。

靈芝山，縣西南二里。舊名赤晟化山，元延祐中改今名。又縣東南三里有洞口山，下有洞，水從中出，流經縣南入安寧河。志云：縣南十餘里有三卧山：一曰顛卧山，今名滇和山；一曰嚕卧山，今名魯和山；一曰蒙課卧山，今名無怯和山。又縣北十五里有黄弄山。

螳螂川，在縣南。源自滇池，縈流安寧州境，又東北入縣界，又北歷武定府境入金沙江。晉太寧二年蜀李驤寇寧州，刺史王遜使督護姚岳與戰，敗之於螳螂川，或以爲即此地。

安寧河，在縣西南。志云：河出安寧州，入縣界，又經羅次縣爲沙摩溪，至禄豐縣爲大溪，至易門縣爲九渡河，流入元江府界。

洟札郎水。縣東北十里，西入大溪。又縣北五十里有農納水，源出武定府界，亦西南流入於大溪。

宜良縣，府東南百五十里。東北至曲靖府陸凉州百三十里。陳、隋時爨酋羅氏築城，號嵳㠌籠，夷謂城爲籠也。唐爲昆州地。元初立宜良、匡城及大池千户所，至元中改置宜良州，領大池、赤水二縣。後改州爲縣，并二縣入焉。今因之。編户四里。

大池廢縣，在縣東。元大池千户所治此，後改爲縣，尋廢。又赤水廢縣，在縣西。元置縣，後爲赤水堋巡簡司。志云：赤水，今入昆明縣境。

水井山，縣西十里。本名觀音山，頂有泉，因改今名。其南有巖泉山。○客争容山，在縣東十里。縣之鎮山也。

諸葛洞，在縣南小石嶺。諸葛武侯南征時嘗置營於此，亦名諸葛營。

大池江，在縣東八十里。一名盤江，一名大河，從曲靖陸凉州流入境，流六十里出縣界，入澂江府界謂之鐵池河。

○大城江，在縣東。源自澂江府陽宗縣，〔七〕流經縣界，下流入盤江。

湯池驛。在縣西北八十里。有湯池水，如百沸湯。湯池巡司亦置於此，西去府城七十里。

羅次縣，府西百四十里。東南至安寧州九十里。北至武定府和曲州百二十里。古壓磨吕村，烏蠻羅部農落彈居此。宋時大理高量成令高白連慶治其地。〔八〕元至元中置羅次州，隸中慶路，後改爲縣，屬安寧州。明初因之，弘治十二年改屬府。縣無城。編户三里。

羅部城，在縣北。舊爲蠻酋恃險處，亦曰羅部府。元史：「兀良合台從忽必烈攻大理，分兵取附都善闡，轉攻烏蠻之合剌章水城，屠之。前次羅部府，其酋高昇集諸部兵拒戰，大破之於夷可浪上下，遂進至烏蠻所都押赤城。城際滇池，三面皆水，既險且堅，選驍勇以砲摧其北門，縱火焚之，皆不克。乃大震鼓鉦，進而作，作而止，使不知所爲，如是者七日，伺其乏，夜五更潛師躍入亂斫之，遂大潰。至昆澤擒其王段興智。」押赤城，蓋在縣東南境云。

扶邪城，或曰在縣境。南詔有扶邪都統。實録云：「扶邪縣屬羅次州，南詔所置。」羅次，一作「羅伏」。

九戍山，在縣南五里，以九峰高起而名。一名九湧山。又有玉龍山，在縣東南五里。中有碧石竇，湧泉如玉龍，因名。○穹窿山，在縣南十五里。烏蠻謂之堀崚峰。又有苴麽崱哀山，譯云子望母山也。有二：一在縣舊治東北四十里，一在縣南三十里。兩山相望，因名。

沙摩溪，在縣西。自富民縣流入境，即安寧河也，流入禄豐縣界謂之大溪。○星宿河，在縣西北。自武定府和曲縣流入縣境，又西南入禄豐縣界。

煉象關。在縣東百里，有巡司戍守。滇程記作「楝橡關」。關北二十五里曰矣者村，東十五里曰清水溝。

晉寧州，府東南一百里。又東南至澂江府一百里，南至臨安府三百五十里，西南至昆陽州九十里。

漢益州郡滇池縣地，晉隆安初置晉寧郡於此，沈約宋志：「晉惠帝永安二年分建寧西七縣爲益州郡，懷帝永嘉中更立晉寧郡，治建伶縣。」建伶亦漢益州郡舊縣也，晉初屬建寧郡。今姑從一統志。隋開皇中置昆州，尋廢。唐武德初開南中復置昆州，領晉寧等縣。後入於蒙氏，爲陽城堡部。段氏因之。元初置陽城堡萬户府，至元中改置今州。明初因之。編户五里。領縣二。

州拱翼會城，指臂旁郡，亦要地也。

晉寧廢縣，志云：州有内城，蒙氏所築，即陽城堡也。有外城，周七里，九門，十二衢。隋刺史梁昆所築，在今州城西北，俗呼爲古土城。明朝成化、弘治中皆因故址築土墻，萬曆四年始築磚城，周三里。

天女城，在州西。晉太安中李毅爲益州部南夷校尉，病卒。女秀，明達有父才，權領南中。城蓋秀所築，因名。○大甫城，在州南二十里。元至正中置縣，尋省入州。

萬松山，州東五里。山多松樹，形如盤龍，一名盤龍山。又州西三里有海寶山，相傳山下有竅，滇池之水由此泄入澂江府之龍泉溪。又西二里曰金沙山，以沙石如金而名。○五龍山，在州南五里。上有五龍泉。一名小石屏山。又光長山，在州西南十里，北瞰滇池。

大堡河，在州西。志云：源出澂江府新興州界，經州之永興鄉分流入於滇池。

忽納寨。在州西。明初瓦爾密聞曲靖破，〔九〕走入晉寧州忽納寨，赴滇池死，即此寨也。○儒寧驛，在州西北，去府城八十里，又南七十里而達澂江府之江川驛。

歸化縣，州東北二十里。東南至澂江府百二十里。本名安江城，有吴氏居此，因號大吴籠。後爲些莫徒蠻永偈所據。元初隸呈貢千户所，至元中分大吴籠、安江、安淜之地置今縣。今編户一里。

羅藏山，在縣東十里。山高聳，將雨則有白雲卷舒其間。

交七浦。縣東北二十里，廣二百餘畝。志云：滇池之下流也。○金鯉潭，在治南六里之白馬勒村。舊爲平原，恒苦亢旱，隆慶六年七月田中忽水湧成深潭，有金鯉游泳其中，遂爲一方灌溉之利。

呈貢縣，州北六十里。舊有呈貢城，爲烏、白、些門、些莫徒、阿茶僰五種蠻所居。元初立呈貢千户所，至元中改爲晟貢縣。明初改今名。編户四里。

伽宗城，在縣治西。大理段氏時土官伽宗所築，因名。

三台山，在縣治北。三山相屬如台星，因名。一名萬福山。○象兔山，在縣西南十五里。舊有蠻寨，爲恃險之處。

滇池。縣西南三十里。烟雲萬頃，支流環繞，邑中資以灌溉。又落龍河，在縣北十里，南流入於滇池。上有天生石室。

安寧州，府西北八十里。西至楚雄府三百一十五里，北至武定軍民府二百十里。

古滇國螳螂川地，漢爲益州郡之連然縣，晉初屬建寧郡，宋、齊因之。隋初屬昆州，唐武德初改置安寧縣，仍屬昆州，天寶初陷於蠻。滇紀：「天寶初越巂都督竹靈倩置府東爨，〔一〇〕通安南，因開步頭，築安寧城，賦役煩重，羣蠻作亂，攻陷安寧，即此城也。」步頭，今臨安府治。後爲蒙氏所據，蒙氏以蘇閉阿哀治此。滇紀：「初，羣蠻陷安寧，唐發兵南討，命南詔皮羅閣合軍擊平之。九載，南詔益强，諸爨微弱，寇陷姚州，遂攻安寧，會鮮于仲通將兵南討，乃解圍去。及仲通敗，遂取安寧。十三年，李宓討南詔，自安南而北進取安寧及鹽井，未幾敗没，安寧遂没於南詔。」段氏因之。使高氏守其地。元初取其地，隸於陽城堡萬户府，至元初立安寧千户所，後改爲安寧州。明初因之。土知州董氏世襲。編户十里。領縣一。

州東屏會城，西連楚雄，爲往來孔道。南詔閤羅鳳謂：「安寧雄鎮，爲諸爨要衝。」是也。

江東廢縣，在州東南，又州北有青籠城，皆昔蠻酋恃險處。州志：州舊有安寧守禦所。土城，洪武二十四年所築，周二里有奇。萬曆四年始建磚城於舊土城北，爲州治。周四里有奇。

呀峻山，在州西北五里，州之主山也。山有煎鹽水。漢志：「連然有鹽官。」華陽國志：「連然縣有鹽泉，南中所共仰。」滇程記：「安寧民食馬蹄鹽，鹽産象池井。」今州治西古阿寧地有鹽課提舉司，轄鹽井四，列於司治之東西。

洛陽山，在州東十里。山頂平夷，峰巒峭立。下有泉流經東橋下，入於螳螂川，灌田三千餘畝。志云：州治西有羅青山，出泉極甘美。又城内有大極山，亦高聳，與虎丘連山而分岐。○岱晟山，在州北十五里。山高聳，今名筆架山，亦曰坎山。又葱山，在州西北二十里，高聳冠諸山。其北復起爲鳳城山。

螳螂川，在州南。源出滇池，縈迴州治，東北流入富民縣界。川中有沙洲，形似螳螂，因名。又有安寧河，在州西，亦流入富民縣界。

湯池，州北十里。亦名碧玉泉。滇略云：「滇温泉至多，而州之碧玉泉爲冠，四山壁立，中爲石坎，飛泉注焉。」

鹽井，在州治西。志云：安寧提舉司有大井、石井、河中井、大界井、新井，其新井舊無，今有，故止稱四井。

禄脿驛。州西五十五里，兼置巡司於此。亦曰禄𡾊。地食釜鹽，産黑井中。又西八十里而達禄豐縣之禄豐驛。

禄豐縣，州西百八十里。西至楚雄府廣通縣百三十里。古爲禄琫甸之白村，烏㚟蠻居之。其地瘴熱，遷徙不常。大理時高智昇子義勝治其地。元初隸安寧千户所，至元中置今縣，屬安寧州。今編户三里。

驥宗籠城，在縣東北山上，又縣南有巔衷城，皆昔蠻酋恃險處。

南平山，縣西十五里。三面陡峻，惟南稍平，因名。縣東北三十里有陀陵山，本名驥琮籠山，羣山之中一峰高聳，有泉，又有古營壘，即驥琮籠城也。志云：治西五里有蒙答縛山，勢如屏障。今名三次和山。

星宿河，在縣西。源出武定府，過易門縣而入元江府境。○大溪，在縣東。其源即安寧河也，自羅次縣流入縣界，又南流入易門縣境。

老鴉關，在縣東四十里，有巡司。又有獅子口，路迮臨澗壑，諺云「獅子口，十騎九下走」。又有棟橡坡、棠梨哨，皆險阨處也。楊用修云：「十里棠梨哨，三重棟橡坡。」是矣。其間有草名金剛鎖，碧幹而蛸芒，形肖刺桐，其漿能殺人。

蘭谷關。在縣西，與楚雄府接界。兩山夾水，鳥道羊腸，自縣之楚雄者爲必由之路。又有六里箐，谿谷蒙籠，林木茂密，與蘭谷並稱深險，皆行旅所經也。○南平關，在縣西南平山。〔二〕山上有巡司。志云：司東二十五里有清水河，西三十里爲稗子溝。

昆陽州，府南百五十里。東至澂江府二百二十里，東南至臨安府二百八十里，西至楚雄府四百六十里。

漢益州郡昆澤縣地，晉屬建寧郡，宋、齊因之。隋屬昆州，尋廢。唐初亦屬昆州，後復廢。

一統志：「蕭梁時土人爨瓚者據此。隋時南寧夷爨翫來降，拜爲昆州刺史，治於此。」麟德初置河東等處二十四羈縻州，隸巂州都督府，後改隸黎州，天寶中没於南詔。五代時大理段氏有之，爲巨橋城。段氏以高氏世治其地。元立巨橋萬户府，至元中改爲昆陽州，明朝因之。編户四里。領縣二。

州北負滇池，南臨番部，稱爲雄勝。

巨橋城，今州治，即大理段氏時所置巨橋城也。本屬善闡府，元立巨橋萬户府於此，尋爲州治。明朝正德四年始築州城，周三里，沿海附山，又築堤以廣城基云。

望水廢縣，在州西南。唐武德七年置南龍州，貞觀十一年改鈎州，治望水縣，兼領唐封一縣，尋廢。劉昫曰：「鈎州東北接昆州界。」又廢河西縣，志云：在州之河西鄉，元至元中置，尋省入州。

長松山，在州西五里，望之鬱然深秀。又州北十里有望州山，其勢昂聳，回顧州治。○珊蒙果山，在州西十里。頂秀三峰，奇分八面。

渠濫川。州東南五里，東北流入於滇池。隋開皇中史萬歲爲行軍司馬，自蜻蛉川至渠濫川，破夷落三十餘部，即此。

三泊縣，州西北七十里。西北至禄豐縣一百六十里。舊爲僰、僚所居，大理時築那龍城於此，隸善闡府。元初隸巨橋萬户府，至元中改置今縣，以溪爲名。縣無城。今編户二里。

河東城，在縣北十五里。唐河東州置於此，土人稱爲華納城，天寶中廢。

雲龍山，縣西北十五里。岡巒秀聳，四時蒼翠，將雨則雲凝其上。○葱蒙卧山，在州北十五里。山之東即河東城舊址。又滑光習山，在縣西南三十里。巖上有一小城，蓋蠻壘云。

三泊溪。在縣南。志云：望洋、鳴矣、利資三河縈抱縣治，是爲三泊，下流入於滇池。又有烏蟻河，在縣北，流合於三泊溪。

易門縣，州西百五十里。西南至楚雄府碍嘉縣二百二十里。舊爲烏蠻酋仲磨谿男所居，地名市坪村。大理時高福世守此。元立洟門千户所，隸巨橋萬户府，至元中改置今縣。編户三里。

易門城，在縣南三十里，舊縣治此。明朝洪武二十四年建易門守禦千户所，隸雲南都司，築城戍守。萬曆三年遷縣於所城内。元志：「縣西有泉曰洟源，訛曰易門。」

娘當山，在縣治北。舊名戈晟智桶山，三峰聳秀。縣志：山一名智勇山，又名娘當山。○蒙低黎巖山，在舊縣治南五十里，高插雲漢。下有平谷，宜畜牧，異馬多産於此。志云：山一名馬頭山，又名黎崖。萬曆初撫臣鄒應龍斬馬誓蠻於山上，亦名斬馬山。又禄益惡危山，在舊縣西百里。上有關依主城，昔善闡邊戍之所。今名禄益山。

九度河。在縣西。即禄豐縣之大溪也，流入縣境爲九度河，下流入元江府界。

嵩明州，府東北一百十里。東至曲靖軍民府一百十里，西至武定軍民府二百五十里，北至尋甸府三百三十里。

古滇國地，漢爲益州郡地，隋爲昆州地。一統志：「古烏蠻車氏等據此，築沙札卧城。後爲枳氏所奪，因名枳磴。後有漢人築金城於此，曰長州，因築臺與蠻盟，故名其地曰嵩盟。」唐時入於蒙氏，大曆初閣羅鳳置長城郡。宋時大理段氏改爲嵩盟郡。元初置嵩盟萬户府，至元中改爲長州，尋升嵩盟府，後復改爲州。明初因之，成化中改曰嵩明州。編户九里。

州山川環結，土田饒沃，居然奥區也。而東達曲靖，西走會城，尤爲形要。

金城，在州西南。漢人所築。志云：金城南有諸葛武侯與夷猷盟臺，嵩盟之名蓋本此。明朝弘治十三年於州治建土城，隆慶二年易以磚，周三里有奇。○邵甸城，在州西四十里。本名束甸，蠻語束爲邵。元初立邵甸千户所，至元中改置縣，屬嵩盟州。明朝洪武中省。

楊林城，在州東南三十里。城周四里。昔爲枳氏、斗氏、車氏、麼氏四種蠻所居。元初立羊林千户所，至元中改爲楊林縣，屬嵩盟州。明初因之，成化中省。又有楊林舊城，在今州西南二十五里。今爲楊林驛，西去府城百里，爲往來必經之道。

集興籠城，在州南。南詔時清平官楊祐者築梅堂、阿葛籠、蒙琮籠、白籠、集興籠諸城，周迴相望，爲犄角之勢，撫定蠻民，甚有威績，此即其所築也。

羅錦山，在州東北十五里。巖石峭立，文彩若羅錦，因名。下有羅錦泉，里中之田，資其灌溉。志云：州治北有蛇山，形如盤蛇，一名黄龍山。○秀高山，在州東二十里。聳出霄漢，環州衆山皆出其下。俗呼摇鈴山。相傳蜀漢時孟獲立寨於此。

彌雄山，州北三十里。蒼崖疊出，望之鬱然，土壤肥沃，果蔬繁美。今名彌秀山。彌雄水出焉，南入羅婆澤。

欶雺山，州東四十里。世傳蒙世隆征烏蒙，得四女歸，經此，四女登山嘆望，忽山巔霧起，結爲三峯。蠻語三爲欶。注爲雺。其山峭崒特峻，登眺則郡境悉在目中。一名峻葱山。

東葛勒山，在故邵甸縣西北。高三十里，爲南中之名山。○烏納山，在廢楊林縣西南十里。有石若馬頭，土人以烏納名之。山周百餘里，西拒呈貢，東接宜良，多水草，利閑牧。又楊林山，在廢縣治東，羣峰屏列。山麓有石如羊，本名羊林，元至元初改今名。

龍巨江，在州東。一名龍濟溪。源出尋甸府西南果馬山，流入境，至州東南入嘉利澤。○牧漾水，在州西南。源出烏納山之牧漾澗，西南入於滇池。

嘉利澤，在州東南十五里。周百餘里，水可以溉，魚可以食，即楊林澤也。或謂之楊林海子，又或謂之羅婆澤。志云：州西中和里有兩泉對流，名對龍泉，流百餘步復合流，入於嘉利澤云。

邵甸河，在州西六十里。楊慎云：「河有泉源二，皆發尋甸府梁王山西北，一自牧羊村歷核桃村至高倉入河，一自崛澤屯入河，二水交流，至迴犁灣松花壩，甃石遏流，入於盤龍江，帶滇池，匯昆池，滮流浸腴田，殆萬餘頃。」

易龍驛。在州東南。輿程記：「自曲靖府之馬龍驛西行八十里至易龍驛，又七十里至楊林驛，又百里達雲南府治。」

附見

廣南衛。在府治東南。又有雲南左、右、中、前、後五衛，俱在府城內，洪武十五年所築也。

楊林堡守禦千户所。在廢楊林縣東五里。洪武三十五年建。有所城，周二里，屬雲南都司。又安寧州宜良、易門二縣俱置守禦所於城内。

曲靖軍民府，東至貴州普安州三百四十里，南至廣西府二百七十里，西至尋甸府二百四十里，北至四川烏撒軍民府三百十里，自府治至京師一萬三百五里，至布政司二百九十里。

禹貢梁州南境，漢爲益州郡地。蜀漢改置建寧郡，治味縣。後又分置興古郡。治律高縣。晉時二郡俱屬寧州，宋、齊因之。梁改置安寧州，後爲爨氏所據。大寶初湘東王徵南寧州刺史徐文盛赴荆州，屬東夏尚阻，未遑遠略，土民爨瓚遂竊據其地。一統志：「後分東、西爲二爨，而曲靖爲西爨地。」隋開皇中亦置南寧州，又爲恭、協等州地，先是蠻酋爨翫請降，其後復叛，開皇十七年命史萬歲南討，疆理其地。隋亂復廢。唐武德四年復立南寧州總管府，志云：治味縣。後又爲都督府。貞觀八年改爲郎州，天寶九載没於蠻。大曆初南詔置石城郡，段氏因之，後爲磨彌部所據。元初取其地，置磨彌部萬户府，至元八年改爲中路，十三年改曲靖路總管府，二十五年升宣撫司。明初洪武十五年改爲曲靖軍民府。領州四，縣二。

府東連貴竹，南通交、廣，北屆川屬，西上滇藩，爲四達之衝。而其係於雲南也，猶人之有頭目然。曲靖一破，而雲南之全壞必不支矣。漢兵臨滇國，自牂牁而來。武侯入南中，使庲降督李恢案道向建寧，恢大破羣蠻，南至盤江，東至牂牁。隋初梁睿言：「南寧州漢世牂牁之地。其處去益路止一千，朱提比境即與戎州接界。幸因平蜀士衆，即略定南寧。自瀘、戎以北，軍糧須給。過此即於蠻夷徵稅，以供兵馬。」唐初亦開東、西二爨地。天寶十載劍南節度使鮮于仲通將兵討南詔，分道出戎、巂州，進次曲靖，大敗，其地遂悉没於蠻。蒙古將兀良合台自鄯闡而東，平爨蠻，而後略定諸裔，引兵從交、廣而北。明初命諸將攻雲南，分軍一自烏撒而南，一自普安而西，皆以曲靖爲之噤喉。曲靖既克，而雲南、大理次第舉矣。曲靖所係，顧不重哉？

南寧縣，附郭。漢味縣地，唐初置南寧州於此。有石城，後没於蠻，因置石城郡。段氏時有烏蠻莫彌部據此。元初置千户所，屬莫彌部萬户，至元十三年升爲南寧州，二十二年改爲縣。今因之。編户三里。

南寧城，在府西平川中，地名三岔，舊名共範川。志云：唐武德初南寧州治共範川。時段綸爲益州刺史，遣使俞大施至南寧州治共範川諷喻諸部納款是也。尋徙石城。咸亨三年南寧州爨歸王殺東爨首領蓋聘父子，仍治共範川，後因之。今城明初洪武二十年改築，周六里有奇。○石城，在府北二十里。志云：本漢牂牁郡地，唐貞觀初以蠻酋爨歸爲南寧州都督，居石城。石晉天福二年時，南詔爲楊干貞所篡竊，其故臣段思平借兵東方諸爨起兵石城，〔三〕即此。又同樂廢縣，在府境。唐志郎州治味縣，兼領同樂、升麻、同起、新豐、隴堤、泉麻六縣是也。

廢味縣，或云在府西。漢置，屬益州郡。蜀漢時爲建寧郡治，晉因之。建興二年没於李雄，咸康四年復爲晉有。宋仍爲建寧郡，齊屬左建平郡，蕭梁末廢。華陽國志：「建興三年丞相亮南征，改益州郡曰建寧，治味縣，晉時遂爲寧州治。」又蜀漢置庲降督，水經注：「建寧郡故庲降都督屯，蜀漢建興三年分益州郡置。」胡氏曰：「蜀志庲降督治平夷，蓋僑治。馬忠爲督復治建寧味縣。南中去蜀遠，置督以總攝之。晉泰始中因之分立寧州也。」

廢恭州，在府東北。隋置。古朱提地也。蜀漢建興中分犍爲郡界置朱提郡，晉因之。建興二年没於李雄，咸康五年復屬晉。宋仍爲朱提郡，齊改爲南朱提郡，蕭梁末廢。隋改置恭州，唐武德八年改爲曲州，天寶末没於蠻，遷置於戎州西境。今見四川叙州府。○廢協州，亦在府東北。古夜郎地也。志云：晉永嘉五年寧州刺史王遜分牂牁、朱提、建寧郡立夜郎郡，治漢牂牁郡之夜郎縣，宋、齊因之，梁末廢。隋改置協州，唐初因之，武德八年又析置靖州，天寶末俱徙治戎州境内。

廢越州，在府南十五里。唐武德中置悦州治此，領甘泉等六縣。後爲爨蠻所據，號普麽部。元初置千户所，隸末迷萬户府。至元十二年改越州，隸曲靖路。洪武末廢州，改置越州衛。今號其地爲南城村。

龍和城，在府西南。志云：唐置南寧州，其東、西爨蠻分烏、白二種，自曲、靖二州西南昆川、曲軛、晉寧、喻獻、安寧距龍和通謂之西爨白蠻，自彌鹿、升麻二川南至步頭謂之東爨黑蠻。貞觀中以西爨歸王爲南寧州都督，襲殺東爨首領蓋聘。天寶中南詔閤羅鳳以兵脅西爨，廢南寧州，徙其部屬。自曲靖至龍和皆殘於兵，於是東爨復振，徙居西爨故地，與南詔爲婚姻，即今曲靖地也。

丹川城，在府境。晉咸康六年漢李壽遣兵攻丹川，拔之，建寧太守孟彦等戰死，蓋是時戍守重地也。

勝峰山，在府城西。嶙峋聳拔，高出羣峰。志云：山脈來自金馬，爲羣山長。舊名妙高山，明初潁川侯、西平侯與元平章達里麻戰，勝之，因改今名。又負金山，在府南十五里。○真峰山，在府西南二十里，山巒秀麗。下有彌陀巖，山後又有普賢洞。又蓮花山，在府東南二十里，與真峰山對峙。

石堡山，在府東南二十餘里。一名分秦山。相傳諸葛武侯南征時，與諸酋會盟處。下有温泉，闊二丈許，其沸如湯，或曰即東山河之源也。又青龍山，在府東二十里。山色蒼翠，俗名朗目山。又有觀音洞，在府南二十里，寬平可容數百人。

湯池山，在府東南。明初洪武十五年王師南征，越州未下，沐英駐兵於此，諭降其衆。又紫溪山，亦在府東南。志云：初，越州酋阿資降，既而復叛，據龍窩爲巢穴。洪武二十六年沐春討之，進至紫溪山，敗其黨，直抵龍窩，擒之是也。又有龍華山，在府北二十里。

白石江，府北八里。源自馬龍州界流經此，東南合於瀟湘江。洪武十四年沐英征雲南，故元將達里麻擁兵屯曲靖。英倍道而進，未至白石江，忽大霧四塞，衝霧前行，及江而止，霧霽，則兩軍相望矣。虜大驚，亟湧兵陳水上。英別遣一軍泝流前渡出其陳後，鳴鼓角，樹旗幟，爲疑兵山谷間。虜軍亂，我師遂濟。使猛而善泅者斫其軍，師畢濟整列，而鼓礮聲震天。英縱鐵騎擣其中堅，生擒達里麻，俘斬無算，遂入曲靖。今有白石江橋跨其上。

瀟湘江，在城南。源出馬龍州木容箐山，流經此，秋水時至，有若洞庭瀟湘之勢，因名。其下流入於東山河。○東山河，在府東南。亦謂之南盤江，即瀟湘、白石所匯流也。志云：河旁有洲可百餘頃，平坦肥沃，旱澇無虞。南流入陸涼州境。

東海子，在城東五里，廣輪五十里。夏秋之交，雨水汪洋，稱爲巨浸。又東二十餘里有黑龍潭。旁有石洞，其上怪石巉巖，林木茂密。潭水泓深，資以灌溉。又龍泉，在府西南十里。泉分兩派，灌溉甚多。

白水關，府東八十里。府境舊有白水蠻，唐永徽三年郎州白水蠻反，寇麻州，即此。胡氏曰：「白水蠻與青蛉、弄棟接。」似悮。今有白水驛，又有巡司。輿程記「自烏撒達霑益而南謂之西路，自普安達平夷而西謂之東路，合於白水驛謂之十字路」云。

寧越堡。在府南。洪武二十四年越州酋長阿資再叛，何福討平之，因扼其險要，置寧越堡於此。既而阿資又叛，福與西平侯沐春討斬之。○松林驛，在府東北九十里，與霑益州接界。輿程記：「自霑益驛西南六十里至炎方驛，又六十里而至松林驛，此烏撒南出之路也。」

亦佐縣，府東二百五十里。東北至貴州普安州百里。本漢牂牁郡之宛温縣地，蜀漢以後屬興古郡。晉永和中桓温改曰宛暖，宋、齊因之，梁末廢。唐爲盤州地，後没於蠻，號夜苴部，訛曰亦佐。元至元間并入羅雄州，尋復置今縣。明初屬羅雄州，永樂初改今屬。縣丞龍氏世襲。今編户二里。

宛温廢縣，在縣東北。滇紀：「在縣北二百里。」今霑益州亦故宛温地也。又亦佐舊治，在縣東十里，遺址尚存。

矣層山，在縣治西。山有清泉，居人皆汲飲之。夷語水曰矣。又治東有旱感山，歲旱禱之即雨，亦曰旱改山。

塊澤江。〔三〕縣南十五里。源發白水驛，南流達於羅平州境。又有小黄河，在縣治旁。四時色黄，因名。

霑益州，府東北二百十三里。東南至貴州普安州二百五十里，北至四川烏撒府百二十里。

漢牂牁郡地，蜀漢時屬興古郡，晉永嘉五年分置西平郡於此。寧州刺史王遜所置。華陽國志：「晉刺史尹奉所置，治盤江縣。」沈約宋志西平郡治西平縣。唐貞觀中爲盤州地，屬戎州都督府。天寶末没於蠻，後爲摩彌部所據。元初屬摩彌萬户府，至元十三年改置霑益州。今因之。土官安氏世襲。編户十四里。

州險阻四塞，介滇、黔之口。北通烏撒，東控普安，轂綰之口，州實當之矣。

霑益城，今州治。元置霑益州於此。志云：州城本貴州烏撒衛後所城也。洪武十六年築土城，永樂初甃以磚石。天啓二年貴州水西酋安邦彦叛，霑益土婦設科、叛目李賢等應之，陷州城，分兵四掠，官軍討平之。四年修築，城周三里有奇。

交水廢縣，州南百三十里。其先摩彌部酋蒙提居此，名易陬籠，後爲大理國高護軍所奪。至元十三年立爲交水縣，屬霑益州。明朝永樂初廢，今爲交水村。天啓三年州陷於賊，四年收復，築交水城，爲控禦之處。又州南六十里有炎方城，又西南六十里有松林城，亦天啓四年築，與州城互相犄角，爲曲靖捍蔽。炎方、松林二驛設於此。

羅山廢縣，在州東南百二十里平夷鄉。本磨彌部東境，名落蒙山。元置縣，屬霑益州，永樂初廢。又石梁廢縣，在州東北五十里石梁山。本磨彌部，又名五勒部。元立爲縣，屬霑益州，明朝永樂初廢。

盤江廢縣，在州南。華陽國志「初爨量保盤南，刺史王遜討之不克。遜卒，刺史尹奉募外夷刺殺量而盤南平，乃割興古、盤南之盤江、南如、南零三縣立西平郡。今州東有西平郡故址」云。

同並城，在州北。漢牂牁郡屬縣也。始元元年益州之廉頭、姑繒、牂牁之談指、同並二十四邑，三萬餘人皆反，其地大約在益州東北、牂牁西南。後漢仍曰同並縣，晉咸寧五年省。隆和初復置，屬建寧郡。宋、齊因之，梁末廢。

石龍山，州東七里。西麓有石，蜿蜒如龍。志云：土官營柵，據山爲險。又炎方山，在州南六十里。山下有炎方驛。○伯蒙山，在州東南二百里，高出諸山之上。

推湧山，州東南二百餘里。延袤二百餘里，峰巒堆突，如湧出然。又東山，在州南二百里。山喬聳而色蒼翠，亦名曲靖東山。

盤江，在州北百二十里，或曰即可渡河也。自四川烏撒府流經貴州畢節衛南入州境，又東南流經貴州安南衛境。志云：州據南、北二盤江之間，其南盤江蓋即府境之東山河，流經州西南境，而入陸涼州界。今詳見川瀆異同。

交河，州南百七十里。志云：南盤江與蠚溪之水合流於此，故名。又十里爲交水壩，其地爲平蠻鄉，與塊步水合，交水稅課使置於此。天啓二年官兵討霑益叛賊，自交水進，爲賊所敗。又有車翁江，在州西北二十里，下流合於北盤江。

阿幛橋，在州南百八十里，跨交水上，有巡司。滇程記：「橋有大道，達曲靖府，號三叉路。其西有鐵溝，守以盧荒夷。盧荒夷者，即儸儸之訛也。又南三十里爲太平橋，長八十丈，闊二十尺，亦交河水所經。」

壘水舖，在州南二百里。天啓初水西安邦彥作亂，畢節、平夷及烏撒以南炎方、松林皆爲所陷，又圍普安，安南、雲南官軍赴救，賊伏兵於壘水舖，官軍盡殪，於是交水、曲靖、武定、尋甸、嵩明之間爲之騷動。○三岔口，在州南，距交水二十里，爲往來要地。

倘塘驛。在州北，爲烏撒往來要地。天啓二年霑益土婦設科等作亂，焚劫霑益、倘突、炎方、松林、交水及曲靖白水驛，凡六站。官軍討之，明年復收諸站，蜀道始通。

陸涼州，府南一百二十里。東南至羅平州百四十里，南至廣西府二百五十里，西南至澂江府二百六十里。

漢牂牁郡平夷縣地，蜀漢及晉因之。永嘉五年始分置平夷郡於此，咸安元年改曰平蠻郡，桓温諱父嫌名也。宋、齊因之，梁末廢。唐武德七年開置西平州，貞觀八年改爲盤州，天寶末没於蠻。南詔號爲落温部，大理因之。元初置落温千户所，屬落蒙萬户，至元十三年改置今州。今因之。編户八里。

州山川環結，爲險固之地。

平夷城，即今州治。蜀志：「李恢爲庲降都督，領交州刺史，駐平夷。建興三年丞相亮南征，先繇越巂入，使恢案道向建寧是也。後馬忠爲庲降督，乃自平夷徙治建寧味縣。」裴松之曰：「庲降去蜀三千餘里，時未有寧州，置此職以總攝之。」晉爲平夷縣，屬牂牁郡。永嘉五年寧州刺史王遜表請分立平夷郡，建興三年郡守雷炤叛降於成。東晉咸安初改曰平蠻郡，宋、齊因之，後廢。唐復置平夷縣，屬盤州，後没於南詔。元置陸涼州，治於此。明朝萬曆三十八年始築土城，周迴二里有奇。

河納廢縣，州南八十里，地名蔡村。蒙氏時置陸郎縣於此，後併於落温部。元初置百户所，至元中改河納縣，屬陸涼州。明朝永樂初省入州。○芳華廢縣，在州西四十里。昔落溫部之地，蠻名忻歪，又名部封，以近部封山也。元初置千户所，至元中改芳華縣，屬陸涼州。明朝永樂初廢入州。

廢鄨縣，在州北。漢縣，屬牂牁郡。鄨音鷩。地道記：「下狼山，鄨水所出，縣以水名也。後漢因之。晉永嘉中改屬平夷郡，宋屬平蠻郡，齊因之，梁末廢。」○附唐廢縣，在州東南。唐爲盤州治，兼領平夷、盤水縣，後並沒於蠻。又西昌城，在州西南。當中延澤之尾，水遶城郭，南中之固城也。又有木柵羲城，在中延澤中洲上；其南又有騎思籠城；皆大理時蠻酋所築。

丘雄山，在州東七里。上有方池，水無盈縮，分灑山椒，凡十八道，謂之十八泉。○木容山，在州西北二十里。峰巒林木，蒼翠可愛。又有滿戍山，在州北二十里。高出羣山，林木鬱茂。

部封山，州西四十里。山高聳，多花木，芳華縣之名本此。其相近有石門，平疇沃壤，石笋森密，周匝十餘里，大者高數仞，參差不齊，望之如井，東西行者穿其中，故名石門。又東出數百步有離石，狀類西嶽三峰云。

中涎澤，在丘雄山下，即南盤江也。自府東南合瀟湘諸水，至是匯而爲澤，州境十八泉與南澗諸水皆注之。志云：南澗在州西北東南，注於中涎澤。

木容關，州西十里，又州北二十里有石嘴關，又天生關在州南九十里，皆自昔設險處。

蕎甸。在州西南。其地與澂江、雲南二府相接，山川回曲，道路環通，奸宄竄聚於此。萬曆三年撫臣鄒應龍征蕎甸等夷，平之，立營戍守，於是雲南、曲靖、澂江、臨安、廣西、廣南六郡乃安。尋復叛，四十一年攻宜良，官兵拒却之。

四十八年又四出剽掠，撫臣沈儆玠招降之，設法古甸、龍洞等營戍守其地，尋又奏設蕎甸守備治之。天啓二年改爲遊擊，蓋防禦要地。

馬龍州，府西北七十里。西北至尋甸府一百二十里，西南至雲南府嵩明州一百四十里。

漢益州郡地，蜀漢爲建寧郡地，又分置興古郡治於此。志云：興古郡治律高縣，即今州也。晉因之。宋、齊時亦爲興古郡地，宋興古郡治漏臥縣，齊治西中縣，而律高並屬於興古郡。梁末廢。唐初爲南寧州，後爲麻州地。天寶末没於蠻，爲撒匡部，尋爲納垢部。元置州本名撒匡，蠻僰剌居之。後有盤瓠裔納垢逐舊蠻而有其地。元初置納垢千户所，至元十三年改爲馬龍州。今因之。編户四里。

州東倚曲靖，西屏雲南，形援相接，實爲要地。

律高廢縣，在州東。漢益州郡屬縣也。蜀漢爲興古郡治，晉因之。宋、齊仍屬興古郡，梁末廢。今州城，本元馬龍州治也。明朝永樂二年建馬龍千户所，城周二里有奇。萬曆四十一年創建州城，亦周二里餘。

通泉廢縣，在州西南四十里。元志云：「與嵩明州楊林縣接壤，本盤瓠後納垢之孫易陬者居此。元初置易籠千户所，至元十二年改置通泉縣，屬馬龍州。」明朝永樂初廢。

西安廢縣，在州東。晉渡江後析律高縣地置，屬興古郡，宋因之。齊爲郡治，梁末廢。○廢麻州，在州北。唐貞觀二十二年分郎州置麻州。永徽三年郎州白水蠻反，寇麻州，郎州都督趙孝祖討平之，即此。又廢耶城，在馬龍州東南，相近者又有尚贊城，皆昔蠻酋所築。

伯刻山，在州南六十里。其相連者曰多羅山，峰巒峻峭，怪石巉巖，爲州之望。

木容箐山，在州東南六十里。下有木容溪，流注於府之南境爲瀟湘江。○楊磨山，在州西七十五里。一名關索嶺，上有夷關。

中和山，近志云：在州西南四十五里。其山發自宜良，蜿蜒起伏至此，結爲二峰，前後突兀。左右有層巒環列，曲澗迴繞。又有仙人洞、五龍潭諸勝。上有平田可十頃，雲南前衛屯兵數百家居焉。

磨盤山，在州西北。天啓五年烏撒土酋安效良再叛，犯馬龍州，官軍敗之。又追敗之於磨盤山，賊自尋甸遁去。又羅犴侯山，在州西北境。唐永徽二年白水蠻寇邊。郎州道行軍總管趙孝祖伐之，敗之於羅犴川侯山，即此。

東河，在州治東。治西又有西河，東流合於東河，入尋甸軍民府界。○靈泉，在州西南三里。水色清碧，引流灌溉，居民賴之。

分水嶺關。在州西南二十里。又州東三十五里有三叉口關。○易龍堡，在州西南九十里。亦曰易龍驛。滇程記：「南寧縣四十里而達馬龍驛，自驛達易龍堡，經魯婆伽嶺巡司、下板橋、古城堡、小關索嶺凡七十里，又七十里而達於雲南府之楊林驛。」名勝志：「易龍驛亦曰木密關，與尋甸府接界，爲往來走集之衝。」

羅平州，府東南二百七十里。東北至貴州安順府二百七十里，南至廣西府三百里，西至澂江府路南州一百二十里。

漢牂牁郡地，蜀漢以後爲興古郡地。唐没於蠻，爲塔敝納夷甸，尋爲羅雄部。相傳盤瓠後裔有羅雄者居此，其孫普恐因以名部。元初屬普摩千户所，至元十三年改置羅雄州，屬曲靖路。志云：州城在喜舊溪東，元至元中割夜郎苴部置。明初因之，萬曆十四年更名曰羅平，編户三里。舊土官至是改流。仍屬曲靖府。

州聯接溪洞，密邇蠻僚，爲曲靖東南之屏障。

羅雄城，今州治。元置州於此，明朝萬曆十四年改曰羅平。明年築城，周二里有奇，引河爲濠，高深可恃。○東龍石城，在州南。萬曆十二年土酋者繼榮作亂修東龍石城，遣部兵四出，攻劫師宗、維摩等州，官軍討平之。

漏卧廢縣，在州南。漢縣，屬牂牁郡，故漏卧國也。武帝開西南夷置漏卧縣，仍授其酋長。河平二年鉤町王禹與夜郎王興、漏卧侯俞舉兵相攻，漏卧蓋介夜郎、句町二邑間。後漢仍爲漏卧縣，蜀漢屬興古郡，晉因之。宋爲興古郡治，齊仍屬興古郡，梁末廢。

五臺山，在州南五里。又南十五里曰鍾山，又南十里曰樓閣山。○白蠟山，在州西南十三里；又有羅莊山，在州東南六十里：皆材木之藪也。

禄布山，在州北八十里。志云：山高二百餘丈，盤旋百里，林木葱蒨，峭石巉巖。州西北八十里又有八部山，與禄布相近。岡巒八面聳列，蠻因呼爲八部山。

盤江。在州東南九十里。自廣西府師宗州流入界，下流入貴州永寧州境。志云：州西南二里有大渡河，又有矣則江在州東南五十里，俱流入於盤江。○喜舊溪，在州西。源出州西南龍甸村，環流州境，下流入於盤江。又有太乙湖，在州北一里。

附見

平夷衛，在霑益州南一百二十里。志云：衛本故越州地，洪武十四年王師南征越州，降下。既而其酋復叛，詔傅友德討之，道過平夷，友德以山勢峭險，密邇越州，乃遷山民於早上村，設千户所，駐兵立栅於山上。二十三年建爲平夷衛，屬雲南都司，爲貴州西入之衝要。弘治七年改築衛城，周二里有奇。天啓二年爲霑益土婦設科及叛目李賢等焚毁，明年修復。志云：舊城在衛東厄勒鋪，弘治以前衛皆治此。

巒岡山，在衛東八里。山高聳，雄視萬山。又楊威嶺，在衛西五里。又西五里曰定南嶺，明初西平侯嘗提兵駐此，今壁壘故址猶存。○清溪洞，在衛西三里。洞内石笋林立，外則溪流環遶。又有桂花洞，在衛北十里。

十里河，在衛西南二里，會清溪河入羅平州界注於盤江。

豫順關，在衛北二里，又有宣威關在衛北十五里，皆設險處也。○古城寨，舊在衛西定南嶺，明朝建文初因險築城。後以山風高烈，徙於桂花洞。

平夷驛。在衛城外。滇程記：「自貴州普安州亦資孔驛七十里而達平夷，自此西望，山平川豁，因以爲名。自平夷四十里而達白水驛，有茶花箐，舊多盜。」

附越州衛，在霑益州東南六十里。志云：舊越州在今府南石堡山西，元置。洪武二十一年越州酋長阿資叛，東屯普安，倚崖壁爲固，傅友德擊破之。阿資還越州，友德復敗之。沐英以阿資恃其地險，故叛，請置越州、馬龍二衛扼其衝要，分兵追捕，阿資窮蹙乃降。二十四年沐英以阿資叛服不常，請徙越州衛於陸涼。既而阿資復叛，事平遂廢越州，置越州衛於此，隸都司。

楊梅山，衛東十五里。多楊梅樹，因名。又有瀟湘山，在衛南三十里。

下橋大河。在衛西五十里。曲靖府境之水及龍潭河水合流而下，匯爲大河，南注於南盤江。

附陸涼衛，在陸涼州西南二十五里。洪武三十一年建。有城，周六里。隸雲南都司。

南澗。在衛城西北之芳華鄉。志云：衛城南北俱有橋，北橋跨於南澗水上。

附烏撒衛後千户所。在霑益州治西北，隸貴州烏撒衛，志云：永樂二年建。○馬龍守禦千户所，在馬龍州治北。明初置馬龍衛，後廢。永樂二年復置千户所於此。又定雄千户所，在羅平州治南。萬曆十四年平者繼榮餘黨之亂，移調曲靖中左所爲定雄所，附州守禦是也。

尋甸府，東至曲靖軍民府霑益州界九十里，南至曲靖軍民府馬龍州界六十里，西至武定軍民府界一百五十里，北至四川東川軍民府界一百十里，自府治至京師一萬五百二十里，至布政司二百六十里。

禹貢梁州徼外地，漢初爲滇國地。後僰剌蠻居此，號仲劄溢原部。後又爲烏蠻名新丁者所奪，遂號新丁部，語訛爲仁地部。蒙氏時爲尋甸部，段氏爲仁德部。元初置仁德萬户府，至元十三年改爲仁德府。領爲美、歸厚二縣。明初改尋甸軍民府，省二縣入焉。編户七里。成化十二年改爲尋甸府。以土酋安氏兄弟争襲讎殺，始奏除流官云。

府北達川蜀，南犖會城，右鄰武定，左出霑益，山水縈迴，川原平衍，宜於耕稼，亦奥區也。自元以來，皆以土酋世襲，成化中始革。嘉靖六年厥裔安銓者作亂，襲入府城，於是南陷嵩明及楊林，又阻木密關攻馬龍州，西構武定酋鳳朝文者，直趨會城，爇西北門軍民市舍，勢頗張，踰年徵兵四集，乃克殲之。尋甸所係，可概見矣。

尋甸城，城池記：「元仁德府城在府舊治東五里，今城嘉靖七年所築。先是成化二十七年以初任流官，築土城爲保障。嘉靖六年安銓作亂，遂入據之。克平後，乃築城於舊治之右。踰一澗，又置鳳梧千户所於舊治左之河見村。今府城周三里有奇。」

爲美廢縣，在府北三里，地名溢浦適侶睒。甸方百里，即仁地故部也。元至元二十四年置縣，明初廢。○歸厚廢縣，在府西百三十里，地名易浪淌籠。舊屬仁地部，元至元中置儻俸縣，旋改歸厚，明初廢。今有九層城，即縣故址也。

安樂城，志云：在故歸厚縣西南。其地有山名落隴雄，綿亘五十餘里。其東又有哇山，秀如劍峰，土人築寨其上，名安樂城，險不可即。○九灣九層城，在府西亦郎地。其旁有米花洗馬山，相傳土人曾據此爲險云。

月狐山，在府東北八里。〔四〕綿亘五十餘里，山頂有雪氣即雨。一名鳳梧山，鳳梧所之名本此。○勇克山，志云：在府城西，峰巒峭拔，林壑高深，夏月恒有積雪，俗呼雪山。下有泉，流爲儻俸溪。其西里許曰隱毒山，地多嵐瘴，惟此開朗，土人每歲夏月避居其上。下有隱毒泉。

果馬山，府西六十里。下有泉，流爲果馬溪。其派則流入昆明縣注於滇池。一名龍巨江。○三稜山，在府西南六十里，與嵩盟州廢邵甸縣接界。上有九十九泉，其水流入昆明縣，即盤龍江之上源。又南有巖峰山，産石蜜。志云：通滇中逕路也。其相近又有鳳凰、麒麟二山。

梁王山，府南七十里，接嵩盟州界。其相近又有海岳山，旁有洗納龍寨。

龍頭山，在府東四十餘里。下有二備水，合爲一河，流入四川東川府界。又怒勒峰，在府東五十里。有一水，畜魚甚多。上列六寨，曰沙必郎，曰折瑠，曰則干，曰按羊，曰怒勒，曰納龜，皆盜藪，與霑益州接界。

額吾峰，府南五十里。上有清水塘。亦有寨五，曰額吾，曰竹圭，曰東那，曰沙黑，曰額峰。有温泉二泓，俗呼熱水塘。又有温泉橋，長五十丈，闊二尺，跨阿交合水上。○那多峰，在府北。有大石寨，接東川府界，亦盜藪也。

龍洞，在城北五里。洞有流泉，田疇賴之，流爲螳螂河。志云：府西南四里有仙人洞，深二十里許，其下又有水洞云。又三龍泉，在府西十里。周迴石如砌就。其泉穿山而出，面對一洞，可容千人，地名法果兒。

阿交合溪，府東十五里。舊名些丘溢派江。其源有二，一自嵩盟州，一自馬龍州，流至此，又合流過霑益州界。或曰即交河上源也。跨溪有橋曰通靖橋，爲四達之衢，在府東二十里。

車湖，在城西三十里。一名清水海子，周廣四里，四圍皆山，有灌溉之利。又府西十里有三龍泉，居民亦引以溉田。○冷水塘，在城北四里。一名矣部烏泉，流入府東北之沙林甸。

儻倖溪。在廢歸厚縣旁。源出勇克山，流經此，有九灣，遶城而流。又磨浪水，在廢爲美縣西。其北五里曰螳螂河，源出龍洞，磨浪水流合焉，又東南流經府東南三十里入阿交溪爲三岔河。旁有排額洞，頗幽勝。

附見

木密守禦千户所。在縣東南七十里，即木密關也。洪武二十三年建，直隸雲南都司。有土城，周二里有奇。又有鳳梧千户所，在府治東。嘉靖七年建。

校勘記

〔一〕拓東城　「拓」，新唐書卷二二二上南詔傳、元志卷六一均作「柘」。下「拓東節度」同。

〔二〕麗水　底本原作「麓水」，今據職本、鄒本改。

〔三〕會秦擊奪楚巴黔中郡　「黔中郡」，底本原作「蜀中郡」，今據職本、鄒本及史記卷一一六西南夷傳、漢書卷九五西南夷傳改。

〔四〕以山形似秦嶢關也　「秦」，底本原作「泰」，今據職本及鄒本改。

〔五〕來唯縣有從陙山出銅陙胡工反　「陙」、「工」，底本原作「陚」、「上」，今據職本及鄒本改。

〔六〕元賽典赤瞻思丁　底本原作「元賽赤瞻典思丁」，今據鄒本及元史卷一二五賽典赤瞻思丁傳改。

〔七〕源自澂江府陽宗縣　「陽」，底本原作「楊」，今據鄒本改。

〔八〕宋時大理高量成令高白連慶治其地　「令」，底本原作「今」，職本、鄒本作「令」，今據改。

〔九〕明初瓦爾密聞曲靖破　「聞」，底本原作「閈」，今據職本改。

〔一〇〕越巂都督竹靈倩　「都督」，底本原作「都都」，今據職本改。

〔一一〕南平關在縣西南平山　「關」，底本原作「山」，今據職本、鄒本改。

〔一二〕其故臣段思平　「臣」，底本原作「城」，今據職本、鄒本改。

〔一三〕塊澤江　「澤」，底本原作「繹」，今據鄒本及明志卷四六改。

〔一四〕在府東北八里　底本原脱「府」字，今據職本、鄒本補。

讀史方輿紀要卷一百十五

雲南三

臨安府，〔一〕東至廣西府維摩州二百五十里，南至安南國界三百三十里，西至元江府二百八十里，北至澂江府二百里，自府治至京師一萬九百五十里。至布政司四百二十里。禹貢梁州徼外地，古句町國。句一作「鉤」。顔師古曰：「讀句挺」。漢武開西南夷，置句町縣，屬牂牁郡。漢紀：「始元五年益州夷叛，鉤町侯母波擊反者有功，立爲句町王。河平二年與夜郎、漏卧相攻，牂牁太守陳立斬夜郎王興，鉤町、漏卧震恐受命。莽始建國初，〔二〕遣使南出喻徼外，歷益州，改句町王爲侯，勾町不服，因起兵爲邊患。莽天鳳三年遣兵擊句町，不克。」後漢仍屬牂牁郡。蜀漢屬興古郡，晉以後因之。梁末廢。唐爲羈縻柯州地，屬黔州都督府。天寶末没於南詔，置通海郡都督府。宋時大理改爲通海節度，尋改秀山郡，又改爲通海郡。其後蠻酋互相侵奪。或屬鄯闡，或屬阿僰。元憲宗六年内附，置阿僰部萬户，至元八年改爲南路，十三年改爲臨安路。治通海縣北五里，以通海爲附郭縣。明朝洪武十六年改爲臨安府。移治建水州。通攷「臨安諸夷居於西南境外者曰斡泥蠻，巢居林處，其在旁郡者曰烏爨、梅雞、猓玀、些袁等，皆凶悍，潛匿山谷，以剽虜爲事」云。領州五，縣五，長官司九。

府南鄰交趾，北拱會城，爲滇南之上閫，作邊陲之保障。西南竊發，籌邊者所當先加之意也。唐天寶初越巂都督竹靈倩通安南，因開步頭。九載遣鮮于仲通伐南詔，大軍分道出南谿會同，而命安南軍自步頭路入是也。

建水州，附郭。唐時烏麼蠻地，古稱步頭，亦曰巴甸。元和間蒙氏築城名惠歷，漢語曰建水。段氏時爲麼些蠻苴歷所據。元初内附，置建水千户所，屬阿僰萬户。至元十三年改建水州，屬臨安路。今因之。編户八里。

曲江城，在府治北，臨曲江。有二城，一築於漢，一築於蒙氏。元爲建水州治，改築土城。明初洪武二十年易以磚石，成化十六年復修城濬濠。今城周六里有奇。○段氏古城，在府城南五里瀘江鄉，今爲無垢寺址。又城西二里蓮花池亦有段氏古城遺蹟。

賁古城，在府東南。漢縣，屬益州郡，後漢因之。蜀漢屬興古郡，晉因之。東晉時廢。又勝休城，在府南。漢縣，亦屬益州郡。蜀漢屬興古郡，晉成帝時改屬梁水郡。劉宋改曰勝休，齊因之，梁末廢。

寶山，城西南二里。相傳山産石寶，夜有火光。又里許爲樂榮山，相傳山泥有香，作餅炙之可食。又象山，在府南五里，以山形如象而名。

石巖山，在府東十五里。或謂之蒙山。山巖有洞，異龍湖、瀘江諸水流入此洞，復流出入阿迷州界。志云：山峭壁千仞。其受水洞合五河之水匯爲一泓，折而入。西阻華蓋，連岡疊嶂，綿亘數百里，爲郡城右臂。又滇紀云：「蒙山五里有巖洞，亦謂之顔洞，以遷客顔閎所開而名。洞有三：曰雲津洞，今名水雲洞，門可容數百人，曲徑縈紆，衆水伏流其中，東會於盤江，遊者架橋列炬而入。」巖洞後曰南明洞，上有兩竅，陽光射入，中多奇勝；曰萬象洞，巉巖絕險，躋石磴數十級，隱隱聞風雷聲。亦曰鉤町三洞。」

火焰山，府西北十里。土有硫黄氣，履之灼足，著枯葉即焦，人卧其上，可去濕疾。又黑衝山，在府西北四十里。雲樹深黑，經年不霽，多瘴癘，人不敢往。又有石門，在府西北百里。箐口鑿石爲門，以通車馬，下臨曲江，險隘可守。

判文山，府南五十里。高十餘仞，中有三峰聳峙。段思平外舅爨判者嘗居其上，因名。後以北拱學宮，改曰判文山。嘉靖中又易爲焕文山。○連雲山，在府南二十里。山高聳，時有雲氣旋繞，因名。又有晴山，在府北二十里。一名北嶺。山勢嵯峨，林木葱蒨，與判文對峙，爲一郡主山。

瀘江，在府南。源自石屏州異龍湖，東流逕州境，入阿迷州南爲樂蒙河，入於盤江。○曲江，在府東北九十里。源出澂江府新興州，繇嶍峨縣、石屏州會諸水流入境，又東入於盤江。夏秋水溢，洚洞可畏。

禮社江，在府西。源出大理府趙州之定西嶺，流經楚雄府定邊縣合陽江之水爲定邊河，東南流經鎮南州爲馬龍河，又南經碍嘉縣而入新化州界謂之摩沙勒江，又歷元江府東南入府西南境，經納樓茶甸爲禄豐江，歷虧容甸爲虧容江，過蒙自縣爲梨花江，又東南流入交趾界合於清水江。

建水，在府城南，廣五畝。今堙塞過半。元志「建水城，每秋夏之間，溪水漲溢如海，夷謂海爲惠，大爲劚，故以惠劚名城」，蓋即此水也。○白龍潭，在府西北二里，灌溉甚溥。亦曰白龍泉，有橋跨其上。又東北有甘泉，甚清冽，汲之不竭。又蓮花池，在府西二十里。廣二里，清徹如鑑，民引以溉田。

曲江驛，在府東北八十里。下臨曲江，爲往來津要。又曲江巡司亦置於此。志云：府北九十里有曲江橋，府通判駐焉。

大關，府西北三十里，道出江川縣，爲往來襟要。

納更山寨。在府東南百里，有土巡司。嘉靖十二年議討安南，安南酋莫登庸聞之，遣人行覘，至納更山，爲土舍所擒是也。

石屏州，府西七十里。北至澂江府新興州界一百三十里，西南至元江軍民府界二百里。

古蠻夷地，蠻曰舊欣。猶漢言林麓也。唐烏麽蠻所居，築城名末束。宋時阿棘蠻奪而據之，名石坪邑。志云：蠻闢地得石坪，方五里，聚爲居邑，因名石坪。元至元七年改邑爲州，屬臨安路。明朝洪武十五年改曰石屏州。編户八里。

州環水爲險，襟帶南藩。

石屏城，今州治。古石坪邑，向無城垣，明朝嘉靖三十年始築土城，尋圮。萬曆二十四年因舊城重築，周三里有奇。

乾陽山，州北五里，高五百丈。上有石洞，林木鬱葱。○萊玉山，〔三〕在州東十五里。産石似玉。又州南二十五里有鍾秀山，産紫石，可爲硯。山高三百餘丈，綿亘百餘里。其西北又有寶山，産石如圓珠。今州南有寶秀驛，兼置寶秀巡司，蓋皆以山名。

曲江，在州東。自河西縣流入境，又東入建水州界。○落矣河，在州西八十里。闊三丈，源出元江府境，南流入虧容甸。今有落矣河橋。又五塘溝，在州南。有五温泉注其中，資以灌溉。

異龍湖。州治東。有九曲，周百五十里。中有三島，其小島曰孟繼龍，有蛇蟲，不可居，昔時蠻酋每竄罪人於此。中島曰小末束，蠻居其上，築城曰小末束城，今名矻斷山。其大島曰和龍，立城其上，漢名水城。元至順初雲南諸王秃堅等作亂，攻略郡縣，石屏鎮將朱寶以和龍島有壘塹可保，引衆據守，賊帥戰艦來攻，寶拒却之。三島四面皆巨浸，東流至府境爲瀘江。

阿迷州，在府東南百二十里。東至廣西府彌勒州界一百七十里，北至寧州一百三十里。

古蠻夷地，元初立阿寧萬户府，至元初隸南路總管府，至德中隸臨安路。明朝洪武十五年改立阿迷州，編户十二里。**屬臨安府。**土知州普姓。志云：阿寧古蠻名，今訛爲阿迷。

阿迷城，今州治。舊無城，正統中始築土城。嘉靖四年復展築，萬曆四十五年始易磚石，周五里有奇。又阿迷守禦城，在州東百二十里，地名虛卜桶。舊爲獛㺜賊所據，萬曆二年撫臣鄒應龍盪平之，復置戍守於此。

楊廣城，志云：州有楊廣城，凡三所：一在州東南二里通安橋，宋皇祐初儂智高奔竄，狄青使其將楊文廣追之，屯兵於此；一在州之市平鋪；一在石頭寨。

烏宂山，州東十五里。一名東山，東山口巡司葢置於此。山之西爲禄豐山，又西爲蓬和山。三山相連，環抱州治。

買吾山，在州東南。萬曆初撫臣鄒應龍擊逋賊於此，忽震雷，殺賊數人，因易名曰雷公山。有南洞，亦曰通靈洞。鄒應龍記云：「阿迷州南有巖穴數處，舊爲逋藪，即買吾諸山也。」〇傍甸洞，在州東南百四十里，有聲如風雷。又府西南二十五里集甸境有傳聲洞云。

交崗，在州南。其地東西綿亘，與交趾分界。明朝天啓二年水西安邦彦作亂，霑益土酋亦應之，烏撒安效良復叛，引兵入霑益，抵交崗，犯安南長官司，竜古哨土官沙源擊走之。竜讀瓏。志云：交崗舊屬安南長官司，後爲州界，交人亦置戍守於此。相近者又有地名南外，亦交趾分界處。

盤江，州北二十里。府境之水自霑江府新興州經建水州界流至此，俱匯爲一江，浩蕩奔軼，乃十八寨夷人出没之限隔也。州與廣西府彌勒州亦以此分界。又爲南盤江之别源。

樂蒙河，在州東。其上源即瀘江也。自建水州流入境，回折而東入於盤江。○火井，在州東北三十里。其水溢出於田。常有烟氣，投以竹木則火燃，夜則有光。

合江口寨，在州東。宋皇祐初儂智高敗遁，謀入大理，狄青遣將楊文廣追之，至阿迷州合江口不及而返是也。或曰合江口即三江口，盤江與衆水合流處。

多莨舖，在州南。滇程記：「自教化三部而北有舍苴河菁口，又北爲教化河外，近州界有瑣羅城，又北至歪頭山，又北次多莨舖乃至州治，渡小盤江至彭堡接彌勒州界，爲北走會城之通道。」又滇紀云：「州有阿迷、矣馬、羅臺三驛。」

蛇花口。在州北，爲州境之險。又州境有佴革竜山，勢險惡，夷酋往往恃以爲固。

寧州，府東北百八十里。北至澂江府一百五十里，南至阿迷州百三十里。

漢益州郡地，蜀漢爲興古郡地，梁爲南寧州地。唐初析置西寧州，貞觀八年改黎州。天寶末没於蠻，地名浪曠，夷語謂旱龍也。步雄部些麼徒蠻據之，尋屬爨部，又屬寧部。元初置寧部萬户，後改寧海府，至元十三年改寧州。屬臨安路。明朝亦曰寧州，編户七里。土知州普氏，嘉靖中改禄氏。屬臨安府。

州北接澂江，南翼郡城，爲肘腋要地。

梁水城，今州治東。晉成帝分興古郡置梁水郡，治梁水縣，宋、齊因之，梁末廢。唐志：「貞觀中改西寧州爲黎州，領黎水、絳二縣。」是也。後爲蠻所據，元始置寧州於此。今州城嘉靖十三年築，周四里有奇。

西沙城，在州東，寧部蠻世居此。其裔孫西沙築此城，因名西沙籠。元初其酋普提内附，置西沙萬户，至元十三年立爲西沙縣，二十六年以縣隸寧州，至治二年省。通志：「西沙籠在州之老寨後大箐内，酋語城爲籠。西沙縣故址則在州南二里仁善坊内。」○武侯城，在州東三里。相傳武侯南征時築。今謂之寧州古城。又寧海府故址，在州西五十里大雄寺傍。今亦名舊州。

萬松山，州東九里。山麓盤迴，峰頂峭立。上有松林，四時蒼翠。又登樓山，在州東南二十里。高可千丈，袤八十里，登之則遠近之景，舉在目中。巔有池，方百步。又天平山，在州西南。志云：自登樓山至天平山六十餘里，渡江道通納樓茶甸。

木角甸山，在州東百三十里，地名備樂村。產蘆甘石。舊封閉，嘉靖中開局鑄錢，取以入銅，自是復啓。又東爲陽暮山，夕陽倒景，金紫萬狀。中有龍洞，分上中下凡三，幽奇瑰異，不可窮究。○碧玉峰，在州北五十里。巖石磷磷，下瞰澂江府之撫仙湖，波光涵浸，如碧玉然。一名石鐘巖，以有石如懸鐘也。志云：州北有竹子山，道出雲南府宜良縣。

婆兮江 州東六十里。源自澂江府撫仙湖，流經州境，匯於婆兮甸，下流入盤江。○浣江，在州西南三里。水從州北晴龍潭流下，夾岸林樹陰森，爲行客餞別之所，經州南，又東南會於婆兮江。志云：州南有瓜水。浣江之水自北至，思永之水自西至，轉而東南，丁矣冲之水與之俱會於茶部衝，形如瓜字，故名。思永河，在城南四里，即海眼。泉水甚清澈，熱如沸湯。海口有池曰湯池。

高河泉，在州西南四里團山頂。外窿中窪，周二百餘步，澇不旱，雨不溢。又州東北十里有巔巖泉，兩岸相對，下有谿澗，一泉自山巔下垂，如瀑布然。又通井，在州治南。水甚潔，雖旱不涸。

甸苴關。在州境。滇紀：「寧州有甸苴關，舊置巡司於此。」

通海縣，府東北百五十里。東北至澂江府江川縣百二十里。舊阿僰蠻居此，一名阿亦，又名尼部。蒙氏於此置通海郡，段氏時爲秀山郡。元初立通海千户，隸鄯闡萬户府。至元十三年改通海縣，隸寧海府。二十七年隸臨安路，後又改隸寧州。今因之。編户二里。

甸町廢縣，縣東北五里。相傳漢甸町縣蓋治此，後漢因之。蜀漢以後俱屬興古郡，梁大寶初始没於蠻。唐初爲柯州地，蒙氏置通海郡於此。其後段氏改置秀山郡，蒙古置臨安路，皆治焉。明初移臨安府於建水州，因改置今縣，而置守禦通海前前千户、右右千户二所於此。滇志："通海二所，洪武十五年與臨安衛同置。創築土城，二十四年易以磚石，周二里有奇。又有舊土城，在縣東五里。相傳大理段智興時築此以禦諸蠻，今廢址尚存。"

秀山，在縣南六十里。又名青山。列翠如屏，下瞰長河，即海子也。舊有啓祥宫，大理段智祥時所建。山半又有判府泉，亦因爨判而名。王奎云："踰滇以南，深淵絶壑，通海爲最勝。環通海數十里，峻壑遥峰，秀山爲最勝。秀山之奇曰浮屠者三，湧金爲勝"云。○諸葛山，在縣東南三里。相傳武侯南征屯兵於此，因名。

通海湖，縣北三里。源自河西縣來，注於此，周八十里。似環而缺，一名杞麓湖，俗名海子。○新生泉，在縣東十里，可溉田百畝。

寧海關。在縣境。志云：縣有寧海關。又青口舖，在縣東南三十里。

河西縣，府西北百八十里。東至澂江府江川縣百九十里，北至澂江府新興州百三十里。唐武德中於姚州南置西宗州，貞觀中改曰宗州，河西縣隸焉。天寶後没於蠻，地名休臘，本屬步雄部，後阿僰蠻易渠奪而居之。元初内附，屬阿僰萬户。至元十三年始爲河西州，隸臨安路，二十六年改爲縣。明朝因之。編户四里。

古城，在縣東北一里。相傳唐宗州故城也。今廢。

琉璃山，在縣治北。元時土酋建城寨於其山，凡三層。其西爲普應山。又有佛光山，在縣西十里。○螺髻山，在縣西五里。山峰尖峙，因名。又碌碤山，在縣東北。山多石近碤，四圍皆水，即碌碤河也。通海湖之源出於此。

曲江，在縣東。自嶍峨縣流經此，又東入石屏州界。○禄卑江，〔四〕在縣西五十里。一名沾夷江。源自新興州，流經縣境，東入於曲江。

碌磎河，在碌磎山下。自縣北水磨村流入，周迴八十里。中産魚族，甚美。流經通海縣爲通海河。〇東湖，在縣東南二十里。延四百步，袤三百步。其北有西湖，延百步，植隄蓄水，資以溉田。又縣北有三龍泉，縣西南十里有九龍泉，延百步，皆有灌溉之利。

曲陀關，在縣北三十里。蒙氏所置，亦曰萬松營。元至元二十年立元帥府於此，爲商旅輻輳之地。明初廢於兵燹。舊有曲陀巡司，萬曆中裁。

龍馬槽寨。縣北五十里。相傳嘗有龍馬現此，因名。昔爲蠻酋恃險處。又韃靼營，在縣東南東湖旁，蒙古嘗屯兵於此而名。

嶍峨縣，府西北二百六十里。北至雲南府昆陽州二百里，南至元江府界二百三十里。唐時有僰蠻嶍猊居此，名嶍峨部，後併於阿僰。元初置嶍峨千户，隸阿僰萬户。至元十三年改爲嶍峨州，二十六年降爲縣，隸臨安路。後又改屬寧州。明初改屬府。土知縣禄氏，主簿王氏。編户十五里。

筇洲廢縣，在縣西北九十里。元初置縣於此，屬河西州，後廢爲筇洲鄉。志云：舊嶍峨縣治在今縣東北二里嶍峨山之陽。又云：縣有廢城二：一在縣西怕念鄉，元時有百夫長居之；一在平甸鄉，元末梁王備兵之所。

桂峰山，縣南二里。高峰峭拔，上多桂樹。其相連者爲龍山。下有龍泉，四時不竭。又嶍峨山，在縣東北二里。縣北又有萃秀山，環擁縣治。〇五鳳山，在縣西南九十里。五山連峙，其勢如飛。山麓有鳳山洞。

三元洞，縣西十五里。兩山並峙，東西二門，高十餘丈。洞分三層，可容一二百人。又有笮州洞，在縣西百里。○邃巖，在縣西二百二十里興依鄉，深邃廣闊。舊有興依鄉巡司，巖在其南，萬曆中司廢。

曲江，在縣東。自澂江府新興州流入境。又合流江，在縣東南二里。一源自新化州流經縣北爲大河，一源自石屏州流經縣南爲小河，合流入於曲江。

丁癸江，在縣西北二百五十里。源自三泊，流經丁癸村。其水深闊，居民刳大木爲舟。下流入於曲江。

伽羅關。在縣西，有巡司。又嶍猊寨，在縣西北四十里。元時所建，基址尚存。一名唐嶍猊寨，舊置巡司，萬曆中裁。又有褚市屯，在縣東三十里。

蒙自縣，府東南一百五十里。東至廣西府維摩州二百三十里。本蠻地，以目則山而名，漢語訛爲蒙自。南詔時以趙氏守此，至大理時爲阿僰蠻所有。元初置蒙自千户所，隸阿僰萬户。至元十三年改爲縣，隸臨安路。今因之。編户十五里。

目則山，在縣西三十里，即漢語訛爲蒙自者也。其山橫列二十餘峰，秀麗如畫，百里外舉目皆見。元史：「山有古城，白夷所築，下臨巴甸，故縣蓋治此。」

雲龍山，在縣東三十里，迴環盤束幾數十里。中有石室，可坐千人。又有石洞，足容百人，經行者夜宿其中。其餘危峰森束，林箐深廣，巖壑幽勝，不可名狀。又北爲小雲龍山，亦奇峭。○耳羅山，在縣東北三十里。每風雨雷電自山峰中起，年必大豐，土人以爲驗。東有仙人洞，四面石壁懸注，如鐘鼓然。

羨哀山，縣東九十里。其上石筍森立，絕頂平廣，有田千頃。中有三池，水草四時豐衍，宜牧放牛羊。

梨花江，在縣東南。源自納樓茶甸境，流入縣界。其上源即禮社江也。又倘甸河，在縣東南七里，流入梨花江。

長橋海，縣東二十里。構木爲梁，長十餘丈，四面皆水。又二十里爲突波海，中多魚蝦海菜。志云：縣西南二十里之水曰西溪，有二所，一出銀礦，一出錫礦云。又有草湖，在縣治南百里。

蓮花灘，在縣南，爲入安南之道，即瀾滄江下流，交阯洮江之上流也。永樂初沐晟出蒙自蓮花灘，進討安南。嘉靖中莫登庸作亂，撫臣汪文盛以蓮花灘當交、廣水陸之衝，遣兵據其地，爲諸來歸人聲援，登庸大懼，即此。輿程記「由蓮花灘達安南之東都，可四五日而至」云。

大窩關，在縣西南。亦曰大窩子，有險可恃。又東曰打巫白箐，箐深道峻，下馬攀援乃得前。又南至江滸，地名矣斉母，渡江爲勒古薄地，入交阯界。滇記：「縣有箐口關，舊置巡司。」

楊柳河關，在縣西南，近王弄山長官司。山高箐密，深險可恃。志云：自關而南地名老寨，旁有白木、樂龍、老大等箐及奚烏石洞，皆險僻處也。

發果寨，在縣東南。傍有五山，峻拔險固可恃。○八寨，在縣南。滇紀：「自老寨霧露結箐、灑哈諸地至八寨，又進至江底，其傍曰猛撒箐，渡江即交阯界。又有啞得白箐，自溪楮山南出之道也。渡江爲交阯境內之阿別波哨。」滇紀：「孟撒至交阯境內者蘭州三十里。」

賀謎寨，在縣東南。滇紀：「縣有溪楮山，去八寨二十餘里。又南至大江，地名安邊。由縣至底泥，又前渡三岔河即至賀謎。其地有萬山相接，正中地名慢老，左曰磨莫，右曰八灑，俱近安邊。自慢老至江底皆崇山峻嶺，旁有黃角楡諸處。江南爲籠陰山箐，入交趾界。」

柏木蘆寨。在縣南。據山絶頂，四面懸崖峭壁，外建墩臺以護水道。又南渡江入交趾界。滇紀：「縣南有霧露結箐，由此抵柏木蘆寨。又有薄喇寨，去交趾者蘭州僅五里。」○雞街寨，在縣西北，道出府城，此爲要口。

新平縣，在府西北三百三十里。本嶍峨部地，元初爲嶍峨千户地。至元中設平甸縣，屬嶍峨州。後改平甸鄉，仍隸嶍峨縣。明朝爲丁苴白改夷所據，萬曆十九年夷酋普應春叛，討平之，置新平縣。有土城。編户二里。

鎮元山，縣南三十里。又南二十里曰金營山。○南峒山，在縣南二百里。南峒巡司置於此。山有七十二洞，名勝不一。又倚樓山，在縣西百里。崇巖峻石，若樓閣懸空。

平甸河。在縣東十里，衆流所匯。又東五十里有大羅河，水勢洶湧。○洪本泉，在縣治西。流灌郊郭，爲利甚溥。又西里許有瑞木井，源出木下，味甘洌。

新化州，府西北五百三十里。南至元江軍民府界二百七十里，西至者樂甸長官司界三百四十里，北至楚雄府南安州界四百三十里。

古蠻夷地，蠻名馬龍、他郎二甸，阿僰諸部蠻居之。元初内附，立爲二千户所，屬寧州萬户府。至元十三年以馬雄等甸管民官併於他郎甸爲馬龍部千户所，屬元江萬户，二十五年屬元江路。明初改爲馬龍他郎甸長官司，直隸雲南布政司。弘治中改爲新化州，萬曆十九年改屬臨安府。

州江山險阨，控扼羣蠻。

新化城，今州城。舊爲長官司治，本無城垣，嘉靖五年建土城，周五里。

迤陑山，在州治東。山勢來自昆陽，連屬不絶。又迤阻山，在州治西，與迤陑山對峙。○徹崇山，在州治北五十里。林木蓊鬱，巖石峻險，延長一百五十里。路險，人迹罕至。下有温泉。又礲閣山，在州北五里。五峰聳峙，有泉下注於摩沙勒江。

馬龍山，州西百里。舊名馬籠，蠻酋結寨其上，因名馬籠部。又北有陀崆山，陀崆山之北又有法龍山，皆蠻酋結寨處也。

摩沙勒江，在州東南八十里，即馬龍江之異名也。自楚雄府碍嘉縣流經此，又東南經元江府境爲禮社江之上源。元史謂之鹿滄江，秋潦有瘴。志云：馬龍諸山在江之右，迤阻諸江之左，羣山夾江，其溢如峽云。元至元中平緬叛，結寨於馬龍他郎甸之摩沙勒。又明初洪武二十一年平緬土酋思倫發入寇，亦結寨於摩沙勒，沐英遣將擊却之。既而復寇楚雄之定邊縣，英晝夜兼行，凡十五日抵賊營，悉平其黨。今有摩沙勒巡司。

阿怒甸。在州東北，其相近有喇烏得箐，俱近新平縣界，爲兩境之要地。

納樓茶甸長官司，府西南一百八十里。蒙詔時爲茶甸地。元置茶甸千户，隸阿寧萬户。至元中分爲二千户，後又改今名，屬臨安宣慰司。明初改爲長官司。土官普姓。臨安九司，司獨在江内云。

通曲山，司西南八里。山下有泉兩派，一流入禄豐縣，一流入司東北五十里之仙人洞，亦謂之石洞。又松子山，在司南一里。山多産松子而名。○羚羊洞，在司北。中産礦煉銀。其高聳處有羚羊，飛石層積，人不可到。又司東二十里有風洞。司東南六十里有魚洞。志云：司舊有礦場三，曰中場，曰鵝黄，曰摩柯。今皆封閉。

禄蓮渡，司南四十里。又司東南百里有乍甸渡。又司東百五十里有呵土渡。所謂納樓三渡也。

倘甸。在司東，道通蒙自，爲邊境要地。天啓二年增設倘甸守備於此。

教化三部長官司，府東南三百五十里。唐時强現蠻居此，爲强現、牙車等三部酋地，華語訛爲教化。元爲强現三部，隸臨安宣慰司，後屬强現四部。明初改爲長官司，屬今府。土司張氏。

波些山，司西四十里。孤峰秀削，冠羣山之上。

魯部河，司西南三十里。源出禮社江，經司境，流入蒙自縣之梨花江。

牛羊箐。在司南。有酋長守其地。志云：繇教化三部而南地名枯木箐，亦有酋長戍守。又南爲斗嘴三關，險固可守。自三關而南即抵牛羊，與交趾接壤處也。

王弄山長官司，府東南二百五十里。元爲王弄大小二部，明初改置長官司。土官阿氏，萬曆中沙氏世襲。

木底河箐。在司境。志云：司境又有梭羅洞、鎖狸城洞、黑打洞、弄弄山箐，俱設險處。

虧容甸長官司，在府西南百四十里。舊爲鐵容甸部，元至元中内附，隸元江路。司治虧弓村。其地上濕下熱，多病瘴，常以安置罪人。明初改置長官司，隸今府。土司阿氏。

虧容江。司西五里。源自元江府流入境，至司東，經車人寨出寧遠州。一云即禮社江之上流也。○檳榔渡，在州西北五里。又有茶渡，在司北四十里。

溪處甸長官司，在府西南一百五十里。舊爲七溪之溪處甸部，其酋名賀𤛓，華訛爲和泥。初本一部，後分爲三，溪處甸其一也。元置軍民副萬户，隸雲南行省，後屬元江路。明初改長官司，隸今府。土司趙氏。志云：司治左作村。部夷有僰夷、倭泥二種。

溪處山。在司治西。奇峭延長，民居山上，中有溪澗。

思陀甸長官司，在府西南二百五十里。舊爲官桂思陀部，管落恐，溪處二部，後分爲三部。元置和泥路，隸雲南行省，後屬元江路。明初改爲思陀甸長官司，隸今府。土司遮氏，後爲李氏。

思陀山。在司治東。山頂平夷，有思陀寨遺址。

左能寨長官司，在府之西南二百三十里。本爲思陀甸寨，明初改置長官司，隸今府。土官吴氏是也。

樂育甸。在司東。滇紀：「自石屏州界壩罕渡江而南，至樂育是也。」○崇府寨，今司治。志云：高山連亘，崖谷之險，倍於他司。

落恐甸長官司，府西南二百里。舊名伴溪落恐部，屬思陀甸。元置落恐軍民萬户，隸雲南行省，後屬元江路。明初改長官司，隸今府。

大寨。在司西南。滇紀：「由石屏州壩罕甸出猛甸遂抵落恐大寨。又西近元江府境。自大寨而東北地名乃龍，出納樓等司境。」

安南長官司。府東南百九十里。本阿僰蠻所居，舊名衰古，亦曰部嫋踵甸，阿僰裔孫捨資居此，因名捨資部。元初置捨資千户；至元十三年以捨資地近交趾，爲安南道防送軍千户，隸臨安府。明初改爲長官司，正德六年省入蒙自縣。天啓二年復設，後又併入王弄長官司。

澂江府，東至廣西府彌勒州二百五十里，南至臨安府寧州一百五十里，西至雲南府晉寧州一百里，北至雲南府宜良縣百五十里，自府治至京師一萬七百四十五里，至布政司百八十里。

禹貢梁州南徼地。漢爲益州郡之俞元縣，蜀漢屬建寧郡，晉因之。宋改屬晉寧郡，齊因之。梁屬南寧州，大寶初没於爨蠻。隋屬昆州。唐爲南寧、昆二州地。元史志：「唐牂州地也。」天寶末復没於蠻，號羅伽甸。初麼些蠻居此，後爲僰蠻所奪。上元中南詔取其地，改置河陽郡。大理時析蠻爲三部，曰强宗，曰休制，曰步雄部。後居羅伽甸者號羅伽部，元取其地置羅伽萬户府，至元三年改爲中路，十六年升爲澂江路。明朝洪武十五年改爲澂江府。領州二，縣三。

府北倚會城，南接臨安，襟水負山，稱爲饒沃。介壤甸之中，厚藩翰之勢，亦雄郡矣哉。

河陽縣，附郭。漢俞元縣地，晉、宋以後因之，梁末廢。南詔置河陽郡於此。元初置羅伽千户所，至元中改河陽州，尋降爲縣。今因之。編户六里。

河陽城，即郡城也。志云：府城舊建於繡毬山，弘治中遷於金蓮山。正德中遷暘溥山麓，嘉靖中復遷金蓮山南。隆慶四年與縣同遷於舞鳳山，環城爲濠，引東西泉水會入濠中，復流於撫仙湖。今城周四里有奇。

西古城，在縣治西。元時築，遺址猶存。城西十里別有西街城，居民稠密。正德六年以寇警，守臣唐臣諭衆民以其屋地所占及第户之高下分築爲城，周匝三里，爲五門，與郡城相犄角。

舞鳳山，今府治後。勢自羅藏山之中支透迤而來，如鳳首覽輝而下，左右兩山並峙，如展翼然。隆慶四年郡守徐可久遷治於山麓，舊志云：在府西北七里。又迴龍山，在府治東南。一名象鼻嶺。石骨抵迴，蜿蜒如入湖狀。其脊分壠旋轉，北望羅藏城郭，左顧若龍蟠然。又治西北有山曰龍爬山。○金蓮山，在府治東五里。一名龜山。高圓平正，衆山環拱，日光照耀，有若金蓮。又暘溥山，亦在治東五里。上有諸葛營，爲武侯駐兵之所。一統志：「府治北有玗札山，一名無詐山，今名烏劄。〔五〕其麓有泉流爲玗札溪，南入撫仙湖。」又雲龍山，滇紀云：「在府東十里。一名訂盟山，相傳諸葛武侯誓蠻於此。」

羅藏山，府北十里。後漢志：「裝山出銅。」後誤爲藏。又蠻語虎栅爲羅藏，昔有虎自碧雞渡滇池爲民害，土人造栅取之，因名也。山高五千尺，上寬平，有龍湫，時興雲霧。元梁王結寨其上，亦名梁王山。明初梁王瓦爾密聞曲靖破，走入羅藏山是也。南有泉流爲羅藏溪，入撫仙湖。北有泉流爲錦溪，西有泉流爲彌勒石溪，俱經陽宗縣入於明湖。山之東又有菜花坪，以野菜蔓生而名，相傳梁王宴遊處。○關摩山，在府北三里。多巖穴泉竇，其水流爲北波沼。又府西有盤龍岡，石巖下雙湫夾出，曰西罾，一云即西浦龍泉也。舊傳水自地中接昆明池，雙湧於西山之麓，流不百步，南折入於湖。今爲閘堰之，蓄洩以時。

涌拔山，府西南三十里。孤高突秀，有玉筍之形，一名玉筍山，屹立於撫仙湖上。又八仙巖，在府西十五里，壤接莜甸。寇盗竊發，往往經此。昔有亭鄣戍卒，今廢。

撫仙湖，城南十里。一名羅伽湖，一名清魚戲月湖。周三百餘里，北納諸溪流，南受星雲湖，涵泓清澈，一碧萬頃。中多石，尾閭東會於盤江。○龍泉溪，在府西十五里，亂石中流入於撫仙湖。

鐵池河，府東二十里。源自曲靖府陸凉州，流經宜良縣至鐵池舖入山峽，數十里會撫仙尾閭，又東入路南州謂之鐵赤河。河外竹山五叢，林木深密，伏戎之莽，扼河可守，蓋天塹也。

漱玉泉。志云：府東街有漱玉泉，出重珠山下，有漱玉橋。又莊鏡泉，出碌碕山下，有莊鏡橋，附郭田疇資其灌溉。又西街有立馬閘，防龍泉溪之水；太平閘，防梁王衝之水。又有太平橋，在治西二里，跨羅藏溪。

江川縣，府東南九十里。西南至臨安府河西縣百九十里。漢時名碌雲異城，蠻名易籠。唐時南詔徙曲旺蠻居此，以白蠻守治之。大理以些麼徒蠻子孫分管其地，名步雄部。元初置千户所，至元十三年改爲江川州，二十年降爲縣，屬澂江路。今因之。縣係土城。編户二里。

部椿城，縣北二十里。昔蠻易昌所築，元置雙龍縣於此，今爲雙龍鄉。

龍鳳山，縣西三里，崇岡疊阜，爲縣鎮山。下有温泉、冷泉，泉水四繞，合流而注於星雲湖。又西里許有西山，峰巒起伏。又城東三里有東山。山頂浮圖唐天寶二年建。○海瀛山，在府東南。特起湖中，四壁如削，憑虚視下，競秀争流。一名孤山。

蟠坤山，縣南十五里，東臨撫仙湖，西際星雲湖。山頂石皆赭，童無草木。○屈顙顛山，在縣北十五里。山半湧泉三派，西入滇海，東入撫仙湖，南爲阿伴溪，入星雲湖，溉田甚溥。志云：土人謂犬爲屈，惜爲顙，嘗有獵是山而不獲者，因名。

緑籠山，縣西北十里。林木蒼翠，下有泉流爲六部溪，東南流入星雲湖。○覆盆山，在府西南三十里。山皆螺甲，形若覆缶。

星雲湖，在縣治南。周八十餘里，東流五里谿海門入撫仙湖。

海門橋。縣東南五里，臨安要路也。星雲湖水經其下，谿此入撫仙湖。

陽宗縣，府東北四十里。北至雲南府呈貢縣界一百里。唐時麽些蠻强宗居此，號强宗部。後訛爲陽宗。元初置陽宗千户所，至元十三年改爲縣，屬澂江府。今因之。縣有土城及濠。今編户二里。

黑相城，在縣治東。一名輸納籠城。又梁王屯，在城東南二里棋坪山上。有廢垣，元梁王曾城其地。志云：明初征滇，僞梁王使其部結屯於此，陰決溝引水以灌我軍，有沙鍋者偵以告，因絶其水，遂滅之。今亦名沙鍋寨。

夾浦山，在縣城西。彌勒石溪及冷水塘二水夾流其下，因名。又棋坪山，在縣東南二里。頂若棋坪，上有梁王屯。一統志作「棋和山」。又化石祖山，在縣西北七里。其南有泉，流爲日角溪。一作「覺卜山」。

天馬山，在炒甸南三十里。山形肖馬，故名。兩山並峙，峰巒起伏，茂林曲澗，蓊鬱盤旋。陟其巔見宜良大池江，南望瀓江撫仙湖，西連陽宗梁王屯，北覩湯池萬福寺。山麓流泉，環遶若帶。滇紀云：「山在縣東三十里。」

明湖，在縣北。一名夷休湖，一名陽宗湖。源出羅藏山，下流入盤江。周七十餘里，兩岸陡絶，山水赤色，產魚甚佳。

○彌勒石溪，在縣西。發源羅藏山，溪經縣治東北而入明湖。

大衕河。在縣南五里。源出羅藏山北，諸水匯而爲河，下流亦入於明湖。隆慶中隄決，縣令文嘉謨復濬而深之。又日角溪，在縣西北百里。出化石祖山，伏流至天生橋下，復出成溪，又東北入於明湖。志云：縣西有錦溪，亦匯於日角溪。

新興州，府西一百二十里。南至臨安府石屏州百二十里，北至雲南府昆陽州一百里。

古滇國地。漢新興、弄棟二縣地，後因之。梁末土人爨瓚居此，分爲西爨地。唐貞觀中置求州，屬戎州都督府。天寶末没於南詔。蒙氏置温富州，段氏時些麽徒蠻分據其地。〔六〕元初置部旁、普舍二千户所，至元十三年改置新興州，隸瀓江路。今因之。編户二里。

州山川環列，居然奥區。

休納城，今州治。志云：昔有强宗部蠻之裔，長曰部旁，次曰普舍。部旁據普具龍城，亦名休制部。元初立部旁千户所，至元七年改爲休納縣，十三年置州於此，尋省縣入州。明朝正德間始築土城，萬曆六年改築磚城，周三里有奇。○白城，在州西北。昔部旁、普舍二城之西有此城，漢人所築，二酋屢争之，莫能定。又州治西南有禄匡城，州治南有昌人城，相傳漢時所築。

普舍城，州北二十五里。强宗部蠻之裔普舍者居普札龍城，元初置普舍千户，至元十三年改爲縣，明初省入州。○研和城，在州南三十里。昔麽些徒蠻步雄居此，元初其孫龍錆者内附，立百户，至元十三年改爲研和縣，明初省入州。又畔龍城，在州西十里。元至元中置縣，後省入研和。志云：研和縣有王乞城，漢築。又州西有中古城，州北有黑村、馬橋二城，俱元置。志云：有大營城，去州十餘里。

奇梨山，在州治西。林木茂蔚，下有泉流爲奇梨溪，下流入大溪。○羅麽山，在州東北二十里。今名石崖山。下有白龍泉，流爲羅麽溪，溪凡九曲入於大溪。又靈照山，在府東十里。山高峻，日出則光先照，因名。

博螺山，在州東南。滇紀：「自州境出博螺、龍馬諸山，道寧州入蒙自縣界。」

大棋山，在州西北十五里，元末蠻酋據險設寨於此。又蒙習山，在州西北七十里。一名適饑山，山頂與晉寧州分界。○關索山，在州西。道險引繩而渡，謂之關索，駐驛處。

大溪，州西北五里。源出州北之夾雄山，自東北流遶於州之西南，過羅麽、奇梨二溪，出臨安府之嶍峨縣入於曲江。○九龍池，在州西北二十里。池聚九泉，分灌赤壤。志云：州北十里有蓮花池，下流入於大溪。

蘿木箐河，在州北。自晉寧州流入境，又西南流入臨安府嶍峨縣界。又密羅河，在府西。源出密羅村，亦西南流入嶍峨縣。

鐵爐關。州北三十餘里，爲北出昆明之要路，有巡司。志云：州東有棠梨坡砦，自州至江川縣此爲次舍處。

路南州，府東百三十里。東北至曲靖府羅平州百六十里，南至廣西府彌勒州二百二十里，北至曲靖府陸涼州二百三十里。

古滇國地，蜀漢爲建寧郡地。唐爲昆州地，夷名路甸。天寶末爲黑爨蠻落蒙所據，號落蒙部。元初置落蒙萬户府，至元十三年改爲路南州，元志：「至元七年併落蒙、羅伽、末迷三萬户爲中路。十三年分中路爲二路，改羅伽爲澂江路，落蒙爲路南州。」屬澂江路。明初因之。編户三里。

州旁控蠻甸，雄峙東陲。

撒吕城，州東北一里。志云：州舊城也，即黑爨蠻之裔落蒙所築，因有落蒙部之名。後廢。明朝弘治中始築土城，隆慶六年重築，萬曆四十八年復修治。周二里有奇。

邑市廢縣，州東北八十里。舊有邑市、彌沙等城，落蒙子孫分據之。元至元十三年即邑市、彌歪二城立邑市縣，彌沙等五城立彌沙縣。二十四年并彌沙縣入邑市，隸路南州。明初因之，弘治四年邑市縣省入州。志云：彌沙城在州東南，相近又有河頭城，俱漢時築。

達子城，州東三十里。夷語爲底伯廬。其城起自曲靖，底於廣西，綿延三百里，昔蠻酋弟兄築此分界。

竹子山，在州南五十里。山高千仞，周百里。舊爲賊巢，明朝弘治中方伯陳金平之。環向有蠟蝎、香爐諸峯。○遮日山，在州東南十五里。峰巒峻拔，陽輝掩映。一名呰亦山。又劄龍山，在州東八十里。峰巒高聳，下有小石可煉爲銅。志云：州治旁有鹿母山，治南半里又有紫玉山。

照鏡山，州西北二里。山前有池，如鏡倒影其中。又休柔山，在州東北十五里。今名九盤。下有流泉曰休柔溪，南流入於盤江。○羊鼻山，在邑市廢縣東北十五里，以形似名。頂有泉，引以灌溉。又木龍山，在邑市廢縣東南十五里，高可五百餘仞。志云：州北三十里有關索嶺，高三十餘丈，險峻難度，若關隘然。

巴盤江，在州西。源自曲靖府陸涼州，流經雲南府宜良縣入府境，過邑市廢縣，至州西南合鐵赤河，東南流入廣西府界。

鐵赤河，州西四十里。自府境流入，過瓦渡、雙龍溪至州西南，又過興寧溪，下流入於盤江。○興寧溪，在州東二里，遶州治，西南流入於鐵赤河。

天生橋。有二：一在州北五十里，一在州東北十二里。皆石梁可渡，不假人力，因名。又州境有革泥巡司及和摩驛。

廣西府，東至廣南府四百八十里，南至臨安府阿迷州二百二十里，西至臨安府寧州二百四十里，北至曲靖府羅平州二百十里，西北至澂江府路南州二百五十里，自府治至京師一萬九百六十五里，至省城三百十里。

禹貢梁州南徼，漢爲牂牁郡地。蜀漢屬興古郡，晉、宋因之。隋屬牂州。唐時東爨、烏蠻彌鹿等所居，後師宗、彌勒二部强盛，歷蒙氏、段氏皆不能制。元初内附，隸落蒙萬户府，至元十二年立廣西路。明初改爲廣西府。土知府舊昂姓，今爲土照磨。屬夷有黑爨、僰夷、土僚、沙蠻、儸儸五種雜居。築城記：「廣西東臨水下沙夷，西近龜山寇巢，南連路南州，北接陸涼舊越州，土舍、夷儸四面雜處，而沙夷尤稱獷猂。舊爲矣邦、生納二村，土官掌之，成化十四年以後屬於流官。」領州三。

府東瞰粤西，南控交趾，山谷幽阻，民夷富强。志曰：諸山爲屏，八甸爲壍，彈壓烏沙、土僚諸蠻，是郡之大勢也。

廣西城，府治舊在矣邦、生納二村，無城。明朝成化中始築土城，尋圮，隆慶五年易以磚石。周三里有奇。

發果山，在府治北。培塿相接，環於府治。城中有山曰鍾秀，城南二里曰翠屏山，皆與府治相環帶。

阿廬山，〔七〕在府西三里。山延亘四十餘里，南連彌勒，北跨師宗。有山洞深邃莫窮，洞中流泉入於西溪。山下諸夷舊曰阿廬部。又有吉輪山，在府東南五里。○臨光山，在府西十里，與阿廬山相接。

巴盤江，在府西北百里。一名潘江，亦作半江。自霑江府流入，又東至師宗州界而入曲靖府羅平州境。又有盤江，在府西五十里。自臨安府阿迷州流經彌勒州界，復東北流經府西，至師宗州而會於巴盤江。

西溪，在城西。志云：師宗州諸水多伏流於地，至阿廬山洞始出而爲溪流，經府城西，環抱城南，與東溪合，下流入於矣邦池。

矣邦池。在府西南。一名龍甸海，亦謂之乾海，周三十餘里，半跨彌勒之界。有二源，一出阿盧山麓石竅，一出彌勒州吉雙鄉。南流入盤江。中有小山。弘治十二年李韶言：「府南有乾海，後有平壤一帶，有水利，可開屯田。」是也。

師宗州，在府北八十里。北至曲靖府羅平州一百二十里，西至霑江府路南州一百二十里。

古蠻夷地，地名匿弄甸，爨蠻師宗者據之，號師宗部。一統志：「宋時爨蠻居宕浪甸，其後師宗居匿弄甸。元初隸落蒙萬户府，至元十二年置師宗千户總把，領阿寧、豆勿、阿盧、豆吴四千户，屬廣西路。二十七年改爲師宗州。今因之，編户六里。屬廣西府。

州山高水深，稱爲雄險。

師宗城，今州治。志云：元置師宗千户總把，治於州東南檳榔洞，後徙今治。舊有土城，萬曆二十八年修築，四十年復展拓之。城周三里有奇。

恩容山，州北五里，三峰峭拔。○鎖北門山，在州北十二里。二峰高聳，經行其間，如門扃然。志云：州西南七十里有龜山，極高峻，去府城亦七十里，爲夷儸之藪。萬曆四十八年築土城於此，周一里有奇，謂之督捕城。府通判駐守其地。

英武山，州東八十里。峰巒峭拔，高可千仞，洪武初設英武驛於其下。山饒盜賊及虎，行人稀闊，驛遂廢。○緑德山，在州東百二十里。孤峰秀削，一名六德山。有六德廢驛址。山下地名阿反村，多暴官。

馬者籠山，州東二百四十里。山高峻。又州東三百里有高耒山，高三百仞。志云：高耒山西南三十里即馬者籠山。

巴盤江，在州西北五十里。自府境流至此，又東北入曲靖府羅平州界。又州西二十餘里有盤江，亦自府境流入，而合於巴盤江。志云：州近治有大河口，蓋盤江經此，迴曲而爲大河也。

檳榔驛。在州東南五十里。今爲檳榔洞村。又東爲英武驛，又東爲六德驛。三驛俱洪武初設，尋廢。

彌勒州，府西九十里。西南至臨安府阿迷州百里，北至澂江府百八十里。古蠻夷地，本名郭甸，巴甸部籠之地，些莫徒蠻之裔彌勒者據此，因名彌勒部。元初隸落蒙萬户府，至元十一年以本部爲千户總把，領吉輸、裒惡、部籠、阿欲四千户，屬廣西路。二十七年置彌勒州。明朝因之。編户十六里。

州襟帶山川，控扼蠻僰。

彌勒城，今州治。舊爲甸村，元置千户所於此，明朝弘治十一年始築土城，周四里。

卜龍山，州南五里。舊部籠部千户所置於此。疊嶂重巒，環遶州治。又阿欲山，在州西十里，舊阿欲部千户所治也。岡巒重疊，下有温泉。其山綿亘七十餘里，東接北傾山。○北傾山，在州北三十里阿欲鄉。中高五十餘仞，西連阿欲、構甸二山。

盤江山，州東南百里。有東西兩山相峙，盤江流其中，東抵師宗州，南抵阿迷州。中有石竅，深廣丈餘，濁水湧出，注於盤江。

盤江，在州東南。自臨安府阿迷州流入境，又東北入府界。○八甸溪，在州治北。其源有三，一出舊村，一出阿欲山，一出北傾山，至州治東而合流，南入盤江。或謂之巴甸江。治前有橋曰玉津橋，跨溪上，長五尺，闊七尺。

十八寨。在州西南。有十八寨山，山箐連屬，其中夷種最繁，蓋盜藪也。寨東五里有白馬河。○新哨，在州西南。自阿迷州之彭堡達於新哨乃至州治。又北出板橋，接雲南府宜良縣界。

維摩州，府東南二百六十里。東北至廣南府百七十里，西至臨安府蒙自縣百五十里，南至安南界一百七十里。古鑾夷地。元始立維摩千户，隸阿迷萬户。至元中以維摩爲千户總把，領維摩、屈中二千户，隸廣西路，後改爲維摩州。明初因之。土知府舊資姓，今李姓。編户九里。州南瞰交趾，險阻之區也。

維摩城，今州治。元初爲維摩千户所，後建爲州。明朝洪武初設流官，築土城於今州西北。宣德以後交趾背叛，土司寖强，舊治遂廢，因徙今地。萬曆二十年始築土城，周二里有奇。志云：州西南有法土竜城。竜讀蘢。其城險固，城後有高山壁立，後有石城甚險峻，憑高臨下，城中每峙爲聲援。又西地名江那，亦據險處也。

丘北城，在州西。又東至舊維摩城有箐口，甚險隘。志云：州西又有三鄉城，萬曆二十二年築，周一里有奇。

曲部山，在州治西。中峰高聳，下有泉流爲溪，經州南數里入於石竇。今山下有曲部驛。○萬年龍山，在州東北百里。有泉成溪，流入廣南府界。又有寶寧山，下亦有泉，流入於寶寧溪。

小維摩山，在州東北八十里，高可千仞。又有大維摩山，在州東南二百里，高出衆山之上。昔時土官皆世居此。○阿母山，在州東南九十里，高千餘仞。下有阿母驛。又東七十里爲維摩驛。又折角山，在州東南百五十里。下有泉，流爲折角溪。○龍定山，在州東南三百餘里，有五峰屹立。

寶寧溪。在州東北百二十里。出寶寧山，南流合萬年龍溪及折角溪之水，流入廣南府界，匯於右江。

廣南府，東至廣西泗城州三百二十里，西至廣西府維摩州三百七十里，南至古器野界六十餘里，北至曲靖府羅平州界四百里，自府治至京師一萬一千四百三十里，至布政司七百九十里。

古蠻夷地。宋時名特磨道，儂智高之裔居之。宋至和二年，廣西經制使余靖遣邕州司户參軍石鑑入特磨道，生獲儂智高母，即此。元至元中立廣南西道宣撫司，領路城等五州。後來安路奪其路城、上林、羅佐三州，惟領安寧州、富州。明初改置廣南府，編户六里，土同知儂姓。領州一。

府山崖高峻，道路崎嶇，控臨邊陲，有金湯之固。志云：廣南古無郡邑，西洋江限其南，牌頭山爲之鎮，崇崖巨壑，峻阪深林之區也。

廣南城，志云：今府治在平關坡上。洪武十九年樹木爲柵，周四里有奇，設西南二門，柵下有濠。

牌頭山，府西北五里。峰巒起伏，其右小山連峙如盾，土人築砦居之。○蓮花山，在府東北二十里。五峰連聳，諸小峰參差旁峙，形如蓮花。

西洋江。府南八十里。源出府東南境之板郎山、速部山、木王山，三流相合，東南入於廣西田州府之左江。

富州，府東二百里。東至廣西安隆長官司界一百里。

本蠻夷地，元至元中置富州，今因之。土知州沈姓。州無城。編户二里。

州山谷峻阻，控禦羣夷。

廢安寧州，在州西南。元置，明初省。又羅佐廢州，一云在州東北百里。亦元置，明初廢。

祛丕山，在州治西。形如狻猊，昔土人結屋避兵其上。今呼獅頭寨。

玉泉山，州西北七十里。山頂有泉，飛流如素練。下有石池，清碧洄旋，溢流於西洋江。○者鷂山，在州東南九十里。高二百仞，怪石槎岈，夷酋之壑穴也。又西寧山，在州東北百十里。巖洞深邃，蠻潛匿其中，不可究詰。

楠木溪。州東三十里。源出州境之花架山，其水常温。又南汪溪，在州治西。源出州西北之麻卯山暨僻令山，流至州南合南木溪，東行至石洞伏流，十五里復出，下流入於右江。

元江軍民府，東至臨安府石屏州界一百十里，南至臨安府思陀甸長官司界二百十里，西至思論設者癸寨界三百里，北至新化州界二百里，自府治至京師一萬一千二百八十五里，至布政司七百九十里。

古西南夷地，蠻名惠龍甸，又名因遠部。蒙氏時屬銀生節度，徙白蠻蘇、張、周、段等十姓蠻戍之，又開威遠等處置威遠瞼，瞼讀簡，制若中國之州。或曰與睒同，讀淡。後倣此。後和泥蠻侵據其地。宋時儂智高之黨竄於此，和泥開羅槃甸居之，後爲些麽徒蠻阿僰諸部所有。元初内附，後復叛，築城以拒命。至元十三年遥立元江萬户府以羈縻之，二十五年討平其地，復於威遠置元江路。元志：「割羅槃、馬籠、步日、思麽、羅丑、羅陀、步騰、步竭、台威、台陽、設栖、尼陀十二部於威遠立元江路。」明初改爲元江府，永樂初改元江軍民府。領長官司一。土知府那姓。嘉靖三十年土舍那鑑作亂，尋討平之，革其官，以臨安衛署之。尋復叛。

府屹峙南陲，制臨交趾，山川環屏，道路四通。

因遠羅必甸長官司，附郭。本名羅槃甸，元屬元江路，明初置長官司。編户八里。

步日城，在府西。蒙氏立此甸，徙白蠻鎮之，名步日瞼。元爲步日部，明初廢。志云：今府城，元大德中築，三面瀕河，延袤九里。

玉臺山，在府城東。舊名羅槃山，凡二十五峰。懸崖絶壁，險阨難登，蒼翠如玉，望之若臺。又有天馬山，在府治旁，秀如華峰，相對峙學宫前。○自樂山，在府東北十里。狀如中原之崆峒，今名棲霞山。志云：山與蒙樂山同脈，故名。

路通山，府東二十五里。舊名馬籠山，北瞰禮社江。高峰千仞，蔽虧日月，一線羊腸，通臨安路。○嵯峨山，在城西南二十里。中峰嵯峨，狀如卓旗，飛舞翔動。又寶山，在府西二十里。圓如螺髻，尖若插簪。俗傳昔有蠻藏寶山麓，因名。

因遠山，府西四十里。有因遠驛，爲往來必經之地。泉出巖中，流爲仲夷溪，分溉田畝，東流入禮社江。志云：府北有奇山，舊曰龍爪山，有涵春泉、仙人洞，奇詭萬狀。又有九龍山，在府西北三百里。産礦，名魚梟場。

禮社江，一名元江。自新化州流入境，繞府城東南而入臨安府境。○崀峨河，在城西四十里阿南村，有混龍橋跨其上，下流入禮社江。

闇力白衣甸。或云在府南境。元至元二十七年雲南闇力白衣甸酋長凡十一甸内附，蓋皆在府境云。○魚復寨，在府西，近鎮沅府界。嘉靖三十年鎮沅知府刀仁攻那鑑，克魚復寨是也。

者樂甸長官司。東至新化州界三百四十里，西至鎮沅府界八十里，南至鈕兀長官司界三百二十里，北至景東府界一百里，自司治至京師一萬一千六百四十五里，至布政司一千一百七十里。

古蠻夷地。南詔蒙氏屬馬龍、他郎二甸，地名猛摩，夷名者島，後爲阿僰諸部所據。元時內附，屬他郎甸管民官，隸元江路。洪武末分置者樂甸長官司，土司刁姓。直隸布政司。司據山附水，稱險僻之地。

者島山，在司治北。島訛爲樂，司因曰者樂。山高聳，可以望遠，爲北面之障。

蒙樂山，司東北二百里。一名無量山，巍然高峻，窮日之力方陟其巔。有毒泉，人畜飲之即死。山與景東府接界。今詳見景東府。

景來河。在司東。自景東府流經司境，下入馬龍江。以自景東府來，因名。

校勘記

〔一〕臨安府　底本原作「臨安州」，今據鄒本及明志卷四六改。

〔二〕莽始建國初　「國」，底本原作「明」，今據職本、鄒本改。始建國爲王莽年號。

〔三〕菜玉山　「菜」，底本原作「萊」，鄒本作「采」。明志卷四六作「菜」，其校勘記云：「『菜玉山』，原作采玉山，據明史稿志二二地理志、明一統志卷八六改。清一統志卷三七一菜玉山下稱：『產石碧潤如玉，謂之菜玉。』」今據改。

〔四〕禄卑江　「江」，底本原作「山」，今據職本、鄒本改。

〔五〕今名烏劄　「烏」，底本原作「鳥」，今據鄒本改。

〔六〕段氏時些麼徒蠻分據其地　底本「些麼徒蠻」前原有「徒」字，今據職本、鄒本及元志卷六一删。

〔七〕阿廬山　「山」，底本原作「江」，今據職本、鄒本改。

讀史方輿紀要卷一百十六

雲南四

楚雄府，東至雲南府祿豐縣一百八十里，南至元江軍民府三百里，西至景東府四百里，西北至大理府四百二十里，北至姚安軍民府百九十里，自府治至京師一萬一千五十里，至布政司六百里。

禹貢梁州徼外地，漢益州郡地，後爲雜蠻耕牧地，一統志：「晉咸康中嘗於此分置安州，尋罷入寧州」。據宋志，晉成帝咸康四年分牂牁、夜郎、朱提、越嶲四郡爲安州，安州未嘗置此也。夷名峨碌。後爨酋威楚築城峨碌睒居之，因名威楚城。唐貞觀末諸蠻內附，此爲傍、望、覽、丘、求等州地。唐史：「貞觀二十三年遣將擊西爨，開蜻蛉、弄棟爲縣，其西徒莫祗蠻、儉望蠻皆內屬，以其地置傍、望、覽、求、丘五州，隸郎州都督。」滇志：「五州惟求州在澂江新興州境內，餘俱在府境。」天寶末沒於南詔，屬銀生節度，尋改置銀生府於此。大理時以銀生屬姚州，此爲當筋瞼，又改白鹿部，後改威楚郡。元初內附，置威楚萬户府，至元八年改爲威楚路，後又置威楚開南等路宣撫司於此。明初改爲楚雄府，近郭有羅婺諸夷。領州二，縣五。

府當四達之衢，東衛滇郡，西連大理，南控交趾，北接姚安，山川清秀，土壤肥饒，鹽井之利，商民走集，稱爲大郡。

楚雄縣，附郭。南詔時屬安州威楚縣，後爲爨蠻所據。大理時屬於姚州。元初置千户所，至元十五年改置威州，二十一年降爲威楚縣。明初改今名。縣丞楊氏世襲。編户十里。

德江城，在府城西北二里。志云：威楚在蒙詔時爲銀生黑嘴之鄉，因置銀生節度。至段氏中葉高昇泰執國柄，封其姪高量成於威楚，築外城，號德江城，傳至其裔高長壽附於元。今府西北二里有德江村，或云即故城處也。今城明初洪武十六年征蠻都督袁義所築。義以南山高峻，逼近城郭，倘寇據以臨城，是資敵也，因繪城山圖以獻，報可。義遂改築石城，緣山爲險。歲久漸圮，隆慶四年改築。萬曆三十八年東南城圮於水，尋復修築。四面有濠。城周八里有奇。

富民廢縣，在府東。元至元中置，尋省入威楚縣。今爲富民鄉。又有浄樂縣，亦元置，後省。今爲浄樂鄉。

南山，在府治南。舊名雁塔山，亦名金礦山。其麓有武侯祠，相傳孔明曾營於此。又慈烏山，在府治東，城跨其上。○鳴鳳山，在城西。亦名卧龍岡。志云：岡在府西十里，以孔明曾過此而名。又城北青峰坡有峨碌山，古峨碌城之名本此。今有峨歸驛。志云：城北五里又有錦囊山，形如錦囊布地，因名。

薇溪山，城西二十五里。山高千仞，峰巒百餘，而溪箐如之。每溪皆有泉，分流三十里乃合而注卧龍江。又西五里有紫溪山。

龍川江，在府城北。源出鎮南州平夷川，東南流經府城西合諸水，至青峰下而爲峨碌川，又東會諸水，經定遠縣境而入武定府界。○平山河，在府東三里。源出南安州山中，流經府北而入龍川江。跨河有平山橋。

波羅澗，在府西八里。志云：其麓有夜合榆，榆下有滷水，元至正間設官開井煎鹽輸課，今廢。又搗練溪，在府西三里。水宜釀酒。又鳳泉，在城東，四時不竭。

城南堰，在府南三里。可灌田千餘畝。志云：府東三十五里有梁王堰，元梁王把匝剌瓦爾密所築也。

吕閣驛。府西四十里。古名合關灘。元至正末梁王孛羅敗明玉珍將萬勝於關灘，既而玉珍入雲南大理，段功進兵至吕閣，敗玉珍兵於關灘江，焚其衆於古田寺，又追敗之於回蹬關，又追至七星關是也。輿程記「今吕合驛即吕閣也。又吕合巡司，北至姚安百五十里，西至鎮南州沙橋驛六十五里。旁有合襟水，因改名吕合」云。古田寺，在吕閣東。七星關，見貴州重險。

廣通縣，在府東七十里。東至雲南府禄豐縣百三十里，北至姚安府百六十里。蠻名古路賧，元初置路賧千户，至元十二年改爲廣通縣，隸南安州。明初改今屬。編户四里。

東山，在縣治東，勢若魚躍。又東三里曰高登山，元時有鹽井，建鹽司於此。今廢。亦名鹽倉山。又鶴翥山，在縣東北十里。山形如鶴，環遶縣治。其相近者又有蟠龍山。山形蜿蜒，中有龍泉，甚甘冽。或曰即九盤山也。迴旋險峻，道路九盤，立關其中。又東爲凋林山，高插霄漢，登之則禄豐、定邊諸境一覽在目，爲楚雄衆山之長。

和茶山，縣南十五里，清水河源出焉。其東有阿納香山，一溪河出焉。二山相連，高聳峭拔，延亘二百餘里。○鳳山，在縣西一里。又里許有營盤山，相傳山下爲武侯屯營地。又圖經云：「青峰即峨碌山，其支在廣通之南者名阿浮煉山，是縣之主山也。」

回蹬山，縣西十八里。相傳南詔閣羅鳳攻雲南拓東城，至此山，以雷雨回兵而名。一云閣羅鳳叛唐，唐師討之不克，返轡於此，故名也。有回蹬關，爲趨府之道。元末明玉珍將兵三萬來攻鄯闡，大理段功赴救，敗其兵，追至回蹬關。又有泉出山之東，爲觀山河。○翠屏山，在縣西四十里。有湯團箐，相傳諸葛武侯出師時遺跡。又西十里爲羅苴甸山，一邑物產，此出大半。稍東爲卧象山，地名羅苴村。其東南又有卧獅山，相對拱峙。山麓俱產銀礦。

阿陋雄山，縣東北十五里，高踰千仞。有泉出山西，爲羅申河，出山南爲阿陋河。○龍街山，縣北七十里。有龍街洞，爲縣之勝。

捨資河，縣東五十里。源出武定府，東流入南安州界，至元江府境下流入交趾河。今有鋪、有堡、有巡司、有驛、有村，皆以捨資爲名。巡司之前有陡澗橋，跨捨資河上。志云：捨資巡司在縣東七十里。

立龍河，府西一里。源出馬鞍山，下流經城西，又北會於大河。大河，在縣北三十里。自府境流入，匯縣境羣流而西北出，流入定遠縣境之龍川江。又羅繩河，在縣西南三十里。流經定遠縣之黑井，亦入於龍川江。

蒙七塔溪，縣東二十里，有翠微橋跨其上。其後即蒙七塔鋪。志云：縣東三里有清風河，發源於縣東北之趙普關，流至枯木村，有清風橋跨其上。又城東北十里有雕龍河，源出阿陋雄山。又有龍泉，出縣東北之蟠龍山，山勢蜿蜒，出泉甘洌，環遶縣治，交會於大河。

阿陋井，在捨資村中，又有猴井，俱產鹽。置鹽課大使，屬黑鹽井提舉司。志云：縣產鹽之井凡四十七區，俱環鹽課司四旁，或以人名，或以地名，今多湮没，總以奇興大井爲名。

回蹬關，在回蹬山上，有巡司戍守。又九盤關，在九盤山上。二關爲縣境東西之險。○沙矣舊箐，在縣東北七十里，有巡司戍守。司南三十里即捨資驛也。

捨資驛。〔一〕縣東四十里，有巡司戍守。滇程記："自雲南府禄豐縣七亭而畸達捨資驛，中途有窩石砲、南平坡、六里箐、響水橋、響水鋪諸境，自捨資驛四程而達縣，爲路甸驛，有十八灣坡、清川橋之勝。"

定遠縣，府西北百二十里。西北至大理府趙州雲南縣百十里。地名曰直賧，雜蠻所居。唐爲姚州地。一云本髳州地，天寶中没於南詔，使爨酋築新城於此，曰耐籠，後入於段氏。元初置牟州千户。牟與髳同音也。至元十二年改置定遠州，後降爲縣，屬威楚路。今因之。主簿李氏。編户五里。

南寧城，在縣南，地名黄蓬阱。滇志："宋紹聖中段氏臣高昇泰專國政，命雲南些麽酋徙民三百户於黄蓬阱，元初立黄蓬阱百户，至元十二年改爲南寧縣，尋省入定遠。"今爲南寧鄉。

赤石山縣西二十里。圖經云："定遠鎮山曰赤石味山，即楚雄之峨碌山也。"亦曰赤土山，多赭石，林木幽翳，延亘二百餘里。其東有泉，下流爲零川。其相近者又有雲龍山，山勢峭拔，起伏非一，亦名伏虎箐。

會基山，縣南四十里。高三千仞，連亘數百里，有五十餘峰，羣山之脈皆起於此。上有會基關，設兵戍守。志云：縣之清和鄉有木刺苔村山，多巉巖怪石。又有馬蹄石，一路峻崖，凡七里許。崖畔有石池，方廣各丈餘。泉香而甘。石上有馬蹄痕數處。又紫甸鄉有自久山，方廣四十里。明初有土酋名自久者，據爲寨，因名。

玉璧山，縣東六十里。高千仞，旭日照之，如玉璧然。東有鳳羽山，南有易者山，北有絶頂峰，皆丹崖壁立，高出羣山之表。又諸葛山，亦在縣東六十里。一名獨立山。世傳孔明過此，令掘斷山岡左右以厭勝。亦名破軍山。山畔有井，舊出滷水。下有白石泉。

龍川江，在縣東。自府境流入，又東北入武定府元謀縣界而爲西溪河。

黄蓮池，縣東南五里，廣二里許。池嘗産黄花如蓮。又龍馬池，在縣西南五里，方廣四里。相傳有龍馬現池中。志云：近城有浪溪，産鹽泉。

黑鹽井，縣東七十里。有釜鹽，有提舉司。其産鹽之井曰復隆井，舊名巖泉。又有大井、東井，凡三井。其東又有琅井，亦産鹽。元李源道記云：「滇池西走六驛有郡曰威楚。東北五舍沿浪山入長谷，有鹺井取雄於一方。井西里許有山曰萬春，墻立壁峙，東龍江之水，踞虎嶺之麓，爲最勝處。」又環黑井上者曰金榜山，近琅井者曰筆架山。今爲黑鹽井及琅井兩鹽課提舉司。又有黑鹽井、琅井二巡司。志云：琅井提舉司本名安寧，在雲南府安寧州治西。天啓三年移置於縣界，改曰琅井。

羅平關，縣西南三十里。有巡司。或訛爲羅那關。元至大二年梁王老的與大理構隙，引兵至羅那關，以計殺其守將高蓬，蓋關爲大理之界云。又會基關，在會基山上，與廣通縣接界。有會基巡司。亦曰會溪關。○諸葛營，在縣四十里。相傳武侯討南中過日直睒北，傍山下築營，夷稱望子洞，基址尚存。志云：營在縣境者有三，一在磨盤山，一在羊牟山，一在光法山。

自久寨。在縣東紫甸鄉。明朝永樂初蠻酋自久據險犯順處。

定邊縣，府西三百十里。西南至景東府一百七十里。地名南澗，爲濮落蠻所居。元至元二十二年置定邊縣，隸鎮南州，二十四年省縣入州。明初復置今縣，改屬府。縣丞阿氏。編户五里。

蒼山，在縣北。圖經云：「青峰山在定邊之北者名曰蒼山，蓋一山高大，分爲五縣之鎮也。」志以縣治後真武坐臺山爲鎮山云。○湧翠山，在治北十里。有刀思郎遺壘。又北有螺盤山。山頂盤旋，形如螺髻，故名。明初西平侯沐英與刀思郎戰於此。山之西産青緑石礦。上有自普關。又陶羅山，一統志云：「在縣治西，高可千仞。」

無量山，在縣北二十里。志云：山高萬仞，爲西南天塹。俗傳孔明南征至此乏糧，亦名無糧山，即景東府之蒙樂山矣。

定邊河，在縣南。其上流一自大理府趙州流入，即禮社江也；一自蒙化府羅丘場流入，即陽江也；合流經縣之利木村，五六月間，漲水洶湧，人不敢渡。縣東又有環川，〔三〕縣西又有牟苴河，一名零川，相近又有剌崩川，下流俱合於定邊河入元江府界。

自普關，在縣北螺盤山上，爲控扼之地。○武侯臺，在縣東五里劉昇村。相傳武侯屯兵處，遺址尚存。

定邊驛。在縣治西，又北百里即大理府趙州之定西驛矣。又有石洞哨，在縣南六十里。

碍嘉縣，府南四百五十里。東至臨安府新興州百里。本夷僚地，曰虚初。元至元中置碍嘉千户，後改爲縣，屬威楚路。明初因之。編户二里。

黑初山，在縣治西。高千餘仞，五峰聳列，連亘百里。志云：蒙古滅段氏而赦段興智，興智於黑初山設寨自守，時有星殞，化爲黑石，以爲祥，因名磚嘉寨云。○卧象山，在縣治東，形如蹲象。上有元磚嘉千户所舊址，泰定間所建，屬景東路。

卜門山，縣東北三十里。高可千仞，最爲險峻。志云：即楚雄峨碌之支也，高聳入雲。其泉下遶爲卜門河。自縣入郡路必經此，凡三十六折乃至其頂。亦曰北門山。又羅甸山，在縣西南二十里。○丙龍巖，在縣北十里。巖高數丈，下有水自景東府流入境，下流亦入於卜門河。

卜門河，在卜門山下。縣西四里有馬鹿塘河，流合焉。二河合流之處有西龍橋跨其上，在縣北十里。又東北入於馬龍江。

馬龍江。在縣北。自鎮南州流入境，又東入新化州界。又有上江河，在縣西五十里，與南安州分界。

南安州，府東南五十里。東至雲南府易門縣二百里，東南至新化州四百七十里，西至鎮沅府三百里。

古蠻夷地，黑爨蠻居此，寨名摩芻。元初置摩芻千户所，屬威楚萬户。至元十二年改置南安州，隸威楚路。今因之。編户五里。

州山嶺稠疊，林麓四周，爲險固之地。

南安城，古摩芻寨也。元築土城，明初因之。城周一里有奇。

健林蒼山，州東五里。今訛爲阿姑娘山。山半有泉。昔黑爨祖瓦晟吴立栅居其上，子孫漸盛，不屬他部，至大理時高氏封威楚始隸焉，蓋蠻酋據險處也。○紫石山，在州東一里。又里許爲烏籠山，樹木叢密，望之鬱蒼，泉出下注爲黑龍潭。

表羅山，州西南四十里。中産銀礦，俗名老場。滇中銀場以此爲最。○安龍堡山，或云在州東南。山高峻，賊蠻潛伏於此。嘉靖間有奚德、奚木者倡衆爲亂，知州荀誂出奇設伏，躬入巢穴，率師格殺，仍立哨於要地，民用以安。

黑龍潭。在州東七里，水深莫測。州東三里又有白沙泉，土人資以灌溉。又石井，在縣東北二里。其泉湧出，隨取隨滿。

鎮南州，府西北七十里。北至姚安府一百二十里，西至大理府趙州二百八十五里。

古蠻夷地，濮落蠻所居，川名欠舍，亦曰沙却。唐上元中蒙氏置俗富郡於此，後屬於段氏。元初置欠舍千户，至元二十二年改爲鎮南州，屬威楚路。今因之。編户四里。州同楊氏，州判陳氏，世襲。

州山川環帶，舟車往來，走集之郊也。

和子城，州東二里。唐上元中南詔閣羅鳳擊東爨，侵峨碌，取和子城，即此也。元始築土城爲州治，明初廢。弘治間改築，嘉靖中圮。四十年因舊址築，萬曆四十三年易以磚。周三里有奇。

石鼓城，州東三十里。舊名雞和城。閣羅鳳侵東爨，取雞和城置石鼓縣，段氏因之。元初置石鼓百户，至元二十二年改爲縣，二十四年省縣入州，爲石鼓鄉。

石吠山，州東南二十里。產煤炭。相傳上有石如犬，凶年則吠。又金雞山，在州東五里。高出羣峰，每日出則先照其上。一統志：「州治西北有鸚鵡山，平地突出，甚高聳，鸚鵡產焉。」○十八盤山，在州北十五里。登之者迂迴山岡，十八折乃至其顛。

石鼓山，州東三十里。上有石，行列如鼓，舊石鼓縣以此名。又五樓山，亦在州東三十里太乙村後。嵯巖峭拔，最爲幽勝。一統志：「州東十五里有會逢山，峭拔聳空，草木叢茂。」

馬龍江，州西南百八十里。其上流即定邊河也。自定邊縣流入境，東南流經碍嘉縣東，又東南入於元江。

平夷川，州西三十里。源出衆山中，經州城西東南流，至府城西而入龍川江。志云：州西四十里有苴力橋，州西三十里有白塔橋，州西十里有平夷橋，俱跨平夷川上。

南堰，在州南，又州西有西堰，可溉田二千餘畝。○子甸溪，在州東北，亦溉田至數千畝。

英武關，州西七十里，有巡司戍守。亦曰鸚鵡關。志云：英武關踞山脊，越峻阪，箐莽陰翳，行者寒心，爲郡境之險。又有阿雄關在州西北，亦有巡司戍守。志云：州境又有鎮南關巡司。

沙橋驛。州西三十里。又有舖、有堡、有巡司，俱以沙橋名，皆在州西三十里。又西七十五里爲普淜驛。滇程記：「自州三亭而畸達沙橋，有鴽鴦、白塔二坡。自兹徂西山确道，修凡八亭而遥達普淜。土人稱阪堰爲淜也。途經小孤山、鸚鵡關、七里城、普昌關、麥地哨，道列巨箐危石，爲險阨之所。」

姚安軍民府，東至武定軍民府元謀縣三百七十里，南至楚雄府百九十里，西至大理府三百七十里，北至北勝州五百二十里。東北至四川威龍長官司四百八十里，自府治至京師一萬一千二百十里，至布政司七百里。

古滇國地，漢屬益州郡，後漢因之。蜀漢屬雲南郡，晉初因之。東晉咸康初析置興寧郡，治栟棟縣。宋、齊因之，梁末没於羣蠻。唐武德中置姚州，初爲姚州總管府，貞觀四年改置都督府於戎州。通典：「姚州，麟德元年置，其人多姚姓，因名。」劉昫曰：「武德四年安撫大使李英奏置姚州，麟德元年始移於弄棟川也。」又咸亨三年永昌蠻叛寇姚州，〔三〕調露二年永昌蠻復寇姚州，敗州兵，於是廢姚州。垂拱四年復置，仍爲都督府，督羈縻諸州。天寶初曰雲南郡。既而蒙氏據其地，天寶七載州爲南詔蠻所陷。十二載復置，戍守於此，尋爲蠻所陷。改置弄棟府。又置弄棟節度於此，爲六節度之一。宋時段氏改爲統矢邏，又改爲姚州，亦曰姚府。歐陽玄曰：「段氏以姚州爲姚府，居八府之一。」滇志：「段思平改弄棟府爲統矢邏，段政嚴時封高太明之子明清爲演習官，世有其地。」元憲宗三年内附，七年立統矢千户所。至元十二年改置姚州，屬大理路，天曆初升爲姚安路。明初改路爲府，尋又改姚安軍民府。府州佐皆高姓，高明清之後也。明清七世孫曰泰祥。宋理宗二十二年蒙古攻略至境，泰祥悉力拒守，被執不屈見殺，忽必烈因官其子伸，至今不易。所屬夷曰散摩都儸儸，强悍好鬬。領州一，縣一。

府通道越嶲，絡繹滇、洱，爲南北之要會。諸葛武侯平南中，渡瀘水而南。隋史萬歲略西洱，亦自青蛉、弄棟而入。唐永徽三年趙孝祖平青蛉、弄棟西白水蠻，遂請略定西裔。孝祖上言：「貞觀中討昆州烏蠻，始開青蛉、弄棟爲州縣。弄棟之西有小勃弄、大勃弄二州，勃弄以西與黃瓜、葉榆、西洱河相接，人衆殷富，多於蜀川。請因破白水蠻之兵，隨使西討。」從之，遂略定大、小勃弄之地。麟德初武陵縣主簿石子仁建言：「姚州在永昌之北，越嶲之南。此地有崇山修谷，平疇廣川，東有金沙江之利，西接雲南州之勝，距威楚，瞰點蒼，最爲險要。請置都督府於昆明之弄棟川，屯兵鎮守，以治葉榆、瀰河諸蠻，則羣蠻不敢横，而中國長有鹽貝之利矣。」從之，因置府於弄棟川。咸亨以後，南中漸多事，姚州廢置不恒。神功二年蜀州刺史張柬之表言：「姚州絶域荒外，山高水深，諸葛破南中，使其渠帥統之，不置漢官。國家既置姚州，敗亂屢見。延載中司馬成琛更置瀘南七鎮，戍以蜀兵，自是蜀中搔擾。乞罷姚州隷嶲府，并廢瀘南諸鎮，於瀘北置關，禁止中國百姓不得與蠻無故交通往來，以防亂萌。」不納。景雲中姚州蠻叛，引吐蕃攻陷姚州，於是姚、嶲路絶。開元二年，姚、嶲蠻復來寇，州軍討之，爲所敗。天寶以後遂没於南詔，恒以重兵守之，閉塞漢人南入之道。貞元中西川帥韋臯復通南詔，自清溪關出邛部，經姚州清溪，見四川重險清溪關。邛部，見四川建昌行都司。入雲南，謂之南路。蓋自姚安而北則度金沙入越嶲，自姚安而西則指葉榆趨大理，自姚安而南則出威楚向昆明，郡爲全滇之要會，西南有事爭於滇、蜀間者，自古恒在姚州也。

姚州，附郭。漢爲弄棟縣，屬益州郡。蜀漢屬雲南郡，晉因之。東晉成帝析置興寧郡於此，宋、齊因之，梁末没於蠻。唐置姚城縣，爲姚州治。天寶末没於南詔，爲弄棟府治。大理段氏仍置姚州，元爲姚安路治。今因之。編户四里。

弄棟廢縣，今州治。志云：州北有舊城，漢弄棟故縣也。縣境有蠻曰棟蠶。王莽時益州郡夷棟蠶、若豆等起兵殺郡守。後漢建武十八年，棟蠶與姑復、葉榆、弄棟、連然諸種叛，殺長吏，尋擊平之。自晉至梁皆爲晉寧郡治。唐貞觀二十二年平西爨，開青蛉、弄棟爲縣。既而以弄棟地改置姚城、瀘南等縣。景雲初御史李知古改築姚州城。蒙氏爲弄棟府治，大理至元皆因故址。明初易以磚石，周二里有奇。嘉靖七年築月城於南門外。三十九年復於城南增築土城，四關，皆繚以土垣。萬曆四十六年復增拓舊城，創設敵樓，以壯形勝。今城周六里有奇。

瀘南廢縣，在府東北。唐置。新唐書：「武后垂拱初置長城縣，屬姚州，天寶初更名瀘南縣，以地在瀘水南也。」天寶十載劍南節度使鮮于仲通討南詔蠻，大敗於瀘南，即此。又廢長明縣，亦在州境。唐置，屬姚州，天寶以後没於南詔，與瀘南俱廢。

澄川城，在府東。杜佑曰「澄川守捉在雲南郡東六百里，唐開元中置，屬劍南節度」，即此城也。○廢于、異州，在府境。唐史：「武德四年置姚州都督府，并置于、異、五陵、袖、〔四〕和往、舍利、范鄧、野共、洪郎、日南、眉鄧、澄備、洛諸共十三州隸焉。」〔五〕會要「麟德初姚州都督府管五十七州，蓋皆羈縻蠻地」云。

龜祥山，府治西。一名赤石山，以山石皆赤也。山頂有泉，亦曰龜祥泉。旁有萬花谷。又西五里曰金秀山，陽派河出焉。其相接者爲龍馬山。○白馬山，在府西十五里。又西五里曰燕子山，形如燕壘。又府西十七里有稽肅山，泉流入於陽派河。

東山，府東十里。一名飽烟蘿山。其西有武侯塔，相傳諸葛武侯南征駐兵於此，後人建塔其上。山之南又有古城，志云：唐天寶初雲南太守張乾陀所築，以防南詔。又寨子山，在府城東八里。明朝洪武末土酋自久叛，結寨於此，官軍討之，敗賊於東山箐，即此山也。有泉流入烏魯溯。○筆架山，在府南二十里。有三峰並峙。上有井，雲出即雨。又三窠山，在府南六十里，青蛉河出焉。

九鼎鍾山，府東北二十里。峰巒凡九，狀若懸鐘。一名華山，以春時多花木也。又仙景山，在府西北十五里。一名西山，亦名石雲山。山麓有赤甲、西嶺二泉。○矣保山，在府北十五里。又北五里曰龍鳳山。山有白塔，石晉天福間建，高十五丈。一名白塔山。

寶關山，在府北百二十里，東去鹽井提舉司一里。山高百仞，以通鹽要路，因名。又司東一里曰回龍山，司南一里曰北極山，司北一里曰象嶺山，俱以形似名。○綠蘿山，亦在府北百二十里。一名盤曲山。其相接者黎武山。

金沙江，府東北百四十里。從北勝州流入界，府境之水皆流入焉，又東入武定軍民府界。詳見大川。

青蛉河，在府南。舊名三窠戍江。源出三窠山，流至府南四十里瀦爲右池溯，周廣三百餘畝，分爲東泅溪、西泅溪，灌溉田畝，至府城北復合流至大姚縣南合於大姚河，又東入於金沙江。○陽派河，在府西。自金秀山發源，東流匯爲陽派河，入西泅溪而合於青蛉河。

連水，府西十三里。源出楚雄府鎮南州北之磨盤山，流經此，亦曰連場河，西北流七十餘里入大姚縣之龍蛟江。又香水河，源出府北黎武村，與白鹽井提舉司之觀音箐步水合流，亦入龍蛟江而注於金沙江。

七溯，在府城西南。土人稱陂堰爲溯，凡七，皆前代所築，瀦水灌田，民皆賴之。○金龜井，在府西十里。水甚清冽。

土人皆汲於此。

白鹽井，府北百二十里。本大姚縣地，有鹽課提舉司。旁有九井，曰觀音，曰舊，曰界，曰中，曰灰，曰尾，曰白石谷，曰阿拜，曰小，皆産鹽，爲公私之利。滇略「羝羊石在司西里許，蒙氏時有羝舐土，驅之不去，掘地得滷泉，因名白羊井，後訛爲白鹽」云。明初土爨自久作亂，官軍敗之於白鹽井，遂進敗賊於東山箐。今有白鹽井巡司。

三窠關，在府南三窠山上，爲南面之險，有巡司戍守。○諸葛壘，在府東十五里。又府北十二里有孔明遺壘，蓋武侯渡瀘南征，道出於此。

普淜驛。在府西南百五十里。西至大理府雲南縣六十里，南至楚雄府鎮南州百里，爲往來必經之道，兼設巡司戍守於此。滇紀：「姚安有白石村，官軍敗賊自久於此。又蹙賊於馬哈山、蘆頭山，皆在府境。」

大姚縣，府北三十里。漢青蛉縣地，屬越巂郡。蜀漢屬雲南郡，晉因之。咸康中改屬興寧郡，梁末廢。唐武德四年置西濮州，貞觀十一年改曰髳州，治濮水縣。後没於南詔。大理段氏時屬姚州，夷名大姚堡。元初置大姚堡千户所，至元中改置大姚縣，屬姚州。明初改屬府。今編户四里。

青蛉廢縣，在縣北。漢縣蓋治此。常璩曰：「青蛉縣有鹽官。」是也。亦曰青蛉川。隋開皇十七年史萬歲擊南寧叛爨，自青蛉川入至南中。唐貞觀四年擊西爨，開青蛉、弄棟。二十三年復遣將擊西爨蠻，開青蛉、弄棟皆爲縣。尋以青蛉縣屬髳州。天寶中没於南詔。又有岐星、銅山二縣，亦唐髳州屬縣也，俱天寶中爲南詔所廢。

楊波廢縣，在縣東。唐武德四年置裒州，領楊波、强樂二縣，後廢。又廢靡州，在州西北。唐武德四年置西豫州，貞觀三年改曰靡州，領靡豫、七部二縣。又靡州之西曰廢徽州，〔六〕唐武德四年置利州，貞觀十一年改徽州，領深利、十部二縣。後俱廢。

馬邑廢縣，〔七〕在縣北。唐志：「武德四年置尹州，治馬邑縣，兼領天池，鹽泉、甘泉、湧泉四縣。」其地與髳州接是也。後俱廢。志云：縣東北馬鞍山麓有武侯土城。

四奇山，在縣南七里。有四峰高聳。又有几山，在縣治東南一里。東隅有石穴，一名石壁洞，俗名紗帽山。○文筆山，在縣西一里。志云：山之後曰鳳凰山，左曰觀音山，相去約二里。縣西北三里又有玉屏山。

馬家山，縣北十里。高出羣山，林木深鬱。又北二十里有方山。漢志：「青蛉縣禺同山有金馬、碧雞。」或以爲即方山也。○書案山，在縣東北百五十里。山形如几案，大姚河出焉。

赤石崖，在縣西北，與大理府十二關長官司接界。嘉靖二十三年增設姚安府督捕通判，駐赤石崖，萬曆中省。蓋北渡金沙，東出武定，此爲要地也。又柴丘嶺，在縣東二十里。上有古寨。

大姚河，在縣北。源出書案山，流經縣西北合鐵索箐之水，又南流至縣西南合姚州小橋村之水，又東流遶縣南，復東北會於青蛉河。或以爲即漢志所稱僕水也。

龍蛟江，縣西北百二十里。源出鐵索箐，合姚州連場、香水二河，東北注於金沙江。俗名茸泡江，音訛也。水產金。

鐵索箐。在縣西北。透迤千里，山河水限，谿徑深險，夷人每聚於此，恃險出没，剽掠幾百餘年。萬曆初鐵索箐力些夷畔，撫臣鄒應龍討之，七十二村悉平，因置戍守此，四境乃安。

附見

守禦姚安千户所。在府城北。洪武二十八年建。又姚安中屯千户所，在大姚縣東二里。舊爲土城，亦洪武二十八年築。永樂初易以磚石，周一里有奇。

武定軍民府，東至雲南府富民縣百里，東南至雲南府百五十里，西南至楚雄府四百三十里，西北至姚安軍民府五百四十里，東北至四川建昌行都司會川衛五百五十里，自府治至京師一萬八百二十里，至布政司見上。

禹貢梁州南境，後爲滇國地。漢屬益州郡，蜀漢屬建寧郡，晉以後因之。隋爲昆州地，唐爲宋州地，〔八〕屬戎州都督府，天寶以後没於南詔。宋時大理段氏使烏蠻阿䣊治此，元史：昔獵鹿等蠻所居。段氏使阿䣊治納洟肥共籠城，又於共甸築城，名曰易籠。其後裔孫法瓦寖盛，稱羅婺部。志云：以其遠祖羅婺爲部名。元憲宗四年内附，尋置羅婺萬户府，至元八年更置北路總管府，十二年更爲武定路。元志：「至元八年并仁德、于矢二部入北路總管府，十二年復分二部更置武定路。」明初改爲武定軍民府。通考：「府爲南詔二十七部之一，明初以阿䣊裔孫弄積妻商勝者歸附，世襲知府。正德中弄積三世孫阿英改姓鳳，畜異謀，死。子朝文嗣，嘉靖六年叛附尋甸土舍安銓，犯會城，死。子幼，妾瞿氏撫之守土，久之復死。朝文養子繼祖謀奪嫡，四十五年作亂，官軍討平之。隆慶初遂革土官，改設流官。」今領州二，縣一。

府四維千里，削壁懸巖，水甘草茂，宜於畜牧，亦蠻服之雄也。且北渡金沙，接壤戎僰，蜀境之險，府實共之。而地接昆明，旦暮可達，府境有變，禍必中於會城，明朝嘉靖六年鳳朝文助尋甸之亂，直犯會城。四十二年鳳繼祖復構釁，掠富民、羅次，糾東川夷酋攻曲靖、尋甸，所至搔動。萬曆三十五年土酋阿克等復作亂，直抵會城，城外坊市悉被焚劫。還攻元謀、和曲諸城，未及一月陷一府、三州、四縣。尋甸叛目亦應之，陷嵩明，逼楊林，官軍拒却之。還攻尋甸，陷禄豐，官軍四面合擊，追至東川，盡擒其黨。綢繆之慮，烏可略哉？

和曲州，附郭。舊治在府城西南三十里，蠻名亘箐甸，僰、獹諸種蠻所居。蒙氏時白蠻據此，段氏改屬烏蠻，因并吞諸種聚落三十餘處，統於羅婺部。初改亘箐甸曰和曲，至元中升爲和曲州。明初因之，嘉靖末改築府城，移入郭内。今編户十一里。

南甸廢縣，舊在郭内。蠻名洟陑籠，又名瀼甸，訛曰南甸。元至元中置南甸縣，爲武定路治。明初改屬和曲州，嘉靖末縣廢。尋又改築土城，移和曲州入郭内。隆慶三年復移建石城於獅山之麓，即今府治也。萬曆四十六年、崇禎十三年屢經修築。周六里有奇。

宗居廢縣，在府西北。唐武德四年置西宋州，貞觀十一年止稱宋州，治宗居縣，兼領石塔、河西二縣，後廢。○諸葛城，在府東二里。志云：武侯初過大渡河，駐節於此。今故城遺址猶存。

獅子山，城西五里。高千餘仞，頂平曠。有石巖狀如獅子，中藏深谷，可容萬人。又有泉，自山巖噴出，瀦爲小池。郡郭羣山錯立，此爲最勝。又三臺山，在府西北六里。高可千仞，疊起如臺。隆慶初土官鳳繼祖叛，築寨於此，爲拒守處。○五峰山，在府東三里，攢列郡前。又府南二十里有天馬山。其相接者曰筆架山，連峰並峙，爲南境之勝。

佐丘山，府西北二十五里。中平坦，有澤廣五畝，水泉無盈涸，名洗馬池。分流東注，一爲勸溪溴，一爲東波溴。又雄軸籠山，在府西北八十里。形勢峭峻，林麓茂密。○猗朵山，在和曲舊治西北。有泉下流爲南甸河。又鋪哇山，在府西南五十里。山勢險隘，有懸瀑千餘丈，下注成池，夷名鋪哇溴。

紅崖峽，府東北四十里。東枕溪流，險峻難涉，弘治中土知府鳳英始築路以便行者。又武陵洞，在府北八十里夾甸西山。洞深不測，内有流泉。其西又有三石塔洞，泉石甚幽勝。

金沙江，府北三百八十里。自姚安府流入界，又東達四川會川衛界之廢黎溪州。有金沙江巡司戍守。楊士雲曰：「自府境金沙江渡而北達會川衛不過七十餘里，蒙氏四瀆之一也。」詳大川。

烏龍河，在府北五里。源出禄勸州之烏蒙山，繞流經此，溉田數百頃，下流入於金沙江。又西溪河，在府西北，即楚雄府之龍川江也。自定遠縣北流入界，又西北至元謀縣西而入於金沙江。又勸溪溴，在府東北。出佐丘山，與東波溴皆分流而東北出，注於金沙江。

惠蟡湖，在府西北八十里。湖方五里，茂林掩映，水色清碧，深不可測。○廣趐塘，亦在府西北。志云：安寧州螳蜋川經富民縣境，又北入武定府界爲普度河，匯於廣趐塘，入於金沙江。

只舊鹽井，志云：距州百六十里。又草起鹽井，距州二百里。俱産鹽，以爲民利。

虎市橋，府東北一里。相近又有龍潭橋，兩崖石壁峭立相對，跨以木橋，下臨龍潭，淵深莫測。又仙人橋，在府西北三十里，地名龍三藏。澗出崖壑間，澗邊有石兩隅擁出，相接而成梁。

虛仁驛。在府北。圖經：「府北有勒站及虛仁、環川、姜驛等站，達於四川會川衛境，自昔往來通道也。」○利浪驛，在府南八十里。輿程記：「又東南七十里即雲南府城矣。」

元謀縣，府西北百九十里。北至四川會川衛界九十里，西至姚安府二百三十里。蠻名華竹，一名環川。元至元中置縣，屬和曲州，明初因之。土官吾姓，嘉靖中改流官。編户五里。

馬頭山，在縣南。連亘四十里，地勢最高，東望尋甸，南見楚雄，北眺黎溪，西瞻大理，縣境之鎮山也。○吾梁山，在縣北三十里。孤圓秀拔，登臨最勝。相近者曰雷應山，高三十餘里，綿遠深秀。頂有古刹。應元溪經其下。又西北四十里爲盤龍山。志云：縣西北又有火焰山。

住雄山，縣西北十里。壁立萬仞，頂摩蒼空，西枕爽陋甸，東連諸山，環於縣境。一名法靈山，俗名環州山。○竹沙雄山，在縣西北二百里。四面卓立，高出羣山，竹木叢密，人跡罕至。

金沙江，在縣北百八十里。自姚安府東流經此，縣境羣川悉流入焉。○西溪河，在縣西。其上流爲龍川江，自府境北流經縣境，又東北流入於金沙江。

應元溪。在縣南。志云：自和曲州之虛仁驛流經馬頭山下合於紀寶溪。○紀寶溪，出楚雄府定遠縣界之苴寧山，北流入縣境，合於應元溪，居民多引以灌溉，下流皆注金沙江。

祿勸州，府東北二十里。東至尋甸軍民府界二百三十里，東南至雲南府富民縣九十里。唐羈縻宋州地，蠻名洪農碌券甸，雜蠻所居。元至元中置祿勸州，屬武定府。明初因之。編户七里。

州接壤嶲、蜀，控扼羣蠻，山川險固，稱爲要地。

石舊廢縣，州東五里。舊有四甸，曰掌鳩，曰法塊，曰林捻，曰曲蔽。後訛掌鳩爲石舊，元至元中置石舊縣，屬祿勸州。明初因之，正德中廢。志云：今州城舊址土垣不及一里，萬曆七年改築。今城周一里有奇。

易籠廢縣，州北百八十里，地名倍場。有二水相合，遶城而東。蠻謂水爲洟，城爲籠，又訛洟曰易，故曰易籠也。昔爲羅婺大酋所居，羣酋會集於此。元至元中置易籠縣，屬祿勸州，明初省。

法塊山，州北二十五里。四面削立，惟東南有一徑可容單騎。旁有哀阿龍山。又哇匿歪山，在法塊山西。巔凹而平，可容萬家。○幸丘山，在故易籠縣東北。四面陡絶，頂有三峰，可容數萬家。昔爲羅婺寨，有天生城，牢不可破。

烏蒙山，在州東北二百八十里。一名江雲露松外龍山，〔九〕與四川東川府接境。山北臨金沙江。山有十二峰，聳秀爲一州諸山之冠。八九月間其上常有雪。又頂有烏龍泉，下流爲烏龍河。蒙氏封此山爲東嶽。今附見前名山玉龍。

烏龍河，在州北。源出烏蒙山，下流入於金沙江。○普渡河，在廢石舊縣東南，北流入於烏龍河。普渡河巡司置於此。

掌鳩水。在石舊廢縣。遶縣三面，凡數十渡，東南流合普渡河。其合處形如獅子，一名獅子口。

景東府，東至楚雄府四百里。南至威遠州界四百里，西至順寧府雲州界三百六十里，北至楚雄府定邊縣百八十里，自府治至京師一萬一千六百里，至布政司一千一百八十里。

古荒外地，一名柘南川，分十二甸，昔樸、和泥蠻所居。漢、唐未通中國。南詔蒙氏立銀生府於此，爲六節度之一。尋爲金齒白蠻所陷，移府治於威楚，白蠻遂據其地，歷大理段氏莫能復。元中統三年平之，以所部隸威楚萬户。至元中置開南州，仍隸威楚路。明朝洪武中改爲景東府。編户八里。土知府陶姓，土知事姜姓。

府山川環繞，羣蠻錯列，亦控阨之所也。洪武二十年沐英自楚雄至景東，每百里置一營，率兵屯種，以備蠻寇，蓋州與羣蠻迫近。

景東城，志云：府舊無城池。治北有衛城，洪武二十三年建，周二里有奇。又别爲小城，在衛城之西。據景東山之頂，周三十餘丈，開東北門以望遠，名玉筆城。萬曆三年及十八年相繼增修，而府治則在衛城南門外之東焉。

景董山，在府治西。昔爲酋寨，洪武中建衛城於山上，其城西據山巔。又有小城，亦據山頂，形如偃月，謂之月城。

邦泰山，在府治東。高聳延長，有險可恃。土官世居其麓，曰陶猛田。○錦屏山，在府南一里。其相接者又有孟沼山。郡志：東有邦泰之秀，南有孟沼之雄是也。又鶴籠山，在府北三十里。一峰突兀，絶頂盤圓。

蒙樂山，府北九十里，與者樂甸長官司接界。一名無量山，高不可躋，連亘三百餘里。中有石洞，深不可測。一峰突出。狀若崆峒。其南有泉流爲通華河，北有泉流爲清水河，俱東流入於大河。山上又有毒泉，人畜飲之皆斃。蒙氏封此山爲南嶽。志云：城西景董山即此山之支隴也。餘附見名山玉龍。

瀾滄江，府西南二百里。自雲州流入境，又東南入鎮沅府界。詳見大川瀾滄江。

大河，在府東。其上流即定邊河也。自楚雄府定邊縣南之阿笠村流入府境，有三岔河流合焉，又引而東，蒙樂山之清水河、通華河俱流合焉，又東入楚雄府鎮南州境，流入於馬龍江。

筧泉，在府北衛城內。洪武中建衛，城中無井泉，指揮袁賢以竹筧引蒙樂山泉入城，甃池潴之，上覆以亭，取汲於此，因曰筧泉。又府有土井，產鹽。

母瓜關，府南百里。又府北一百五十里有安定關，又府東南百二十里有景閒關，皆控禦處也。

板橋驛，府東北六十里。又北六十里爲定邊縣界之新田驛，又六十里即定邊驛矣。○保甸，在府西北百里，有巡司戍守，宣德中置。又有三岔河巡司，在府東。弘治中置，轄一碗水、九窯坡二哨，〔一〇〕地多盜。

蘭津橋。滇紀云：「舊在府西南，跨瀾滄江上。後漢永平初所建，明朝永樂初修。高廣千仞，兩岸峭壁林立，飛泉急峽，複磴危峰，森羅上下，鎔鐵爲柱，以鐵索繫南北爲橋，自古稱爲巨險。」○大河橋，在府東二里，跨大河上。上覆瓦屋四十九楹。

鎮沅府，東至者樂甸長官司界二百里，南至威遠州界三十里。西至景東府界三十里，北至楚雄府南安州界三百里，自府治至京師一萬二千四百五十里，至布政司一千五十里。

古荒外地，濮、洛雜蠻所居。元史作昔樸、和泥二蠻。唐天寶以後南詔蒙氏爲銀生府之地，後金齒棘夷侵奪其地，大理段氏不能復。元初內附，屬威遠州，後置案板寨，屬元江路。明朝洪武末改置鎮沅州，志云：州境有刁猛混及孟婆、遺定、案板等寨，洪武末元官土官刁平剿平之，因置州，以平典州事。永樂四年升爲府。府無城池。編户五里。土知府刁氏世襲。領長官司一。

府羣山環峙，介於羣蠻，亦控扼地也。

案板山，在府治北。高百餘仞，形如几案，元以此名寨。○鳥連山，在府東北。山高林茂，羣鳥常集，因名。又府治東有石山，以巑岏少土而名。

波弄山，在府治西。山勢起伏，形如波浪。山之上下有鹽井六所。土人掘地爲坑，深三尺許，納薪其中焚之，俟成灰，取井中之滷澆灰上，明日皆化爲鹽，鹽色黑白相雜而味苦，俗呼爲白雞糞鹽，用以交易。

杉木江，在府治南。源出者樂甸，流經府境，下流入威遠州界合於谷竇江。江岸多杉木，因名。

者章硬寨，在府西南。正統五年麓川叛酋思任發屯孟羅，大掠，據者章硬寨，沐昂督兵進克之，賊宵遁威遠州。

者達寨。在府境。又有石崖等寨。滇紀：「永樂初攻石崖，者達寨外夷整線來降。」又有六谷等三十三寨，亦近府境。

禄谷寨長官司。府東北二百五十里。永樂十五年置。

馬容山，司北八十里。高千餘丈，盤亘數百里，石路狹隘，僅容一馬。又石羅山，在司南百里。又司東百里有小不舊山。

納羅山，司西百里。山深險，中多虎豹。土人呼藏爲納，虎爲羅。南浪江出於此。

南浪江。在司南。源出納羅山，下流經司治南，又西南流合於杉木江。○馬湧江，在司東。源出臨安府納樓茶甸長官司，流入司境，又西南合於南浪江。

校勘記

〔一〕捨資驛　「捨」，底本原作「拾」，今據職本、敷本、鄒本及明志卷四六改。

〔二〕縣東又有環川　「川」，底本原作「州」，今據職本、鄒本改。

〔三〕又咸亨三年永昌蠻叛寇姚州　「咸亨」，底本原作「咸寧」，今據職本、鄒本改。

〔四〕袖　底本原作「宙」，今據鄒本及新唐志卷四三下改。

〔五〕洛諾　「諾」，底本原作「諾」，今據職本及新唐志卷四三下改。

〔六〕徽州　新唐志卷四三下作「微州」。

〔七〕馬邑廢縣　「邑」，底本原作「西」，今據鄒本及舊唐志卷四一、新唐志卷四三下改。

〔八〕唐爲宋州地　「宋州」，新唐志卷四三下作「宗州」。此誤又見於本書同卷宗居廢縣及禄勸州下。

〔九〕一名江雲露松外龍山　「江」，底本原作「峰」，今據鄒本及本書卷一一三玉龍山下「江雲露松外龍山」改。

〔一〇〕轄一碗水九窯坡二哨　「一碗水」，底本原作「一死水」，今據職本改。

讀史方輿紀要卷一百十七

雲南五

大理府，東至姚安軍民府三百七十里，東南至楚雄府四百二十里，南至蒙化府一百七十里，西南至永昌軍民府騰越州六百三十里，北至鶴慶軍民府二百五十里，自府治至京師一萬一千四百五十里，至布政司八百九十里。

禹貢梁州南境，漢武開西南夷，此爲益州郡地。後漢時屬永昌郡，蜀漢屬雲南郡，晉初因之。永嘉中又分置東河陽郡，沈約宋志：「晉永嘉五年寧州刺史王遜分永昌、雲南立東河陽郡，領東河陽、楪榆二縣。」宋、齊因之，梁末没於羣蠻。唐武德七年爲羈縻南雲州地，亦謂之昆瀰。唐武德四年昆瀰遣使内附。唐書：「昆瀰即漢之昆明，在爨蠻西，以西洱河爲境。」貞觀三年改爲匡州，天寶以後没於南詔。南詔僞建都邑於此，亦謂之西京，後又改爲中都。石晉時段氏代有其地，稱大理國。元憲宗三年收附，六年立上、下二萬户府，至元七年改置大理路。明朝洪武十五年改爲大理府。領州四，縣三，長官司一。

府西倚點蒼，東環洱水，山川形勝，雄於南服。昔武侯南征，規固其地，於是收資儲以益軍實，選勁卒以增武備，遂能用巴、蜀之衆，屢爭中原。唐之中葉，蒙氏負嵎於此，乘間抵隙，常爲蜀肘腋患。段氏承之，撫有城邑，保其險塞，雄長羣蠻者亦三百餘年。蒙古取其地，益成包并東南之勢。蓋地雖僻遠，而封壤延袤，關山襟帶，西南都會，滇、洱其競勝者矣。

太和縣，附郭。漢葉榆縣地，屬益州郡。後漢爲楪榆縣，屬永昌郡。晉屬雲南郡，永嘉以後屬東河陽郡。宋、齊仍爲楪榆縣，梁末廢於蠻。唐爲羈縻匡州地。開元二十六年南詔皮羅閣逐洱河蠻，取太和城。城蓋蠻所置也。其後遂據其地。段氏因之。元立太和上中下三千户所，至元中改置理州及河東縣，後省州改縣曰太和，屬大理路。今編户六十六里。

太和故城，在府南十五里。今城本羊苴咩城也。唐開元末皮羅閣取太和城，遂徙居之。其城周十餘里。夷語以坡陀爲和，和在城中，尊之曰太，城因以名。閤羅鳳亦竊據於此。天寶十三載劍南留後李宓擊南詔，深入至太和城，糧盡引還，爲蠻所覆。貞元中異牟尋寇西川敗還，懼，築羊苴咩城，延袤十五里，徙居之，改號曰大理。自是太和別爲一城。段氏時故城漸廢，太和之名遂移於羊苴咩城。今故城猶謂之太和村。雲南記：「羊苴咩城在點蒼中峰下，即古楪榆城也。蠻語訛爲羊苴咩，亦曰陽咀咩。城南去太和城十餘里，北去成都二千四百里，去雲南城三百里。由瀘州南渡瀘水行六百三十里即至羊苴咩城。賈耽云：「自羊苴咩城西至永昌故郡三百里，又西渡怒江至諸葛亮城二百里，此由安南通天竺之道也。」貞元初異牟尋築此城。七年西川帥韋皋遣判官崔佐時至羊苴咩城說異牟尋使歸唐。宋時段氏據此，亦謂之大理城。元郭松年行記：「大理城一名紫城，方圓五里，西倚點蒼，東扼洱水，龍首關於鄧川之南，龍尾關於趙瞼之北，稱山水大都。」是也。明朝洪武十一年復因故城修築，磚表石裏。二十五年復展築東南面，方三里，周十二里。南門曰承恩，東門曰通海，西門曰蒼山，北門曰安遠。

楪榆廢縣，在府東北。漢縣治此，本曰葉榆。境内又有姑繒夷。始元初益州廉頭、姑繒民反，殺長吏。後三歲姑繒、葉榆復反。後漢建武十八年葉榆、弄棟諸種叛，殺長吏，尋討平之。元初六年永昌諸郡蠻復叛，益州刺史張喬遣從事楊竦將兵至葉榆，敗蠻酋封離等，盡平其黨。晉亦曰楪榆縣，宋、齊因之，後廢。又東河陽廢縣，亦在府東。晉永嘉中置，屬東河陽郡，宋、齊因之，梁末郡縣俱廢於蠻。

勃弄廢縣，在府東百里。亦曰勃弄州。隋開皇十七年史萬歲擊南寧叛爨，入自青蛉川，經弄棟次小勃弄、大勃弄，至南中，渡西洱海。〔一〕唐永徽初青蛉、弄棟西白水蠻與大、小勃弄蠻酋相誘爲亂，遣趙孝祖爲郎州道行軍部管，將兵討破白水蠻。孝祖言小勃弄、大勃弄常誘弄棟爲亂，請遂西討，詔可。明年西入小勃弄，酋長歿盛屯白旗城，破斬之。進至大勃弄，獲其酋長楊承顛，悉破降其衆，始改雲南縣爲匡州。唐志：「弄棟西有大勃弄、小勃弄二州蠻，其西與黄瓜、葉榆、西洱河接。武德七年置南雲州，貞觀三年改爲匡州，領勃弄、匡川二縣。後没於蠻，州縣俱廢。」

史城，府北四十里。隋開皇中南寧夷爨翫既降復叛，史萬歲討之，入南中，過諸葛武侯記功碑，度西洱河，此其駐師處也。唐大曆十四年異牟尋立，初遷史城，貞元初引吐蕃寇蜀，敗還。四年始改築羊瞼苴咩城徙居之，稱曰東王。滇紀：「史城即太和縣喜瞼村，元初嘗置喜州，旋廢，蓋訛史爲喜也。」○九重城，在府境。九重猶言九座。志云：

南詔境内有九重城，皆備吐蕃而設。一在河尾里，一在闕邑里，一在太和村，一在北國，一在蟠溪里，一在塔橋，一在摩用，其二城則羊苴咩城、史城也。又有金剛城，在點蒼山佛頂峰麓，亦南詔所築。

點蒼山，在府城西。魏峨秀麗，爲南中奇勝。頂有高河泉，深不可測。分爲十九峰，又有瀑布諸泉流爲錦浪十八川，環繞於羣峰間。南詔嘗封此山爲中岳。今詳見名山。

玉案山，在府西南葉榆河之東。相傳漢元封初司馬遷使昆明嘗至此觀西洱河。或云司馬相如奉使時亦嘗至焉。山形方整，亦謂之玉几島，與青巔、羅筌相映帶，共爲西洱河之勝。詳附見大川西洱河。

雞足山，府東北百里，與賓、鄧二州接界。前有三距，後起一支，形若雞足，因名。志云：山峰攢簇如蓮華然。盤折九曲，松杉鬱葱，其崖壑臺洞泉澗之屬以數百計。上有石門號華首門，儼如城闕，人莫能通。佛寺環列，金碧輝映。絶頂五更見日出之光，遊人經旬乃盡其勝。楊慎云：「自府城至雞足山，由海則逕，由路則迂。大約出府城六里至海神祠登舟，約二十里至擄擺山，又二十餘里至下倉，又二十里至白梅橋，又二三里至洗心橋，過盤磴者九又兩之，凡十八灣而至大龍潭，又數里至山絶頂，亦名九曲巖。」又雞額山，在府北十七里。滇略云：「自上關放舟而南，有飛崖出水面者曰雞額山，石磴盤旋，可三百武，削壁卷阿，正向點蒼，十九溪峰，盡在几席。又南爲鐵雨崖，崖面如峰房蟻穴。又南即赤文島矣。」

西洱河，在府城東。亦曰葉榆水。源出浪穹縣罷谷山，流經府西北，而至城東點蒼山，十八川之水皆會於此，又西南流會於樣備江。楊士雲曰：「大理之境，峰巒萬疊，如列屏十九曲，峙於後者，點蒼山也。波濤千頃，横練蓄黛，如月生五日，潴於前者，葉榆水也。」今詳見大川。

樣備江，在府西。源出鶴慶府劍川州之劍川海，流經浪穹縣，過點蒼山後會西洱海，出天橋而入趙州界。詳附見大川瀾滄江。

喜洲，在府北五十里，其地名何矣城村。白古通曰：「點蒼山脚插入洱河，其最深長者，惟城東一支與喜洲一支」云。

龍首關，府北七十里，亦曰石門關，又謂之上關城，有四門；府南三十里爲龍尾關，亦曰下關城，有三門；皆控點蒼、洱海之險，爲拒守要地。詳見前重險石門。

天橋，府西南三十五里。一名石馬橋。下斷上連，絕壑深險，洱河之水從此洩而南注，郡境無泛溢之患。志云：天橋石梁横亘，憑虛凌空，渡者仄足而過，稱爲絕險。

五華樓，在府治西。唐大中十年南詔晟豐祐所建，〔二〕以會西南夷十六國君長。樓方廣五里，高百尺，上可容萬人。蒙古忽必烈入大理，駐兵樓前。至元三年賜金修治。今故址猶存。亦曰五華臺。○祭天臺，在府城西。其地有武侯祠。後有山岡，臺在其下。今壇壝之址猶存，相傳武侯祭天畫卦處也。一名畫卦臺。

三塔。在府城北。中高四百餘尺，凡十六級，旁二座差小。相傳唐貞觀六年尉遲敬德監造，開元初重修。其寺曰崇聖。城南有塔一，高二十丈，級十六。其寺曰弘聖，在玉局峰東一里。

趙州，府東南三十里。東南至景東府三百三十里，西南至蒙化府二百里，東北至賓川州九十里。

漢葉榆縣地，後爲羅落蠻所居。唐爲昆州地。蒙氏爲趙川瞼，〔三〕滇志：「蒙氏使趙康居此，因以名瞼。」夷語州爲瞼也。讀若簡。見前元江府。尋改趙郡，又爲趙州。段氏時曰天水郡。元初爲趙瞼千户，至元中改爲趙州，屬大理路。明朝因之。編户八里。領縣一。

州當往來之孔道，控蒼洱之要衝，山川迴抱，原隰沃衍。郭松年云：「趙瞼之山，四周迴抱。川源平衍，神莊江貫其中，溉田千頃。民多富庶。」蒙古取大理，先下趙州。明初大軍入趙州，遂經營兩關，謂上、下兩關也。進薄大理，蓋攻取之先資矣。

趙瞼城，今州治。志云：州初無城郭，明初遷州治於三耳山，或以爲即古勃弄州治也。弘治二年始築州城，周七里有奇。引水爲垣，屹然險固。

白崖城，州東南九十里。滇略云：「即古彩雲城也。」漢元狩初命王然於、柏始昌、吕越人間出西南夷至滇，指求身毒國，是歲彩雲見於白崖。蜀漢建興中丞相亮南征，斬雍闓於白崖川，師還，命龍祐那爲酋長。祐那始於白崖西山下築彩雲城，一名文案洞城，其後謂之白崖城。唐時蒙氏曰白崖瞼，爲境内十瞼之一。貞元十年異牟尋大破吐蕃於鐵橋，并破施、順二蠻，虜其王，置白崖城是也。唐書：「自戎州開邊縣南行至白崖城三千里而近。」宋淳祐十二年蒙古忽必烈攻大理，至白崖，築壘於白崖東南七里，尋置白崖千户所。至元中改置建寧縣，屬趙州，尋省。郭松年云：「自趙州山行六十里至白崖甸，甸形南北袤，與雲南品甸相埒，居民湊集，禾麻遍野，西山石崖斬絶，其色如雪，因名白崖。」明朝嘉靖二年增置大理府督捕通判駐此。四十三年築土城，爲扞衛。萬曆末裁通判不復設，而居民殷阜，儼若城邑云。鐵橋，見麗江府巨津州。開邊廢縣，見四川叙州府。

安東城，州東二里。滇略云：「蒙氏安東將軍李專珠所築城。」東一里有九龍池。山上有諸葛武侯營壘遺址。○唐城，在州南十九里。唐天寶中李宓征雲南時築。今州西二十五里有萬人冢，壘土如山，即鮮于仲通及宓喪師處也。

三耳山，在州治西里許。有三峰，高聳如耳。一名鳳儀山，以一支兩翼，如鳳來儀也。其東爲龍伯山，與鳳儀相對，俱點蒼之南支矣。○宿龍山，在州北十五里。頂有浮圖，唐鎮南將軍韋仁壽所建。或曰山在龍伯之南。又州南有五佛山，山下出泉，不竭不溢，謂之聖泉。

九龍頂山，在州南五十里。九峰相聚，望之如龍，與雲南縣接界。○西山，在白厓川西。有畢鉢羅窟，一名賓波羅窟，巖壑聳拔千餘丈。有獨木橋十餘所，樵子最獧捷者乃能履之而過，謂之「僊橋」。志云：畢鉢羅窟山在州東六十里，北去賓川州二十里。

定西嶺，州南四十里。本名昆彌山，明初平西侯沐英過此，更今名。嶺高千餘仞，設關其上，波羅江出焉。又嶺東南七里有故壘，蒙氏滅大理屯兵處也。俗謂之胡營。

樣備江，在府西南。自太和縣流入界，又南流入蒙化府境。○波羅江，在州治東南。有二源，一出九龍頂山，一出定西嶺，合流而北，經州治，又西北流入西洱河。一名大江。

白崖瞼江，在州東南。志云：出白崖西山之畢鉢羅窟，流經楚雄府定邊縣爲禮社江之上源，亦曰白厓川。又赤水江在州南四十里。源出定西嶺，東南流亦入定邊縣界合於禮社江。又昆雌江，在州西南六十里。源出蒙化府之巍山，流入州境，合於赤水、白崖二江。

迷渡市，在州南九十里，有巡司。相傳諸葛武侯曾築城於此，名諸葛城。又州東有乾海子，多沙無水，亦設巡司於此。志云：州境又有赤壁嶺巡司。

定西驛。在定西嶺上，〔四〕爲往來必由之道，置關戍守，兼設巡司於此。其在州治旁者曰德勝關驛。又有樣備驛，在州西八十里，南趨蒙化，西達永平之孔道也。

雲南縣，州東南百里。東南至楚雄府定遠縣一百二十里。漢元封初置雲南縣，隸益州郡，後漢改屬永昌郡，蜀漢建興二年置雲南郡治焉。晉、宋至梁皆因之。唐爲匡州匡川縣地，後張仁果據之，號白子國。蒙氏改爲雲南州，段氏因之。元初曰品甸千户所，至元中復曰雲南州，尋降爲縣，屬大理路。明初改隸趙州。土知縣、縣丞俱楊姓，主簿張姓。編户十五里。

雲南故城，在縣南。滇略：「漢武時彩雲見於白厓，縣在其南，故曰雲南。蜀漢因置雲南郡。」水經注：「雲南郡本雲山縣地。」雲山疑亦雲南之訛矣。唐志「自戎州開邊縣而南七十里至曲州，又二千五百里至雲南城」，即此城也。後遷今治。志云：今縣東南又有廢城，即唐時匡川縣治，後廢。

雲平廢縣，在縣東。本雲南縣地，晉咸寧五年析置雲平縣，屬雲南郡。晉志：「郡初治雲平縣，後遷治雲南。」宋、齊俱爲雲平縣，梁末廢。○鏡州城，一統志云：在縣治東。唐置，領夷郎等六縣，後廢。」今名雲南土城，遺址尚存。攷唐志不載鏡州也。滇略云：「鏡州城在今縣治西南。」郭松年云：「自鎮南州過雌嶺即大理界，山行七十里有甸焉，川原坦夷，山勢回合，周二百餘里，乃雲南州也。州西北十餘里，山麓間有石如鏡，光可鑑，舊名鏡州以此。」鏡州蓋即雲南州之别名矣。

青華山，縣南八里。下有洞，闊十丈。山僅培塿。洞中甚深邃，不可窮。旁有石竅漏光，若天窗然。滇紀：「自洱海衛城西行通蒙化岐，左有青華洞，中極寬衍。」是也。○水目山，在縣南二十里。一名寶華山。山巔有泉，深不可測。

寶泉山，在縣西北十五里。九峰相並，望之簇如青蓮。石穴空洞，盤折而升。一名九鼎山。又龍興和山，在縣西二十五里，亦高聳。又有梁王山，在縣北三十里。蒙氏時有酋長王氏屯據於此。

安南坡，在縣東南。滇程記「自鎮南州普淜驛六亭而達雲南縣界，所經有桃樹坡、金雞廟、孟獲箐、安南坡。坡有巡司，下坡地復坦夷。相傳古雲南郡治此，土人稱爲小雲南，以别於雲南治城」云。

葉鏡湖，縣南三十里。中有石如鏡，因名。又清湖，在縣西南一里。湖水恒濁。永樂七年黄河清，此水亦清，自是不復濁，因名清湖。

青海子，縣東南二十里。其地有金龍山，水出其下。一名青龍海子。又有周官些海子，在縣東北十五十里。一名蒙舍海。舊引寶泉山水蓄於周官、品甸二陂，以備農事，即周官陂也。

品甸陂，在縣西三十餘里。志云：唐初嘗置陂州於此。其地川原饒沃，亦名清子川甸。中有池，亦曰清湖，灌溉甚溥。又品甸灣，在縣東北十里，相傳蒙氏嘗置品甸縣於此，元千户所以此名。○溪溝，在縣西三里。源出寶泉山，東流入定邊縣界。夾溪十里多花卉，亦名萬花溪。

雲南驛。在縣東。其相近有古城村，或以爲古雲南郡城也。自驛而西又八亭達於趙州之定西嶺。○力士營，在縣南九里。相傳諸葛武侯駐兵之地。

鄧川州，府北七十里。北至鶴慶軍民府百九十里，東南至賓川州百五十里，西南至雲龍州百五十里。

漢益州郡葉榆縣地，唐初爲邆備州，隸姚州都督府。後爲邆賧詔所據，南詔併之，置鄧川賧，後改爲德源城，段氏因之。元初立德源千户所，至元十一年改鄧川州，隸大理路。明初因之。土知州阿姓，隆慶三年改設流官。編户十二里。領縣一。

州峭山深塹，控據邊陲，號爲險要。

德源城，在州治東。亦曰大釐城。唐時邆備州治此。開元二十六年皮羅閣取太和城，又取大釐城是也。後爲德源城，元因置德源千户所。志云：州水患頻仍，遷徙靡定。舊無城郭，崇禎十三年遷治鄧川驛始建土城，周六里有奇。未竟，復爲山水決壞。

寧北城，州北三十里。唐時蒙氏所置。滇紀：「唐貞元十五年異牟尋謀擊吐蕃，以邆川、寧北等城當寇路，乃峭山深塹，修戰備，爲北面之固是也。段氏時城廢。」

廢曾州，在州東境。或曰即漢時姑繒夷之地。唐武德四年置曾州，治曾縣，兼領三部、神泉、龍亭、長和四縣。後廢。舊唐書：「曾州西接匡州。」是也。

鼎勝山，州東南十里。孤峰特聳，洱水爲襟，登山一望，波光萬頃，最爲奇勝。志云：州治旁有象山，其南爲伏虎山，東北曰卧牛山，俱以形似名。又東山，在州東十里。山麓崖下有泉注爲池，深不可測，謂之星鯉泉。又東爲獅舌山，以山形如獅吐舌也。下有龍潭。與鼎勝山皆環峙州治，並爲形勝。

鍾山，州北十五里。滇紀云：「唐開元中遝睒詔酋咩羅皮據大釐，爲南詔所攻，率其部據鍾山之險以自守，即此山也。」

豪猪洞，州東二十里。山頂有石墻遺址，下有龍潭。滇志：「孔明縱孟獲於白崖，獲引所部至銀坑。坑一名豪猪洞，險絶，非人力可到。孔明出奇策擒之是也。」洞南有諸葛寨，相傳武侯駐兵處。滇紀云：「寨在州東三十里。」

普陀江，在州北。其上源即浪穹縣之寧河，東流經州北，折而南流入於西洱河。一名彌苴佉江。或謂之葡萄江，即普陀之訛也。

上洱池，州南十五里，即普陀江之旁出者，又南五里有油魚穴，皆流達於西洱河。○南詔潭，在州西南二十里。廣十餘畝，三山環匝，其一面峻壁如石墻，潭深莫測，昔人嘗避兵其中。

佛光砦，在州北三十里，與浪穹縣佛光山相接。滇志：「初，孟獲自豪猪洞被擒，丞相亮復縱之。獲走佛光砦，據險堅守，漢兵不得進，乃由漾濞江而北出砦，後遂破之。」明初傅友德等既平大理，餘孽普顔篤復叛據佛光砦，先不華據鄧川，友德自七星關回軍大理，平鄧川，破佛光砦，遂過金沙江，下北勝、麗江、巨津之境是也。

阿至店。州東八十里，接北勝、賓川州界。又州東南有青索鼻巡司。志云：司南十五里，地名乾海子。

浪穹縣，州西十五里。北至劍川州百里。漢葉榆縣地，蠻名彌次，即浪穹詔所居，唐武后永昌初浪穹州蠻傍時昔等二十五部先附吐蕃，至是來降，詔以傍時昔爲浪穹州刺史，統其衆。開元初其王鐸羅望與南詔戰不勝，移保劍川，更稱浪劍。貞元中爲南詔所破，亦置浪穹州於此，統浪穹、施浪、鄧賧之地。段氏因之。元初改置浪穹千户所，至元十一年改爲縣，屬鄧川州。土知縣、典史俱王姓。編户三十五里。

鳳羽廢縣，縣西南四十里。蒙氏所置，以鳳羽山爲名。或曰元時亦嘗置縣，屬鄧川州，旋廢。今爲鳳羽鄉，有巡司戍守。志云：鳳羽巡司西二十里有羅坪關，北五里至悶江門哨。

安寧城，在縣北。唐天寶八載巂州都督何履光以兵定南詔安寧城及五鹽井，復立馬援銅柱是也。滇紀：「縣西北有石和城。」唐開元末施浪酋長分兵據此以拒南詔，南詔襲敗之，遂取其地。

寧山，在縣西。形如鳳翼，一名鳳翼山。又靈應山，在縣東二十里。峻拔高聳，上有石巖。

佛光山，縣東北二十五里。山盤亘迴遠，接鄧川、鶴慶之界，佛光砦以此名。其南嶄然險絶。山半有洞，可容萬人。山後尤爲嶮巇，仄徑僅容一人，名曰一女關山。下又有九石竅，泉出其中，名曰九龍泉，流入寧河。

蓮花山，在縣東北四十里。形如蓮花，三面陡絶，惟一面僅容單馬。其相連者曰蒙次和山，三面絶險，一面臨河。六詔時施浪詔居此兩山下，亦曰蒙次和村。唐開元末爲南詔所併，設三營以守之。蒙古忽必烈自石門入取大理，見二山爲襟喉之所，乃留達軍三百户鎮之，亦分爲三營。志云：三營在蓮花山下是也。

罷谷山，縣北二十里。水經注：罷谷之山，洱水出焉。其山空洞，泉湧起如珠樹，乃瀾滄江之伏流也。○鳳羽山，在縣西南三十里，郭義恭廣志所云弔鳥山也。後漢志、水經注皆云楪榆縣西北八十里有弔鳥山，俗言鳳凰死此，衆烏來弔云。滇志云：「山舊名羅坪山，或作羅浮山，蒙氏改爲鳳羽山。」

普陀崆，〔五〕縣東南十五里，爲往來要隘之地，有巡司戍守。其南有龍馬洞，深不可測，石壁上馬迹猶存。志云：普陀崆巡司東十里曰下山口，南二十里曰問江門，西三十里曰大樹關，北三十里曰觀音山。

樣備江，在縣西百里。自劍川州流入縣境，有上、下江嘴，又南流入太和縣界。亦曰漾濞江，或謂之漾、濞二水，蓋同流而異名也。唐景龍初吐蕃及姚州蠻寇蜀，使唐九證爲姚巂道討擊使擊之。虜以鐵絙梁漾、濞二水通西洱蠻，築城戍之。九證自巂入永昌，累戰皆捷，盡刊其城壘，毀絙焚橋，勒石於劍川，建鐵柱於滇池，俘其魁帥而還。吐蕃渡處蓋在縣境。志云：縣有上、下江嘴二巡司。上江嘴東去羅坪山麓五里，下江嘴東去羅坪山二十里。

寧河，縣西北五里。通志：「罷谷之水注於寧河，亦曰明河，又爲寧湖，〔六〕下流即葡萄江也。」一統志：「明河寧湖周回五十里，水色如鏡。」○魚子淵，在縣西。水色青碧，流合於寧河。一名龍池。

五鹽井，在縣西北三百里，即唐天寶中何履光收復之地。明朝洪武十六年建五井鹽課提舉司於此。志云：五井，一曰洛馬井，一曰石縫井，一曰河邊井，一曰石門井，一曰山井，俱在縣界及雲龍州之境。亦曰上五井，兼置巡司於此。

三營，在縣東北蓮花山下。南詔時設營於此，蒙古取大理復設三營萬户以守之。洪武十五年雲南平，藍玉遣兵攻拔三營萬户砦是也。志云：縣西南有箭桿場巡司，司南八十里爲馬鞍山乾海子，接永平縣界。

鳳凰臺。縣治北。舊傳施望欠詔所築臺。下有白沙井，泉味甘冽，亦施望欠所鑿也。又縣東二里有九氣臺。臺凡九竅，下有温泉，其氣從竅而升，臺因以名。

賓川州，府東一百里。東至姚安府二百五十里，東南至楚雄府二百四十里，西南至趙州九十里。

漢益州郡地，後漢屬永昌郡，晉屬雲南郡，唐爲匡州地。蒙氏爲太和楚場地，段氏因之。元亦爲太和縣地。明朝弘治七年建賓川州，割太和縣九里、趙州一里、雲南縣二里置。屬大理府。編户一十二里。

州控姚安之肘腋，蔽大理之肩背，襟帶山川，東西聯絡，屹爲形要。

諸葛城，在州西二里虎踞山上，相傳爲武侯駐兵處。明朝改建今州，築城爲州治，周一里有奇。

鍾英山，在州東。基垂百里，産竹箭，饒鳥獸毛革之利。○翠屏山，在州西北四十里。形方頂平，蒼翠横列，如倚屏然。又烏龍山，在州西南四十里。巖壑玲瓏，東麓有白塔。又有烏龍池，積水下迸，諸堰皆仰給焉。

雞足山，州西四十里，與太和縣及鄧川州接界。亦名九曲山。一統志：「山在洱河東百餘里，峰巒攢簇，狀若蓮花，九盤而上，亦曰九重巖。其南有上倉湖，最爲幽勝。」今詳見太和縣。○畢鉢羅窟山，志云：在州南二十里，即白厓西山也。今詳見趙州。

金沙江，州東北百五十里。自北勝州東南流經此入姚安府境，有巡司戍守。志云：金沙江東北有漢遂久廢縣，古稱白門，謂入白果國之門也。白果即白厓矣。

金龍湫，在州西百里洱河東。通志：「大理之龍潭有三，在趙州乾海子哨者曰乾龍潭，在鄧川州鍾山寺雞足石側者曰大龍潭，在賓川州西龜山東者曰紅雀龍潭。今引潭爲新渠，東注楊梅谷，灌田萬頃。」

赤石崖鎮。在州東，今有巡司。志云：州境東接姚安，南接趙州，嘉靖以前夷蠻剽劫，往往出没於此，因置戍於赤石崖諸處，與姚安、雲南、十二關互爲形援。又有賓居巡司，本名蔓神寨，又有神摩洞巡司，俱在州界。

雲龍州，在府西六十里。西至永昌府永平縣一百五十里，北至鶴慶軍民府劍川州一百七十里。

漢益州郡地，後漢永昌郡地，晉爲西河郡地，宋、齊至梁因之。唐初爲匡州西境，蒙氏謂之雲龍甸，段氏因之。元至元末立雲龍甸軍民府，明初改爲雲龍州，屬大理府。土知州段氏。萬曆四十八年改流官，又裁五井提舉司，以鹽課歸州。編户二里。

州藩衛大理，襟帶永昌，密邇生蕃，爲西垂要地。

嶲唐廢縣，在州南。漢縣，屬益州郡，後漢屬永昌郡。古今注：「永平十年置益州西部都尉，治嶲唐，鎮慰哀牢、楪榆蠻夷是也。」晉仍屬永昌郡，後廢。南詔爲雲龍甸地，元初爲軍民府治。明朝改建爲州。萬曆三十三年始築土城，周一里有奇。

比蘇廢縣，在州西。漢縣，屬益州郡，後漢屬永昌郡，晉初因之。咸和中分東河陽郡置西河郡，治比蘇縣，宋、齊因之，梁末廢。

三峰山，在州西五里。一名三崇山。壁立萬仞，人迹罕至。或以爲即古之三危，黑水所經，悮也。山後有野蠻，距郡五百里。

瀾滄江，州東二里。自麗江府南流入州境，復折而西南入永昌府境。詳見大川。

蘇溪，在州西北。與浪穹縣五井鹽課司接界，下流入於瀾滄江。

諾鄧井，州西北三十五里，鹽井也。置鹽課大使於此，所轄又有石門一井。又大井，在州東南三十五里，産鹽。所轄又有山井及天耳井。又師井，在州西北百二十里；順盪井，在州西北二百五十里；俱有鹽課大使。舊屬五井提舉司，萬曆末廢提舉司改屬州。其井新舊互異，仍與浪穹境内洛馬鹽課使統爲五井云。

雲龍甸。州東北七十里。甸廣衍，宜畜牧，有巡司戍此。

十二關長官司。府東三百里。本雲南縣楚場地，元至正間因僻險始置十二關防送千户所，明初改爲長官司。土司李氏。

歸山，在司西。峰巒聳峙，爲境之望。志云：司北百二十里有赤石崖、大山箐，西三十里爲乾海子山箐，東六十里曰楚場山箐，南四里即你甸也。

一泡江。在司南。波流湍急，自歸山而東歷司城南，東北流入姚安府界注於金沙江。

附見

洱海衛，在雲南縣治西。洪武二十二年建。

大羅衛。在賓川州治東鍾英山下。州境舊爲荒原，弘治中置州及衛，得古碑曰大羅城，因以名衛。楊慎曰：「雲南諸城西上永昌經途所屆，旁多寇巢，曰金雞廟、赤石厓、螳螂軀山、鐵索箐，其諸夷皆以盜掠爲雄。弘治中置州賓川而衛大羅，〔七〕城迷渡而戍普淜，冀以弭盜，竟不克。嘉靖初巨魁就擒，道路始寧息」云。金雞廟，志云：在雲南縣境。

鶴慶軍民府，東至北勝州二百十里，南至大理府二百五十里，西北至麗江軍民府百七十里，北至麗江軍民府寶山州二百里，自府治至京師一萬一千六百九十里，至布政司一千一百六十里。

禹貢梁州徼外地，東漢爲永昌郡西北境，唐爲越析詔地。地名鶴川，又名樣共川。天寶中屬於南詔，太和中置謀統郡。蒙氏勸豐祐於樣共川置，又南詔初徙羊苴咩城，近龍尾鶴拓，即此地也。宋時段氏因之。元初置鶴州，尋改置二千户，仍稱謀統。屬大理萬户府。至元十一年復爲鶴州，二十三年升爲鶴慶府，後又改爲路。明朝洪武十五年復爲鶴慶府，旋改爲軍民府。編户十三里。通考「鶴慶四十八村，烏蠻、儸儸、西海子等尤爲獷狎」云。領州二。

府山川明秀，内固大理，外控番戎，險阻足據，平原可畊，亦要地也。

鶴州城，今府治。宋時大理所築，元置鶴州於此，明初廢。洪武十五年因舊址列山爲守，永樂初甃以磚石。嘉靖十九年復拓舊址改築，號曰「新城」，惟北門月城尚因舊垣。萬曆二十八年復修城濬濠。今城周四里有奇。

廢副州，在府境。一統志：「廢木按州亦在府境。」二州皆元置，屬鶴慶府，明初省。

覆釜山，府西五里，爲郡鎮山。形如覆釜而最秀，南北諸山皆拱翼之。下有龍潭。又有金燈山，在覆釜下，亦名秀臺山。其相抱者曰仰止山。〇金鳳山，在府西二十五里。又府北三十五里曰逢密山，有三峰入雲。山腰有洞，頗幽勝，謂之青玄洞。

峰頂山，城東七里，峰巒起伏，南接龍珠山，北抵麗江界。下有五泉，可以溉田。○龍珠山，在府南二十里。前聳後平，下有石穴，樣共江之水過此穴而流入於金沙江。或謂之象眠山。志云：象眠山在城東南二十五里。山勢透迤，如象眠然，因名。

拱面山，在府西北五里。山高百仞，一峰拱向郡治。林巒環映，陰晴異態。又府西南十里爲朝霞山，山半有風洞。又西南二十里曰垂珠洞。又西二十里曰金斗陂，下有銀泉。

方丈山，城南百二十里。志云：南詔名山凡十七，此其一也。南接點蒼，巍峨峻拔。山半有洞，曰太極洞。中有池曰金龍潭，深不可測。一名觀音山，南去浪穹縣僅四十里。又半子山，亦在城南百二十里，產礦山也。山北有湧泉，伏流二里許始洩爲三派，居人賴之。又南五里爲豸角山，以形似得名。桃樹江出山下，流入南山巖穴中。

大成坡，府東南七十里。頂有泉，深廣僅尺許，不溢不涸，行人資焉，謂之一碗水。又府東南百三十里有煉場巖，下有温泉。巖石層壘，可數千仞。又大孟巖，在府東南百八十里。石壁屹立，其形如城。

松桂臺，在城南六十里。明初傅友德征佛光砦嘗屯兵於此。又城北八里有象跪石。相傳忽必烈自麗江石門關乘象至此，象跪不前，因名。

漾共江，在府治東南，即鶴川也，闊十餘丈。源出麗江界，流入境，至象眠山麓，羣山環合，水無所洩，瀦而爲湖，入城東五里之石穴，復出名爲腰江，東與金沙江合流。○落鍾河，在城南五里。源出朝霞山之龍湫，截官道而東入於漾共江。昔嘗墜鍾於此，因名。又長康江，亦在府南五里。源出府西黑龍潭，東流注於漾共江。

白龍潭，府北七里。潭之上山數十重，最高一峰名金頂，下爲白鷺山，勢若翥鳳。泉源甚遠，至白龍祠下，有泉百派，匯而爲潭。又西龍潭，在府西七里。源出覆釜山，東流溉諸村田。亦名上潭。其東北有龍寶潭，亦名下潭。周五百丈，隄曰萬年隄。石閘之下有會濟池，東分一小閘爲波流山，亦金燈山脈也。志曰：府境龍潭凡十五，流入漾共江者十三，曰黑龍，曰青龍，曰白龍，曰西龍，曰龍寶，曰吸鍾，曰石朵，曰香米，曰北渼，曰柳樹，曰小柳南，曰赤土和，曰宣化。其流入金沙江者曰龍公，而停蓄極深者曰大龍。

諸葛泉，在府南百四十里羅陋村，相傳武侯駐師之地。泉均二流，甚爲民利。○温泉，有二：一在觀音驛南二里，一在驛南十里。

宣化關。在府東北，有巡司。又觀音山驛，在府南百二十里，亦有巡司戍守。又南七十里至大理府鄧川州之鄧川驛。

劍川州，府西九十里。南至大理府雲龍州一百七十里，北至麗江府七十里。

古蠻夷地，唐時爲義督羅魯城，一名劍川。志云：唐顯慶初浪穹詔與南詔戰不勝，走保劍川，更稱浪劍。貞元初南詔擊破之，盡奪劍、共諸川地，其酋徙居劍睒西北四百里號劍羌云。南詔置劍川節度，宋時大理改爲義督睒。或謂之波州。元初置義督千户所，至元十一年改爲劍川縣，屬鶴慶路。明朝洪武十七年升爲州。編户十八里。

州控阸西番，藩屏内地，亦稱形勝。

望德城，在州南三里。周五百丈，段氏所築。今爲民居，名水寨村。志云：州治舊無城，崇禎末始築土城云。○羅魯城，在州南十五里。唐所築。今爲瓦窯村址。羅魯，西夷云海也。志云：州東北六十里有達子城，即蒙古入大理駐師處。一云在州南百三十里。

金華山，州治西一里。自西番界盤均山盤折而來，延亘二十餘里。山頂常有紫色如金，故名。西麓爲西湖，秋水時與東湖相連，至冬水落，民始播種。又州治南有金山、銀渡兩山並峙，一赤如金，一白如銀，因名。○劍和山，在州西四里，以卓立如劍而名。又州東十五里有青崖山。山產青石，如列翠屏。又州南二十里有夜合山，劍湖繞山麓而出。

石寶山，州西南二十里。層崖峭壁，上有石坪方數十畝，巖洞泉壑，往往奇勝，南中之名山也。又南一里爲中山，巖壁峭立，亦稱奇勝。○石羅摩山，在州東北七十里。峰高百餘丈，屹立如巨人狀，亦名將軍山。

劍川湖，州南五里。湖廣六十里，尾遶羅魯城，南流爲漾濞江。俗呼爲海子，每歲辦漁課於州。一統志：「湖在州西北七十里。山頂有泉，廣可半畝，流經州東而爲此湖。」又劍川，以州南十五里。即劍湖之尾，曲流三折，形如川字。

彌沙浪河，在州南百里白水場，與劍湖水匯而南流。○大橋頭河，在州東二里。古名合惠尾江。下流入劍川湖，每遇洪潦，輒泛溢害稼。又桃羌河，在州南三十里，東南流入於漾濞江。

諸葛池，州北四里，相傳武侯飲馬處。志云：州有龍潭凡九：曰老君，曰易堤坪，曰仙女煉，曰隔渼，曰建和，曰白難陀，俱流入劍湖；曰花叢，曰白龍，曰清龍，俱流入湖尾。

彌沙鹽井。在州西南百五十里彌沙鄉。有鹽課司大使，轄産鹽井二，曰大井、小井。

順州，府東一百二十里。東至北勝州一百里，北至滄浪衛百五十里。

古蠻夷地，唐時地名牛睒，南詔徙諸浪人居之，與羅落蠻雜處。元志：「順蠻種本居劍川，唐貞元間南詔異牟尋破之，徙居鐵橋、大婆、小婆、三探覽等川。其酋成斗族漸盛，自爲一部，徙居牛睒，至十三世孫自瞠猶隸大理。」元初内附，至元十五年改爲順州，屬麗江路，又改屬北勝府。明初仍曰順州，改今屬。土州同時氏。今編户三里。

州山川列峙，亦稱險阨。

順州城，今州治。元置州於此，未有城垣。萬曆二十八年築土城，周三里，環城有池。

公山，在治北七里。危巒聳拔，數峰融結。其並峙者曰漕峰山，一名母山。志云：漕峰山在州治北一里。○楊保山，在州東北八里。下有池，中多蒲草，鳧鷖之藪也。又烏鋪山，在州西南十里。有烏鋪橋，跨烏鋪山谿澗上。

牛甸湖。州東二里，其下流合於河頭溪。志云：溪在州東二十里，出石巖下，周八十餘丈。又有浴海浦，在州東二十餘里。水中分界，西畔屬順州，魚課入劍川州河泊所；東畔屬北勝州。廣可三十里。

麗江軍民府，東至瀾滄衛蒗蕖州界一百八十里，西至西番浪滄江二百里，南至鶴慶軍民府界七十里，北至永寧府革甸長官司界三百二十里，自府治至京師一萬一千七百六十里，至布政司一千二百四十里。

禹貢梁州南徼地，漢爲越嶲、益州二郡地，後漢兼屬永昌郡。或曰即古白狼地。後漢永平十七年白狼王唐菆作詩三章，誦漢功德，即此。隋屬嶲州，唐因之。後没於蠻，爲越析詔。貞元以後屬於南詔，置麗水節度。宋時麽、些蠻據此，大理不能有。元初擊降之，元史：「麗江路自漢至隋、唐皆爲越嶲郡西徼地。麽蠻、些蠻居此，爲越析詔。二部皆烏蠻種也，居鐵橋，後歸南詔。宋時復據此。憲宗三年征大理，從金沙濟江，麽、些負固不服，四年春平之。」置茶罕章管民官。至元八年改爲宣慰司，十三年改置麗江路軍民總管府。二十二年府罷，更立宣撫司。於通安、巨津間置。明朝洪武十五年改麗江府，既又改爲軍民府。土知府木姓。志云：府治及所屬四州俱未設城垣。領州四。

府南屏大理，北拒吐蕃，爲西北之衝要。南詔與吐蕃相持恒角逐於此，蒙古忽必烈降摩荻，一名摩沙，即摩些之訛也。進取大理，即其道也。明史：「萬曆三十一年税監楊恭責麗江土官木增退地聽開採。按臣宋興祖言：『麗江木氏世有其地，守石門以絶西域，守鐵橋以斷吐蕃，不宜自撤藩籬，貽誤封疆。』不報。」

通安州，附郭，在今府治東偏。古筰國地，名三睒，蠻云漾渠頭。漢爲定筰縣地，屬越嶲郡。唐改定筰曰昆明，屬嶲州。又升爲昆明軍，此爲昆明地。天寶後爲越析麽些詔所據，後併於南詔。宋時僕繲蠻居之，後復爲麽些蠻所據。元初置三睒管民官，至元十四年改爲通安州。明朝因之。土州同高姓。編户十三里。

象山，府西北五里，形如伏象。山下有泉曰象泉。又東山，在州東二十里。一名吴烈山。峰巒起伏，環拱郡治。

雪山，府西北三十餘里，即玉龍山也。蒙氏封爲北嶽。詳見名山玉龍。

珊碧外籠山，府西南二十里。孤峰峭崒，多産箭竹。又馬左墅山，在府南三十五里。土人常牧犛牛其中，〔八〕一名馬左墅他郎場山。

金沙江，一名麗江。從巨津州流入界，環府境三面流入寶山州界。詳見大川。

清溪。在府城東南。其源有二，一出東山，一出雪山，至府東東圓里而合流，遶府城之前，灌溉甚溥。今城東五里有東圓橋跨清溪之上。○龍潭，在府西南十里。闊數十畝，深不可測。

寶山州，府東二百四十五里。東至永寧府百七十里，南至鶴慶府百三十里。

漢益州郡邪龍縣地，後漢屬永昌郡，唐爲麽、些蠻所據。元初内附，名其寨曰察罕忽魯罕。至元十四年置保山縣，十六年升爲州。屬麗江路。明朝因之。土知州羅姓。編户六里。

州雪山西峙，麗水環流，居然雄勝。

阿那山，州西南十五里。上有阿那和故寨。又珊蘭閣山，在州北八十里。

金沙江，在州南。元史：「州在雪山之東，金沙江西來，環其三面。」是也。

大匱寨。在州界。唐時麽、些蠻兄弟七人分據七寨，曰大匱，曰羅邦，曰羅寺，曰礙場，曰下頭場，曰當波羅場，曰當將郎。蒙古忽必烈征大理，自下頭濟江，由羅邦至羅寺，圍大匱等寨，其酋内附，名其寨曰察罕忽魯罕是也。

蘭州，府西南三百六十里。北至巨津州一百六十里。

東漢永昌郡博南縣地，唐時屬於南詔，爲獹蠻所居，元志作「盧鹿蠻部」。地名羅眉川。宋時大理段氏置瀾滄郡於此，一統志：「段氏使董慶治此，後有周姓者强盛，遂與董分爲二郡，以江爲限，元初皆内附。」元至元十二年置蘭州。屬麗江路。明初因之，仍曰蘭州。土知州羅姓。編户四里。

州密邇番、戎，屏翼内郡。

雪盤山，州南十里。四時常積雪。下有白石溪。○福源山，在州北十里。延亘而東南，凡五十餘里。又有老君山，在州西北二十里。古名如剌均山。頂有深淵五所。一名牧牛山，土人常牧犛牛於其上。

瀾滄江。州西北三十里。源出吐蕃，流入境，又南入大理府雲龍州界。○白石溪，在州治南。中多白石，下流入瀾滄江。

巨津州，府西北三百里。南至蘭州百六十里。

古西番地，唐時爲羅婆九睒，濮、獹二蠻所居。後麽、些蠻奪其地，南詔又併之，屬麗水節度。元初内附，至元十四年於九睒立巨津州，屬麗江路。明初因之，亦曰巨津州。編户六里。

州迫鄰吐蕃，當西北陬之要害，神川之險，守禦所資也。

臨西廢縣，在州西北。志云：縣在府西北四百六十里，爲大理極邊險僻地，麽、些二種蠻居此，夷名羅裒間。元至元十四年以其西臨吐蕃，置臨西縣，屬巨津州。洪武十五年改屬府，正統二年爲蕃人所居，僅存一寨，後亦革去。滇略：「臨西亦稱剌縹郡，今爲他照和村。」

華馬山，州東南百五十里。崖壁有石如馬而色斑斕，因名。昔麽些詔自名其國爲花馬國。忽必烈南滅大理時三賧土酋麥良內附，并破鐵橋之華馬國，以功授職，即此。又州東北二十里有金馬山，有石如馬而色黃，因名。

漢藪山，州西北二百八十里。高可萬仞。上有三湖，各寬五畝，深不可測。○果舖山，在廢臨西縣治西，今入蕃界。

金沙江，在州北。亦謂之神川。唐貞元五年南詔異牟尋破吐蕃於神川，遂斷鐵橋，吐蕃溺死者萬計。十年異牟尋復擊吐蕃於神川，大破之，取鐵橋十六城是也。元志：「江爲南詔、吐蕃交會之大津渡，故以巨津名州。」

雪山關，在州東北。亦曰雪山門，舊名越減根關，當吐蕃、麽些之界，極爲險峻。○石門關，一云在州西百里，有巡司，所云「鐵橋以限吐蕃，石門以絕西域」者也。唐貞元九年韋皐遣崔佐時由石門趨雲南，復通石門南道，蓋謂此。

鐵橋，在州北百三十餘里，跨金沙江上。或云隋史萬歲及蘇榮所建，或云南詔閤羅鳳與吐蕃結好時建，或云吐蕃嘗置鐵橋節度使，是其所建。唐史：「天寶初南詔謀叛唐，於麽、些九賧地置鐵橋，跨金沙江，以通吐蕃往來之道。貞元十年異牟尋歸唐，襲破吐蕃於神川，取其鐵橋十六城。十五年吐蕃復襲南詔，分軍屯鐵橋，南詔毒其水，人畜多死，乃徙屯納川。」志云：時吐蕃置鐵橋城於此，爲十六城之一。今有遺址。其橋所跨處，皆穴石鎔鐵爲之，冬月水清，猶見鐵環在水底。又舊志：鐵橋在施蠻東南。一云施蠻在鐵橋西北，居大施賧、斂賧、尋賧。又順蠻，在斂賧西北四百里。新唐書：「異牟尋大破吐蕃於神川，并破施、順二蠻，虜其王，置白崖城。」是也。又元志：「漢裳蠻，本漢人部種，依鐵橋而居。」今有古宗蠻，在鐵橋之北，一名西番，一名細腰番云。明初裂吐蕃二十三支分屬郡邑，以土官轄之，麗江控制古宗，餘州郡各有所轄，蓋馭夷之善策也。

白馬寨。在州南二里。唐書云：「姐羌、白馬氏之裔居此，因名。」州境又有寧番巡司及清水、瀾滄二驛。

永寧府，東至四川鹽井衛二百里，西至麗江軍民府寶山州一百三十里，南至瀾滄衛蒗蕖州二百十里，北至西番界三百三十里，自府治至京師一萬二千一百里，至布政司一千四百五十里。

禹貢梁州徼外地，舊名樓頭睒，與吐蕃接界。又名答藍。〔九〕後爲麽、些蠻所據，麽、些蠻蒖祖泥月烏者，逐出吐蕃而居其地。唐時屬南詔，宋時屬大理。蒙古忽必烈南侵大理至其地，元史：「世祖駐軍日月和，即此地也。」至元十一年置答藍管民官，十六年改置永寧州，屬麗江路。明朝洪武十五年改屬鶴慶府，二十九年改屬瀾滄衛，永樂四年升爲永寧府。府無城。領編户四里。土知府阿姓。正統以後爲鹽井諸酋所侵，土官不能制，乃請設流官，寄治瀾滄衛，遥領郡事。領長官司四。

府襟江帶湖，山川險阻，人習鬬戰，爲邊徼之藩蔽。

干木山，府東南十五里。高八十餘丈，根盤百餘里。一名獅頭山，亦名孤山。又有甲母山，在府東。巖巒蒼翠，聳入霄漢。

瀘沽湖，〔一〇〕府東三十里。湖周三百餘里，中有三島，高可百丈。又魯窟海子，在干木山下，周迴一百里。中有小山，名水寨，或曰即瀘沽湖也，土官築水寨於島上云。又有海門橋，在府治西。魯窟海子之水流經此通四川打冲河達川江橋外，入鹽井界。

勒汲河，在府治北。源出西番，流入境，東流入四川鹽井衛界。又有勒浪墩，蓋府地密邇吐蕃，居人與番雜居，常被凌擾，築此墩於河上以爲界云。○羅易江，在府南。自瀾滄衛蒗蕖州北流，過府境入於瀘沽湖。

瓦都寨。府東北六十五里。與四川鹽井衛接界，舊爲番部戍守處。旁有温泉。

剌次和長官司，府東北二百四十里。永樂三年置，土官阿姓。下同。

六捏山。在司治西北。盤亘四里，爲司之勝。

革甸長官司，府西北百二十里。

幹如山。在司治北。司憑以爲險。

香羅甸長官司，府北百五十里。

卜兀山。在司治西。高聳數百丈。

瓦魯之長官司。府北二百八十里。

剌不山。司東北三十里。志云：司之勝剌不山峙其東，金沙江遶其西。

北勝州，東至四川鹽井衛馬剌長官司界二百五十里，東南至武定府元謀縣百里，西至鶴慶軍民府順州五十里，南至大理府賓川州界一百里，北至永寧府三百五十里，自州治至京師一萬一千七百五十里，至布政司治千二十五里。

古蠻夷地，唐貞元中南詔異牟尋始開置，名北方睒，滇紀：「貞元十一年異牟尋開北方睒，徙洱河、白蠻、羅落、麼些、冬門、尋丁、娥昌七種蠻以實其地。」亦號成偈睒，元史：「鐵橋西北有施蠻者，貞元中爲異牟尋所并，遷其種居之，號劍羌，名其地曰成偈睒。」又改名善巨郡。宋時大理改爲成紀鎮。元初內附，至元十五年置施州，十七年改爲北勝州，二十年升爲府。屬麗江路。明朝洪武十五年改爲州，屬鶴慶軍民府，十九年屬瀾滄衛，今州與衛同城。正統六年改隸雲南布政司。土州同高姓，判官章姓。編户十五里。

州東出建昌，南衛大理，山川險阨，稱爲要區。

北勝城，今州治。洪武二十九年築，甃以石，通水濠。正德中地震圮，尋復修築。城周五里有奇。○蒗蛾故城，在州南五十里蒗蛾村。蒙氏所築，其址猶存。又州東南三十五里有蒗蛾海。

瀾滄山，在城西南二里。高二百餘丈。衛與驛皆曰瀾滄，以此。又烏洞山，在州西二里。上列五峰，下有洞廣僅丈餘，深不可測。又州西三里曰三刀山。山逕險窄，相傳武侯征南時所開。○烏鴉山，在州南十里。形如削玉，爲州之勝。

東山，州東三里。亦曰觀音箐。山之西麓接香爐峰，有三山鼎立。又三泉山，在州東南三里。上有石崖，湧出三泉，民資以灌溉。

甸頭山，州北三十五里。羣峰聳列，林木森蔚。土人於此牧羊，又名牧羊坪。志云：州西北三里有紅石巖，亦曰赤石崖。崖半有泉味如醴，下流入於金沙江。

九龍山，州南百里。山有九頂，一名九頭山。高萬餘丈，四顧可千里。又州東南百里有大坡難嶺，高二萬餘丈，巔有龍湫。又老虎山，在州南百三十里。山勢雄峙，望之如伏虎。

金沙江，在州治西。自麗江、鶴慶府流入境，由西而東，環遶州治。一名麗江。明朝洪武十六年傅友德自鄧川州過金沙江攻北勝州，擒僞平章高生，復平麗江、巨津等州是也。詳見大川。

陳海，州南四十里，周八十里。相傳昔本陸地，有陳姓者居此，一夕沉爲海。或作「程海」。又程湖，在州南五十里，溉田可千畝；又州東南三十五里曰峎峨海；下流俱入於金沙江。

桑園河，在州西南。源自大理府雲南縣，經州西南百五十里之桑園村，下流入金沙江。又有五浪河，在州西五十里，自蒗蕖州流入界；又三渡河，在州南百四十里，其水旋繞三匝；下流俱入於金沙江。

九龍潭，州西十五里。有泉九眼，溉田可萬餘畝，其下流亦入金沙江。又大龍潭在州南百四十里，又南九十里曰小龍潭，居民俱引以灌溉。

小吉都寨。在州東五里。志云：元時土酋高斌祥屯兵於此。

瀾滄衛軍民指揮使司，與北勝州同城。

本北勝州地，洪武二十九年於州治南築蕖城置衛，城周五里有奇，開四門。北勝州治舊在拱極門北五里，弘治九年始遷於城内西南隅。初領北勝、蒗蕖、永寧三州，永樂四年升永寧爲府，正統六年升北勝爲直隸州。今衛領州一，隸雲南都指揮使司。城邑山川，詳上北勝州。

蒗蕖州，衛北百八十里。東至四川鹽井衛界二百里，北至永寧府界一百五十里。古蠻夷地，唐時地名羅共睒，羅落、麽、些三種蠻居之。元至元九年内附，十六年置蒗蕖州。屬麗江路，後改屬北勝州。明朝洪武十五年州屬鶴慶軍民府，二十九年改屬今衛。土知州阿姓，屬夷有數種，曰儸儸、麽、些、冬門、尋丁、峨昌也。

州山川峭險，爲北勝、永寧腰膂之地。

白角山，在州西北白角鄉；又綿綿山，在州西南綿綿鄉；兩山皆高峻，爲州之望。

羅易江。在州東，合數溪流入永寧府界。又白角河，源出綿綿鄉，經白角鄉而入西番界。

校勘記

〔一〕渡西洱海　「海」當作「河」。隋書卷五三史萬歲傳有「渡西二河，入渠濫川」之語，西二河即西洱河也。

〔二〕晟豐祐　「祐」，底本原作「祏」，今據鄒本及新唐書卷二二二中南詔傳改。

〔三〕蒙氏爲趙川瞼　「瞼」，底本原作「賧」，今據職本、鄒本改。新唐書卷二二二上南詔傳云：「有十瞼。夷語瞼若州。」又瞼，或作「睒」，元志卷六一即作「趙川睒」。

〔四〕在定西嶺上　「嶺」，底本原作「境」，今據鄒本及明志卷四六改。

〔五〕普陀嶤　「嶤」，底本原作「峒」，今據職本及明志卷四六改。

〔六〕又爲寧湖　「湖」，底本原作「河」，今據職本、鄒本改。

〔七〕弘治中置州賓川　「置」，底本原作「至」，今據鄒本改。

〔八〕土人常牧犛牛其中　「犛」，底本原作「氂」，今據鄒本改。

〔九〕又名答藍　「答」，底本原作「荼」，據職本及元志卷六一改。

〔一〇〕瀘沽湖　「湖」，底本原作「海」，今據職本、鄒本改。

讀史方輿紀要卷一百十八

雲南六

永昌軍民府，東至蒙化府三百九十里，南至灣甸州三百里，西至麻里長官司七百二十里，北至大理府雲龍州二十里，自府治至京師一萬一千八百十里，至布政司一千二百里。禹貢梁州西南徼外地，古哀牢國。漢武帝置不韋縣，屬益州郡。後漢永平初屬瀾滄郡，滇紀：「漢武置不韋縣，其後復叛。建武末酋長賢栗請降，永平初復叛，太守張翕討平之，立瀾滄郡。」尋改永昌郡。治不韋縣。志云：後漢建武二十七年，哀牢王賢栗始詣越巂太守鄭鴻降，求内屬。永平十二年哀牢王柳貌遣子率衆人内屬，因置哀牢、博南二縣，割益州郡西部都尉所領六縣合爲永昌郡。蜀漢迄晉因之。唐屬姚州都督府，唐史：「武后延載初永昌蠻酋董期等率部落内附。」後爲蒙氏所據，稱永昌府，宋時大理段氏因之。元初立千户所，隸大理萬户府。至元十一年立永昌州，十五年升爲府，仍隸大理路。二十三年又置金齒等處宣撫司於此。志云：元初置明義軍萬户府，在今府治東，後爲左千户所。又置四川軍萬户府，在今城南七里。又有蒙古軍千户所，在城南五里。回回軍千户所，在今城内，後爲中左千户所。又有爨僰軍千户所，亦在城内，後爲右千户所。軍營俱明初廢。明朝洪武十五年仍置永昌府，又立金齒衛。

二十三年省府，以金齒衛爲軍民指揮使司，嘉靖元年改爲永昌軍民府。仍置永昌衛。今領州一，縣二，安撫司一，長官司二。

府藩屏邊索，控馭蠻夷，自漢開西南夷始通中國。華陽國志：「武帝通博南山，度瀾滄水，取哀牢地置不韋縣。」是也。東漢建武中西南夷棟蠶叛，詔劉尚討之。尚追破之於不韋，斬棟蠶帥，西南夷悉平。永平十二年哀牢内附，置永昌郡，西南益少事。及晉末，而羣蠻竄居其間，遂與中國絶。南詔異牟尋破羣蠻，虜其人以實内地。及大理時白蠻復熾，漸復故地。元征白夷，復歸版圖。明初克大理，沐英等遂分兵取鶴慶，略麗江，破石門，下金齒，以爲西陲保障。正統初麓川亂，金齒實扼其衝，征集軍糧，悉會於此，以漸克平，蓋誠必争之地矣。

保山縣，附郭。漢不韋縣地。元爲永昌府治。明朝爲永昌、金齒二千户所，屬金齒衛。正德十四年改設新安千户所，嘉靖元年始改置今縣，取大保山爲名。編户九里。

永昌城，今府治。舊係土城，唐天寶中南詔皮羅閣所築，西倚大保山麓。段氏因之。元至元間復修築。明朝洪武十五年又因舊址重修，尋廢。十八年改築，甃以磚石。又於大保山絶巘爲子城，設兵以守。二十八年復闢城西，羅大保山於城内，設八門。其南門曰鎮南，東北曰拱北，外皆有子城，闢二小門。嘉靖二十八年復增築西城，浚濠爲固。萬曆二十八年復修浚焉。今城周十四里有奇。

不韋廢縣，在府東北。漢置。華陽國志：「武帝通博南山，置不韋縣，徙南越相呂嘉宗族以實之。名曰不韋，彰其先人惡行也。」本屬益州郡，後漢建武二十一年劉尚討棟蠶叛蠻，破之，追至不韋，諸夷悉平，永平中置永昌郡治此。晉因之。宋、齊仍爲永昌郡治，梁末廢。史記正義：「不韋縣北去葉榆六百里。」

哀牢廢縣，在府西南，故哀牢王國。後漢永平中哀牢王柳貌内附，以其地置哀牢、博南二縣。劉昭曰：「哀牢在牢山絶域西南，去洛陽七千里。」通志云：「府治東即漢哀牢縣故址，元爲永昌府治，明初改爲中千户所。」

金齒城，今府城也。百夷之俗，以金裹兩齒者曰金齒蠻，漆其齒者曰漆齒蠻，文其面者曰綉面蠻，刺其足者曰花脚蠻，以彩繩撮髻曰花角蠻，又或以銅圈穿其鼻，墜其耳，總曰哀牢蠻。謂之金齒，因其俗也。元志：「金齒之地，在大理西南，瀾滄江界其東，緬地接其西。土蠻凡八種，曰金齒，曰白夷，曰僰，曰峨昌，曰驃，曰繲，曰渠羅，曰比蘇。金齒蠻本名芒施蠻，自異牟尋破諸蠻，金齒種衰，其後浸盛，元因置金齒等處安撫司，又改爲宣撫司。」楊廷和曰：「元務遠略，創立金齒等司於銀生崖甸，其地去今府千餘里。後以遠不可守，移其名於永昌府，其實非金齒故地也。」志云：元時城中有爨僰千户所，今改爲右所軍營；明義萬户府，今改爲左所軍營；回回千户所，今改爲中左所軍營。又城西南門曰龍泉門，東南門曰鎮南門，西北門曰永鎮門，東北門曰仁壽門。

密堵城，在府南境。萬曆十五年緬酋入寇，陷密堵、速松二城，官軍擊走之。或曰速松城亦在境南。

大保山，在城内正西。嵯峨東向，高千餘丈，横岡數里，山巔平衍，可習騎射，周遭林木蒼翠，稱爲奇勝。諸葛武侯嘗掘山脚以防夷叛，深可三丈餘，鐵物間之。○寶蓋山，在城西北永鎮門外，以形似名。山勢岐嶒，爲衆山之冠。

右曰梯山，左曰玉壺山。山麓有石竇，流泉甚清。○靈鷲山，在城北八里。高如寶蓋，延袤七里餘。山巔有報恩寺，俗呼爲大寺山。

九隆山，城西南七里。山勢起伏凡九，分爲九嶺，一名九坡嶺。其麓有泉，自地湧出，凡九竇，土人甃石爲池承之。其下匯爲大池，可三十畝，名曰九龍池，或謂之易羅池。相傳蠻婦沙壹者浣絮池中，感沉木而生九隆，種類遂繁，世居山下。諸葛武侯南征時，嘗鑿斷山脈以泄其氣，有跡存焉。○法寶山，在城南十里，勢鄰九龍，而沙河限之。又南五里爲卧獅山，高百丈，袤二里。○官市山，在城南二十里。下有芭蕉湖，最幽勝。其北爲官市堰，沙河水所經也。

哀牢山，府東二十里。本名安樂，夷語訛爲哀牢。孤峰秀聳，高三百餘丈，雄峙西陲，延袤三十里許。山下有石，如鼻二孔，出泉一温一凉，號爲玉泉，因亦名玉泉山。又有諸葛井，在巨石間，可飲千人。○鳳溪山，在府東三十里。上有吕公臺。志云：不韋廢縣在其麓。又筆架山，在府東南三十里。有五峰如指。

虎嶂山，城西北二十里。有温泉，可浴。其相近者曰雲壺山，以山多白石而名。又五里曰雲巖山，山高二百丈，盤迴三里許。昔人嘗因巖石鑿爲卧佛，因名卧佛山。

峽口山，府東南四十里。下有石洞廣二丈，高半之，一郡之水俱泄於此，陰流地中，達於施甸枯柯下瀾滄江。洞多魚，亦名魚洞。○天井山，在城東北三十里。岡陵四繞，中有平地，可居。亦謂之石澗山。

羅岷山，在城東北八十里瀾滄江西岸。高千餘仞，延袤四十餘里。志云：府北十里又有白龍山。○屋牀山，在府南七十里。滇程記：「踰永昌過蒲驃驛經屋牀山，箐險路狹，馬不得並行，過山至潞江之外爲高黎貢山是也。」

瑪瑙山，在城西百里。山產瑪瑙石，哀牢山之支脈也。又有風洞山，在府西八十五里。風自洞出，因名。○龍王巖，在城西十五里。山中斷，兩崖壁立，如斧劈然。

瀾滄江，在城東北八十五里羅岷山下，廣二十六丈，其深莫測。滇程記：「自沙木和十亭而畸至永昌，途經瀾滄江。江流介二山之趾，兩崖壁峙，截若墉垣，因爲橋基，纜鐵梯木，縣跨千尺，束馬以渡。又西爲江坡，有逕路新闢，爰建一亭。」志云：跨瀾滄江者爲霽虹橋，舊以竹索渡，後廢。明初鎮撫華岳鑄鐵柱立兩岸以維舟。弘治中備兵使者王槐始貫以鐵繩，構屋其上，行者若履平地。守永昌者往往扼江爲險，橋其重地也。餘見大川。

潞江，在府南百里。舊名怒江。源出吐蕃界，經潞江安撫司北。又東南經府境，復南流入孟定府境，兩岸陡絶，夏秋間瘴癘尤甚。詳見大川。

上水河，在城內，又有下水河，源出九龍池及寶蓋山箐，合流入城，貫穿委港而達於東河。東河亦曰郎義河，源出龍泉，流經郎義村，合清水河南入峽口洞。○沙河，在城南七里。源出九隆山，南流入於峽口洞。有衆安橋跨其上。

清水河，城北二十里。志云：河有二源，一出府北阿隆村，一出甘松坡下，合流至潞江城東北，折而東合鳳溪、郎義河，又經府城東南合沙河諸水入峽口洞。今府北二十里有北津橋，爲屋其上；又東十里有東津橋：皆跨清水河。

沙木河，在城東北百十里。自順寧府流入，合鉛山澗水匯流三十里入瀾滄江。有鳳鳴橋跨其上。

青華海，在府東五里，匯諸流爲池。又九龍山麓有九龍池，泉有九竇，亦曰易羅池。又響水灣，在府北六十里。泉如瀑布，聲若鳴金，即瀾滄江回折處也。

龍泉，有二：一在司城北郎義村，折爲三派；一在石叢村，皆有灌溉之利。劉寅記：「永昌之城，右倚巍山，下有泉汪然湧出，停蓄爲池，週環數百步，澌而東南，灌田千餘頃，謂之龍泉。」或曰即九龍池也。

大諸葛堰，在城南十五里，其東有東嶽堰及小諸葛堰，皆有灌溉之利。○甸尾堰，在城南二十里，周廣二里。

清水關，在城西北卧佛山之西，扼清水河之要。元時建。今設清水驛於此。○山達關，在城東北七十五里。其處又有阿章寨。

天馬關，在府南境。又有漢龍關。萬曆二十一年緬蠻入寇，撫臣陳用賓擊走之，遂城天馬、漢龍二關是也。志云：保山境内有甸頭、水眼關二土巡司，俱萬曆中裁。

諸葛營，在城南七里。一名諸葛村。舊記：孔明既擒孟獲，移師永昌，即金齒也。城南八里西山下，武侯嘗屯兵其間。師還，民構祠祀之，因名。志云：元時有四川軍萬户府，在諸葛營後。土人居於營前小海子内有土阜一區，周遭三十三丈，高六尺，隨水高下，巨潦不没，相傳爲孔明監標臺。一統志：「武侯旗臺在東嶽堰内。」○金雞村，或云在城東五里。有金雞泉，一温一涼，四時可浴。泉北有將臺，高丈餘，廣倍之，相傳蜀漢時永昌掾吕凱築此以拒雍闓。村後有蒙古千户所廢址，土人居之。

沙木和驛，在府東北沙木河側，巡司亦設於此。滇程記：「自永平縣七亭而畸達沙木和。土人謂坡爲和也。途經鐵場坡、花橋峭、蒲蠻哨、丁當叮山關，皆高險。」蒲蠻者，孟獲遺種也。今城南六十里有蒲縹驛。土夷攷：〔一〕「蒲蠻，居瀾滄江以西，名朴子蠻，性勇爲盜，以採獵爲業也。」

霽虹橋。府北八十里，跨瀾滄江。武侯南征，孟獲架橋濟師。後以索爲之，修廢不一。元至元中也先不花重修，名曰霽虹。明初鎮撫華岳置二鐵柱於兩岸以維舟，時遭覆溺。後架木爲橋，又爲火所焚。弘治十四年備兵使者王槐構屋於上，貫以鐵繩，南北往來，此爲孔道。亦曰瀾滄橋。

永平縣，府東北百七十里。東至趙州界百七十里。本漢博南縣地，晉因之，後改永平縣。唐時蒙氏改爲勝鄉郡，後段氏因之。元初廢郡立永平千户所，後復爲永平縣，屬永昌郡。今因之。編户七里。

博南廢縣，在縣南。東漢永平中所置縣也。哀牢傳：「章帝建初二年哀牢王類牢反，攻越嶲。永昌太守王尋奔楪榆，哀牢夷遂攻博南，焚燒民舍。明年詔發夷、漢兵進討，邪龍人鹵承等應募，率諸郡兵大破類牢於博南，斬之，即此。」今其地名江東村。

永平守禦城，在縣治東北。城周五百九十丈有奇，洪武十五年建。內有金齒前前、右右二千户所。志云：洪武十九年縣城立木爲柵，跨銀龍江上。三十六年易以磚石，周三里有奇。萬曆二十八年議者以江流貫城南，小關洞開，每值水涸，竊盜輒乘以出入，乃濬東西兩濠，引江水分流城外，會於城南，砌塞水洞爲城垣云。

博南山，縣西南四十里。漢武通博南山，即此。一名金浪顛山，俗訛爲丁當丁山，極險隘，爲蒲蠻出没之所。北麓有泉，流爲花橋河。華陽國志：「博南縣西山高三十里，越之得蘭倉水，有金沙，洗取融爲金。」滇南略云：「博南山高二十里，上有鐵柱，爲西陲要道。」

和丘山，縣西三十里。高千餘仞，雲合即雨。東麓一潭，四時澄徹，流爲木里場河。西麓有泉，流爲曲洞河。○花橋山，志云：在縣西南二十五里。上有鐵礦。又縣西南五里有髑髏山。縣北百里有羅木山。

羊街山，縣北四十里。山半湧泉，周圍五尺，名曰一碗水，行者咸掬飲之，地名碗水哨。○羅武山，在縣東北百十里，高百五十丈。山半有泉，勝備江發源於此。

橫嶺山，縣東北百三十五里。山極陡峻，驛路經其上。其西有泉，下流爲九渡河。○寶藏山，在縣東七十里。一名觀音山。相傳武侯南征，至此迷道，遇一老嫗呼犬從絶逕中出，始得路。兵旋，建廟祀之。俗名娘娘叫狗山。

銀龍江，在縣治東半里，守禦城跨其上。源自縣西上甸里，合木里場河，又南合曲洞河，又東南過薩祐河、花橋河，又東南入瀾滄江。志云：銀龍江，每孟冬時近曉有白氣橫江，盤旋如龍，因名。一名太平江。有昌平橋跨之，長四十丈，高二丈五尺，廣二丈，瓦亭十有二。亦曰太平橋。又東北又有安定、通市二橋。志云：曲澗河在縣西三十里，縣西四里有桃源河，皆注於銀龍江。

勝備江，在縣東北百里。出羅武山，引流而東南合九渡、雙橋二河，至蒙化府合樣備江。志云：九渡河，在縣東北五十里。出橫嶺山，沿水遶流，上跨九橋，故名。

花橋河，在縣西南三十里。源出博南山，下流入於銀龍江。滇程記：「出下關石橋至碗水哨，又西爲四十里橋，又西爲響水澗。橋循澗行，巨石哨礄，鳴若轟霆，類嘉陵散關。近關有花橋，橋皆架木飛梯，橫楮懸度，行人戰慄，所謂花橋河也。」

丁當丁山關，在博南山。山路峻險，置哨守於此。○上甸關，在縣北二十里，有上甸定夷關巡司戍守。

花橋關，在縣西南四十里。下有花橋河，控扼險阨之處也。近時改曰玉龍關。

諸葛寨，縣北三里。相傳武侯駐兵處。○關索砦，在縣東北五里，周迴二里，俗傳蜀漢將關索所築寨。下有洞，首尾相通，樵牧過之，常聞洞中有戈戟聲。

永平驛。在縣治東五里。又東九十里爲打牛坪驛，兼設巡司於此。又六十里爲蒙化府之樣備驛。滇程記：「自樣備驛九亭而達打牛坪，途逕橫嶺，其高傍雲，梯箐以升。又西爲雲龍橋，又西爲大斗坡，而後至坪。相傳武侯南征駐師兹坪，辰值立春，鞭土牛以訓夷耕，遂以名驛。又自打牛坪十亭而畸達永平縣，有畢勝橋、觀音叫狗山，其間有九轉十八灣之險。」

騰越州，府西南二百七十五里。南至南甸州界二十里，西至麻里長官司界三百里，北至茶山長官司界二百四十里。

漢永昌郡西境越睒地，有僰、驃、峨昌三種蠻居之。晉屬寧州。唐爲羈縻州地，貞元中南詔異牟尋逐諸蠻置軟化府，後白蠻徙居之，改騰衝府。大理因之。元憲宗三年府酋高救内附，至元十一年改騰越州，又置騰越縣。十四年改騰越府，仍治騰越縣。二十五年縣廢而府如故。隸大理路。明初因之。洪武末改騰衝守禦千户所，隸金齒軍民指揮使司。正統九年升所爲軍民指揮使司，隸雲南都司。嘉靖二年改置騰越州，編户八里。屬永昌府。

州山川險阨，爲諸蠻出入要害之地。洪武中麓川夷入寇，自騰衝居永昌，沐英討平之。

正統初麓川酋思任發作亂，攪南甸，突干崖，徑犯騰越，屠其城柵，守潞江督臣王驥等進討，復騰衝，然後直搗賊巢。蓋西南有事，州實當其衝也。志云：州與孟養、緬甸諸夷接境，出州之鎮夷關即南甸、干崖二宣撫司，渡金沙江則大、小孟艮之地，其爲控扼之要也。允矣。

騰越廢縣，即今州治。元至元中置縣，騰衝府治焉。後廢。志云：州舊無城，正統十四年再征麓川，大兵駐此，因築土城。十五年甃以磚石，周八里有奇。嘉靖二十九年復築濠爲固，城周七里云。今城西北有土城遺址。○越甸廢縣，在州東北。元置此縣於越甸，尋省入府。又古湧廢縣，在州西百里。元置此縣於古勇甸，尋廢。

順江州城，在州南。元至元十一年置。至正七年酋長樂孫求内附，立宣撫司，尋廢入騰衝府。○羅密城，在州北三十里。舊爲蠻酋所居，今濠塹猶存。又州西山平原中二里有西源城遺址，相傳段氏所置城也。

來鳳山，城南四里。亦名龍鳳山。又南三里曰飛鳳山。南去里許曰團山，形如龜，林巒相接，多修竹名材。○球牟山，在城東五里。下峻上平，可居以避寇。山頂有池，池旁有穴下注爲伽和池。正統間麓川賊寇邊，守禦官軍據此立寨，軍民潛避其上。亦名梗寨山。○寶峰山，在州西十里。一名長洞山。又南五里有水尾山。

下干峨山，州北十五里。下有池，亦名下干峨。又上干峨山，在州西北二十五里。下有池，名清河，亦名上干峨，周五百餘丈。亦曰澄鏡湖。又北有金塔坡。○土山，亦在州北十五里。上有龍池，周五十餘丈。下亦有龍池，居民祈雨於此，境内無旱災。

羅生山，州東南二十里。峰巒千仞，條岡百里，林木森茂，騰衝之名山也。○龍嵸山，在州北三十里。山極高峻，雲合即雨。○赤土山在州東三十里，又州西三十五里有緬箐山，皆高峻。

羅左衝山，州南六十里。上有鎮夷關。山後即南甸宣撫司，懸巖峭壁，足爲華夷之限。滇略謂之半個山，界限華戎，北寒南暑，迥然各天。

高黎共山，州東北百二十里。一名磨盤山，與保山縣接界。山高峻，華夷之限也。詳見名山。○明光山，在州西北一百二十里。上有銀礦、銅礦。

馬峰山，州東十五里。又州東六十里有橄欖坡，産橄欖。今橄欖坡驛置於此。○擂鼓山，在州西南十里。相傳孔明嘗駐兵於此。

大盈江，在州西。又名大車江。出吐蕃界，流入州境。州西之水有三：一出赤土山，流爲馬邑河；一出龍嵸山，流爲高河；一出羅生山，流爲羅生場河。環繞州城，自東而北而西，並注於大盈江，南入南甸、干崖之境。詳附見大川。

龍川江，源出峨昌蠻地七藏甸，繞越甸界，經高黎共山北，下流注南甸、干崖及隴川境合於大盈江。其渡口有橋，舊編藤鋪板以渡，名曰藤橋，在州東七十五里。一統志：藤橋有三，一在龍川關，一在尾甸，一在回石，俱跨隴川江上。蓋江水湍急，難以木石施工，編藤爲橋，繫於岸樹，以通人馬。或曰龍川即麓川江之別名也。

疊水河，在州西南，大盈江之支派也。山麓有石崖，斷陷百尺，水勢奔飛，吐珠濆沫，觀者毛髮爲竦。

大車湖，在州南團坡下。湖面廣闊，中有小山若浮。○温泉，有四：一在城北馬邑村，一在城東南大洞村，一在城南羅左衝山村，一在城西緬箐山村。水沸如湯，人多浴者。

龍川江關，在州東七十里江之西岸。有龍川橋。江上舊編藤鋪板，名曰藤橋。明朝弘治中備兵使者趙炯始鑽鐵爲橋，嘉靖中潘潤復修之，爲往來要道，置巡司及驛丞。○古湧關，在州西百里古勇甸。又鎮夷關，在州南羅左衝山，有巡司戍此。

夾象石。在州東龍川江東岸，渡江而西即高黎共山麓也。正統三年麓川思任發叛，都督方政及別將高遠渡江而南，逼賊於上江。上江，賊重地也。深入力憊，求救於沐晟。晟以少兵往至夾象石，不進。政等渡江追至空泥，賊伏四起，我師覆焉。七年王驥等以大軍征麓川。八年自夾象石、下江徑抵上江賊巢，而大軍亦自夾象石、下江通高黎共山道至騰衝云。

潞江安撫司，府西南百三十五里。西北至騰越州百五十里。

漢永昌郡地，舊名怒江甸，訛爲潞江。元至元十三年置柔遠路軍民總管府，治怒江甸。隸金齒等處宣撫司，後爲麓川宣慰司所據，〔二〕元史志「其地一名潞江，一名普坪瞼，一名申瞼僰寨，一名烏摩坪。僰蠻，即通典所謂黑爨也。中統初蠻酋阿八思入朝，至元中始置柔遠路」云。明朝洪武十五年改爲柔遠府，二十三年改爲潞江長官司，永樂九年升安撫司。〔三〕土官線氏世襲。職方攷：「潞江安撫司而外有鎮道安撫司、楊塘安撫司與茶山長官司，四司並屬永昌衛。」

司東蔽永昌，西援騰越，南接羣蠻，爲襟帶要地。

鎮姚所城，志云：在司西老姚鳳山之麓。土築，周四里有奇，磚甃四門，覆城瓦屋八百十八間。萬曆十三年建。

和場山，司東三十餘里。又司南三十里有掌亢山，司東八十里有雷弄山。

潞江，在司北三十里。本名怒江，以江流洶湧不平也。源出吐蕃，流入司境，南流經司城東，又南經孟定、芒市而入緬界，下流入於南海。蒙氏封爲四瀆之一。江之兩岸皆陡絶，瘴癘甚毒，夏秋之間，人不敢渡。今詳見大川。

潞江關，在潞江東岸。滇附録云：「金齒西上一程曰蒲縹，地猶稍平。達蒲縹驛，〔四〕經打板箐而下潞江，若降深穽，四序皆燠，赤地生烟，瘴氣騰空，觸人鼻如花氣。渡龍川江，其炎瘴亦然。」○細甸，在司東南。正統中麓川酋思任發叛，督臣王驥言：「江北細甸、昔剌等處，係賊左臂，恐乘虚竊發，侵犯金齒，阻絶糧道。今分兵二路，別將冉保從細甸直取孟定，合木邦、車里之兵爲東路，而大軍由東路至騰衝與保會，使賊覆背受敵」云。

金勝關，在司西。志云：在鎮姚所南。有堰草坡，明朝萬曆十一年參將鄧子龍敗緬軍於此，時緬人崩潰而下，至今草生不能上指。又松坡營，在鎮姚所西南一里。有戰士冢。又所城東南亦有之。

景罕寨，在司西南。洪武末平緬諸蠻刁幹孟叛，何福討破之於南甸。還兵擊景罕寨，蠻乘高據險，堅守不能下。福糧垂盡，沐春馳至，徑渡怒江，馳躪寨下，蠻出不意，遂降。乘勝復擊崆峒寨，賊潰走。崆峒寨蓋亦在司境。又正統三年方政破麓川賊於潞江西岸，賊走景罕寨，官軍復敗之。滇記云：「景永城在隴川宣撫司宅後，磚甃，萬曆六年建。」或以爲即故景罕寨，恐悮。

阿坡寨。在司南。隆慶六年金騰兵備許高征蒲蠻阿坡寨，擒其將蔣裕，於是桑科等二十八寨皆畏服。又有潞江、烏色、平戛三寨蠻亦來附。

鳳溪長官司，府東二十五里。本元永昌府地，洪武二十三年置今司。

鳳溪山。在司治東。有東西二泉，合流爲鳳溪。山去府東北三十里，與哀牢山並峙。或云漢不韋故縣在鳳溪山下。山有呂公臺，以呂嘉子孫遷此而名。又有木鼓山，在鳳溪山之右。高七里，袤如之。

施甸長官司，〔五〕在府南百里。唐時蒙氏爲銀生府北境，宋時段氏置廣夷州，元至元十一年置石甸長官司，後訛今名。明初因之。志云：司東接順寧，南接灣甸州境。萬曆十一年灣甸酋景宗真導緬入姚關，焚掠施甸，官軍敗緬，復收其地。

秀巖山，司東南二里。巖下出泉，注於小羅窯河，北流經峽口洞而入瀾滄江。又摩蒼山，在司東二里。一名施甸山，孤峰聳秀。又司西十里有石柵山。○當歸山，在司西北二十五里。產當歸。又甸頭山，在司西南三十里。其南有碧霞山。又司西北四十里有新柵山。

坪市河，在司西。有二源，一出甸頭山，一出石甸寨，合流經司西，又南合蒲縹寨澗水經新柵山口斗崖飛下，下流入於怒江。

蒲關，在司南莽田寨。滇略云：「蒲人散居山谷，無定所，永昌鳳溪、施甸二長官司及十五哨、二十八寨皆其種也。元時爲可蒲寨。至元十六年廣西宣撫使討平和泥蠻，遂徇金齒甸七十城，越麻甸抵可蒲，皆下之。又有小白夷，熟夷也，環居於永昌西南境。」

猛淋寨。在司東南。萬曆十年緬蠻寇順寧，遂破施甸猛淋、盞達諸寨，官軍擊走之。盞達寨，或云亦在司境。○鎮安所城，志云：在猛淋砦，舊潞江安撫司屬部，於萬曆十三年建。

附見

騰衝衛。在騰越州城内。本軍民指揮使司，嘉靖二年改置。

蒙化府，東至大理府越州界六十里，東南至楚雄府定邊縣界六十里，南至景東府二百五十里，西至順寧府一百五十里，北至大理府太和縣界九十里，自府治至京師一萬一千四百一十里，至布政司八百六十里。

漢益州郡地，後漢永昌郡地。唐屬姚州都督府，號陽瓜州，志云：初羅羅摩及爽蠻居此，後蒙氏細奴邏等城居之，號蒙舍詔，即南詔也。後徙居太和城，以蒙舍爲舊都云。宋時段氏改爲開南縣。元初爲蒙舍千户所，至元十一年爲蒙化府，十四年升爲路，二十年降爲州。隸大理路。明初因之，屬大理府，正統間升爲府。土官左氏世襲。編户三十里。通考：「近郡有摩察夷，黑爨之別種也。」

府南接楚雄，北距大理，四山環堵，屹然險固。

蒙舍城，在府北十里。唐永泰中爲陽瓜州，天寶間鳳伽異爲州刺史，即此。今遺址尚存，地名古城村。元改置蒙化州於此。舊有土城，明朝洪武二十三年始建磚城，周四里有奇。○箐口新城，在府東北。有四門。以界趙州白崖川一帶，即所謂蒙化箐口也。

斗斛山，城北三里。亦名覆屋山，亦曰碁盤山。又城東有天臺山，望見百里外。又有玄珠山，上有白浮圖，相傳武侯建以鎮蒙者。○甸尾山，在州南十里。下有温泉。舊有甸尾巡司戍守。又城東九十五里有伏虎山。

巍山，府東南二十里。峰巒高聳，冠於羣山。亦名巍寶山。蒙氏之初嘗耕牧於山之麓。志云：昆雌江出於此，東北流入於趙州界，合於禮社江。

龍屽圖山，城西北三十五里。初蒙氏龍伽獨者，以唐貞觀間將其子細奴邏自哀牢而東遷居其上，部衆日盛。高宗時細奴邏入朝，授巍州刺史，築城高三丈、周四百餘丈居之，自稱奇王，號蒙舍詔。今有浮圖在山上。亦曰巃屽山，亦謂之龍屽圖城。其相接者又有天馬、御筆諸山。又金牛山，在府西北四十里。亦名寨子山。

石母山，城北七十里，出石黄及雄黄。有泉流爲賧中溪，南入羅盤江。又天耳山與石母山相接，即甸頭山也。舊有甸頭巡司戍此。志云：府西南二百里有鳳凰山，亦名鳥弔山，蓋傳訛耳。

陽江，在城西，源出甸頭山花判澗，南流至甸尾巡司，又東南流九十里入楚雄府定邊縣界。又有錦溪在城東一里，西北流達於陽江。

樣備江，府西百五十里。一名神莊江。自大理府趙州西境流經永昌府永平縣之打牛坪驛，又經府西北百二十里之樣備驛，有樣備橋跨其上，爲蒙化、永平之界，又南流入順寧府而會於瀾滄江。本名樣濞江，訛爲樣備江。

瀾滄江，在府西南百五十里。自永昌府流入府境，又東南入順寧府界。江之南岸有馬耳渡。○蔡陽河，在城南。源出東山，流入陽河。又教場河，在府北二里；又北二里爲寄馬椿河；又有五道河，在府南七里；俱流注於陽江。

樣備驛。在府西北百二十里。輿程記：「自趙州德勝驛西至樣備驛八十里。」又有四十里橋，志云：蒙舍至趙州界四十里，橋因以名，爲龍尾關、樣備驛之中路。又開南驛，亦在府境。○迷渡鎮，在府東，與大理府趙州接界。嘉靖初築城於此，控制白崖等要路。

順寧府，東至蒙化府界一百八十里，西至灣甸州界二百八十里，南至孟定府界四百七十里，北至永昌府永平縣界四百二十里，自府治至京師一萬一千六百二十里，至省城一千五百五十里。

古蠻夷地，地名慶甸，滇紀：「孟獲爲孔明所縱，南走慶甸，即此。」蒲蠻居之。一云即古濮人也，自宋以前不通中國，蒙氏、段氏皆不能制。元泰定間始内附，天曆九年置今府，并置寶通州及慶甸縣。明初洪武十五年仍置府，而以州縣省入焉。編户二里。土知府猛氏。萬曆二十四年猛定瑞叛，討平之，改爲流官。今屬州一。

府衆山環遶於西南，二江襟帶於東北，地雖彈丸，有建瓴之勢。至於三甸鼎足，形如犄角，南鄙藩籬，備未可略矣。

寶通廢州，或云與慶甸縣俱在府境内。元置，明初省。志云：慶甸廢縣，在府東八里。

順寧城，今府治。志云：城在鳳山之中。萬曆二十八年建，甃以磚石，周五里有奇。又有舊城，爲猛氏世居，去府城一里。舊有土垣，今廢。

右甸城，在府西南二百里。志云：在矣渚十三寨之中，右甸川之西山麓。萬曆三十年磚築，周三里有奇。爲郡城簹蔽。今傾圮過半。

鳳山，在府治東。治西亦有此山。兩山夾峙，如雙鳳然。亦名交鳳山。瀉泉流於治北，有橋跨其上，曰掬春橋。橋有瓦屋扶闌，居然幽勝。○東山在府東二里，又府城北有鼓山，城西有旗山，皆近郊之勝也。

樂平山，府西北十五里，爲郡之鎮山。山下有塘，周迴里許，知府猛寅所鑿，以備灌溉。又府西十五里有中阿山，亦幽勝。○玄玉山，在府西南十五里。一名契山。重岡疊巘，蒼翠如畫。又西南五里曰郁密山，千巖萬壑，如羣星拱斗。上有太平寺。○九層樓山，在府西八九十里。重巖複嶺，盤折九層，山椒有聚落。

把邊山，城南四十三里。上有把邊關。兩山對立如門，一徑中通，崎嶇阨寨，實稱險隘。○半山，在府東南一百二十里。亦曰頩山。山陡絶，下即瀾滄、黑惠合流之處，號爲泮江，山又因江以名也。

阿魯使泥山，府北百八十里。中有洞，深十餘步，土積華蓋，層層如樓閣，常有白氣出入其中，名曰霞洞。兩山迴絶，中爲磴路，可百餘步，平直如砥，逕之旁皆細草蒙茸，俗呼「觀音接路」。○赤龜山，在府北二百三十五里，以形似名。黑惠江如長蛇盤遶其下。山阿有聚落，行旅往來，多宿於此。

鐸山，府西南二百里。山勢百盤，林深谷奥，下臨絶澗，渡以藤橋，土人呼爲阿鐸五山。山水急迅，流爲阿鐸河，土人構藤以渡。○西奥山，亦在府西南二百里。層峰削壁，下有洞豁然，謂之瓊英洞，形肖城闕，廣約十餘丈，嵌空奇崛，深邃莫窮。

蜢濮者山，府北二百四十里。土少石多，高峻骨立，宛如鬼工削成。下有聚落，俗呼蜢濮者。滇略云：「順寧境内沿瀾滄江而居者曰普蠻，一名撲子蠻是也。」

瀾滄江，府東北七十里。自金齒東南流入府境，與黑惠江合，南過景東、元江、交趾乃入南海。石齒嶙峋，波濤洶湧，實爲險阻。有瀾滄浮橋，編竹爲之，長十五丈，廣五丈，人馬經之，如卧虹然。府志云：瀾滄江中有寶峰山，奇勝處也。江干又有三台山，至爲險峻。餘詳大川。

墨惠江，〔六〕即樣備江也。亦曰濞溪江，又名黑惠江，在府東北百十里。自蒙化府流入境，東南混流百里，至泮山下合於瀾滄江。詳見大川樣備江。

順寧河，在府城東。源出甸頭村山箐內，流入雲州孟祐河，爲府之帶水。又甕碌河，在府南一里。源出南山，流合於順寧河。又臘門河，在府北十里，亦南流合於順寧河。○虎墟河，在府北百九十里阿城舊村之南，以河旁舊有虎穴而名。其水流入黑惠江。又龍湫，在府治南山之麓，方一畝，林木蓊鬱，相傳有龍居其中。

把邊關，在把邊山上，爲府之險阨。○牛街驛，在府北百八十里濞溪江上。路通蒙化，有渡，深險不測，飛濤亂石，不容巨舟，舊刳木爲舫，如竹半破，渡者畏沮。近時建橋以渡，行者便之。志云：府境舊有順寧觀音、水井、牛街、錫鉛、右甸、枯河六驛，皆土驛丞司之。

矣堵寨。在府西南。萬曆二十八年矣堵十三寨莽亢等復叛，官軍討平之，順寧、雲州復。○猛淋寨，在府境。萬曆十一年灣甸酋景宗真導緬入姚關，寇施甸，焚掠順寧，破猛淋寨，即此。志云：府境有錫鉛寨巡司，又有董甕寨、亦壁嶺、蟒水寨、錫臘四巡司，萬曆中裁。

雲州，在府東南百五十里。東至景東府界九十里，南至鎮康州界七十里，西至灣甸州界百二十里。

古蠻夷地，蠻名孟祐，白夷所居。元中統初内附，屬麓川路。洪武二十四年置大侯長官司，正統三年改爲大侯禦夷州，萬曆二十五年改爲雲州，編户四里。先是土官奉氏世襲，是時順寧府土酋猛庭瑞叛，大侯土酋奉赦叛應之，事平改設流官。屬順寧府。

州控瀾滄之險，爲諸蠻襟要，西出則順寧、永昌震，東顧而景東、威遠危，亦必争之地矣。

雲州城，今州治。舊有土城，在州南十里。萬曆三十一年移建於大粟榆鎮西山下，甃以磚石，周四里有奇。

無量山，在州東北六十里，即景東府之蒙樂山也。志云：上有孟獲故寨。

鎮西山，在州治北。州南曰永寧山，其相對者曰平頭山。○昔彌山，在州東六十里。又蠻賴山，在州西六十里，山多竹。又八剌山，在州北八十里。

蠻彌山，州南二百五十里。林木陰森，石崖壁立。山東南麓即瀾滄江。○阿輪山，在州西南三百里。連峰疊巘，四時蒼翠。

瀾滄江，在州南。自順寧府流入界，又東入景東府界。

孟佑河。在州治東。順寧府境諸水匯流於此，入於瀾滄江。又州南八十里有孟賴河。○南看河，在州東，自順寧河分流，入州境；州西又有南繆河，合流於南看河；其下流俱注於瀾滄江。

孟緬長官司。在州西南，舊隸布政司。又有猛猛、猛撒二土巡司，萬曆二十五年改隸雲州。滇略云：「州境有三猛蠻，即猛緬、猛猛、猛撒也。猛猛最强，部落萬人，時與二猛爲難，其地田少箐多，射獵爲生。猛緬地雖廣衍而民柔怯。猛撒最弱，近折而入耿馬矣。」

梳頭山，在猛緬蠻西南，高六十里。其相近者又有美水山，多古柏。其東曰天臺山，高聳插天，山多雪。又猛緬境内有邦鳳山，上有諸葛碑云。○邦偏山，在猛猛南，高六十里。又猢猻山，在猛撒北，高二十五里，最險隘。其南有大河，北入山穴中。

金水河。在猛緬境内。又有大河，北流入於孟賴河。○獵遜江，在猛猛境南。志云：猛猛有大河，南流入於獵遜江。

校勘記

〔一〕土夷考　「考」，底本原作「攻」，今據職本、鄒本改。

〔二〕後爲麓川宣慰司所據　「後」，底本原作「從」，今據職本、鄒本改。

〔三〕二十三年改爲潞江長官司永樂九年升安撫司　明志卷四六作「永樂元年正月析置潞江長官司，直隸都司，十六年六月升安撫司。」與此異。

〔四〕達蒲縹驛　「達」，底本原作「遠」，今據鄒本改。

〔五〕施甸長官司　「施甸」，底本原作「姚甸」，今據鄒本及明志卷四六、明史卷三一四雲南土司傳改。

〔六〕墨惠江　「墨」，底本原作「黑」，按下文云「又名黑惠江」，則此不當作「黑」，鄒本作「墨」，今據改。明志卷四六亦云：「又有黑惠江，即樣備江也，又名墨惠江。」可證。

讀史方輿紀要卷一百十九

雲南七

車里軍民宣慰使司，東至落恐蠻界，南至波勒蠻界，西至八百大甸宣慰使司界，北至元江軍民府界，自司治西北至布政司三十四程，轉達於京師。

古西南夷地，蠻名車里，志云：古產里也。呂覽：「伊尹四方獻令曰：『產里以象齒、短狗獻。』後周公作指南車導之歸，故名車里。」後爲倭泥、貉獱、蒲刺、黑角諸蠻雜居，不通中國。宋寶祐中蒙古主蒙哥遣將兀良合台伐交趾，經其所部，悉降之。元大德中置徹里軍民總管府。元史：「大德中雲南省言：『大徹里與八百媳婦犬牙相錯，今大徹里酋胡念已降，小徹里復控扼地利，多相殺掠，乞別立宣撫司，擇通習夷情者爲之帥，招其來附。』乃立徹里軍民總管府。又府統六甸。後又置耿凍路及耿當、孟弄二州。」明朝洪武十七年改置車里軍民府，十九年改宣慰使司。宣慰刁姓。

小徹里，在司東。車里之別部也。志云：大徹里部舊在司西南，東北至者樂甸千里，下臨九龍江。有諸葛營壘。

九龍山，在司治後。志云：司治在九龍山下，臨大江，江亦名九龍。志以爲黑水末流也。○孟永山，在司境。山高險，爲境内之名山。

普洱山，在司北。滇程記：「自景東府行百里至者樂甸，又一日至鎮沅，又二日達車里界，又行二日至普洱山。旁有一山湧秀，謂之光山，有車里頭目居之，蜀漢孔明營壘址在焉。」

大川原，亦在司北。滇程記：「自光山行二日至大川原，廣可千里，夷人豢象於此。旁有山，亦曰孔明寄箭處。旁有古碑，夷人亦謂之孔明碑。又行四日始至宣慰司治。由車里司西南行八日則八百媳婦宣慰司也。」

瀾滄江，在司東北。自元江府流入界，下流經交趾而入於南海。志云：瀾滄江在司境，經九龍山下亦謂之九龍江。又沙木江，在司南。其水流入瀾滄江。

孟累箐。在司西，又東南爲孟遠箐，皆車里部落也。又有慢法箐，亦在司西北。○孟窪，在司北。又北爲普滕，漸近邊內矣。

緬甸軍民宣慰使司，東至木邦宣慰使司界，南至南海，西至戛里界，北至隴川宣撫司界，自司治東北至布政司三十八程，轉達於京師。

古西南夷，漢之撣國也。撣讀壇。後漢紀：「永元九年徼外蠻及撣國王雍繇調遣使重譯朝貢。永寧初復遣使朝賀，獻新樂及幻人。」應劭曰：「撣國在永昌徼外，其使者自言海西人，蓋其地近海西，與大秦爲鄰國。」大秦，今西域拂林國也。在唐謂之驃國，唐書：「驃，古朱波也，在永昌南二千里，去京師萬四千里。南濱海，北南詔。至德初與尋傳蠻皆降於南詔。貞元十八年自南詔入貢，驃國王雍羌遣其弟悉利移來朝。元和初復至。太和六年南詔掠驃民遷之拓東。咸通三年復遣使來貢。」通鑑：「驃國在南詔西南六千八百里。」至宋始謂之緬。崇寧四年緬、波斯、崑崙俱入貢。明年蒲甘入貢。紹興中緬復來貢。**元至元中屢討之，**至元五年命愛魯等擊緬，自是緬屢入寇，輒興師擊之。**後於蒲甘緬城置邦牙等處宣慰使司。**至元二十年破緬，置宣慰司，緬降。大德初封緬酋爲緬國王。四年復叛，尋諭降之。**明朝洪武二十一年緬叛，沐英討破之。二十七年始置緬甸軍民宣慰使司。**通攷「洪武二十六年緬酋南速來朝貢。明年置司於此，授其酋普剌浪，自是屢來朝貢。土司皆莽姓。嘉靖初緬爲孟養酋思倫所破，殺宣慰莽紀歲，遂與木邦酋瓜分其地。三十三年紀歲子瑞體長，以計奪大古剌地，尋復入緬，并孟密，掠孟養，殘孟乃，侵車里、木邦、老撾、八百之境。隆慶二年木邦酋罕拔叛附於緬。六年隴川叛目岳鳳亦附緬，蠻莫酋思哲亦附焉。萬曆初罕拔、岳鳳等導緬兵入隴川，三年復陷干崖，七年遂盡據孟養之地，十年并據有干崖地。是年瑞體死。十一年瑞體子應裡并木邦地，灣甸酋亦叛附焉，遂寇順寧以北，官軍破走之，復收灣甸、耿馬諸境。別將率兵出隴川、猛密至緬境，於是木邦、孟養諸酋皆降。師還，緬復熾，數侵鄰境。十六年復奪孟密，十八年又奪孟養及孟拱、孟廣之地。二十一年入蠻莫，寇隴川，官軍擊却之。尋復寇蠻莫，寇孟養。三十二年孟養陷。自是以後五宣慰漸爲蠻所併，遂倔强於雲南西南境」云。

江頭城，在司北，東北去永昌府騰越州十五日程。元至元十九年遣諸王相答吾兒擊緬，分道攻之，拔其江頭城，又以建都太公城乃其巢穴，進軍拔之，於是建都王、烏蒙金齒與西南夷十二部俱降。志云：太公城北去江頭城凡十五日程。○馬來城，在司境。志云：北至太公城八日程。又南五日程爲安正國城。

蒲甘緬城，在司西南。志云：城東北去安正國城凡五日程，去大理五十餘程，與江頭諸城爲緬中五城。元至元十三年以緬酋數侵永昌，遣速剌丁伐緬，降其砦三百餘。明年緬寇蒲甘，復侵金齒，行省丞相寨典赤遣萬户忽都等迎戰於金齒、南甸，緬酋敗走。十五年復入寇，又敗去。十九年命大兵擊緬，造船於阿若、阿禾兩江，得二百艘，進破江頭城及太公等城。明年破緬，始置邦牙宣慰司於蒲甘城，命雲南王也先帖木兒移鎮緬。二十五年復還鎮大理。

一統志作「蒲江緬王城」，或以爲即緬國故都云。阿若、阿禾兩江，即金沙江之隨地易名者。

阿瓦城，在司東北。旁有阿瓦河，因名。萬曆四年緬酋瑞體寇孟養，孟養酋思箇潛發兵至阿瓦河，絶其餉道，據險待之，緬大困。十一年王師討叛緬，別將劉綎出隴川、孟密直抵阿瓦，阿瓦酋莽灼與猛密、蠻莫諸酋俱請降。師還，緬復攻阿瓦，莽灼内奔至曩樸寨，病死，緬酋復守阿瓦以拒王師。○洞武城，陸氏滇紀云：「在緬東千五百里。」近時爲緬境東偏要地，常以子弟帥重兵戍此。

金沙江，在司北江頭城下。其上流即大盈江也。志云：緬有金沙大江，闊五里餘，水勢甚盛，緬人恃以爲險。自孟養境内流經司界，下流注於南海。詳附見大川潞江。

阿瓦河，在司北。自孟養流入境，下流入於金沙江，爲司境北面之險。

普坎，志云：在緬甸司西三百里，旁通蒲甘。滇紀：「諸葛丞相六擒孟獲，復縱使去。獲携重賂入緬夷、木鹿等國，借安都魯兵來戰，大敗，復就擒，自是不復反。武侯乃於普坎立碑紀績。遂班師。」按三國時無緬夷之名，恐未可據。

江橋，在司北，跨金沙江上；又有孟墹，亦在司北；皆自司境北出之道也。

洞伯村。在司東八十里，又司東南百十里地名象腿，皆緬近郊也。又有馬得狼、井角等村，皆近江濱。○者梗，在司東。其相近者又有井梗。志云：者梗竹城茅舍，僅同村落。自蠻莫入緬界抵金沙江，舟行至井梗，陸行則至者梗。者梗在阿瓦河北，與阿瓦城甚近。從井梗至者梗數十里而近耳。

木邦軍民宣慰使司，東至八百大甸宣慰使司界，南至速克剌蠻界，西至緬甸宣慰使司界，北至芒市長官司界，自司治東北至布政司三十五程，轉達於京師。

古蠻夷地，本名孟都，又名孟邦。元至元二十六年立木邦路軍民總管府，領三甸。明朝洪武十五年改爲木邦府，永樂初改爲宣慰使司。土司罕姓。通攷：「司於六宣慰中分地最多，永樂、正統間數以從征軍功益地。隆慶二年土舍罕拔叛附緬，屢寇陷鄰境。萬曆十年爲緬所侵奪，明年官軍討却之，立罕欽守其地。欽死，其叔罕褴約暹羅攻緬，緬恨之。三十三年緬圍木邦，陷其城，僞立孟密思禮領其地，官軍未能討。」

廢蒙憐路，在司北。元至元二十七年從雲南行省請，以蒙憐甸爲蒙憐路軍民總管府，蒙萊甸爲蒙萊路軍民總管府，後廢其地。皆在今司境。

慕義山，在司北。萬曆三十二年隴川孟卯酋多淹叛附緬，負嵎於木邦境内慕義山。時撫臣陳用賓議於木邦天馬、漢龍之地置關以拒緬，淹襲殺其工役。木邦酋罕欽奉檄擒淹，淹覺欲奔古喇，欽追及之於雷聳茂，誅之。緬失淹，於是東路寇掠稍緩。雷聳茂亦在司西北境。

喳里江，在司西，即潞江也。自芒市流入境，〔一〕又西南入緬甸界。

孟炎甸。在司北。萬曆十一年官軍討緬，緬酋莽應裏西會諸路兵於孟卯，東會車里、八百、孟艮、木邦兵於孟炎，合犯姚關，尋敗還是也。姚關，見後灣甸州。孟卯，見隴川宣撫司。

八百大甸軍民宣慰使司，東至老撾宣慰使司界，南至波勒蠻界，西至木邦宣慰使司界，北至孟艮府界，自司治北至布政司三十八程，轉達於京師。

古蠻夷地。世傳其土酋有妻八百，各領一寨，因名八百媳婦。元大德初遣兵擊之，道路不通而還。後遣使招附，元統初置八百等處宣慰司。明朝洪武二十四年其酋來貢，乃立八百大甸軍民宣慰使司。土司刁姓。

南格剌山。在司東北，爲車里、八百之界。上有洞，南屬八百，北屬車里。

孟養軍民宣尉使司，東至金沙江，南至緬甸宣慰使司界，西至大古喇宣慰使司界，北至干崖宣撫司界，自司治東北至布政司三十七程，轉達於京師。

漢永昌西徼地，地名香柏城。元元貞二年置雲遠路軍民總管府。明朝洪武十五年爲雲遠府，十七年又改置孟養軍民宣慰使司。土司刁姓，正統後屬於思氏。通考：「宣德中奪麓川酋思暗地授孟養酋刁賓王。賓王懦，麓川孽思任發復擁衆據麓川，并略取孟養地。賓王走死永昌。正統六年王驥等平麓川，思任發走緬。十年以孟養地與緬，購任發誅之，於是以緬酋卜剌浪子銀起莽居守。而思任發子思機、思卜亦皆遁居孟養，招誘部衆，復圖爲亂。十三年王驥等復帥大兵入孟養，討麓川餘孽，屢破蠻兵，思機等竟不可得。師還，部落復擁任發少子思禄爲亂，逐銀起莽，據孟養地。驥知賊不可滅，乃許爲土目，立誓而還，於是孟養在廢除之數。嘉靖初孟養酋思倫糾木邦諸部擊緬，破之，殺其酋莽紀歲，遂與木邦瓜分緬地。既而紀歲子瑞體長，復有緬地，隆慶中數侵孟養，萬曆七年爲緬所并。十一年官軍敗緬，孟養酋思義來歸，十三年始立孟養爲長官司。十八年緬復并孟養。二十四年孟養酋思轟棄緬來歸。二十七年緬攻孟養，撫臣檄各土司赴救，緬潰還。三十二年緬復攻孟養，孟養酋思轟敗死，酋長思華代據其地，遂復屬於緬。」

密堵城，在司南。又有速送城，皆距孟養十餘程，爲別部所居。其地瀕金沙江，近緬甸之阿瓦城，萬曆初爲緬所據。十二年官軍敗緬，孟養來歸，移兵至二城，皆迎降。十四年緬復攻陷之。既而孟養酋思威糾土兵圖復二城，求援於官兵，官兵至遮浪，緬兵潰，復取二城。後仍没於緬。

鬼窟山，在司東。極險阨，夷人據爲硬寨。或訛爲鬼哭山。正統十三年督臣王驥復征麓川餘孽思機等於孟養，敗其兵於金沙江。賊於鬼哭山立三大栅，驥與總兵張軏親冒矢石，戰一日而栅寨悉拔，即此。○芒崖山，亦在司東。王驥破思機於鬼窟山，又攻芒崖山等寨拔之是也。

金沙江，在司東界，即大盈江之下流也。正統十一年麓川餘孽思機據孟養，詔沐斌等調緬甸、木邦等兵征之，至金沙江，遣使招諭，許赦其罪，竟不出，緬、莫二夷兵亦不敢渡江，遂還。十三年王驥復征之，抵金沙江，賊據西崖立栅堅守，驥造浮梁亘數千尺，遂渡江攻拔賊栅，乘勝至孟養，進至孟卯。孟養在金沙江西，去麓川千餘里，諸部皆震怖，曰：「自古漢人無渡金沙者，王師至此，真天威也。」今詳見大川潞江。

戞撒，在司南，道出緬甸，至爲險要。萬曆四年緬人來寇，孟養酋思箇潛遣軍至阿瓦河絶緬糧道而督大兵伏於戞撒，誘緬深入。思箇不戰，但塞險隘斷歸路，亟請援於官軍，欲腹背殲之。緬大困。久之援不至，隴川叛目岳鳳集兵援緬，導之由間道逸去。緬自是復熾。

孟倫，在司西。隆慶中緬酋莽瑞體屢侵孟養，孟養酋思箇退保孟倫，與緬相持處也。又孟礦寨，在司西南。弘治中思祿嘗據此爲巢穴。或曰即孟鞏也，又訛爲孟拱。志云：近緬諸部有景邁、孟鞏、猛別諸部，萬曆四年與官軍期共擊緬，既而官軍援孟養者久不至，皆爲緬所并。又十八年叛緬莽應裡復掠孟養，破孟拱，孟養酋思遠奔盞西。盞西亦在司境内。

戞里。在司西南，孟養別部也。又有哈喇杜諸蠻，皆近孟養、緬甸之境。志云：司北又有阿昌諸蠻。○猛別，在司西南，近緬界。萬曆十一年官軍敗緬酋應裡，追至境。既而緬酋還守阿瓦，又遣親信分守洞吾、猛別、雍會諸地。猛別蓋與雍會相接，近大古喇境。

老撾軍民宣慰使司，東至交趾水尾州界，南亦至交趾界，西至寧縣界，北至車里宣慰使司界，自司治西北至布政司六十八程，轉達於京師。

古蠻夷地，俗呼曰撾家，〔三〕累代不通中國。永樂三年來貢，置老撾軍民宣慰使司。

通攷：「老撾土司無姓。酋長有三等，大曰招木弄，次曰招木牛，又次曰招化，而襲宣慰者則招木弄也。其地在八百媳婦西南二千餘里，又西千餘里則西洋海。自車里至老撾所謂六宣慰也。成化十五年安南攻老撾，殺其宣慰，并攻八百、車里，來告急。撫臣吴誠請降勑切責安南國王黎灝，使退兵，於是老撾復定。」

三關。在司東南，老撾與安南拒守之界也。永樂中征交趾叛人陳季擴，季擴敗走老撾。張輔遣將躡之，進克老撾三關，蠻人懼，棄季擴於南麼，遂擒之。

附見

大古喇宣慰使司，在孟養西南。滇略：「永樂四年遣官招諭雲南西南夷大古喇、小古喇等部落，皆願内屬，置宣慰司二，長官司五。」通考「永樂初大古喇、底馬撒、靖定與平緬、木邦、孟養、緬甸、八百、車里、老撾，共爲西南十宣慰司。而大古喇亦曰擺古，自緬甸度大江不過兩日程，即至大古喇之境。其地濱南海，與暹羅鄰，亦近佛狼機諸國，善用火器。嘉靖三十三年以兄弟争國，緬孽瑞體和解之，德瑞體，割馬革地奉焉。瑞體尋以計滅其國」云。

底馬撒，在大古喇東南。永樂初嘗置宣慰司，後與靖定等司俱廢，其地亦爲緬所并。

洞吾，在大古喇之北，有土酋據此。嘉靖三十三年緬孽莽瑞體寄居洞吾母家，既長，遂據其地，又詐殺古喇酋排來等而并其境。滇程志：「自緬甸行十日至洞吾，又十日至擺古，爲莽酋所居。」舊志云：自老撾宣慰西行十五六日至西洋海岸，即擺古莽酋地。

得楞。在大古喇西南，古喇别部也。亦曰古喇得楞，與暹羅相近。萬曆三十八年暹羅與得楞合攻緬甸，殺莽應裏子機撾，擺古爲之殘破云。

南甸宣撫司，東至永昌府潞江安撫司界，南至隴川宣撫司界，西至干崖宣撫司界，北至永昌府騰越州界，自司治東北二十二程，轉達於京師。

漢永昌徼外地，曰南宋甸。元至元二十六年置南甸路軍民總管府。領三甸。明初洪武十五年改南甸府，永樂十二年改南甸州，正統八年升宣撫司。土司正宣撫刁氏，副劉氏。通考：「司幅員甚廣，爲三宣最。萬曆十一年爲叛緬所殘破，既而官兵敗緬，復收其地。」

半個山，在司北。志云：司置於騰越南半個山下，其山巔北恒有霜雪，南則痼瘴如蒸，蓋天限華夷也。○蠻干山，在司東十五里。土酋恃其險阻，世居其上。又丙弄山，在司東十里。○温泉山，在司東二十五里。層巒疊嶂，綿亘二十餘里，林木陰森，下有温泉。

沙木籠山，司南十里。上有關，立木爲栅，周圍一里。正統六年，時麓川思任發叛，督臣王驥等自騰衝進討，取道南甸至羅卜思莊，前軍哨至沙木籠山，賊黨率衆二萬餘，據高山中，立硬寨，又於左右山巔連環爲七營，官軍攻破之。

南牙山，司南八十里。山甚高峻，如建牙然。延袤百餘里，官道經其上，樹木陰森，石棧重疊，夷人據以爲險。又有清泉下注，與小梁河合，名南牙江。正統八年督臣王驥等再征麓川，遣別將陳儀開南牙山，斷賊走路是也。

大盈江，在司西。自騰越州流入境，經干崖、芒市，又南流入孟養、緬甸界謂之金沙江。

小梁河，司東北三十里。源有二，一出騰越州赤土山麓，一出州之緬箐山麓，至此合爲一，西南流經南牙山下曰南牙江，又南入干崖爲安樂河而合於大盈江。

孟乃河，司東南百七十里。即騰越州之龍川江也，流入境爲孟乃河，又南入干崖境。

黄連坡關，司南三十五里。志云：自騰越西南行二百里，踰黄連關即至干崖境。又有小龍川關，在司東北八十里。

羅卜思莊。在司南七十里。正統七年王驥討麓川賊，自騰衝出南甸，進至羅卜思莊。又萬曆三年木邦酋罕拔導緬兵，又合隴川叛目岳鳳兵襲陷干崖，干崖守備李騰霄退守羅卜思莊口。志云：司所轄有羅布思莊，與小隴川皆百夫長分地。又有知事謝氏居曩宋，悶氏居盞西，皆在司西南境。萬曆三十一年撫臣陳用賓議建關置堡於司西北，今廢。○孟村，在司西南，北去騰越百二十里。自是而南，漸爲羈縻荒外地。

干崖宣撫司，東至南甸宣撫司界，南至隴川宣撫司界，西北俱至南甸界，自司治東北至布政司二十三程，轉達於京師。

漢永昌郡徼外地，其地舊名干賴睒，亦曰渠瀾睒，白夷居之。元中統初内附，至元十三年置鎮西路軍民總管府。領二甸。明朝洪武十五年改鎮西府，永樂中改爲干崖長官司，正統八年升宣撫司。土司宣撫刁氏，副劉氏，土經歷廖氏。通考：「萬曆十年干崖爲緬所併，十一年官軍復收其地。」

廢南睒，在司西北。其地有阿賽睒、牛真睒，爲白夷峨昌所居。元初内附，至元十五年置南睒，隸金齒宣撫司。志云：元金齒領六路，一睒。六路，柔遠、芒施、鎮康、鎮西、平緬、麓川也，一睒即南睒也。明初廢。

雲晃山，司南十五里。有瀑布泉注爲雲晃河。又雲籠山，在司東二十五里。

白蓮山，司北六十里。中有一峰，狀若簪笏，土官居其麓。下有白蓮池。又剌朋山，在司西百餘里。林木陰森，四時蒼翠。

布嶺，在司西。舊嘗開邊築堡於此，萬曆中以兵廢。滇附録：「出騰衝至南甸、干崖，其地雖冬月衣葛，汗猶如雨。又西爲布嶺，稍涼如騰衝。又西爲雷弄，又西爲揭陽，又西爲孟乃，又西爲大岡，其病毒益甚矣。」

大盈江。在司西。自南甸流入境，又南有檳榔江流合焉。志云：檳榔江，在司西百五十里。源出吐蕃，遶金齒僰夷界，經干崖、阿昔甸，下合大盈江，流至比蘇蠻界爲金沙江，入於緬。或曰比蘇即漢益州郡屬縣，恐悞。

安樂河，在司東雲籠山下。一名雲籠河，即南甸小梁河也。流至司治北，折而西百五十里入檳榔江，至比蘇蠻境注金沙江入於緬中。○雲晃河，在司治南。源出雲晃山，下流與雲籠河合，灌田千餘頃。又司東北三十里有正西河，源出雲籠山，流十五里合雲籠河。

雷弄，在司西，干崖別部也。滇紀：「司有蠻洒岡，舊爲同知劉氏所居，其雷弄洞則經歷廖氏所居，後即其地爲回龍營。又知事管氏居猛語岡。三姓皆華人，以功授。萬曆三年雷弄洞土目廖元相爲木邦叛酋罕拔所劫，附於緬。十一年官軍破緬，仍來歸。」

盞達。在司西，亦干崖別部也。副宣慰刁氏世居其地。萬曆十一年爲叛緬莽應裏所陷，土酋刁思廷被擒，民物皆一空。官軍破緬，復收其地。

隴川宣撫司，東至芒沛長官司界，南至木邦宣慰司界，西至干崖宣撫司界，北至南甸宣撫司界，自司治東北至布政司六十六程，轉達於京師。

漢永昌徼外地，其地曰大布茫，曰睒頭附賽，曰睒中彈吉，曰睒尾福禄塘，皆白夷所居。元中統初内附，至元十三年置麓川路軍民總管府。明朝洪武十七年置麓川平緬軍民宣慰使司，通考：「元至正初麓川酋思可法數侵鄰境，屢遣將討之，不克。可法并吞旁路，兵力益强。明朝洪武十五年平鎮南，明年麓川酋思倫發陷永昌。既而傅友德等諭降之，於是置宣慰司，授思倫發。十八年叛寇景東，二十一年侵并孟定、孟艮、孟養、戛里，威脅緬甸、木邦、南甸、干崖，他出郎甸入寇，官軍敗之。既又悉發其衆寇楚雄、定邊，爲沐英所敗。二十二年復内附，三十年平緬諸蠻亂，逐思倫發，命沐春討定之。思倫發復還，再傳至思暗，與木邦相仇殺，因而失官，以孟養刁氏代之。刁氏弱，倫發次子思任發遂擁衆麓川，略孟養地，故酋刁賓王走死，任發於是益驕恣。」正統三年土酋思任發叛，六年討平之，遂革宣慰司。十一年復置司於隴川之地，改曰隴川宣撫司。通考「正統三年刁思任侵擾孟定、灣甸、南甸、潞江諸處，進陷騰衝，雲南震動，命沐晟等率兵討之。前鋒度潞江而前，深入至上江，遇伏敗績。賊遂犯景東、孟定，殘大侯州，破孟賴寨，脅降孟璉等長官司，乃復命沐晟等討之，渡潞江直抵隴把，復敗却。六年發大兵討之。議者初欲自灣甸、芒市、騰衝三道俱進，不果。至是樞臣王驥督兵至金齒誓衆，仍分三道，一軍出鎮康，繇灣甸趨孟定，會木邦、車里之師，大軍由中路出騰衝，而別軍自下江、夾象石渡，徑抵上江賊寨，因風縱火，焚其上江砦，賊大敗，上江平。大軍自騰衝出南甸進抵麓川，合軍攻之，焚其柵，賊從間道渡江走緬，驥等班師。明年思任發復自緬窺麓川，仍命蔣貴、王驥等進討。自金齒至騰衝，分遣沐晟等仍自東路出，徑擣麓川，而馳諭緬獻任發。緬請奉命，會驥等疑阻，遂不果。東路兵克孟養諸寨，任發子仍潛竄孟養，不能得。十年遂以孟養地購任發於緬。任發至，誅之。而思機等尋竊孟養地，與緬相終始矣。明年改麓川爲隴川，設宣撫司於隴把，以舊目恭項爲宣撫，與南甸、干崖合爲三宣。十二年恭項以不法廢徙，以多氏代，自是多氏世有其地。隆慶末隴川酋多士宰死，子幼，土目岳鳳謀據其地，導緬酋瑞體入犯，陽集兵於隴川東岸，聲言捍緬，實迎之也。萬曆初緬兵至，岳鳳約木邦酋罕拔及緬兵襲入隴川，盡殺多氏族屬，而竊其地附於緬。十一年官軍敗緬兵，鳳降，以多思順爲宣撫，管隴川事。自是數爲緬所侵，土酋往往叛附緬」云。

麓川城，在司南，近木邦界，舊麓川宣慰司治此。正統初思任發以麓川叛，官軍討之，久無成功。雲南鎮將沐昂言麓川地方險遠，〔三〕夷情譎詐，宜會集大兵繇灣甸、騰衝、芒市三道並進，直擣巢穴。六年王驥等討麓川，自騰衝、南甸直抵賊巢。其處山岡峻險，周圍三十餘里，〔四〕柵堅塹廣，不可驟越。東南一面傍江壁立，驥等相度攻取。賊伏兵泥溝箐，驅象陣突起，官軍擊敗之。既而大兵四面雲集，分攻其西中、西北及西南、江上二門，又攻東北門及東北出象門，克之。賊從間道渡江，由孟養遁入緬甸。驥等毀其城柵，班師而還。志云：平麓城即故麓川舊址，亦曰孟卯，在三宣之外，爲諸夷要衝。正統十三年王驥討麓川餘孽於孟養，渡金沙江，踰孟養，還至孟卯。萬曆十一年官軍討叛緬，緬酋莽應裏西會緬甸、孟養、猛密、蠻莫、隴川兵於孟卯，東會車里、八百、木邦兵於孟炎，復并其衆，入犯姚關，官軍敗却之。二十一年緬賊奪蠻莫，寇隴川，隴川酋多思順奔孟卯。明年孟卯叛目多淹導緬兵由孟卯襲遮放，官兵敗却之。二十四年孟卯酋多亨復勾緬搆亂，木邦酋罕欽奉撫臣陳用賓檄滅之。用賓以孟卯阡陌膏腴，宜耕屯，因築平麓城於孟卯，大興屯田。時又檄築四關堡於隴川，以爲捍衛，於是境内稍定。

遮放城，在司東南，近芒市，亦隴川之別部也。萬曆十一年，叛目岳鳳執遮放頭目刁落恩送緬。明年官兵平鳳，以多思順爲隴川宣撫，又以多淹爲同知，居孟卯，多恭爲副使，管遮放，即此。

廢平緬路，在司東北。其地曰驃睒，曰羅必四莊，曰小沙摩弄，曰驃睒頭，白夷居之。元中統初内附，至元十三年立平緬路軍民總管府，與麓川等路並屬金齒宣撫司。明朝洪武十七年并入麓川宣慰司。三十年平緬諸蠻刁幹孟作亂，逐麓川酋，思倫發赴京陳訴。明年官軍擊平緬，擒幹孟，平緬悉定是也。

廢通西府，在司西南。元志：「大德初蒙陽甸首領緬吉納款，遣其弟阿不剌入貢，請置郡縣驛傳，遂立通西軍民府是也。」明初廢。

馬鞍山，在司北。山高險。正統七年王驥討麓川叛賊，進至馬鞍山，破蠻象陳，軍勢大振，徑攻賊巢。賊使別軍自永毛摩泥寨至馬鞍山，潛出我軍後，別將方瑛復擊敗之，於是賊勢益窘。志云：馬鞍山石罅中流温泉成河，勢如沸湯。

羅木山，在司境。極高大，夷人恃以爲險。又有摩梨山，亦險峻。○寄箭山，滇略云：「司有諸葛武侯寄箭山，過此盡平地，一望數千里，絕無山谿，亦無果樹。」

麓川江，在司東南。或曰即龍川江也。自騰越州流入南甸境，爲孟乃河下流，至此經芒市西界而合於金沙江。志云：司南有西峨渡，爲麓川達木邦之路。正統六年王驥征麓川，遣兵守西峨渡以阻賊奔竄之徑，且通木邦之道，即此。

金沙江，在司西北。自干崖東南流入司境，又南流入孟養界。正統八年王驥復征麓川，檄緬酋縛獻思任發。緬邀大臣往議，郭登請往，自金沙江入，緬酋從命，遂縛任發以獻。會有嫉登功者，驥調登以他任。緬至不見登，遲回不敢獻。驥亦疑緬有變，密令蔣貴率師匝金沙江而下，大戰，焚緬舟數百。緬仍以任發逸去，官兵追之，爲緬所敗。

沙壩，在司境，亦設險處。正統八年王驥再征麓川，使郭登守沙壩。又有栗柴壩，在司西南。萬曆二十年叛緬復侵隴川，酋多思任奔孟卯，會官軍大戰於栗柴壩，逐緬出境是也。

曩樸寨。在司境，自緬甸北出之道也。又有雅益、工回等寨，皆近司西，與孟艮之孟愛等部相接。

孟定禦夷府，東至威遠州界，南至孟璉長官司界，西至隴川宣撫司界，北至鎮康州界，自府治東北至布政司一十八程，轉達於京師。

古蠻夷地，本名景麻甸，元至元十六年立孟定路軍民總管府。領二甸。明朝洪武十五年改孟定府，萬曆十三年兼領安撫司一。編户五里。土知府刁姓，正統以後罕姓。通考：「正統中麓川叛侵孟定，知府刁禄孟棄地遠竄，木邦舍目罕葛從征麓川有功，因代領其地。嘉靖中木邦酋罕烈奪據之，令舍人罕慶管治，是爲耿馬。萬曆十年耿馬舍人罕虔叛附緬，明年官軍破緬收其地，於是復立罕葛之後罕合知府事。」

廢謀粘路，在府東南。元至元中置謀粘路軍民府於此，後廢。○景杏土城，在府境。志云：其相近有馬援營。

喳哩江，在府東北。自潞江安撫司流入境，又南入芒市界，爲府境之險要。

孟賴寨，在府東南。正統二年麓川思任發叛，犯景東、孟定，破孟賴寨，降孟璉等長官司。寨蓋孟定之别部也。

孟纏甸。在府東北。一作「孟羅」。正統五年思任發自麓川屯孟羅，進據鎮沅府之者章硬寨，爲沐晟所敗。

耿馬安撫司，府北百里。土司罕姓。通考：「司與孟定同州，隔喳哩江而居，孟定居南，耿馬居北。嘉靖間木邦兼孟定，以罕慶食其地。慶死，其族舍罕虔附緬，奪據之。萬曆十一年從緬克木邦，逐罕進忠，破施甸，又勾緬犯姚關，爲官軍所敗，擒斬虔父子。十二年奏設安撫司，仍以慶子罕們領司事。」

三尖山，在司西。萬曆中罕虔黨罕老聚衆負固於此，官軍討平之。有馬養山，亦在司境。

喳哩江。在司南，與孟定分界處也。

孟艮禦夷府，東至車里宣慰司界，南至八百大甸界，西至木邦界，北至孟璉長官司界，自府治北至布政司三十八程，轉達於京師。

古蠻夷地，蠻名孟指，自昔未通中國。永樂四年始來歸附，置孟艮府。通考：「酋無姓，號怕詔。怕詔者，夷之尊稱也。其地沃野千里。滇程附録云『自干崖之火岡度金沙江，又百里入小孟貢，渡小孟貢江入大孟艮』云。」

廢木朶路，在府東二百里。元至元三十年以金齒木朶甸置木朶路軍民總管府，後尋廢。

廢孟愛路。在府東北百七十里。元至元二十一年金齒新附，孟愛甸來朝，即其地立軍民總管府是也。

威遠禦夷州，東至新化州界，南至孟璉長官司界，西至孟定府界，北至景東府界，自州治東北至布政司一十九程，轉達於京師。

古蠻夷地，唐爲南詔銀生府地，本濮落雜蠻所居。大理時爲僰夷所有。蒙古中統三年擊降之，至元十三年立威遠州。隸威楚路。明初仍爲威遠州，土知州刁姓。編户四里。直隸布政司。

蒙樂山，在州北，與景東府接界。詳附見名山玉龍山。

谷寶江，在州境。自遮遇甸流至州，下流合瀾滄江，亦謂之威遠江。正統五年麓川叛酋思任發自鎮沅之者章硬寨敗遁威遠州，知州刁蓋扼之於威遠江，敗之，即此。又南堆江，亦在州境。○莫家寨河，在州境。汲其水澆炭火上煉之，即成鹽，居人恃以爲利。

猛列村。州東八十里。滇紀：「威遠之地，東八十里至猛列村界，南八十里至車里所轄三圈江界，西百里至猛猛達筝江界，北六十里至景東府蠻折哨界，又東至元江府及新化州界。」

灣甸禦夷州，東至雲州界，南至鎮康州界，西至永昌施甸長官司界，北至順寧府界，自州治東北至布政司二十程，轉達於京師。

古蠻夷地，蠻名細睒。蒙古中統初内附，屬鎮康路。明朝洪武十七年置灣甸州。編户五里。土知州景姓。通攷：「州山高水迅，每至六月瘴癘甚行。萬曆十年土酋景宗真叛附緬，引緬入寇，官軍敗緬斬宗真，復收其地。」

高黎共山，在司西北。山左右有平川，即灣甸界也。志云：高黎共山之麓厥土肥，草卉貫四時不凋，瘴氣最惡。

詳見名山。○孟通山，在司境。產茶，名灣甸茶，味殊勝。

黑泉，志云：州瘴癘不可居，水不可涉，有黑泉水，溢時飛鳥過輒墮。夷以竿挂布浸而瀑之，以拭盤盂，人食立死。

姚關。州北七十里，東北接順寧府界。萬曆十一年，緬陷木邦，灣甸酋景宗真復導緬寇姚關，焚掠順寧。明年官軍進討，緬酋復合東西諸路兵進寇姚關，參將鄧子龍大破之於攀枝花。其地在姚關南也。十三年添設姚關守備於此。滇程記：「自姚關西南渡喳哩江二十程至木邦，自姚關南行八日入孟定府境。」

鎮康禦夷州，東至孟璉長官司界，南至孟定府界，西至永昌府潞江安撫司界，北至雲州界，自州治東北至布政司二十三程，轉達於京師。

古蠻夷地，蠻名石睒。黑僰所居。蒙古中統初內附，至元十三年立鎮康路軍民總管府。領三甸，隸金齒宣撫司。明朝洪武十五年改爲鎮康府，十七年改爲州。編户四里。土知州初名刁悶光，永樂以後遂以悶爲姓。通考：「州土田瘠狹，民性蹻健。」

無量山，在州西，即蒙樂山也。志云「州南六十里無量山接耿馬界」，即此山矣。詳附見名山玉龍。○烏木籠山，在州西南。與無量山俱產大藥，味甘美。山當木邦之要路。

潞江，州西七十里。亦曰喳哩江，與潞江安撫司接界處也。天啓二年木邦兵據喳哩江，鎮康酋悶枳奔姚關，姚關守備遣官撫之，木邦乃退，即此。

昔剌寨，在州南境。正統六年大軍討麓川，至金齒，鎮康酋悶孟乞降，王驥命別將冉保分兵據其城，因其兵破昔剌寨，移攻孟璉是也。

控尾寨。在州西南。萬曆三十三年木邦酋罕思禮誘鎮康酋悶枳歸緬，枳不從，遂令其黨海慶襲控尾據之，又欲取

猛合拜。猛合拜亦州境別部也。

孟密宣撫司，東至木邦宣慰使司界，西至緬甸宣慰司界，北至蠻莫安撫司界，自司治東北至布政司三十三程，轉達於京師。

漢永昌西南夷地，後爲羣蠻所居。明初爲木邦宣慰司部落，成化十九年始析置孟密安撫司，屬灣甸州。萬曆十三年改爲宣撫司，直隸布政司。土司思氏。通考：「木邦界有寶井，天順中宣慰司罕㯠使其陶猛思歪領之。陶猛猶言頭目也。既以女囊罕弄妻之。罕弄據有寶井，常藐其父。成化中罕㯠死，孫罕穵嗣，罕弄陰叛之。會鎮守內臣需索寶石，聽其開採，遂略木邦地以自廣。內臣疏其罪請征之，或導以重寶賂時相，不惟罷兵，且可授官，比於木邦。思歪用其策，於是廷遣都御史程宗往撫，罕弄遂慢視朝使，不肯出迓。宗與期會於南甸之南牙山，悉以所略木邦地界之，爲奏設安撫司，思歪之子孫得世襲。於是盡奪木邦地，罕穵出奔。四鄰諸番不平，往往藉口弄兵。後副使林俊稍令割故地還木邦，然竟讎殺未已。」滇略云「孟密在騰越南千餘里。其地寶井產金礦，估客雲集，山高田少，米穀騰貴。南距緬僅十程，常苦侵暴。嘉靖三十七年附緬。萬曆十一年官軍敗緬始內屬。十三年升爲宣撫司，授其酋思忠。思忠復投緬，十六年爲緬所并。尋復羈縻於中國」云。

孟乃，在司北，孟密別部也。嘉靖三十九年緬酋瑞體入孟密，殘孟乃，擒其酋思混。又孟哈部，亦孟密別部也。有土

目守其地。萬曆十三年以孟哈土目思化爲宣撫司同知，十六年爲緬所并。○孟廣部，在司東北。亦孟密別部，近隴川界。萬曆十八年爲叛緬所陷。

寶井。在司西南。滇程記：「由隴川十日至孟養，又二日至寶井，又十日至緬甸是也。」

蠻莫安撫司，南至孟密安撫司，西至孟養宣慰使司，自司治東北至布政司三十一程，轉達於京師。

本孟密分地，萬曆十三年析置安撫司。土司思姓。通考：「蠻莫在騰越西蠻哈山下。山如象鼻，行者累足。弘治中孟養叛酋思禄乘木邦之亂，攻孟密，取蠻莫十七寨，後復請入十寨以贖罪，即此地也。隆慶三年蠻莫頭目思哲叛附緬。萬曆十一年官軍敗緬，復收其地。十三年置安撫司，授土目思順。順復走歸緬，其子代領司事。十六年緬攻孟密陷之，猛哈酋思化等奔蠻莫，遂據其地。十九年緬率旁部兵圍蠻莫，官兵赴援，緬始却。二十年緬復據蠻莫，仍分道内犯，一入遮放、芒市，一入臘撒、蠻顙，一入杉木籠，並寇隴川。明年官軍討之，復取蠻莫，兼設蠻哈守備於此。二十四年緬復來寇，官軍救却之。二十九年思化子思正襲職，侵擾隴川。明年旁部共攻思正，正奔騰越，誅之，改立酋長，撫定其地。」

等練城，在司東北。萬曆二十一年緬酋入蠻莫，破等練城。明年撫臣陳用賓以緬賊大入等練、隴川，遣將王一麟奪等練，盧承爵出雷哈，錢中選等出蠻哈，張胤開道由海墨出打線合擊緬賊，復收蠻莫是也。雷哈等地皆在司境。

練山，在司北。萬曆二十年叛緬遣兵來犯，蠻莫酋思化奔練山。參將鄧子龍提兵營等練，緬兵屯遮遨。子龍發兵擊之，大戰於控哈，緬稍却，屯沙洲。官兵無船不得渡，相持彌月，緬退去。

孟木寨。在司西。弘治中孟養叛酋思禄過金沙江，奪據孟木、章貢、蠻莫諸村寨，即此。

鈕兀禦夷長官司，東至元江府界，南至車里宣慰司界，西至威遠州界，北至臨安府思陀甸長官司界，自司治北至布政司一十六程，轉達於京師。

古蠻夷地，蠻名也兀，民皆倭泥、蒲類蠻。自昔未通中國。宣德七年始來歸附，置鈕兀長官司。

芒市禦夷長官司，東至鎮康州界。西、南俱至隴川宣撫司界，北至永昌府潞江安撫司界，自司治東北至布政司二十三程，轉達於京師。

古蠻夷地，舊曰怒謀，曰大柘睒、小柘睒，即唐時茫施蠻也。在永昌西南四百里。滇紀：「唐貞元十一年南詔異牟尋破芒蠻。」即此。元中統初内附，至元十三年立芒施路軍民總管府。領二甸，屬金齒宣撫司。明朝洪武十五年置芒施府，正統九年改置芒市長官司。土司放氏。通攷：「萬曆初芒市土酋放福導緬入寇，討斬之，立舍目放緯領司事，〔五〕轄於隴把。其地川原曠遠，田土肥美，又饒銀礦，最稱殷富。」

青石山，在司西南。峭拔千仞，奇詭萬端。又有永昌、幹孟契二山，皆高廣陡絶，夷酋立寨居之，恃爲險要。下有芒市河。

麓川江，在司西。與隴川宣撫司接界，下流至緬地合於大盈江。

大盈江。亦曰金沙江。自干崖折而東南流，至司西南青石山下，又南流入孟養界。亦謂之大車江。志云：司有金沙江，出青石山，流入大盈江，出金。悮矣。

孟璉長官司，東至車里宣慰司界，南至孟艮府界，西至木邦宣慰司界，北至威遠州界，自司治東北至布政司二十三程，轉達於京師。

古蠻夷地，蠻名哈瓦。正統間平麓川始來歸附，置孟璉長官司。通考：「部內有莫乃場礦，夷酋世專其利，以致殷富。」

廢木來府，〔六〕在司東南。元史：「至元二十九年雲南省言：『新附金齒，適當忙兀禿兒迷失出征軍馬之衝，資其芻糧，擬立爲木來路。』於是置木來軍民府，尋廢。」

亦保寨，在司境。正統六年討麓川，分軍從東路會合木邦諸軍，元江府同知杜凱率車里、大侯諸夷招降孟璉長官司亦保等寨，攻破其烏木弄、戛邦等寨，餘黨悉詣軍門降附是也。

景線村。在司東。道通車亘里，出普洱、元江可達交岡。又有路通老撾，可達交趾。滇紀：「自景線渡江出猛烏，又越黑江走沙仁孟乃，更渡江便可達交岡入交趾。」交岡，見臨安府阿迷州。沙仁孟乃，蓋近元江府西南。

茶山長官司，

古蠻夷地，後爲孟養部落，永樂三年置茶山長官司。通攷云：「地在騰越州西北五百里，據高黎共山。地瘠土寒，不生五穀。土酋早姓。本屬孟養，永樂三年孟養叛，茶山不從，自詣闕下，授長官司。其地僻遠，常爲野人殺虜，今奔入內地阿幸棲住。」職方攷：「茶山司屬永昌衞。」

麻里長官司。

古蠻夷地，亦孟養部落，永樂初置麻里長官司。通考：「麻里地與茶山接壤，亦以拒孟養功，授長官司。土酋刁姓，副早姓。所轄皆峨昌夷地。其地近亦爲野人所奪，奔入赤石坪棲住。野人者，在二長官司界外，赤髮黄睛，樹皮爲衣，夜宿樹上，醜惡兇悍，逢人即殺，無酋長約束。」○外此又有八寨長官司，瓦甸長官司，麻沙長官司，沙勒長官司，俱在騰越徼外，皆羈縻蠻族也。

附攷

敦忍乙國。在緬甸西境。後漢永元六年，永昌徼外敦忍乙王莫延慕義遣使譯獻犀牛、大象。九年，徼外蠻及撣國王遣重譯入貢。永初元年，徼外僬僥種夷陸類等舉衆内附。永寧初撣國王雍繇調復遣使詣闕朝賀。敦忍、僬僥，蓋皆緬甸旁國矣。○尋傳國，舊記：在永昌徼外，生蠻屬也。唐至德初附於南詔。滇紀：「尋傳疇壤沃饒，人物殷湊，南通勃海，西近大秦，自古未通中國。唐上元初南詔刊木通道，直抵其國，諭降之。」又彌臣國，在緬甸西。唐會要：「驃國在雲南西，與天竺國相近，其西別有彌臣國。」滇史：「貞元十二年驃國王雍羌遣使同南詔入獻，詔封雍羌爲彌臣國王。」是彌臣即驃國之别名矣。

校勘記

〔一〕自芒市流入境　「芒市」，底本原作「芒布」。明志卷四六木邦軍民司下云：「西有喳里江，即潞江，自芒市流入境。」則此「芒布」爲「芒市」之訛。芒市長官司見本書同卷，今據改。

〔二〕俗呼曰猧家　「曰」，底本原作「白」，今據職本改。

〔三〕沐昂言麓川地方險遠　「言」，底本原作「在」，今據職本、鄒本改。

〔四〕周圍三十餘里　底本原作「周圍餘三十里」，今據鄒本乙正。

〔五〕立舍目放緯領司事　「舍目」，底本原作「舍木」，今據鄒本改。

〔六〕廢木來府　「來」，底本原作「未」，今據鄒本及元史卷一七世祖紀、明志卷四六改。